KB124384

특수아상담

한국아동 · 청소년상담학회 연구총서 2

특수아상담

김동일 · 고은영 · 고혜정 · 김병석 · 김은향 · 김혜숙 · 박춘성
이명경 · 이은아 · 이제경 · 정여주 · 최수미 · 최종근 · 홍성두 공저

*Counseling Children
with
Special Needs*

머리말

개별적으로 독특한 교육적 · 심리적 요구가 있는 특수아를 위한 상담을 계획하고 수행하는 것은 실질적인 통합교육을 위하여 의미 있는 작업입니다. 특히 상담 영역의 확장과 상담의 전문화를 바란다면 특수아상담은 매우 뜻깊은 주제라고 할 수 있습니다. 이에 특수아의 문제해결 과정을 조력하고 그들의 삶의 질을 높이기 위하여 카운슬러가 보다 적극적으로 개입해야 할 것입니다. 2002년에 이러한 맥락에서 특수아상담 영역을 탐색하려는 카운슬러를 돕기 위하여 흥미 있는 책을 구성하여 많은 분과 나누었습니다. 이후 10여 년이 지나는 동안 새롭고 다양한 법적 · 제도적 진전이 있었으며, DSM-5의 출간에 따른 진단기준의 변화를 포괄하기 위해 새롭게 집필진을 구성하고 한국아동청소년상담학회가 주관하여 이 책을 기획하게 되었습니다.

새롭게 집필된 이 책의 특징은 다음과 같습니다.

첫째, 상담 현장과 학교에서 활용될 수 있는 실무자 교육을 지향하고 있습니다.

둘째, 성인과 구분되는 아동 및 청소년 관련 장애와 장애 영역별 이해를 확장하고 적절한 상담 전략을 학습하도록 내용을 구성하였습니다.

셋째, 각 장애 영역별 상담 전략에서 DSM-5의 새로운 진단기준과 판별을 위한 검사 지침을 포괄하였습니다.

넷째, 각 장애 영역별로 상담 사례나 실제적 적용을 담아 직접적으로 도움이 되도록 하였습니다.

각 분야의 전문적 지식과 실제적 경험을 지닌 최고의 집필자가 체계적인 편집 모임을 통하여 비교적 통일된 방향으로 이 책의 내용을 구성하였으나, 다수의 저자가 참여하였기 때문에 각 장의 기술 형태와 개념 제시 양식이 조금씩 다를 수 있습니다. 이러한 독특성은 앞으로 내용을 주기적으로 점검하며 보다 통일성 있게 정리하고자 합니다.

한편, 이 책에서는 특수아상담을 촉진하기 위하여 일반적인 상담 전략뿐만 아니라 특수아의 장애유형과 특성, 상담에서 고려할 점을 포괄하고 부모와 교사에 대한 자문, 전환교육에 대한 기초적인 이해를 제시하고자 하였습니다. 이와 같은 내용은 특수아 카운슬러에게 요청되는 상담을 직접적인 상담활동(counseling), 정보제공 및 지지를 위한 자문(consultation), 필요한 인적·물적 자원을 연계하여 문제해결을 지향하는 조정(coordination)을 넘어서, 내담자의 권리와 그에 대한 현실적인 장애를 극복하는 데 필요한 권리옹호(advocate) 활동으로까지 넓히기 위하여 적극적으로 탐색하여야 할 것입니다. 이에 따라 이 책에서는 특수아에게 주어진 교육권과 행복추구권을 옹호하며 개인의 독특한 요구를 이해하여 상담 장면에서 활용하는 데 필요한 기초 지식과 전략을 정리하여 제시하였습니다.

이 책이 나오기까지 학지사 김진환 사장님과 편집부 직원들이 보여 준 정성과 끊임없는 노력에 감사드리며, 직간접으로 집필진의 주위에서 자신의 희생을 감내하며 도와 준 많은 이에게 사의를 표합니다. 마지막으로 서로 다른 집필자들을 엮고 내용을 편집하면서 새로운 '특수아상담' 영역을 정리하는 데 커다란 도움을 준 남지은 선생과 한국아동청소년상담학회에 깊은 감사의 말을 전하고자 합니다.

2016년 3월
저자들을 대표하여
한국아동청소년상담학회 회장 김동일

차 례

제2부   영역별 상담 전략

제3부 특수아상담을 위한 환경과의 공조

제1부

특수아상담의 기초

제1장

특수아와 상담: 서설

이 장에서는 특수아상담의 성격과 내용을 살펴볼 것이다. 특히 특수아상담이 비장애인 상담과 다른 점을 확인해 보고, 현재 특수교육 분야에서 자주 사용하고 있는 특수아동심리치료란 용어의 적합성에 대해 논의하며, 심리치료 대신 상담이란 용어의 사용을 권장하게 될 것이다.

학습목표

1. 상담의 과정과 각 과정의 과제를 설명할 수 있다.
2. 특수아에 대한 개념적 설명을 할 수 있다.
3. 상담을 구체적으로 정의함으로써 실제를 이해할 수 있다.
4. 상담과 심리치료의 차이를 이해하고 상담활동의 적합성을 설명할 수 있다.

1. 상담의 정의

1) 상담이란 무엇인가

상담을 배우는 사람은 물론이고 상담을 오랫동안 해 온 상담전문가도 상담을 정의하기는 쉽지 않다. 교과서에서 흔히 나오는 정의를 살펴보아도 여전히 상담을 이해하기 어렵다. 마치 삶을 오래 살고도 삶을 정의하기가 어려운 것과 비슷하다. 상담을 실감 나게 설명하는 일은 참 어려운 일이다. 흔히 볼 수 있는 상담의 정의는 대략 '전문적 훈련을 받은 상담자가 언어적 및 비언어적 방법으로 여러 가지 부적응 문제를 가지고 있는 내담자의 적응 능력을 향상시키는 일'과 유사한 것들이다. 이런 정의에는 또한 그 속에 있는 하위 개념들에 대한 자세한 정의가 포함되어 있다. 가령 전문적 훈련, 언어적 및 비언어적 방법, 적응 혹은 부적응 그리고 상담자와 내담자 등에 대한 설명이 그것이다. 이 부류의 정의들은 상담을 외부에서 관찰할 때 보이는 현상에 대해 어느 정도 알게 해 준다. 그러나 여전히 상담이 무엇인지 이해하기에는 부족하다는 인상을 지울 수 없다.

상담이 무엇인지를 분명히 이해하지 않고서는 특수아동상담을 이해하기도 실천하기도 어렵다. 상담을 손에 잡히는 방식으로 명료하게 이해하는 정도에 따라 상담을 실천하는 방식이나 능력이 달라질 것이기 때문이다. 상담을 손에 잡히는 방식으로 정의하는 일이 필자에게 결코 쉬운 과제가 아니지만 이 기회를 빌려 하나의 시도를 해 보려고 한다. 이 목적을 위해 우선 상담의 과제를 여러 가지 요소로 나누어 살펴보려고 한다. 이하에서 그 요소들이 제시되는데, 이것들은 서로 밀접하게 관련되어 있다. 이 책에서 고려하는 상담의 정의는 다음과 같다.

"상담은 대화를 통해 내담자가 직면하고 있는 정서적인 어려움에 대한 표현을 이해하고 관련된 경험과 의미를 더 풍부하고 깊이 탐색함으로써 내담자의 자기이해와 타인이해 그리고 감정조절능력의 신장을 돕고, 조망능력을 확장하여 자기와 타인에 대한 수용과 새로운 이해의 발달을 촉진하고 그 결과, 삶에 대하여 더 보편적이고 객관적인 태도의 발달을 촉진하여 보다 긍정적이고 적극적으로 개인적 삶을 살 수 있게 하며 동시에 공동체 생활에 참여하고 기여할 수 있게 하는 심리적·사회적·영적 서비스 활동이다"(김병석, 2015).

상담은 내담자의 정서적 불편감 혹은 고통에서 비롯된다. 정서적 고통은 내담자가 마음을 나누게 되는 동력인 셈이다. 상담자는 내담자가 정서적 고통을 호소할 때 그것을 내담자의 마음으로 들어가는 대문과 통로로 생각하기 때문에 내담자의 표현에 관심을 집중한다. 그것과 관련된 경험과 의미의 표현을 촉진하기 위해 공감과 탐색적 질문을 한다. 현재 혹은 과거와 관련된 경험을 이야기함으로써 내담자는 물론 상담자도 정서적 고통을 더 충분히, 명료하게, 깊이 표현하고 이해할 수 있다. 이 과정에서 공감과 존중, 이해를 경험함으로써 감정의 발산 효과 또한 커진다. 차츰 감정이 진정되고 이성의 기능이 활성화된다. 상담은 이와 같은 과정을 통해 새로운 자기이해와 타인이해를 촉진함으로써 자신의 가치나 자기 삶의 의미, 타인의 입장과 방식을 존중할 수 있게 한다. 내담자가 호소하는 정서적 불편감이나 고통은 자기와 타인을 지각하는 방식과 밀접한 관련이 있다. 자신과 타인에 대하여 더 성숙하게 이해함으로써 내담자는 삶에 대하여 더 포괄적이고 성숙한 조망을 가지게 되며, 자신의 삶에 대한 긍정적인 수용과 감사, 나아가 타인과 함께 이루어 가는 공동체 생활에 대한 관심과 헌신의 마음이 발달할 수 있다. 상담이 아주 효과적으로 진행된다면 내담자는 자기와 타인의 생명의 가치와 삶의 의미에 대한 객관적 혹은 보편적인 이해를 하게 됨으로써 어린 시절의 부정적 경험조차 수용할 수 있고, 나아가 개인의 특수한 경험의 영향을 초월할 수 있다. 그 결과, 감사하는 마음으로 삶을 즐겁게 누리고 나누는 영성적인 발달을 이룰 수 있다.

2) 상담의 과제

손에 잡히는 방식으로 상담을 이해하는 방식 중 하나가 상담의 과제를 분명히 아는 일이다. 상담의 과제란 상담자가 내담자를 대하면서 염두에 두어야 하는 일로, 상담자가 내담자와 만나서 해야만 하는 전문가로서 상담자의 임무다. 상담과정에서 상담자의 모든 반응은 바로 그 과제를 성취하는 데 도움이 되는 일이어야 한다. 앞에 제시한 상담의 정의에서 이해할 수 있듯이 상담의 과제는 대략 다섯 가지인데, 그 내용은 다음과 같다.

첫째, 내담자가 와서 자기를 드러내고 표현하고 탐색할 수 있도록 돕는 일

둘째, 내담자가 원하는 변화가 무엇인지를 확인하고 규정하는 일

셋째, 내담자가 원하는 변화를 성취하는 방법을 찾아내는 일

넷째, 내담자가 원하는 변화를 성취하도록 돕는 일

다섯째, 내담자가 상담을 그만 해도 되는 때를 아는 일

상담 중에 상담자는 자신이 하는 일이 이상의 과제를 성취하는 데 도움이 되는지를 확인하여야 한다. 이는 상담이 상담자가 아닌 내담자를 위한 활동이라는 원칙에 충실한 일이기도 하다. 상담은 이상의 과제를 수행하는 일이며, 그렇지 않은 활동은 상담이라고 할 수 없다.

3) 상담의 과정

손에 잡히는 방식으로 상담을 이해하는 또 다른 방식은 상담의 과정을 이해하는 일이다. 흔히 알고 있는 대로 상담에는 초기, 중기, 종결기가 있다. 여기서 중요한 일은 각 단계에서 해결해야 하는 과제를 분명히 이해하는 일이다.

(1) 초기

초기는 흔히 상담신청과 접수면접에서 시작된다. 초기에는 내담자가 자기를 충실하게 공개할 수 있도록 돕는 일이 가장 중요하다. 상담자는 내담자의 언어적 · 비언어적 자기 공개를 들으면서 첫째, 내담자가 왜 찾아왔는지, 둘째, 내담자의 어려움이 왜 반복되는지를 이해하고 내담자 문제의 역동에 대한 가설을 수립한다. 그다음으로 내담자가 원하는 변화를 표현하게 하고 가능하다면 그것들을 가시적이고 구체적인 모습으로 정리할 필요가 있다. 다시 말하여 목표를 확인하고 수립하는 과제를 해결해야 한다. 가시적 혹은 구체적이란 말은 목표가 달성되었을 때 상담자나 내담자 혹은 주위 사람들이 내담자가 변화한 것을 관찰할 수 있는 형태의 진술을 의미한다. 이 작업을 통해 상담 진행과정의 방향과 예상되는 성과를 미리 정해 줌으로써 상담에 대한 내담자의 동기와 참여를 높게 할 수 있다. 또 다른 초기 단계의 과제는 구조화다. 다른 일과 마찬가지로 상담에는 참여하는 방식이나 과정을 실천하는 일정한 방식이 있다. 이것을 상담의 구조

라고 말할 수 있다. '구조화'는 상담의 틀, 즉 상담의 구조를 정하는 일을 말한다. 구조화를 함으로써 일반적 사회관계와 상담관계의 차이를 내담자에게 가르치고 유지할 수 있다. 좀 다르게 표현하면 구조화에 의해 상담활동인 것과 아닌 것이 구별된다. 무조건 두 사람이 만나서 대화를 한다고 해서 상담이 되지 않는 것은 상담의 구조가 일반적 만남의 구조와 다르기 때문이다.

　상담은 조건부 만남이다. 여기에는 시간, 장소, 기간, 요금 등과 같은 물리적인 요소와 만남의 조건과 행동의 제약 그리고 비밀유지와 같은 심리적인 요소가 있다. 상담은 원칙적으로 아무 장소에서 그리고 아무 때나 이루어질 수 없다. 상담은 또한 무제한의 기간 동안 만나는 일이 아니다. 사전에 엄격하게 몇 번 만난다는 것을 정하는 일은 어렵더라도 이를 정하지 않는 것보다 상담의 효율과 효과를 더 높인다. 사전에 횟수를 정하지 않는다고 해도 합의하여 수립된 목표를 달성하면 더 이상 만나지 않는다. 상담의 요금을 받느냐 받지 않느냐는 주관적인 이슈라고 할 수 있지만, 상담이 전문적 직업활동이라고 한다면 반드시 요금을 받아야 한다. 물론 의사도 무료 진료를 할 때가 있듯이 상담도 무료로 해야 할 때가 있다. 요금에 관해 두 가지 사항을 언급하려고 한다. 첫째, 요금을 정하지 않고 하거나 융통성을 둔다고 명확한 금액을 정하지 않는 것은 좋지 않다. 둘째, 상담 서비스의 가치는 삶의 질의 가치와 같다. 성공적인 상담을 위해서는 현재 내담자가 겪고 있는 문제로 인해 내담자의 삶이 고통스럽고 비효율적이라고 한다면 덜 고통스럽거나 보다 행복하며 효율적인 생활이 내담자에게 가치 있게 인식되어야 한다. 내담자가 자기 삶의 질에 대해 높은 가치를 두는 태도를 형성하는 것은 상담의 목적이기도 하고 상담의 결과이기도 하다. 또한 이러한 삶에 대한 자세를 형성함으로써 내담자의 자발적 참여를 촉진시킬 수 있다. 정당한 대가를 요구하는 일은 상담의 이유와 가능한 결과가 내담자에게 충분한 대가를 지불할 만큼 유익한 일임을 가르치는 일이기도 하다.

　초기 과정의 끝에 달성해야 할 과제는 내담자에게 상담자가 이해한 문제와 역동을 설명하고, 내담자의 반응을 참조하여 필요한 경우 그것을 교정함으로써 내담자와 합의된 이해에 도달하는 일이다. 상담이 제대로 진행되려면 초기의 끝에 내담자의 문제, 상담 방법과 과정을 내담자에게 충분히 설명해 줄 필요가 있다.

(2) 중기

중기는 정해진 목표를 달성하기 위해 구체적인 작업을 하는 시기다. 이때에는 내담자가 자신에 대해 더 깊은 이해를 하게 되며, 자신의 관점이나 태도가 자신의 문제와 어떤 관계가 있는지를 알게 된다. 물론 전문 상담자는 이런 성취를 초기에 이미 달성하기도 한다. 이런 경우에 내담자가 초기에 알게 된 자기이해는 주로 인지적 수준에 머물러 있을 가능성이 많다. 그러나 이 시기에 깊은 탐색이 이루어지면서 감정의 표현과 인지적 이해가 더 정확해진다. 이 과정이 반복적으로 일어나면 내담자는 자신의 문제와 심리과정의 관련성을 이해하고 수용하게 된다. 이런 통찰과 수용이 있으면 내담자는 자발적으로 감정을 조절하는 능력이 향상된다. 이 과정에는 다양한 기법을 사용할 수 있다. 탐색과 수용 그리고 변화된 행동을 실천하는 데 도움이 되는 기법을 다양하게 선택할 수 있다. 또한 내담자의 연령과 능력에 따라 적합한 방법을 선택한다. 방법에는 내담자만을 대상으로 하는 방법과 내담자의 환경과 주변인들을 대상으로 하는 방법이 있으며, 일인(一人)의 상담자에 의한 방법과 다수의 관련 전문가와 가족 등이 팀을 이루어 역할을 분담하는 방법도 있다. 합의된 문제와 목표가 이 시기의 작업을 이끌게 되는 것은 물론이다.

(3) 종결기

상담을 언제 끝내야 하는지에 대한 대답은 간단히 목표 달성 정도라고 말할 수 있다. 상담이 끝나게 되는 이유는 다양하지만 전문적인 상담자는 목표 달성을 그 기준으로 삼는다. 종결은 단 한 번에 이루어지는 것이 아니라 어느 정도의 기간에 걸쳐 이루어진다. 종결과정의 처음에는 종결여부에 대한 평가를 한다. 합의된 목표와 비교하여 현재 내담자의 인지, 감정, 행동을 비교함으로써 성취된 목표와 그렇지 않은 목표를 확인한다. 환경의 변화가 목표의 일부였다면 그것을 확인한다. 성취된 목표에 대해서는 어떻게 성취되었는지, 달라진 방식으로 무엇을 얻게 되었는지 등을 알아본다. 한편, 성취되지 않은 목표에 대해서는 상담을 더 지속하는 것이 바람직하다. 문제의 성질에 따라서 회기 간격이나 빈도를 변경할 수 있다. 만약 전반적으로 향상의 증거가 뚜렷하면 회기의 간격을 1주에서 2주 혹은 3주로 늘릴 수 있다. 상담은 초기에서 종결에 이르기까지 문제의 규정, 문제가 반복되는 이유(역동), 그 결과 규정되는 분명한 목표를 중심으로 진행되는 체계적 활동이다.

4) 상담자와 내담자의 관계

상담을 상담이 아닌 활동과 구별하는 또 한 가지의 기준은 내담자와 상담자의 관계가 일반적인 관계와 다르다는 점이다. 상담자와 내담자의 독특한 관계에 의해 상담의 과제가 성공적으로 실천된다는 점에서 상담자와 내담자의 관계는 상담의 구조 혹은 조건이라고 말할 수 있다. "상담은 내담자를 위한 서비스 활동"이라는 말은 내담자와 상담자 관계의 독특성을 요약해 준다. 기계나 약 혹은 운동과 같은 방법에서처럼 그것들이 오직 고객에게만 적용되는 경우에는 서비스 제공자들이 자기의 활동이 오직 고객을 위한 활동이라고 생각하기 쉽다. 그러나 상담의 경우에는 물건이나 장치가 사용되는 일은 아주 드물다. 그래서 상담이 고객을 위한 활동이라는 의미를 실감하기가 쉽지 않다. 사실, 대부분의 전문적 활동은 전문가를 위한 활동이 아니라 고객을 위한 활동이다. "고객을 위한다."는 것은 한마디로 그 활동으로 인한 혜택이 고객에게 먼저 돌아간다는 의미일 것이다. 이때 전문가에게도 성숙, 숙련과 같은 혜택이 돌아갈 수 있지만 적어도 그것은 부수적인 일이다. 상담이 내담자를 위한 서비스 활동이 되기 위해서는 상담자는 자신의 개인적 욕구를 제대로 통제할 수 있어야 한다. 인정, 소유, 친밀, 성의 욕구 등이 충족되지 않을 때, 상담자는 내담자와의 관계를 통해 알게 모르게 그 욕구를 채울 수 있게 된다. 이러한 관계를 성공적으로 유지하는 데 필요한 조건 중 하나는 내담자에 대한 충분한 이해이고, 이것은 정확한 공감과 수용, 탐색을 하는 능력과 충분한 이론의 이해에 의해서 가능해진다. 내담자의 특징에 따라 상담자는 관계의 특징을 달리해야 한다. 이는 구조화의 방법과 내용과도 관계가 있다. 예를 들어, 욕구가 일어날 때마다 전화나 방문을 통해 상담을 요청하는 경향이 있는 내담자에게는 전화 상담을 허용하지 않아야 하며 내담자를 보호하는 행위를 하지 말아야 한다.

내담자를 위한 관계를 유지한다고 해서 부모가 보살피듯이 내담자를 보호해야 하는 것은 아니다. 상담의 효과는 내담자의 생존 능력과 자원을 활용할 때 기대할 수 있기 때문에 상담자는 방법의 모색과 실천에서 항상 내담자가 우선적으로 책임이 있음을 기억해야 한다. 이때 상담자는 명료화나 현실적 검토 혹은 다른 대안의 제시와 같은 책무를 지니고 있지만 어디까지나 보조자의 역할을 한다. 이런 방식으로 상담의 실제 과정이 내담자에 의해 주도될 때 상담자는 내담자를 위한 관계를 유지하기가 쉬워진다. 상담자는 내담자를 무조건적으로 존중하는 태도를 지닌다. 그러나 이것은 내담자의 인격과 잠재력, 적응성을 존중한다는 의미이며, 내담자의 요구를 친절하게 들어준다든지, 불안하고 무능해 보이는 내담자를 안심시키고 적극적으로 보호해 준다는 것은 아니다. 적극적으로 보호하는 행위 중 가장 빈번하게 일어나는 것은 내담자에게 방법을 가르쳐 주는 태도와 자신의 경험을 적극적으로 알리고 따르게 하는 태도다.

5) 상담의 기법

상담의 과제를 해결하기 위해서는 여러 가지 기법이 필요하다. 기억을 새롭게 하기 위해 상담의 과제를 다시 기술하면 다음과 같다. 중심적인 기법이 과제에 따라 달라지는 것은 당연한 일이다.

첫째, 내담자가 와서 자기를 드러내고 표현하고 탐색할 수 있도록 돕는 일
둘째, 내담자가 원하는 변화가 무엇인지를 확인하고 규정하는 일
셋째, 내담자가 원하는 변화를 성취하는 방법을 찾아내는 일
넷째, 내담자가 원하는 변화를 성취하도록 돕는 일
다섯째, 내담자가 상담을 그만 해도 될 때를 아는 일

6) 내담자의 변화: 상담의 효과

상담의 결과는 다양한 측면에서 확인할 수 있다. 각 이론에서는 나름의 방식, 즉 각 이론에서 설명하는 핵심 문제가 약화되거나 해소되는 현상으로 확인할 수 있다. 예를 들어, 억압된 욕구에 대한 통찰의 정도나 그것에 수반하는 방어와 방법과 정도의 변화(정신분석), 인지적 오류의 감소 혹은 사회적 관심의 증가(아들러의 개인심리학이론), 자기다운 표현의 증가 혹은 자기수용 능력의 신장(대상관계이론), 자기 경험 인식의 증가(게슈탈트 상담이론) 등으로 확인될 수 있다. 한편, 상담의 효과는 인지적·정서적·행동적 측면에서의 변화나 자신과 타인을 이해하는 방식에서의 차이로 확인할 수 있다. 인지적으로는 좀 더 현실적이거나 합리적으로, 덜 자기중심적으로, 더 융통성이 있는 식으로, 더 긍정적으로 변화한다. 또한 자신에 대한 표현도 더 진솔하게 이루어지고 그 빈도도 증가한다. 정서적으로는 감정의 강도와 빈도가 줄어들고 감정의 종류가 보다 긍정

적인 성격을 띤 것으로 바뀐다

적인 성격을 띤 것으로 바뀐다. 또한 감정을 조절하거나 통제할 수 있는 능력이 발달한다. 이에 따라 감정이 안정되고 보다 쉽게 조절됨으로써 인지 기능이 더 활성화된다. 행동은 무엇보다 그 행동의 결과를 예측하면서 이루어지고, 감정의 영향을 덜 받음으로써 행동화 경향이 줄어든다.

보다 실용적으로 변화를 확인하는 방식은 자기와 타인을 이해하는 방식이 달라진다는 점이다. 내담자는 종종 자신과 타인을 부정확하게 혹은 부정적으로 왜곡하여 이해하는 경향이 있다. 그럼으로써 중립적인 자극을 부정적으로 해석하거나 받아들임으로써 부정적인 감정이 일어나고 서로 갈등이 생긴다. 상담을 통해 자신을 충실하고 정확하게 공개하고 살펴볼 수 있었던 내담자는 자신이 부정적으로 혹은 부정확하게 자신과 타인을 이해해 왔다는 것을 깨닫게 된다. 그 결과, 내담자는 자신을 상담으로 이끈 어려움이 바로 자신과 타인을 부정확하게 이해했기 때문이라는 것을 깨닫고 자기와 타인을 정확하게, 수용적으로 혹은 통합적으로 이해함으로써 문제나 어려움이 소멸된다. 이러한 상담의 효과를 아는 것은 상담을 보다 구체적으로 이해하는 데도 도움을 준다. 상담을 이해하거나 정의하려고 할 때, 상담의 결과가 가져오는 가능한 결과를 생각하면 상담이 무엇을 위한 일인지 쉽게 알 수 있다. 동시에 이를 내담자가 알게 하여 자신이 하려는 일의 목적을 정확하게 이해하게 할 수 있다.

상담의 효과로서 내담자의 변화를 다르게 생각하면 그것은 우리가 흔히 말하는 건강한 사람의 특징이다. 상담은 내담자가 더욱 적응적이고 건강한 사람으로 변화하도록 돕는 활동이기 때문에 상담은 결과적으로 내담자의 인지, 정서, 행동적 특징을 더욱 건강하게 변화시킨다. 이것을 생활영역으로 표현하면, 상담결과 내담자는 가정생활, 학교생활 혹은 직장생활, 사회생활 혹은 대인관계 등에서 더욱 적합하고 만족스러운 모습을 보이게 된다. 효과적인 상담을 수행하려면 내담자를 평가하는 과정에서 상담자는 내담자의 현재 모습이 건강한 모습과 얼마나 다른지를 생각해야 한다. 또한 내담자가 진술하는 목표를 달성하게 된다면 어떤 구체적인 변화가 일어날 것이며, 그 결과가 내담자를 일상생활에서 어떻게 건강하게 변화시킬지를 구체적으로 확인할 수 있어야 할 것이다.

7) 상담자

상담자는 한마디로 건강한 사람이다. 이상적으로는 몸과 마음이 건강한 사람이다. 몸과 마음이 항상 같이 움직이지는 않지만 대체로 마음이 건강한 사람은 몸이 건강한 편인 것 같다. 몸이 건강한 사람의 마음이 건강하지 않은 경우는 마음이 건강한 사람의 몸이 건강하지 않은 경우보다 더 흔할 것 같은 생각이 든다. 이런 의미에서 상담자는 첫째, 마음이 건강한 사람이고, 둘째, 몸이 건강한 사람이다. 마음이 건강한 사람을 완벽하게 기술할 수는 없겠지만, 상담의 과정에서 필요한 특징을 중심으로 마음의 건강을 간단히 기술하면 다음과 같다.

전문상담자에게 가장 우선되는 능력은 내담자와의 관계를 건강하게 유지하는 능력이다. 이를 위해 필요한 능력 혹은 태도는 자신과 내담자를 분리하는 능력이다. 흔히 상담자는 자기도 모르는 사이에 내담자의 삶과 자신의 삶을 동일시하여 내담자의 처지, 감정, 생각 그리고 행동 가능성을 자신의 것과 혼동한다. 그 결과, 내담자로 인해 화가 나기도 하고, 내담자를 열정적으로 가르치기도 하며, 슬픔이나 연민 혹은 애정에 사로잡히기도 한다. 이런 혼란된 태도 때문에 내담자의 문제나 그것이 지속되는 이유, 내담자의 가능성, 현재 내담자가 하는 노력 등을 인식하기 어렵고 심지어는 내담자의 문제를 악화시키기도 한다. 이와 관련하여 상담자는 내담자를 통합적 안목으로 볼 수 있어야 한다. 다시 말하면, 내담자를 전체적으로 이해해야 한다. 내담자가 보이는 문제나 약점으로 내담자를 전적으로 부적응적이라거나 자생력이 결여된 환자와 같은 존재로 보지 말아야 한다. 대신에 내담자의 문제나 약점을 그가 현재 택한 적응 방식으로 이해하고 그 방식을 택한 내담자의 적극적인 모습과 풍부한 자원을 의식할 수 있어야 한다. 내담자를 변별적이고도 통합적으로 이해하는 능력은 상담자 자신에 대한 수용과 삶의 다양성에 대한 열린 마음에서 발달한다. 상담자는 자기를 지배하는 가치관을 이해할 수 있을 뿐만 아니라 다른 가치관에 대해서도 열린 태도를 지니고 있어야 한다.

이런 태도는 Rogers의 무조건적 존중, 수용, 진실의 개념과도 다르지 않다. 내담자를 무조건적으로 존중한다는 것에서 '무조건'이란 그/그녀의 존재적 가치나 잠재적 자원뿐만 아니라 그/그녀의 존재 방식도 존중한다는 것이다. 존중한다는 것은 그에게 의미 있는 것으로 인정한다는 말이다. 이는 내담자가 충분한 자원을 지니고 있으나 상담자 자신과는 여러 가지 차이가 있음을 식별하고, 내담자가 적응을 위해서 적극적으로 자기의 삶을 선택하고 있음을 알고 인정하는 것이다. 이렇게 볼 때 '수용'과 '진실'의 개념은 무조건적 존중에 대한 하위 개념이다. 수용은 내담자의 방식에 대한 이해와 인정이며, 진실은 상담자가 자신과 내담자를 분리함으로써 내담자의 존재나 존재 방식을 존중하는 행위다.

상담이 내담자를 위한 활동이라는 입장을 받아들인다면 어떤 목적으로든 상담자는 내담자와 사사로운 관계를 맺거나 유지하지 말아야 한다. 상담자도 내담자와 마찬가지로 여러 가지 개인적 욕구를 지니고 있으며 일상생활에서 그것들이 적절히 충족되지 못할 경우 상담자는 내담자와의 관계를 통해 그것들을 충족하게 될 수 있다. 상담자에게서 자주 관찰되는 욕구는 인정과 존경 그리고 친밀 혹은 성적 욕구다. 내담자 또한 의존, 인정의 욕구를 지니고 있다. 욕구의 종류와 강도에 따라 상담자-내담자 관계의 유형이 만들어진다. 내담자의 성장에 도움이 되지 않거나 해가 되지 않기 위해서 상담자는 자신의 욕구에 대한 이해와 내담자의 욕구가 관계에서 나타나는 모습을 파악할 필요가 있다. 예를 들어, 내담자가 상담자에게 처음부터 협조적이고 잘 해나가는 것처럼 보이는 경우나 반대로 상담자에게 무조건 비협조적인 경우에 상담이 성공적이라거나 상담이 성공하지 못하고 있다고 생각할 필요는 없다. 대신에 자신과 내담자가 어떤 욕구에 시달리고 있는지를 먼저 확인하는 것이 좋을 것이다. 스스로 알아내기 어렵다면 슈퍼비전을 활용할 수도 있다.

2. 심리치료인가 상담인가

우리 사회에서는 상담(counseling)과 심리치료(psychotherapy)를 구별하려는 경향이 있다. 그러나 그것들을 구별하는 이유에 대해서는 분명히 밝혀진 것이 없다. 그렇다면 이 경향은 관례적이거나 개인적이다. 심리치료에서 중요한 말은 아마 치료라는 말일 것이다. 우리가 하는 일을 치료라고 부르는 이유가 무엇일까? 우리나라에서 치료란 용어는 공식적으로 의학 용어다. 다시 말해서 우리나라에서 치료를 한다는 것은 의료 행위를 한다는 뜻이다. 우리가 하는 일이 일종의 의료 행위라는 믿음이 있다면 공식적으로 인정을 하든 말든 치료란 말을 쓸 수 있을지도 모른다. 여기서 우리는 심리치료란 용어에 대한 한 가지 의문점을 제기할 수 있다. 그것은 우리가 하는 일이 과연 의료 행위인가하는 점이다. 이 질문에 대한 답을 논하기 전에 우리가 어떻게 해서 심리치료란 말을 사용하게 되었는지를 생각해 보자.

상담 혹은 심리치료라는 용어는 미국에서 나온 말이다. 잘 알려진 대로 상담의 시초는 진로지도다. 1909년에 Parsons에 의해 『직업의 선택(Choosing a vocation)』이라는 책이 출간되면서 학교는 학생에 대한 생활지도에 관심을 가지기 시작했고, 학교상담이 발달하기 시작했다. 그 기간을 전후해서 정신분석이나 분석심리학 혹은 개인심리학과 같은 정신분석 계열의 이론들이 나타났고, 또한 심리측정이론과 여러 검사가 활발하게 개발되었다. 그 후에는 행동주의, 인간중심상담이론 등 새로운 상담이론이 계속해서 유행하게 되었다. 그 시대에는 정신과 의사들이 주로 정신치료 혹은 심리치료를 맡고 있었으며, 그들의 신분이 의사였기 때문에 그들의 활동을 그렇게 불렀다. 교육학자와 심리학자들이 정신치료 혹은 심리치료 활동에 참가하게 된 계기는 제1차 세계 대전과 제2차 세계 대전의 발발이다. 이때 군인의 선발과 병영생활 그리고 제대 후의 사회생활을 돕는 일을 하기에 의사들만으로는 부족하였다. 이로써 교육학자와 심리학자들은 이미 형성되어 있던 심리치료 활동을 할 수 있는 공식적인 자격을 얻게 되었고, 이들은 심리학자(psychologist)라는 이름으로 자기들의 활동을 심리치료(psychotherapy)라고 부르게 되었다. 이런 맥락에서 그들의 활동은 일종의 의료활동으로 간주되어 상담활동은 의료보험의 혜택을 받을 수 있었다.

미국이라는 자본주의 사회에서 돈의 논리에 따라 상담에서의 의학 모형(medical model)의 힘은 점점 강화되어, 1980년대에 사범대학원의 상담자교육 전공(counselor education program)은 상담심리학 전공(counseling psychology program)으로 이름을 바꾸기 시작했다. 이것은 의학 모형을 채택한 미국심리학회가 상담전문가 면허제도를 주관하게 되고 특히 의료보험이 심리학자의 상담에 적용됨으로써 사회가 심리치료와 심리학자를 공인하게 된 결과였다. 이에 따라 상담전문가의 명칭이 심리학자로 굳혀지게 되었다. 교육적 성장 모형을 따르던 AACD(American Association of Counseling and Development)도 이 흐름에 편승하여 명칭을 ACA(American Counseling Association)로 바꾸게 되었다. 초 · 중등학교에서 일하는 상담교사의 명칭도 학교상담자(school counselor)로 불리기보다 학교심리전문가(school psychologist)로 불리는 경우가 더 흔하다. 한편, Williamson에 의해 사용하기 시작한 상담(counseling)이란 용어는 심리치료란 용어만큼 사회적 공인을 받지는 못한 것 같다. 지금까지 교과서나 논문 등에서 상담과 심리치료의 차이를 규명하려는 노력이 활발하기는 했지만, 상담이냐 심리치료냐는 논쟁은 학술적인 것, 학문의 정체성을 밝히는 일이기보다 정치, 경제, 사회적인 성격을 지닌 것으로 이해하는 것이 옳을 것 같다. 따라서 상담자들이 자신의 활동을 상담 혹은 치료라고 부르는 것은 학술적인 결론이라기보다 사회적 유행을 따르는 행위라고 볼 수 있다. 문제는 이 현상이 특히 미국을 중심으로 한 서구 사회에서 상담자가 생존 전략으로 선택한 결과라는 점이다. 그렇다면 우리 사회에서 서구와 같이 상담활동을 심리치료라고 부를 이유가 있는지를 생각해 봐야 할 것이다. 아직 우리 사회에서는 치료 행위를 의료인 외에는 할 수 없다. 상담을 치료 행위라고 부르면 엄격히 말해서 의료 행위가 되기 때문에 의료 집단으로부터 항의나 소송을 받을 수 있고 나아가 상담활동이 의료인의 영역에 속하게 된다. 실제로 요즘 정신과 의사들은 부모교육이나 상담, 아동 · 청소년 상담이나 놀이치료, 미술치료, 음악치료를 병 · 의원에서 시행하고 있다. 물론 이때는 그들의 상담활동을 심리치료 혹은 정신치료라고 부른다.

상담자가 자신의 전문적 활동을 심리치료라고 부른다면 그들이 도와주는 대상을 환자라고 불러야 할 것이다. 과연 우리가 만나는 아동, 청소년, 성인들이 환자인가? 환자는 한마디로 병이 난 사람이다. 병이 났다는 것은 자기 스스로 생활하거나 생존할 능력이 파괴되었거나 저하된 것을 말한다. 환자가 자생력을 회복하기 위해서는 자기 이외의 힘, 전형적으로는 문제의 원인을 정확히 파악한 의사가 처방하는 약이나 수술 등이 필수적이다. 체내에 자기 회복의 힘이 소진되었거나 변질되었기 때문이다. 이런 맥락에서 의학분야에서 심리치료 혹은 정신치료라고 말할 때에도 의사나 정신치료자의 심리적 처방으로 환자에게 결핍된 능력을 키워 준다는 의미가 전제되어 있다고 보아야 한다.

이에 비해 상담에서 내담자라고 부르는 사람들은 이미 자생력을 갖추고 있을 뿐만 아니라 문제 행동을 통해서라도 적극적으로 적응을 하고 있는 사람들로 간주된다. 어머니와의 관계나 학업에서 거듭되는 실패로 학교를 다니지 않고 가출한 청소년이 상담소에 왔다고 생각해 보자. 이 청소년의 문제는 학교를 다니고 있지 않은 것, 어머니와 심한 갈등을 경험하고 있는 것(어머니에게도 심각한 좌절을 주고 있는 것), 진로가 불투명한 것 등이다. 이 경우 문제는 청소년이 생각하는 문제와 부모가 생각하는 문제 혹은 교사가 생각하는 문제 등이 있다. 이들은 많은 경우 능력이 부족하기 때문이 아니라 서로 맺는 관계의 질적 성질 또는 그들이 지닌 삶에 대한 목표 때문에 문제를 야기하게 된다. 다시 말해 그들은 자신의 목표나 관계의 성질을 변경시킬 수 있다면 자신의 능력을 적응적인 방식으로 활용할 수 있게 된다. 이럴 때 상담자는 내담자로 하여금 자신의 목표나 관계를 이해할 수 있고 갈등으로 인한 부정적 정서를 표현할 수 있도록 하거나 아니면 자신의 입장을 다르게 보거나 다른 역할을 학습하도록 한다. 어떤 방법을 적용하든 방법의 효과는 내담자의 자원을 활용하는 방식을 다르게 만드는 것이 목적이며, 변화를 시도하고 실천하는 사람은 바로 내담자다. 이런 관점에서 볼 때, 상담서비스의 대상이 되는 사람은 환자라고 볼 수 없다. 만일 상담이 병원에서 진행된다면 상담을 하는 의사나 직원들이 그 사람을 환자라고 부를 수 있겠지만, 이것은 내담자의 특징 때문이 아니라 병원이라는 장소 변인 때문이다. 지금까지의 논의를 요약하면, 심리치료라는 용어는 학술적인 영역에서가 아닌 사회·경제적 영역에서 비롯된 것이고 학문의 영역에서도 현실의 관례를 따르게 된 결과라고 볼 수 있다.

3. 특수아

1) 법정장애아동과 준장애아동

특수아라고 하면 흔히 장애아동과 영재아동을 생각하게 된다. 장애아동은 주로 법이 정한 장애아동을 말한다. 그러나 법에서 정한 장애아동의 범주에는 해당되지 않지만 일상의 과제를 순조롭게 수행하기 어려운 준장애아동도 법정장애아동과 마찬가지로 여러 형태의 특수교육이 요구된다. 현재 이런 아동은 일반학교나 특수학급에 배치되어 있다. 비록 장애학생으로 특수학교에 수용되지는 못한다 해도 상담이 적응적 기능을 향상시키는 것을 주목적으로 하는 서비스이기 때문에 법정장애아동뿐만 아니라 준장애아동과 영재아동에게도 상담이 제공되어야 한다.

장애에는 정신장애, 신체장애, 발달장애, 정서장애 등이 있다. 주로 정신장애란 만성 정신분열증이나 우울증, 불안증과 같은 정신의학 분류에서 장애로 취급하고 있는 만성적 부적응 행동을 말하는데, 이로 인해 독립적으로 일상생활을 하기가 어려워진다. 신체장애란 지체장애, 시각장애, 청각장애, 언어장애 등을 말하며, 발달장애란 지적장애, 자폐성장애 등을 말한다. 여기서 특수교육의 대상은 신체장애, 발달장애, 정서장애를 지닌 아동이다. 그러나 상담은 정신장애아동도 대상으로 여긴다. 이렇게 보면 특수교육과 상담의 대상은 대부분 중첩되어 있지만 상담의 대상에는 정신장애와 법정장애 아동이 아닌 준장애아동도 포함되어 있다고 보아야 한다. 준장애아동 중 정서행동상의 문제로 가정과 학교 그리고 사회생활의 한 가지 이상의 영역에서 부적응적인 행동을 보이는 9세 이상의 아동, 청소년도 특수아동상담의 중요한 대상으로 여겨진다.

2) 장애의 의미

장애는 기능, 능력 그리고 사회성의 측면에서 그 의미를 찾을 수 있다.

① 기능장애(impairment): 의학적인 개념으로 신체기능이 일시적 혹은 영구적으로 손상된 상태를 의미하며, 주로 감각장애 영역에서 사용된다. 예를 들면, 청각장애(hearing impairment), 시각장애(visual impairment) 등이 여기에 해당한다.

② 능력장애(disability): 능력부족의 개념으로 일상생활의 불능 상태를 의미하며, 학습장애(learning disability)에서 사용된다. 앞서 설명한 기능장애가 곧 능력장애로 이어지는 것은 아니다. 여기에서 교육, 재활 그리고 사회적 역할의 중요성이 대두된다고 할 수 있다.

③ 사회적 장애(handicap): 사회적 측면에서 인간에게 주어지는 주관적 차원의 장애로, 사회환경의 열악함이나 사회 전반의 이해 또는 원조 부족 등으로 불편, 부자유, 불이익을 겪는 것을 의미한다. 장애인들이 그 장애로 인해 사회로부터 편견 등을 겪게 되는 사회적 결과가 여기에 해당한다. 따라서 사회 · 문화적 배경, 사회적 책임의 증가가 요구된다.

3) 장애인의 정의

「장애인복지법」 제2조(2015. 12. 29.)에서 규정하고 있는 장애인에 대한 정의는 다음과 같다.

① "장애인"이란 신체적 · 정신적 장애로 오랫동안 일상생활이나 사회생활에서 상당한 제약을 받는 자를 말한다.

② 1. "신체적 장애"란 주요 외부 신체 기능의 장애, 내부기관의 장애 등을 말한다.

　2. "정신적 장애"란 발달장애 또는 정신 질환으로 발생하는 장애를 말한다.

③ "장애인학대"란 장애인에 대하여 신체적 · 정서적 · 언어적 · 성적 폭력이나 가혹
행위, 경제적 착취, 유기 또는 방임을 하는 것을 말한다.

〈신설 2012. 10. 22., 2015. 6. 22.〉

4) 장애인의 종류

(1) 「장애인복지법 시행령」 제2조(2014. 6. 30.)

　　　1. 지체장애인

　　　2. 뇌병변장애인

　　　3. 시각장애인

　　　4. 청각장애인

　　　5. 언어장애인

　　　6. 지적장애인

　　　7. 자폐성장애인

　　　8. 정신장애인

　　　9. 신장장애인

　　　10. 심장장애인

　　　11. 호흡기장애인

　　　12. 간장애인

　　　13. 안면장애인

　　　14. 장루 · 요루장애인

　　　15. 뇌전증장애인

(2) 특수교육대상자

　"특수교육대상자"라 함은 제15조에 따라 특수교육을 필요로 하는 사람으로 선정
된 사람을 말한다(「장애인 등에 대한 특수교육법」 제15조, 2012. 3. 21.).

　제10조 ① 다음 각 호의 1에 해당하는 장애가 있는 사람 중 특수교육을 필요로 하
는 사람으로 진단 · 평가된 사람을 특수교육대상자로 선정한다.

1. 시각장애

2. 청각장애

3. 정신지체

4. 지체장애

5. 정서·행동장애

6. 자폐성장애

7. 의사소통장애

8. 학습장애

9. 건강장애

10. 발달지체

11. 그 밖에 대통령령으로 정하는 장애

4. 특수아상담

1) 개관

특수아상담을 정확히 정의하는 것은 간단하지 않지만, 여기서는 장애아동이나 영재아동을 상담하는 것을 말한다. 상담을 관계의 측면, 과정의 측면, 효과의 측면에서 살펴보면, 특수아동상담이 일반아동상담과 다를 바가 없다는 것을 알 수 있다. 특수교육자나 상담자는 장애인이 살아가면서 경험하는 내적·외적 일들이 비장애인이 경험하는 그런 일들과 그리 다르지 않다고 이야기한다. 그렇다면 상담에 있어 장애인과의 관계도 마찬가지일 것이다. 전문가로서 상담자가 장애인 내담자와 맺는 관계는 앞에서 논의한 대로 전문적 관계여야 한다. 즉, 장애인 내담자의 문제에 따라 그에게 도움이 되는 관계를 형성하고 유지해야 한다. 흔히 알려진 대로 적극적 보호와 연민은 효과적인 관계를 유지하는 데 도움이 되지 않는다. 상담의 과정에서도 다를 바가 없다. 초기, 중기, 종결기에 걸쳐 장애인과의 상담 과제는 비장애인과의 상담 과제와 마찬가지다. 초기의 평가와 래포의 형성, 문제의 규정과 역동의 평가, 구조화 등이 장애인과의 상담에서도 적절하게 이루어져야 함은 말할 나위도 없다.

　　현장에서 특수아동상담은 장애아동상담과 대체로 동의어로 사용되고 있다. 지금까지 일반인이나 특수교육자들은 장애아동에게 상담이 적용될 수 있는지에 대해 의심하고 있다. 여기에는 몇 가지 이유가 있다. 첫째, 상담은 언어능력이 충분한 사람을 대상으로 한다는 통념 때문에 정신지체아동이나 자폐성아동 혹은 학습장애아동이나 지체장애아동 등에게는 상담이 적용되기가 어렵다고 생각하는 경향이 있다. 이것은 아주 틀린 생각은 아니다. 비장애아동과 같은 방식으로 장애아동을 상담하기에는 어려운 점이 있기 때문이다. 이런 어려움은 질적인 문제이기보다 양적인 문제다. 상담자는 내담자의 지적 능력에 따라 사용하는 언어의 수준을 조절한다. 따라서 상담자는 필요한 경우 언어적 수준을 조절함으로써 상담을 시행할 수 있다. 둘째, 상담을 지적인 내용을 충고하거나 가르치는 것으로 이해할 때 장애아동상담은 가능하지도 않고 효과도 없는 일로 생각하게 된다. 그러나 상담은 장애를 가진 내담자에게 가르치는 일 이상의 일을 한다. 자조능력을 가르치거나 자기교시를 가르치는 일도 상담자가 할 일이지만, 상담자는 내담자의 감정을 알아차리고 내담자가 하는 행동의 의미를 이해하여 의사소통도 하고 용기를 북돋우기도 하며, 때로는 함께 필요한 행동을 연습하기도 한다.

　　장애아동을 위해 상담자는 필요에 따라 언어의 수준을 조정하거나 감정을 알아차리고 조절하는 일 또는 생활능력을 작게 나누어 가르치는 일 등 상담을 다양한 형태로 실천한다. 알고 보면 장애아동상담과 비장애아동상담은 다른 점보다 같은 점이 더 많다. 아마 원론적으로 볼 때 똑같다고 말할 수 있을 것이다. 장애아동을 상담할 때 상담자가 할 일은 비장애아동을 상담할 때와 같다. 무엇보다도 중요한 과제는 장애아동 내담자를 이해하는 일이다. 비장애아동을 상담할 때와 마찬가지로 상담자는 장애아동이 어떤 행동과 표정 혹은 말로 어떤 메시지를 전달하려고 하는지, 그/그녀가 살고 있는 상황에서 어떤 경험을 하고 있는지를 파악해야 한다. 그리고 비장애아동을 상담할 때와 마찬가지로 장애아동 내담자의 메시지에 대해 정확한 공감을 제공해야 한다. 다음으로 비장애아동을 상담할 때와 마찬가지로 장애아동 내담자가 자기가 할 수 있는 대안적 행동이나 자기가 지닌 자원을 알고 활용할 수 있도록 안내하여야 한다.

　　장애아동상담에서는 비장애아동상담에서보다 더 다양한 과제가 있다. 예를 들어, 한 언어장애아동이 언어치료를 받으러 온 경우를 생각해 보자. 이 아동은 발음상의 문제 혹은 표현/수용언어의 발달지연이 있으며, 또 ADHD와 같은 정서행동상의 문제가 있을 수 있다. 이에 대해 언어치료사는 보통 아동의 언어문제에 대한 정확한 평가와 그에 따른 개입을 한다. 문제 자체에 대한 종류와 심각도 등을 평가한 후 그 문제를 진단하고 다음으로 문제해결 방식을 결정한다. 이런 사례의 경우 아동의 언어문제에 영향을 미칠 수 있는 심리적 과정에 대한 평가가 생략된다면 이 아동의 언어문제를 의학적 혹은 생리적인 차원에서만 평가하게 되고 개입방식 역시 일차원적 혹은 기계적인 형태가 되기 쉽다. 개입의 효과는 우연의 결과일 가능성이 높게 된다. 그러나 이 아동의 언어문제를 평가할 때 상담자나 심리학자가 평가팀의 일원으로 참여한다면 이 아동의 문제를 환경의 맥락에서 평가할 수 있다. 아동의 어머니가 아동을 양육하는 방식, 아동이 가족 내에서 차지하는 위치, 아동의 스트레스 혹은 좌절 대응 방식 등을 평가함으로써 아동의 언어문제가 환경의 직접적인 영향을 받는지의 여부와 방식 혹은 정도를 확인할 수 있다. 혹은 언어장애로 인해 아동이 가족과 교우관계 및 학교생활에서 받을 수 있는 영향을 평가할 수도 있다. 뿐만 아니라 지적 능력이나 정서적 성숙도 혹은 충동성의 정도 등 아동의 개인적·심리적 특성을 평가함으로써 언어발달 자체가 지연되는 요인을 평가할 수 있다. 평가팀에 의해 아동을 복합적으로 평가할 때 아동에게 주어야 하는 서비스의 종류와 방법은 다양하게 규정될 것이다. 이에 따라 아동의 언어문제를 크게 언어치료사와 상담자가 협동적으로 다룰 수 있게 된다.

상담자는 아동의 심리적 반응을 관찰하여 언어문제가 지닌 기능적 성격이나 언어문제로 인해 파생되는 문제를 파악하게 될 것이다. 가령 아동의 경험 내용과 그것을 표현하는 방식을 확인하고 그 결과 아동이 얻게 되는 보상을 확인할 것이다. 이 맥락에서 어머니나 아버지 혹은 형제가 이 아동에게 반응하는 양식을 조절하기 위해 그들에게 자문을 하거나 상담을 요청할 수 있다. 또한 언어발달이 지체되어 의사소통을 제대로 하지 못한다면 아동은 교우관계에서 따돌림을 받거나 공격적 또는 은둔적인 행동을 할 수 있다. 이때 상담자는 아동의 좌절감이나 분노를 이해하고 그것을 표현할 수 있는 기회와 방법을 찾아볼 수 있을 것이다. 이 과정에서 상담자가 보이는 온정적이며 수용적인 태도 그리고 정확한 공감적 태도는 장애인 내담자가 정서적으로 순화되고 안정적인 관계를 경험하게 하는 데 도움이 될 것이다. 그러나 이때에도 상담자는 일정한 경계를 유지하여 내담자가 상담자를 존중하고 자신을 통제하는 경험을 하도록 할 필요가 있다. 또한 이런 목적을 달성하기 위한 언어적·비언어적 메시지를 다양하게 활용하고, 필요하다면 놀이나 그림 매체를 활용하여 아동 내담자의 표현을 촉진해야 한다.

특수아동을 다루는 상담자는 부모 및 특수교사와 협동적으로 일하는 것이 좋다. 특수아동은 일반아동에 비해 그들의 보호와 도움을 필요로 하며, 또한 그들의 영향을 일반아동보다 더 많이 받기 때문에 아동의 문제를 개선하거나 해결하기 위해 부모 및 특수교사와 협동적으로 노력하는 일은 필수적이라고 할 수 있다. 이에 더하여 특수아동은 흔히 다양한 치료교육을 받기 때문에 치료교육을 맡고 있는 사람들과의 협력도 이들의 재활능력을 촉진시키는 데 필수적이다. 따라서 특수아동상담자는 일반상담자보다 더 적극적이고 포괄적인 방식으로 문제에 접근한다. 그러나 특수아동의 사회심리적 경험이나 그것을 표현하는 방식은 일반아동과 다를 바가 없음을 잊지 말아야 한다. 장애인은 비장애인과 마찬가지로 감정을 경험할 수 있으며 자기의 삶에 대한 기대와 욕구를 지니고 있다. 장애인의 삶과 비장애인의 삶이 따로 존재하는 것이 아니다. 또한 장애인과 비장애인은 같은 세계에서 살고 있다. 그들의 인간적인 능력이나 권리가 비장애인과 다르지 않음을 항상 염두에 두어야 한다. 장애인상담과 일반인상담의 차이는 상담의 원리에 있다기보다 상담의 방법 혹은 도구의 차이에 있다고 보아야 한다.

2) 특수아상담 영역

특수아동상담의 영역은 몇 가지 기준으로 분류할 수 있다. 첫째, 장애의 종류, 둘째, 과제의 성격, 셋째, 상담의 양식이 기준이 될 수 있다. 장애는 정신지체, 시각장애, 청각장애, 언어장애, 지체장애, 정서장애 및 발달장애, 학습장애 등으로 나눌 수 있고, 과제의 성격에 따라서는 정신건강상담, 진로상담 및 전환교육, 부모교육과 상담, 부모 및 교사자문 등으로 나눌 수 있으며, 상담의 양식으로는 개인상담, 집단상담, 가족상담, 심리교육 등으로 나눌 수 있다.

(1) 장애에 따른 영역

장애의 종류에 따라 독립적인 상담양식이 존재한다고 생각하는 경향이 있다. 이것은 엄밀히 말하면 정확한 생각이 아니다. 이유는 간단하다. 장애의 차이보다 개인의 차이가 더 크기 때문에 장애 종류의 차이에도 불구하고 장애인을 한 개인으로서 이해하고 인간으로서 이해하는 것이 더 적절하다. 어떤 장애를 지니고 있든지 장애인은 먼저 인간으로서 이해되어야 한다. 장애인과 함께 살고 있거나 장애인을 돕고 가르치는 사람들은 대체로 장애인은 비장애인과 다른 점보다도 같은 점이 더 많다고 한다. 그들은 비장애인과 마찬가지로 다양한 감정과 기대뿐만 아니라 좌절과 실망 그리고 인내, 타협을 경험하면서 성장해 간다. 그들은 자신의 의지와 기대에 따라 삶을 선택하고 실천한다. 그러나 그들은 자신의 장애에 영향을 받으며, 자기의 방식대로 장애를 극복하여 자기를 실현하기 위해 최선의 노력을 한다. 장애의 종류에 따라 그들이 특유한 행동양식을 개발한다는 견해도 있지만, 그것은 공통점과 유사점에 비해 오히려 작은 차이라고 보아야 한다.

상담의 원리 측면에서 볼 때, 장애의 특성에 따른 내담자의 특성을 이해하는 것도 필요하지만 그것은 비장애인의 상담에서 적용되는 무조건적 존중과 수용, 공감을 실천할 때 오히려 더 잘 이해될 수 있다. 어떻게 보면 개인의 차이는 장애로 인한 차이보다 훨씬 크기 때문에 장애로 인한 차이를 개인차의 영역 내에서 이해할 수 있을 것이다. 특수아동상담을 일반상담과 연속선에 놓기 위해서 검토해야 할 과제는 특수아동의 발달에 관한 지식이다. 특수아동이 장애로 인해 곤란을 경험하고 일상생활 속에서 자신의 기대를 실현하면서 비장애아동과 다른 발달양상을 보일 수 있다.

(2) 과제의 성격에 따른 영역

상담은 부적응을 보이는 사람만을 대상으로 하는 서비스 활동은 아니다. 상담은 적응적이거나 부적응적이거나 관계없이 내담자의 적응성을 향상시키는 데 기여한다. 장애인이 보이는 부적응행동은 생활에서의 적응 과정에서 발생하는 것이다. 즉, 장애인이 우울하고 불안한 것 혹은 화가 나는 것은 장애와 부분적으로 관련되어 있지만 장애인의 속성, 즉 장애 자체로 인해 발생하는 것은 아니다. 가령 지적장애인이 정신병을 지니고 있다고 할 때, 그들이 정신지체를 지니고 있기 때문에 정신병을 지니게 되는 것은 아니다. 이런 이유로 지적장애인과 같은 장애인도 상담으로 도움을 받을 수 있다 (Rappaport, 1995). 정신건강 혹은 적응 문제에 있어서 장애인의 문제와 비장애인의 문제가 따로 있는 것은 아니다.

정신건강의 문제 이외에 장애인의 적응과 자기실현에서 중요한 과제는 직업인이 되기 위한 훈련과 취업 그리고 취업 후의 성공적 적응이다. 자조능력, 의사소통능력, 규칙준수능력, 지역사회시설 이용능력, 기초직업기능능력, 특정직업능력, 인간관계능력, 재산관리 및 증식능력 등 여러 가지 직업과 관련된 능력의 훈련과 장애인 개인의 흥미, 적성, 직업성격, 환경 등에 대한 평가가 이 영역의 주된 과제가 된다. 이런 능력은 특수교육 전반에 걸쳐 체계적으로 개발해야 하겠지만 장애아동의 특성에 대한 평가와 직업 훈련 계획, 적합한 직업의 선정, 취직 후 심리적 적응의 조력 등은 장애인을 위한 상담자가 담당해야 할 과제다.

부모교육과 상담도 장애인을 다루는 상담자에게는 중요한 과제다. 요즘 특수교육과 장애인 복지 분야에서는 가족지원서비스가 강조되고 있다. 더욱이 우리나라에서는 장애인 가족의 경우 심리적·경제적 부담을 크게 감당하고 있기 때문에 적극적인 복지제도를 운영하고 있는 서구보다도 가족지원이 더욱 중요하다. 가족지원은 심리적 지원뿐만 아니라 고용지원이나 양육기술 지원 등 다양한 형식의 가족에 대한 조력을 의미한다. 이 중에서 부모교육과 상담은 상담자에게 고유한 과제다. 장애인 부모가 되면서부터 다양한 단계의 심리적 적응과정을 거친다. 많은 장애인 부모가 성공적인 적응과정을 거쳐 결국에는 장애인 자녀로 인해 더 성숙한 생활을 하게 되었음을 보고한다. 그러나 그 과정이 결코 순탄한 것은 아니며, 그들은 자녀의 장애에 대해, 장애를 극복하는 방법에 대해, 장애인 자녀로 인해 손상되는 가족관계를 회복하는 방법에 대해, 장애인 자녀의 장래를 보장하는 방법에 대해 지식을 얻고 싶어 한다. 그러므로 상담자는 장애인 부모 개인의 심리과정이나 가족관계에 개입하고 또한 그들이 원하는 부모교육의 원리나 장애인 자녀를 조력하는 방법적 지식 등을 제공함으로써 그들이 보다 원활하게 부모 역할을 할 수 있도록 돕는다.

(3) 상담의 양식

장애인에 대한 상담 서비스는 장애인 개인을 대상으로, 장애인 집단을 대상으로, 장애인 가족을 대상으로 제공할 수 있으며, 장애인과 부모의 심리적 과정과 대응방법에 대한 심리적 지식을 제공하는 심리교육으로 제공할 수 있다. 이것은 비장애인을 대상으로 하는 일반상담의 양식과 같다. 한편, 특수아동상담에서는 상담자 개인에 의한 노력도 중요하지만 관련 전문가와 가족 그리고 관련 지원기관의 자원과 능력을 효과적으로 활용하는 팀접근을 비장애인을 위한 상담보다는 훨씬 더 적극적으로 활용할 필요가 있다.

3) 특수아상담 과정

상담의 과제를 크게 래포의 형성, 문제의 규정과 역동의 확인, 구조화, 목표 수립으로 나누고 각 과제를 해결하기 위해 필요한 기법들을 살펴본다.

(1) 래포의 형성

래포란 상담을 가능하게 하는 내담자−상담자의 동맹관계이며 내담자 측면에서 볼 때 내담자가 상담자에 대해 신뢰감을 느끼게 되는 것을 말한다. 상담에 처음 임할 때 내담자는 여러 가지로 불안하고 걱정스러운 마음을 지니고 있기 때문에 상담자에게 자신을 공개하는 일은 쉽지 않다. 상담은 내담자의 자기 공개를 바탕으로 내담자의 감정을 조절하며, 내담자의 여러 가지 특성을 평가함으로써 진행될 수 있기 때문에 상담 초기 상담자의 임무는 내담자의 자기 개방을 촉진하는 것이며, 이를 통해 래포 형성이 이루어지게 하는 것이다. 이 과제를 성공적으로 수행하기 위해 상담자는 내담자에게 주의를 집중하고, 내담자를 무조건적으로 존중하며, 내담자의 입장을 수용하고, 내담자에게 정확한 공감을 보여 주어야 한다.

이 초기의 기술들은 장애인이나 비장애인을 상담하는 데 있어 다르지 않다. 그 이유는 앞에서도 설명했듯이 장애인은 먼저 인간이기 때문에 자신에게 주의가 집중되고, 자신이 존중받고 있음을 알아차리며, 자기가 정확하게 이해되고 있음을 느낄 때 그들이 경험하고 표현하는 것들을 보다 더 편하게 공개할 것이다. 내담자가 어린 아동이거나 기능이 낮은 장애인일 때 추상성이 강한 언어보다는 구체적 언어, 정교한 언어보다는 간결하고 명료한 언어를 사용하거나 그들에게 관심이 높은 놀이 혹은 그림을 사용하여 의사소통을 한다.

일상 언어를 사용할 때에 상담자가 목소리, 자세, 거리 등을 조절하면서 내담자에게 주의집중과 '함께 있음'을 전달하는 것처럼, 놀이나 그림과 같은 보조 수단을 활용할 때에도 내담자의 나이나 주제에 따라 놀이의 종류나 상담자의 자세 같은 변인을 조절하여 래포의 형성을 촉진시킨다.

(2) 문제의 규정과 역동의 확인

인간의 행동을 환경과 자신 간의 적합성을 높이는 시도로 이해한다면 어떤 행동의 지속성은 적합성 혹은 적응 기능이 유지되는 증거로 이해할 수 있다. 이것을 상담학에서는 역동이라고 한다. 이것을 확인하는 일은 바로 상담자의 핵심과제가 된다. 역동을 이해하기 위해서는 앞서 제시한 주의집중과 수용 등의 태도에 의해 내담자로부터 충분한 정보를 이끌어 내는 것과 함께 체계적인 이론적 지식의 적용이 필요하다. 그러나 상담자의 능력과 성숙도가 성장함에 따라 이론적 지식보다 내담자에 대한 존중과 신뢰 그리고 관찰 및 탐색과정이 더 유용하게 된다.

(3) 구조화

구조화는 내담자와 상담자가 지키는 상담의 틀로서 상담관계를 사회적 관계와 분리시키고, 상담자의 개인적 욕구가 상담의 과정에 영향을 미치지 못하게 하는 역할을 한다. 구조화의 내용은 내담자에 따라 다르다. 이를 구별하는 능력은 상담자가 내담자의 문제와 역동을 정확히 이해할 때 생기기 때문에 적절한 구조화를 하기 위해서 상담자는 충분한 실제적 경험과 이상행동과 인간발달, 상담이론에 대한 충분한 지식을 갖추어야 한다. 일반적인 구조화의 내용은 만나는 시간, 장소, 비용, 허용되는 행동과 허용되지 않는 행동 등이다.

(4) 목표 수립

목표는 언제나 실현 가능한 구체적인 형태로 진술되어야 한다. 가령 수업시간에 20분 더 앉아 있기, 준비물 챙겨 오기, 공격행동 빈도의 감소, 같이 노는 또래 수의 증가와 같이 내담자, 부모, 교사 그리고 상담자 모두가 달성 여부를 알 수 있는 형태여야 하며, 가능한 한 내담자가 표현하고 이해하는 형태가 되어야 한다. 만약 내담자가 직접 표현할 수 없을 때에는 부모, 교사, 상담자가 합의하여 결정할 수 있다. 목표가 행동적·가시적으로 표현되어야 한다고 해서 상담방법을 행동주의로 제한해야 한다는 것은 아니다. 어떤 접근방법을 택하더라도 목표는 도달하는 여부를 분명히 알 수 있는 형태로 진술되어야 한다. 이런 형태의 목표가 갖는 이점은 내담자와 상담자는 물론이고 부모나 교사도 아동의 문제에 대해 변화 가능성을 느낄 수 있고 상담에 대해서도 적극적으로 참여하게 된다는 것이다.

4) 특수아상담 방법

특수아를 상담할 때에는 개인, 부모 그리고 교사를 함께 고려하여야 한다. 특수아동의 자아개념 형성과 유지·변화에 주변의 중요 타인들이 미치는 영향이 일반아동보다더 크다는 점을 생각하면, 부모와 교사에게 아동의 문제나 의사소통 양식, 상담방법을이해시키고 그들이 아동과 건강한 관계를 맺으며 적절히 개입할 수 있도록 조력하는 일은 특수아동상담의 필수 요소라고 할 수 있다. 이와 더불어 특수아동을 다루는 상담자는 내담자가 가정생활, 학교생활, 또래와의 관계 혹은 사회생활을 적응적으로 유지하기위해서 갖출 필요가 있는 조건에 대해 충실하게 평가할 수 있어야 한다. 이 과제를 수행하기 위해 상담자는 교사와 부모, 의사와 면담을 하고 또래를 관찰하는 것은 물론 사회복지사나 자신이 가정을 방문하여 가정의 경제적·심리적 형편을 확인하여야 한다. 그리고 상담자는 교사, 부모, 기타 관계자와 함께 사례평가회의를 개최하여 아동의 문제에 대한 정의와 개입의 영역 그 방법을 합의·공유하고 역할을 나누어야 하며, 이 모든과정을 상담자는 조정하고 관리하여야 한다. 이런 통합적·집단적 접근 모형을 결정한뒤 상담자는 자신의 고유 업무를 시작한다. 그것은 개인상담이나 가족(부부)상담 혹은심리교육을 하는 것이다.

지적장애나 자폐성장애가 심한 아동에게는 행동적 접근방법이 유익하다고 알려져있다. 일반적으로 특수아동에 대한 상담 방법은 절충적이며 다양하다. 그러나 어떤 종류의 장애를 지니고 있는 아동이라고 하더라도 아동의 부적응행동이 지니는 의미나 기능을 무시하면 안 된다. 장애아동과 비장애아동을 막론하고 대부분의 인간 행동에는의사소통의 기능이 있다. 자율신경계의 지배를 받는 행동이 있기도 하지만 대부분의행동에는 목적이 있다. 이런 주장은 아들러의 개인심리학이론에 근거를 두고 있다. 이를 근거로 발달한 이론이 응용행동분석이라고 할 수 있다. 이러한 목적을 파악하기 위하여 행동의 기능 분석을 수행한다. 특수아동을 위한 상담에서 내담자와 래포를 형성하고, 그들을 이해하며, 그들의 변화를 시도하기 위해 놀이, 레크리에이션, 음악, 미술기타의 방법을 활용할 때가 많다. 이러한 기법이나 방법에 대하여 각 장의 해당 부분에서 구체적으로 소개하게 될 것이다.

🍃 생각해 볼 문제

1. 특수아상담이 일반상담과 같은 점과 다른 점을 어떻게 설명할 것인가?
2. 특수아상담에서는 다양한 의사소통의 방법과 접근방법이 사용된다. 언어 이외에 어떤 방법이 유용하게 사용될 수 있는가? 그런 방법이 어떻게 도움이 되는지 생각해 보자.
3. 특수아의 사례를 구하여 상담절차를 디자인해 보자.

🍃 참고문헌

김병석(2015). 상담교육과 실무에서의 존중과 격려. 2015년 한국상담학회 연차대회 주제발표 자료.

Rappaport, S. R. (1995). Mental retardation and emotional disorders: Assessment and psychotherapy. In Anthony F. Rotatori et al., *Advances in Special Education, 9*, 119-146.

🍃 추천문헌

박성희(2001). 상담의 새로운 패러다임. 서울: 학지사.

Buscaglia, L. (1975). *The disabled and their parents: A counseling challenge*. Thorofare, NJ: Charles B. Slack, Inc.

Rotatori, A., Schwenn, J. O., & Litton, F. W. (Eds.). (1995). Counseling special populations: Research and practice perspectives. *Advances in Special Education, 9*. Greenwich, Connecticut: JAI Press, Inc.

제2장

특수교육 관련법

이 장에서는 특수교육 관련법에 대해서 알아보고자 한다. 모든 특수교육 관련 지원은 다양한 법률적 근거를 가지고 있지만, 이 모든 법률적 근거는 헌법 제31조 "모든 국민은 능력에 따라 균등하게 교육을 받을 권리를 가진다."에 입각하여 이루지고 있다.

특수교육 관련법은 매우 다양하기 때문에 관련법을 모두 검토해 본다는 것은 현실적으로 어려움이 있다. 따라서 이 장에서는 특수교육 관련법 중 교육, 복지, 인권, 특정장애의 4가지 주제를 대표하여 「장애인 등에 대한 특수교육법」 「장애아동복지지원법」 「장애인차별금지법」 「발달장애인 권리보장 및 지원에 관한 법률」을 중심으로 그 제정배경과 주요 내용을 살펴보고자 한다.

학교 장면 사례

A초등학교의 교장 선생님은 일반학급에 배치된 특수교육대상자들 중 일부를 대상으로 하여 정규 교과시간에 숙직실 등지에서 자신이 개발한 한글 프로그램을 특수교육대상자의 어머니로 하여금 가르치게 하고, 대신 특수교사에게는 교무실에 상주하면서 대부분의 교무업무와 공무처리 등을 담당하게 하였다. 이에 대하여 해당 초등학교 학부모 및 지역주민 287명은 교장의 독단적인 학교 운영으로 특수교사의 수업권과 학생들의 학습권이 침해되는 등 교장으로서의 정상적인 업무수행을 기대할 수 없다는 내용의 민원을 제기하여 교장의 징계 및 전보를 요구하였다.

위 내용은 학교 현장에서 실제로 일어났던 사건으로, 이로 인해 해당 교장은 징계위원회에 회부되어 정직의 징계처분을 받은 바 있다. 이처럼 학교 현장에서 특수교육 관련 법안을 제대로 이해하지 못하거나 무시하여 장애학생들의 교육적 권리가 제대로 보장되지 못하는 여러 사례가 발생하고 있다.

학습목표

1. 교육: 「장애인 등에 대한 특수교육법」의 제정배경과 주요 내용을 이해한다.
2. 복지: 「장애아동복지지원법」의 주요 내용을 이해한다.
3. 인권: 「장애인차별금지 및 권리구제 등에 관한 법률」의 주요 내용을 이해한다.
4. 특정장애: 「발달장애인 권리보장 및 지원에 관한 법률」의 주요 내용을 이해한다.

1. 장애인 등에 대한 특수교육법

1) 제정배경[1]

1977년 12월 31일 법률 제3053호로 제정·공포된 「특수교육진흥법」은 우리나라 장애인 교육을 공적으로 보장하기 시작하였고, 전국 시·도에 공립 특수학교 및 특수학급이 설치되는 등 특수교육 발전의 기틀을 마련하는 법적 근거가 되었다. 그 후 「특수교육진흥법」은 9차례에 걸친 개정이 이루어졌는데, 그중 1994년 전면 개정에서는 통합교육 및 개별화교육 등 새로운 교육사조의 도입, 장애학생의 적절한 선정·배치 등 절차적 권리강화를 위한 특수교육운영위원회의 도입 등 획기적인 조치를 포함하게 되었다.

하지만 기존의 「특수교육진흥법」이 실제 특수교육의 현장을 적절히 지원하기 위한 기본 가이드라인으로서 제역할을 하지 못한다는 문제제기가 지속적으로 이루어졌고, 다양하게 분출되고 있는 새로운 요구를 제도권으로 수용하여 보다 체계적으로 접근할 필요가 있다는 지적이 있었다. 1994년 「특수교육진흥법」 전면 개정 이후 그동안 미진한 부분이 일부 보완되기는 하였으나, 현장의 요구나 최근 특수교육 동향을 반영하지 못하고 있다고 본 것이다. 특히 「특수교육진흥법」은 초·중등교육 중심으로 규정되어 있어 장애 영유아 및 장애 성인을 위한 교육지원에 대한 규정이 미흡하며, 국가 및 지방자치단체의 특수교육 지원에 대한 구체적인 역할의 제시가 부족하여 법의 실효성 담보에 한계가 있다는 것이 주요한 내용이었다.

2006년 4월 20일 장애인의날을 기하여 장애인 관련 정책의 전반적인 문제점을 검토

---

1) 이 내용은 교육과학기술부(2008)의 제정배경 부분을 주로 인용함.

하고 특단의 대책을 마련하라는 대통령 지시에 따라 2007년부터 2010년까지 추진할 '장애인 지원 종합대책'을 마련하고, 2006년 9월 4일 관계부처 합동으로 발표하여 장애인 정책에 대한 정부의 확고한 의지를 표명하였다.

이러한 주변 상황의 변화와 최근 특수교육의 세계동향 등을 반영하기 위해 당시 교육인적자원부에서는 2005년도에 수행한 관련 정책연구 결과를 토대로 2006년 6월 초 개정(안)을 마련하게 되었다. 그리고 그간의 '특수교육 기회 확대 정책'을 '특수교육의 내실화 정책'으로 정책의 전반적인 방향을 전환하여, 보다 안정적이고 적극적인 특수교육 정책으로 정착·발전시켜 나갈 수 있도록 「특수교육진흥법」 전부 개정을 추진하게 되었다.

또한 국회는 「특수교육진흥법」이 법의 목적을 제대로 실현하지 못하고 있다고 보고 '장애인의 교육지원에 관한 법률안' '특수교육진흥법 일부개정법률안' '특수교육진흥법 전부개정법률안' 등을 지속적으로 논의하였다. 이에 대한 국회 교육위원회의 대안으로 「장애인 등에 대한 특수교육법」이 마련되어 2007년 4월 30일 국회 본회의를 통과하였고, 5월 25일 법률 제8483호로 공포되었다.

이상과 같은 과정을 거쳐 「교육기본법」 제18조에 따라 국가 및 지방자치단체가 장애인 및 특별한 교육적 요구가 있는 사람에게 통합된 교육환경을 제공하고 생애주기에 따라 장애유형·장애정도의 특성을 고려한 교육을 실시하여 이들의 자아실현과 사회통합을 하는 데 기여하는 것을 목적으로 「특수교육진흥법」을 폐지하고 「장애인 등에 대한 특수교육법」을 새롭게 제정하였다. 또한 국가 및 지방자치단체가 장애인 등 특수교육대상자에게 고등학교까지 의무교육을 실시하고, 영유아 때부터 장애의 유형과 정도를 고려한 특수교육 및 특수교육 관련서비스를 제공하는 등의 내용으로 「장애인 등에 대한 특수교육법」이 제정(법률 제8483호, 2007. 5. 25. 공포, 2008. 5. 26. 시행)됨에 따라 법률에서 위임한 사항과 그 시행에 필요한 사항을 동법 시행령에서 규정하게 되었다.

2) 주요 내용

「장애인 등에 대한 특수교육법」(이하 「특수교육법」)의 주요내용은 크게 「장애인 등에 대한 특수교육법」의 체계, 교육기회의 확대, 특수교육 전달체계의 확립, 특수교육의 질 제고, 특수교육 복지지원 확대, 학생과 보호자의 권리보장 차원에서 검토해 볼 수 있다.

(1) 「장애인 등에 대한 특수교육법」의 체계

이 법은 「교육기본법」 제18조에 따라 국가 및 지방자치단체가 장애인 및 특별한 교육적 요구가 있는 사람에게 통합된 교육환경을 제공하고 생애주기에 따라 장애유형·장애정도의 특성을 고려한 교육을 실시하여 이들의 자아실현과 사회통합을 하는 데 기여하고자 법적·제도적 기반을 마련하려는 것으로, 총 6장 38개 조문의 본칙으로 구성되어 있다.

〈표 2-1〉 「장애인 등에 대한 특수교육법」의 체계

장	조(제목)
제1장 총칙	제1조(목적)/제2조(정의)/제3조(의무교육 등)/제4조(차별의 금지)
제2장 국가 및 지방자치단체의 임무	제5조(국가 및 지방자치단체의 임무)/제6조(특수교육기관의 설립 및 위탁교육) 제7조(위탁교육기관의 변경신청)/제8조(교원의 자질향상) 제9조(특수교육대상자의 권리와 의무의 안내)/제10조(특수교육운영위원회) 제11조(특수교육지원센터의 설치·운영)/제12조(특수교육에 관한 연차보고서) 제13조(특수교육 실태조사)
제3장 특수교육대상자의 선정 및 학교배치 등	제14조(장애의 조기발견 등)/제15조(특수교육대상자의 선정) 제16조(특수교육대상자의 선정절차 및 교육지원 내용의 결정) 제17조(특수교육대상자의 배치 및 교육)
제4장 영유아 및 초·중등교육	제18조(장애영아의 교육지원)/제19조(보호자의 의무 등) 제20조(교육과정의 운영 등)/제21조(통합교육)/제22조(개별화교육) 제23조(진로 및 직업교육의 지원)/제24조(전공과의 설치·운영)/제25조(순회교육 등) 제26조(방과후 과정을 운영하는 유치원 과정의 교육기관) 제27조(특수학교의 학급 및 각급학교의 특수학급 설치 기준) 제28조(특수교육 관련서비스)
제5장 고등교육 및 평생교육	제29조(특별지원위원회)/제30조(장애학생지원센터)/제31조(편의제공 등) 제32조(학칙 등의 작성)/제33조(장애인 평생교육과정) 제34조(장애인평생교육시설의 설치)
제6장 보칙 및 벌칙	제35조(대학의 심사청구 등)/제36조(고등학교 과정 이하의 심사청구) 제37조(권한의 위임과 위탁)/제38조(벌칙)

(2) 교육기회의 확대

기존에는 8개 장애유형에 해당되는 자 중 특수교육을 필요로 하는 사람을 교육지원

대상자로 규정하고 있으나, 「특수교육법」에서는 발달지체와 자폐성 장애를 신설하여 전체 10개 장애유형으로 그 유형을 확대하여, 현재 장애를 가지지 않았어도 장애발생 가능성이 높거나, 장애가 의심되는 자가 특수교육을 필요로 하면 특수교육을 지원할 수 있도록 규정하였다. 또한 기존의 8개 장애유형 중 언어장애와 정서장애는 최근의 변화된 상황을 고려하여 각각 의사소통장애와 정서·행동장애로 확대·변경되었다.

〈표 2-2〉 특수교육지원 대상 장애유형의 변화

기존		「특수교육법」	비고
시각장애	→	시각장애	동일
청각장애	→	청각장애	동일
지체부자유	→	지체장애	변경
언어장애	→	의사소통장애	확대·변경
정신지체	→	정신지체	동일
정서장애(정신장애)	→	정서·행동장애	확대·변경
		자폐성장애(이와 관련된 장애 포함)	신설
건강장애	→	건강장애	동일
학습장애	→	학습장애	동일
–	→	발달지체	신설

그리고 학령기 아동 중 특수교육 요구 아동뿐만 아니라, 그 이외의 장애영아, 장애대학생, 장애성인 등도 교육지원 대상으로 포함시켰다. 장애학생의 교육기회 확대를 위하여 무상·의무교육의 연한을 기존에 만 3세부터 만 17세까지였던 것을 만 0세부터 만 18세(19세까지 가능)까지로 확대하였고, 연령별이 아닌 교육과정별로 영아기과정과 전공과과정을 무상교육으로 규정하였으며, 유치원과정과 고등학교과정을 의무교육으로 규정하여, 무상·의무교육의 연한 또한 확대하였다.

〈표 2-3〉 무상·의무교육 연한 변화

구분	기존	「특수교육법」	비고
영아기과정(만 0~2세)	없음	무상	변경
유치원과정(만 3세~학령전)	무상	의무	변경
초·중학교과정(만 7~14세)	의무	의무	동일
고등학교과정(만 15~17세)	무상	의무	변경
전공과과정(만 18세 이상)	없음	무상	변경

전공과 설치 대상 교육기관을 기존의 특수학교에서 특수교육기관으로 확대함으로써 전공과를 특수학교뿐만 아니라 일반학교, 특수교육지원센터 등 지역에서 가까운 교육기관에서 설치할 수 있도록 하여, 일반학교 졸업생들도 이용할 수 있도록 하였다. 또한 전공과를 이수한 특수교육대상자는 「학점인정 등에 관한 법률」(법률 제13229호, 2015. 9. 28., 일부개정)에 따라 학점인정을 받을 수 있도록 조치하여, 이후 학사학위 취득에 도움이 되도록 하였다.

전공과 이후의 교육을 위해 특수교육기관 및 일반학교 등에 장애인을 위한 평생교육과정을 설치할 수 있도록 하고, 일반 평생교육시설 및 평생교육단체가 별도의 장애인 평생교육과정을 운영할 수 있도록 하여, 특수교육대상자들을 위한 평생교육의 기회를 확대하였다. 그리고 학령기를 놓쳐 교육받지 못한 장애성인들을 위하여 일반 평생교육시설과는 별도로 학교 형태의 장애인평생교육시설을 설치할 수 있도록 하였다.

(3) 특수교육 전달체계의 확립

「특수교육법」에서는 조기발견, 진단·평가 및 선정·배치체계의 확립을 위한 변화가 있었다.

조기발견 체계의 문제점을 개선하기 위하여 제14조를 통해 조기발견을 위한 홍보를 의무화하고, 선별검사를 무상으로 실시하도록 하였으며, 조기발견에 필요한 세부적인 절차를 제시하였다.

그리고 이를 위한 별도의 진단·평가팀 운영에 대한 근거를 마련하였다. 기존의 특수교육대상자의 진단·평가는 사실상 각급학교의 특수교육교원에 의해서만 수행되어 왔다. 물론 일부 시·도에서는 특수교육운영위원회에 진단평가소위원회를 구성하여 진단·평가 업무를 특수교육교원과 다양한 전문인력이 함께 진행하도록 조치하였으나, 이 또한 형식적 모습에 불과하였다.

「특수교육법」에서는 이런 문제에 적극적으로 대응하기 위하여 「특수교육법」 제11조 (특수교육지원센터의 설치·운영), 제14조(장애의 조기발견 등), 제15조(특수교육대상자의 선정) 및 제16조(특수교육대상자의 선정절차 및 교육지원 내용의 결정)에 제시된 진단·평가 절차를 근거로 하여 특수교육지원센터가 진단·평가 업무를 담당하도록 규정하고 있다.

보호자의 의견 수렴 근거도 명확히 마련하였다. 기존에 특수교육대상자 여부만을 선정하여 보호자에게 통지하였던 것을, 교육지원 내용에 대한 최종의견도 보호자에게 함께 통지하도록 규정하였고, 각급학교의 장이 진단·평가를 의뢰할 때에는 보호자의 사전동의를 받을 수 있도록 하였다. 그리고 진단·평가의 과정에서 부모 등 보호자의 의견진술의 기회를 보장하도록 규정하고, 특수교육대상자를 배치할 때에는 보호자의 의견을 수렴하도록 하였다.

또한 시·군·구 단위의 특수교육지원센터에 대한 설치기준 및 역할 등을 구체적으로 명시하여, 특수교육지원센터가 보다 편리하게 접근할 수 있는 지역 내 특수교육전달체계 중 하나가 될 수 있도록 하였다. 그리고 특수교육지원센터의 역할을 진단·평가, 교수·학습 지원, 순회교육 지원, 진로 및 직업교육 지원 등 교육 현장을 체계적으로 지원할 수 있는 것으로 명료화하였다.

특수교육대상자들의 고등교육 현실을 개선·보완하기 위하여 장애학생 수가 대통령령이 정하는 바 10명 이상이 되면 장애학생지원센터를 설치하도록 의무화하였고, 9명 이하가 되면 지원부서 또는 전담직원을 배치하도록 하였다.

(4) 특수교육의 질 제고

「특수교육법」에서는 특수교육의 질 제고를 위하여 학급당 학생 수 기준을 법률로 명시하였다. 학급당 학생 수 기준 변경 현황은 〈표 2-4〉와 같다.

〈표 2-4〉 학급당 학생 수 기준 변화

구분		기존	특수교육법
법적 근거		법 제15조 제3항 및 법에 근거한 시행령 제13조의2 제1항	제27조 제1항
기준 적용 대상		일반학교의 특수학급	일반학교의 특수학급 및 특수학교의 학급
설치 기준	유치원과정	1인 이상 12인 이하 - 1학급 12인 초과 - 2학급 이상 (각 과정 공통)	1인 이상 4인 이하 - 1학급 4인 초과 - 2학급 이상
	초등학교과정		1인 이상 6인 이하 - 1학급 6인 초과 - 2학급 이상
	중학교과정		1인 이상 6인 이하 - 1학급 6인 초과 - 2학급 이상
	고등학교과정		1인 이상 7인 이하 - 1학급 7인 초과 - 2학급 이상

통합교육의 법률적 개념을 정립하기 위하여 '제2조 6호 "통합교육"이라 함은 특수교육대상자가 일반학교에서 장애유형·장애정도에 따라 차별을 받지 아니하고 또래와 함께 개개인의 교육적 요구에 적합한 교육을 받는 것을 말한다.'라는 구체적인 내용을 명문화하였다.

그리고 개별화교육의 내실화를 위하여 제22조에 개별화교육 관련 규정을 포함시켰다. 구체적인 규정 내용은 〈표 2-5〉와 같다.

〈표 2-5〉 개별화교육 관련 규정

개별화교육 지원팀의 구성	• 보호자, 특수교육교원, 일반교육교원, 진로 및 직업교육 담당교원, 특수교육 관련 서비스 담당인력 등으로 구성(제1항) • 개별화교육 지원팀은 매 학기마다 개별화교육 계획을 작성해야 함(제2항) • 특수교육교원이 개별화교육 지원팀의 업무를 지원하고 조정함(제3항)
개별화교육 계획의 운영	• 개별화교육 지원계획의 수립 및 실시 등에 관한 사항은 시행규칙으로 위임
개별화교육 계획의 법적 문서화	• 개별화교육 계획 작성을 의무적으로 규정(제2항) • 특수교육대상자의 전학 또는 상급학교 진학 시 개별화교육 계획을 송부(제3항)
IEP에 대한 불복신청	• 개별화교육 지원팀에의 보호자 참여를 배제한 경우 차별행위로 규정(제4조 제2항 3호), 이 경우 보호자가 특수교육운영위원회에 심사청구를 할 수 있도록 함(제36조 제1항). 또한 이러한 차별행위를 한 자에 대하여 제38조 2호에 따라 300만 원 이하의 벌칙 부과

그리고 진로 및 직업교육의 내실화를 위하여 진로 및 직업교육 관련 규정을 포함시켰다. 구체적인 규정 내용은 〈표 2-6〉과 같다.

〈표 2-6〉 직업교육 관련 규정

구분	「특수교육법」
개념 정의	'진로 및 직업교육'이라 함은 특수교육대상자의 학교에서 사회 등으로의 원활한 이동을 위하여 관련 기관의 협력을 통하여 직업재활훈련·자립생활훈련 등을 실시하는 것을 말한다(제2조 9호).
대상 범위	• 직업재활훈련: 직업평가, 직업교육, 고용지원, 사후관리(추수지도) • 자립생활훈련: 일상생활적응훈련, 사회적응훈련 등 자립생활기술훈련(제23조 제1항)
협력 체계	• 효과적인 진로 및 직업교육 실시를 위하여 대통령령으로 정하는 관련기관 협의체 구성 명시 -관련기관 : 특수교육기관, 한국장애인고용공단지부 등 해당 지역의 장애인 고용 관련 기관, 직업재활시설, 장애인복지관, 산업체 등 망라

(5) 특수교육 복지지원 확대

「특수교육법」에서는 특수교육 복지지원 확대를 위하여 가족지원, 치료지원, 보조인력지원, 학습보조기기 및 보조공학기기 지원, 통학지원 등 관련서비스 지원 규정을 마련하였다.

그리고 유치원 종일반 지원을 위한 규정을 마련하여 특수학교 유치부, 유치원과정만 운영하는 특수학교, 일반 유치원 등에도 특수교육대상자로 선정된 영유아를 대상으로 방과후과정을 운영할 수 있도록 하였고, 방과후과정 운영을 담당할 인력을 학급당 1인 이상 추가로 배치할 수 있도록 규정하였다.

또한 대학의 장애학생을 위한 지원규정을 마련하여, 대학에 입학한 장애학생과 그 보호자는 새 법률에 따른 각종 지원조치를 제공해 줄 것을 서면으로 제출할 수 있도록 하고, 대학의 장은 각종 학습보조기기 및 보조공학기기 등의 물적 지원, 교육보조인력 등의 인적지원, 취학편의 지원, 정보접근 지원, 편의시설 설치 지원 등에 대해 2주일 이내에 지원 여부 및 사유를 신청자에게 서면으로 통지하도록 하였다. 이를 통해 장애학생들이 대학에 들어가기 전에 필요한 교육 지원에 관한 사항을 대학과 사전에 협의하고, 대학이 충분한 교육지원을 할 수 있도록 하였다.

(6) 학생과 보호자의 권리보장

「특수교육법」에서는 학생과 보호자의 권리를 명확히 보장하기 위하여 〈표 2-7〉과 같이 차별행위의 유형을 구체적으로 명시하였다.

〈표 2-7〉「특수교육법」에서 규정하고 있는 차별행위의 대상

- 장애를 이유로 입학의 지원을 거부하거나, 입학전형 합격자의 입학을 거부하는 행위
- 제28조에 따른 특수교육 관련 서비스 제공에서의 차별
- 수업 참여 배제 및 교내외 활동 참여의 배제
- 개별화교육 지원팀의 참여 등 보호자 참여에서의 차별
- 대학의 입학전형절차에서 장애를 이유로 별도의 면접이나 신체검사를 요구하는 등 입학전형 과정에서의 차별

그리고 기존의 법률에서 규정하고 있는 심사청구 대상을 확대하여 학생 및 보호자가 교육현장으로부터 그 권리를 구제받을 수 있도록 하였다.

〈표 2-8〉 심사청구 관련 규정사항

구분	「특수교육법」
심사청구 대상	• 특수교육대상자의 선정 • 특수교육대상자의 지정 · 배치 • 특수교육대상자에게 통지된 교육지원에 관한 결정 사항 • 제4조에 규정하는 각종 차별행위에 관한 사항
심사청구 방식	• 유 · 초 · 중: 시 · 군 · 구 특수교육운영위원회에 심사청구 • 고 · 특수학교: 시 · 도 특수교육운영위원회에 심사청구
심사기간	• 30일 이내에 심사하여 결정하고 청구인에게 통보
결정된 사항에 대한 이의신청	• 90일 이내에 행정심판 제기 가능
공평한 청문의 기회	• 의견 진술의 기회 제공 • 의견 청취

(7) 「장애인 등에 대한 특수교육법」의 주요 변경 내용[2]

「장애인 등에 대한 특수교육법」은 기존의 「특수교육진흥법」에서 커다란 진보를 이룬 법안으로서 주요 변경 내용은 〈표 2-9〉와 같다.

〈표 2-9〉 「장애인 등에 대한 특수교육법」의 주요 변경 내용

항목	기존 「특수교육진흥법」	제정 「장애인 등에 대한 특수교육법」	비교 검토
법률의 명칭	「특수교육진흥법」	「장애인 등에 대한 특수교육법」	• 법률 수혜 대상자를 '장애인 등'으로 명시 • 교육지원의 방법을 '특수교육'으로 명시 • '진흥'을 삭제하여, 이 법률이 본격적인 특수교육을 지원하기 위한 법률임을 명시
법률 수혜 대상자	장애를 가진 자 중 특수교육을 필요로 하는 사람	장애를 가진 사람 및 장애발생 가능성이 높은 사람 중 특수교육을 필요로 하는 사람 + 고등교육 및 평생교육 해당 교육기관 또는 시설을 이용하(고자 하)는 장애인	• 법률 수혜 대상자를 장애인뿐만 아니라 장애발생 가능성이 높은 사람(발달지체 등)까지 확대 • 고등교육기관 및 평생교육 시설을 이용하거나 이용하고자 하는 장애성인도 법률 수혜 대상자에 포함

---

[2] 이 내용은 전국장애인교육권연대(2007)의 내용을 주로 인용함.

개념 규정	특수 교육	교과교육 및 치료교육, 직업교육	교육과정 및 관련 서비스	• 기존의 치료교육과 직업교육을 특수교육에서 분리하고 교육과정 및 특수교육 관련서비스를 특수교육의 범위로 재설정
	직업 교육	없음	'진로 및 직업교육'이라 함은 특수교육대상자의 학교에서 사회 등으로의 원활한 이동을 위하여 관련 기관의 협력을 통해 직업재활훈련 및 자립생활훈련 등을 실시하는 것	• 직업교육의 개념을 '진로 및 직업교육'으로 명칭을 변경하고, 하위영역에 전문기술교육 등 직업 중심의 교육(훈련) 이외에도 자립생활교육(훈련) 등도 포함시킴 • 전환서비스의 개념을 '진로 및 직업교육' 개념에 일부 포함시킴
	치료 교육	'치료교육'이라 함은 장애로 인하여 발생한 결함을 보충함과 동시에 생활기능을 회복시켜주는 심리치료·언어치료·물리치료·작업치료·보행훈련·청능훈련 및 생활적응 훈련 등의 교육활동을 말한다.	삭제	• 치료교육을 삭제하여 치료교육 중 훈련영역은 특수교육과 통합하고, 치료서비스 분야는 치료지원으로 분리, 독립시킴 • 치료교육과 치료서비스 간의 혼란 및 치료교육과 특수교육 간의 혼란 해소
	특수 교육 관련 서비스	없음	가족지원, 치료지원, 보조인력·보조공학기기 지원, 학습보조기기지원, 통학지원, 정보접근지원 등까지 포함	• 치료지원을 비롯한 다양한 교육복지 지원 사항을 관련 서비스 범위에 포함시킴
무상, 의무교육 범위		영아: 없음 → 무상 유치원과정: 무상 → 무 초·중학교과정: 의무 → 의무(변동 없음) 고등학교과정: 무상 → 의무 전공과: 없음 → 무상		• 유치원 및 고등학교 교육을 의무교육으로 규정 • 영아 및 전공과정의 경우 무상교육으로 규정 • 무상·의무교육의 연한을 대폭 확대하여 교육기회 보장
생애 주기 별 교육 지원 규정	영아 지원	없음	• 특수교육교원 및 관련 서비스 담당인력이 순회교육 제공, 특수학교 유치부 및 영아반과정을 통한 지원	• 영아에 대한 구체적인 교육지원 방법을 법률로 명시
	유아 교육	구체적인 지원 규정 없음	• 초중등교육에 준하는 교육지원 규정 • 종일반을 운영하는 유치원에 대한 지원 규정	• 조기특수교육을 위한 구체적인 교육지원 방법을 법률로 명시

	초·중등교육	• 특수교육, 통합교육, 개별화교육, 진로교육, 직업교육, 치료교육 등을 제공 • 단, 구체적 지원 방법은 시행령/시행규칙으로 위임하거나, 명시되어 있지 않음	• 학교급별에 따라 초등의 경우 통합교육을, 중등의 경우 진로 및 직업교육을 중시하고, 이를 체계적으로 제공 • 통합교육에 필요한 구체적 지원방법 명시 • 개별화교육 지원팀에서 결정한 개별화교육 지원계획에 따라 교육계획을 수립하고 시행하도록 강제 • 특수교육 관련 서비스에 대한 구체적 지원방법 명시(세부사항은 시행령으로 위임) • 전공과의 경우 특수학교 이외의 곳에도 설치 가능하도록 하고, 전문기술교육 이외에도 사회적응교육 등 자립생활교육 과정도 제공하도록 함	• 통합교육에 필요한 구체적 지원방법을 명시하고, 진로 및 직업교육 지원을 확대함으로써 교육기회 확대는 물론이고, 생애주기에 적합한 다양한 교육지원을 제공받을 수 있도록 함 • 개별화교육 지원규정을 구체적으로 명시함으로써, 보호자와 교사 등과의 협력을 통해 교육지원 계획을 수립하고 실천하도록 함 • 특수교육 관련 서비스와 같은 다양한 교육복지 지원규정 신설(가족지원, 치료지원, 보조인력지원, 통학지원, 보조공학기기지원, 생활지원, 정보접근지원 등까지 망라) • 전공과의 활용 가능성 확대 및 지원 강화
	고등교육	없음	• 대학 내 특별지원위원회 및 장애학생지원센터 설치 • 각종 편의제공 의무화 • 학칙규정 의무화 • 심사청구 권리 보장	• 장애학생의 수학편의에 필요한 다양한 교육지원 사항을 명시하고, 이를 지원할 수 있는 기구도 설치할 수 있도록 하여 장애학생의 교육권과 학습권을 보장함
	평생교육	없음	• 일반 평생교육시설(단체)에 장애인을 위한 평생교육과정 설치 • 학교 형태의 장애인평생교육시설 설치	• 기존의 평생교육시설 등에 대해 장애인이 접근 가능하도록 하기 위한 방법을 제시 • 교육받지 못한 장애인을 위해 별도의 장애인평생교육시설을 설치·운영하도록 하여, 장애인의 평생교육 권리 보장
특수교육 대상자 선정 절차		• 보호자가 진단평가 의뢰 → 시·군·구(시·도) 특수교육운영위원회가 진단평가 → 교육장(교육감)이 대상자 선정 통보	• 보호자 및 각급학교의 장이 진단·평가 의뢰 → 시·군·구 특수교육지원센터에서 대상자 선정 및 대상자의 교육지원 내용 등에 대한 진단·평가 → 시·군·구(시·도) 특수교육운영위원회에서 심사 → 교육장(교육감)이 대상자 선정여부 및 대상자의 교육지원 내용에 대한 심사 결과를 보호자에게 통지	• 보호자에게 대상자 선정 여부 및 대상자에게 필요한 교육지원 내용에 대해서도 통지하도록 함 • 이를 기초로 보호자 및 각급학교에서 대상자에 대한 구체적인 교육지원 대책을 마련할 수 있도록 함 • 또한 개별화교육 지원계획 수립 시 기초 자료로 활용하도록 함

특수교육지원 센터	없음	• 시·군·구 단위로 설치하되 지역 주민과 접근이 용이한 곳에 설치 • 역할 등에 관한 사항을 법률에 명시	• 특수교육지원센터 설치규정 마련 • 특수교육 전달체계 구축
학급 설치 규정	• 시행령으로 위임 (기존의 1학급 설치기준: 1인 이상 12인 이하) -시·도교육청별로 1학급의 설치기준을 4~6인 등으로 별도 규정하고 있음	• 법률상에 제시 -유치원: 4인 -초등학교: 6인 -중학교: 6인 -고등학교: 7인	• 학급 설치기준을 법률에 명시하고, 학급당 학생 수 기준을 하향 조정하여 보다 질 높은 교육환경 조성 가능
교원 배치 규정	• 없음 (「초중등교육법」 시행령에 특수학교 교원에 한해서만 배치기준이 명시되어 있음)	• 시행령으로 위임 [특수학급 및 특수학교 교원(특수교육교원)의 배치기준을 시행령으로 위임하도록 규정]	• 특수학교뿐만 아니라 특수학급에 대한 특수교육교원의 배치기준을 시행령을 통하여 구체적으로 마련하도록 함
절차상의 보호 조치	• 특수교육대상자의 선정 및 학교 배치 등의 사항에 한해서만 심사청구 가능[시·군·구(시·도) 특수교육운영위원회에서 담당]	• 대상자 선정 및 학교 배치 이외에도, 각종 차별행위 등에 대해서도 심사청구 가능[시·군·구(시·도) 특수교육운영위원회에서 담당] • 대학 등에서도 특별지원위원회를 통하여 심사청구 가능	• 심사청구 범위 확대를 통한 학생 및 보호자의 권리 보장 강화

2. 장애아동복지지원법

1) 제정배경[3]

　장애아동은 아동이자 장애인이라는 이중적인 사회적 약자의 입장에 있어서 복지정책의 최우선 대상이 되어야 하지만, 일반아동 중심의 「아동복지법」과 성인기 장애인 중심의 「장애인복지법」 사이에서 소외되어 그들이 가지고 있는 독특한 복지적 요구와 권리가 법적으로 제대로 보호받지 못하고 있었다. 장애아동 복지지원을 위하여 보건복지부에서 장애아동수당 지급, 교육비지원, 보육지원, 의료비지원, 재활보조기구지원, 재활

---

3) 이 내용은 이승기 외(2011)의 내용을 주로 인용함.

치료 서비스, 활동보조지원, 장애아가족 양육지원 등을 시행하고 있으나 보육지원을 제외하고는 기초생활수급가정과 차상위계층의 저소득 장애아동 가정을 대상으로 선별적 지원이 이루어지고 있는 상황이다. 이로 인해 장애아동의 복지 문제는 부모에게 전가되어 가족해체의 문제에까지 이르고 있었고, 이런 장애아동의 다양한 복지문제를 체계적으로 해결하기 위하여 「장애아동복지지원법」이 제정될 필요성이 제기되었다.

이런 필요성에 따라 2007년도부터 「장애영유아보육법」 제정활동이 시작되었고, 2009년도에는 장애아동복지지원법제정공대위가 출범하여 입법활동을 하게 되었으며, 2011년 6월 29일 임시국회에서 법안이 통과하여 2011년 8월 4일 「장애아동복지지원법」이 제정되었다.

이렇게 제정된 「장애아동복지지원법」은 제정이유에서 "보건복지부에서 「장애인복지법」 제18조와 제35조를 근거로 2008년부터 장애아동 재활치료 서비스 사업을 시행하고 있으나 일정한 소득기준 이하의 저소득층만을 대상으로 하고 있으며, 물리치료나 작업치료는 의사의 지도를 받아야 하는 의료행위라는 이유로 제외되고 있어서 정작 가장 필요한 재활치료를 보건복지부에서 제공하는 재활치료 바우처로는 이용할 수 없고, 국가 차원의 자격관리가 미흡하고, 미등록 사설치료실이 대다수로 치료실에 대한 설치기준 및 관리·감독체계가 마련되어 있지 않은 상태다. 한편, 「장애인 등에 대한 특수교육법」의 적용을 받는 유아특수학교에서는 장애유아 4명당 1명의 특수교사가 배치되는 것에 비해 「영유아보육법」의 적용을 받는 어린이집에서는 장애유아 9명당 1명의 특수교사가 배치되므로 유아특수학교와 어린이집 사이에 교육차별이 생기고 있으며, 보건복지부가 인정한 재활보조기구 품목 중 건강보험의 지원을 받는 품목은 약 18% 정도로 재활치료비가 많이 소요되어 장애아동 가족의 경제적 부담이 과중하고 심한 경우 가족의 해체로까지 나타나고 있는 상황이다. 이와 같이 현재 보건복지부가 장애아동의 복지를 위해 진행하고 있는 사업은 보육사업을 제외하고는 근본적으로 장애아동에 대한 보편적 복지가 아니라 저소득층 장애아동에 대한 선별적 복지의 성격이 강하고, 기존의 장애인복지정책도 주로 성인기 장애인을 중심으로 수립되는 경향이 있다. 더욱이 복지지원 전달체계나 연계 협력체계가 미비하여 분절된 복지서비스가 이루어지고 있어서 장애아동과 그 가족에 대한 종합적인 지원대책을 수립"하기 위하여 이 법이 제정되었음을 밝히고 있다.

2) 주요 내용

「장애아동복지지원법」의 주요내용은 크게 「장애아동복지지원법」의 체계, 장애아동의 권리와 국가와 지방자치단체의 의무, 장애아동 복지지원 전달체계-장애아동지원센터의 설립, 복지지원의 신청 및 복지지원 대상자 선정, 복지지원의 내용, 복지지원 제공기관 및 직무 차원에서 검토해 볼 수 있다.

(1) 「장애아동복지지원법」의 체계

이 법은 국가와 지방자치단체가 장애아동의 특별한 복지적 욕구에 적합한 지원을 통합적으로 제공함으로써 장애아동이 안정된 가정생활 속에서 건강하게 성장하고 사회에 활발하게 참여할 수 있도록 하며, 장애아동 가족의 부담을 줄이는 데 이바지하는 목적을 달성하기 위하여 법적 · 제도적 기반을 마련하려는 것으로, 총 7장 41개 조문의 본칙으로 구성되어 있다.

〈표 2-10〉 「장애아동복지지원법」의 체계

장	조(제목)
제1장 총칙	제1조(목적)/제2조(정의)/제3조(기본이념)/제4조(장애아동의 권리) 제5조(다른 법률과의 관계)
제2장 국가와 지방자치단체의 임무	제6조(국가와 지방자치단체의 임무)/제7조(장애아동 복지지원의 심의) 제8조(중앙장애아동지원센터)/제9조(지역장애아동지원센터) 제10조(관계 기관 또는 단체와의 연계 · 협력)/제11조(장애아동 복지지원 실태조사)
제3장 복지지원 대상자의 선정 및 복지지원 제공의 절차	제12조(장애의 조기발견)/제13조(복지지원의 신청) 제14조(복지지원 대상자 선정)/제15조(금융정보 등의 제공) 제16조(복지지원 제공기관의 연계)/제17조(개인별지원계획의 수립) 제18조(장애아동과 그 가족의 개인정보보호)
제4장 복지지원의 내용	제19조(의료비지원)/제20조(보조기구지원)/제21조(발달재활서비스지원) 제22조(보육지원)/제23조(가족지원)/제24조(돌봄 및 일시적 휴식지원 서비스지원) 제25조(지역사회 전환 서비스지원)/제26조(문화 · 예술 등 복지지원) 제27조(취약가정 복지지원 우선제공)/제28조(복지지원의 제공) 제29조(복지지원 비용의 환수)
제5장 복지지원 제공기관 등	제30조(복지지원 제공기관)/제31조(복지지원 제공기관의 직무) 제32조(장애영유아 어린이집)/제33조(발달재활서비스 제공기관의 정보제공)

제6장 보칙	제34조(지도와 감독)/제35조(보고와 검사)
	제36조(청문)/제37조(위임과 위탁)
	제38조(이의신청)
제7장 벌칙	제39조(벌칙)/제40조(양벌규정)/제41조(과태료)

(2) 장애아동의 권리와 국가와 지방자치단체의 의무

장애아동의 구체적인 권리로 제반 생활영역에서의 보호와 지원을 규정하고 있다. 장애아동은 모든 형태의 학대 및 유기·착취·감금·폭력 등으로부터 보호받고, 장애아동은 부모에 의하여 양육되고, 안정된 가정환경에서 자라나야 한다. 인성 및 정신적·신체적 능력을 최대한 계발하기 위하여 적절한 교육을 제공받아야 한다. 가능한 최상의 건강상태를 유지하고 행복한 일상생활을 영위하기 위한 의료적·복지적 지원을 받아야 한다. 휴식과 여가를 즐기고, 놀이와 문화예술 활동에 참여할 수 있는 기회를 제공받아야 한다. 장애아동은 의사소통 능력, 자기결정 능력 및 자기권리 옹호능력을 향상시키기 위한 교육 및 훈련 기회를 제공받아야 한다(법 제4조).

장애아동에 대한 보호를 권리성을 인정하는 차원을 넘어서 장애아동과 그 가족을 위한 복지지원 대책의 강구, 장애아동을 위한 복지지원 사업의 연구·개발, 장애의 조기발견을 위한 홍보, 복지지원 전달체계의 구축, 복지지원 이용권의 수급 및 이용에 대한 관리·감독 등을 국가와 지방자치단체의 의무로 정하여 보호의 영역을 확대하였다(법 제6조).

(3) 장애아동 복지지원 전달체계 – 장애아동지원센터의 설립

중앙과 지역에 장애아동지원센터를 설립하도록 함으로써 장애아동에 대한 복지지원이 통합적으로 이루어질 수 있도록 하고 있으며, 장애아동지원센터는 보건복지부장관, 시장·군수·구청장이 설립하여 운영하거나 공공기관에 위탁하여 운영할 수 있도록 하여, 장애아동에 대한 지원이 국가적인 차원에서 이루어질 수 있도록 하고 있다.

중앙장애아동지원센터는 장애아동의 복지지원에 관한 조사·연구, 지역장애아동지원센터에 대한 평가 및 운영지원, 장애아동의 복지지원 정책에 관한 정보 및 자료 제공, 장애아동의 장애유형별 지원 프로그램의 개발, 가족지원업무 수행기관에 대한 운영지원 및 평가, 지역장애아동지원센터와 복지지원을 제공하는 기관 등 복지지원 관련 기관에 대한 정보의 수집 및 제공 등 장애아동 지원에 관한 전반적인 체계 형성 및 모니터링 역할을 한다(법 제8조).

지역장애아동지원센터는 장애의 조기발견을 위한 홍보, 장애아동의 복지지원 사업에 관한 정보 및 자료 제공, 장애아동과 그 가족에 대한 복지지원 제공기관의 연계, 장애아동의 사례관리, 장애아동 및 그 가족을 지원하기 위한 가족상담 및 교육의 실시 등 장애아동 지원에 관한 구체적인 서비스 제공을 위한 역할을 수행한다(법 제9조).

(4) 복지지원의 신청 및 복지지원 대상자 선정

장애아동 및 그 보호자는 시장 · 군수 · 구청장에게 이 법에서 정하는 복지지원을 신청할 수 있고, 신청을 받은 시장 · 군수 · 구청장은 관련 법령에서 정하는 바에 따라 소득 · 재산, 장애정도, 가구특성 등을 고려하여 복지지원 대상자 여부를 심사하여 30일 이내에 복지지원 대상자로의 선정 여부, 복지지원의 내용 및 복지지원 이용권의 금액 등을 결정하여 복지지원 신청자에게 즉시 알려 주어야 한다. 복지지원은 개별 복지지원의 목적에 따라 장애아동과 그 가족에게 현금이나 현물로 제공한다. 이 경우 현물은 복지지원 이용권으로 제공할 수 있다. 또한 신청자를 복지지원 대상자로 선정하고자 하는 경우 장애아동과 그 가구원에 대한 금융정보, 신용정보 및 보험정보를 요청할 수 있다(법 제13조, 제14조, 제15조).

시장 · 군수 · 구청장은 장애아동에게 적합한 복지지원을 제공하기 위하여 개인별지원계획을 수립할 수 있으며, 시장 · 군수 · 구청장은 복지지원 대상자로 선정한 장애아동과 그 가족에게 복지지원 제공기관을 연계하여야 한다. 또한 복지지원 대상자로 선정하고, 복지지원을 하면서 알게 된 정보에 대해서는 장애아동과 그 가족에 대한 정보의 수집과 관리에 있어 개인정보가 분실 · 도난 · 유출 · 변조 또는 훼손되지 아니하도록 필요한 조치를 하여야 하며, 보호자의 동의 없이 누설하거나 권한 없이 처리하거나 다른 사람이 이용하도록 제공하는 등 부당한 목적으로 사용하여서는 아니 된다(법 제17조, 제18조).

(5) 복지지원의 내용

이 법의 장애아동 복지지원의 내용에는 의료비지원, 보조기구지원, 발달재활서비스지원, 보육지원, 가족지원, 돌봄 및 일시적인 휴식지원 서비스지원, 지역사회 전환 서비스지원, 문화 · 예술 등 복지지원 등이 있다. 장애아동의 복지문제와 관련된 모든 지원의 조항을 하나의 법률 속에 포함으로써 장애아동에 대한 우리 사회의 복지적 지원이 전체적으로 어떤 내용으로 구성되어 있는지를 파악할 수 있다. 복지지원 내용과 관련하여 모든 장애아동이 동일한 서비스 요구를 갖고 있지 않기 때문에 생애 주기적 특성, 소득수준별 특성, 장애정도를 고려하여 차등적으로 적정한 서비스를 제공할 수 있도록 하고 있다.

① 의료비지원(법 제19조)

국가와 지방자치단체로 하여금 장애아동의 의료적 욕구에 따라 적절한 의료비를 지원할 수 있도록 규정하고 있다.

② 보조기구지원(법 제20조)

국가와 지방자치단체가 장애아동의 학습과 일상생활 활동에 필요한 보조기구를 교부 · 대여 또는 수리하거나 구입 또는 수리에 필요한 비용을 지급할 수 있도록 규정한다.

③ 발달재활서비스지원(법 제21조)

국가와 지방자치단체는 장애아동의 인지, 의사소통, 적응행동, 감각 · 운동 등의 기능향상과 행동발달을 위하여 적절한 발달재활서비스를 지원할 수 있고, 발달재활서비스를 지원할 때에는 장애아동의 장애유형 · 장애정도와 그 가족의 경제적 능력 등을 고려하여 지원할 대상과 내용을 결정할 수 있다. 또한 지방자치단체는 발달재활서비스의 제공경험 및 전문성, 서비스 내용의 적정성 등을 고려하여 발달재활서비스 제공기관을 지정하여 운영할 수 있다.

④ 보육지원(법 제22조)

국가와 지방자치단체는 「영유아보육법」 제27조에 따른 어린이집 이용대상이 되는 장애아동에 대하여 보육료 등을 지원하고, 「영유아보육법」 제10조에 따른 어린이집 또는 「유아교육법」 제2조 제2호에 따른 유치원을 이용하지 아니하는 장애영유아에게 「영유아보육법」 제34조의2에 따라 양육수당을 지급할 수 있다.

뿐만 아니라 보육과 관련하여 이 법에서는 제32조에 따라 장애영유아어린이집을 지정할 수 있도록 하고 있다. 시장·군수·구청장은 「영유아보육법」 제30조의 어린이집 평가인증, 「장애인·노인·임산부 등의 편의증진보장에 관한 법률」에 따른 편의시설, 보건복지부령으로 정하는 설치기준의 요건을 갖추어 신청을 하는 경우 「영유아보육법」 제10조에 따른 어린이집을 장애영유아를 위한 어린이집으로 지정할 수 있다. 이렇게 지정된 장애영유아를 위한 어린이집은 장애영유아에 대한 체계적인 보육지원과 원활한 취학을 위한 보육계획을 수립·실시하여야 하며, 대통령령으로 정하는 자격을 가진 특수교사와 장애영유아를 위한 보육교사 등을 배치하여야 한다.

⑤ 가족지원(법 제23조)

이 법은 장애아동 본인에 대한 지원뿐만 아니라 국가와 지방자치단체로 하여금 장애아동의 가족이 장애아동에게 적합한 양육방법을 습득하고 가족의 역량을 키울 수 있도록 가족상담·교육 등의 가족지원을 제공하도록 하고 있다.

⑥ 돌봄 및 일시적 휴식지원 서비스지원(법 제24조)

장애아동 가족의 일상적인 양육부담을 경감하고 보호자의 정상적인 사회활동을 돕기 위하여 돌봄 및 일시적 휴식지원 서비스를 제공할 수 있도록 규정하고 있다. 장애아동의 경우 비장애아동에 비하여 정신적·경제적인 부담 등으로 부모를 비롯한 가족이 매우 힘든 상황에 처할 수 있다. 이는 가족해체 등 사회 문제를 야기하여 결국에는 국가의 사회적 비용의 과다발생이 우려되는 측면이 있음을 고려할 때 이런 서비스의 중요성은 더욱 강조될 필요가 있다.

⑦ 지역사회 전환 서비스지원(법 제25조)

이 규정은 새롭게 규정된 것으로 국가와 지방자치단체는 장애아동이 18세가 되거나 「초·중등교육법」 제2조의 고등학교와 이에 준하는 각종 학교 또는 「장애인 등에 대한 특수교육법」 제24조의 전공과를 졸업한 후 주거·직업체험 등의 지역사회 전환 서비스를 제공하도록 노력하여야 한다. 현재 장애인복지가 자립생활을 지향한다는 점에서 지역사회 전환 서비스는 매년 일정시간의 직업 및 주거체험의 기회를 무상으로 제공함으로써 사회참여를 위한 적응훈련과정이 이루질 수 있을 것으로 기대된다.

⑧ 문화 · 예술 등 복지지원(법 제26조)

국가와 지방자치단체는 이 법에서 정한 복지지원 외에 문화 · 예술 · 스포츠 · 교육 · 주거 등의 영역에서 장애아동에게 필요한 서비스가 지원되도록 최대한 노력하여야 한다.

(6) 복지지원 제공기관 및 직무

장애인복지시설, 아동복지시설, 건강가정지원센터, 발달재활서비스 제공기관, 가족지원업무 수행기관, 장애영유아를 위한 어린이집과 그 밖에 보건복지부장관 또는 지방자치단체의 장이 필요하다고 인정하는 기관 또는 단체를 복지지원 제공기관으로 정하고 있다(법 제30조).

복지지원 제공기관은 장애아동의 연령 및 장애유형에 적합한 프로그램을 계획하고 실시하여야 하고, 복지지원 제공기관의 장이 시장 · 군수 · 구청장 또는 지역센터로부터 복지지원 제공의뢰를 받은 때에는 정당한 사유가 없는 한 지체 없이 복지지원을 제공하여야 한다. 보건복지부장관과 지방자치단체의 장은 복지지원 제공기관에 대한 지도감독, 보고검사를 할 수 있다(법 제31조).

3. 장애인차별금지 및 권리구제 등에 관한 법률

1) 제정배경[4]

「장애인차별금지 및 권리구제 등에 관한 법률」(이하 「장애인차별금지법」) 제정 운동의 가장 큰 배경은 우리 사회의 심각한 장애인 차별의 현실이다. 상대적으로 소수이자, 육체적 · 사회적 · 경제적 약자인 장애인은 비장애인 · 남성 중심으로 형성된 우리 사회 구조에서 소외되고 차별받을 수밖에 없는 위치에 놓여 있다. 한국보건사회연구원(2005)의 실태조사에 따르면 장애 인구는 2000년 145만명(전 국민의 3.09%)에서 2005년 215만명(전 국민의 4.59%)으로 5년 사이에 48%가 늘어나는 등 급속한 증가세를 보이고 있으

---

4) 이 내용은 박종운(2007)의 내용을 주로 인용함.

며, 장애여성 및 노령장애인의 비중 증가와 중증장애인 수의 증가 등 장애인구 구조도 변화하고 있다. 이와 함께 장애인의 사회참여 욕구도 급속히 증가하여 교육권, 이동권, 정보접근권 등 각종 권리의 보장 요구와 자립생활운동의 확산 등 새로운 변화가 급속하게 진행되고 있다.

이러한 환경변화에도 우리 사회에는 아직도 장애를 사유로 한 차별이 관행적으로 지속되고 있으며, 복지시설 등에서의 장애인 폭행, 감금 등의 사례도 빈번히 제기되는 등 심각한 인권 침해가 지속되고 있다. 장애인에 대한 차별은 생존, 노동, 교육, 소비자 생활, 공공시설 및 건축물의 이용 및 접근, 대중교통 및 교통시설의 이용 및 접근, 정보통신의 이용 및 의사소통, 여성장애인 및 모성, 형사절차, 생활시설 등 모든 일상과 사회생활에서 발생하고 있고, 학교, 직장은 물론 장애인시설 및 가정에서도 일상화되고 있다.

장애인 차별이 심해질수록 장애인의 저항 역시 더 커져만 갔으며, 이러한 움직임은 장애인 운동으로 발현되었다. 차별받는 현실로 인해 운동의 목표는 인권 쟁취로 귀결될 수밖에 없었다. 그동안 장애인을 바라보는 패러다임의 세계사적 변화에 따라 우리나라에서도 '시혜에서 인권으로' 중심축이 옮겨지면서, 조직적이고 치열한 투쟁이 교육과 노동에서 참정권, 이동권, 소비자 생활권 등 전 영역으로 확산·전개되어 왔다. 그 결과 「장애인복지법」「장애인·노인·임산부 등의 편의증진 보장에 관한 법률」「특수교육진흥법」「장애인고용촉진 및 직업재활법」「교통약자의 이동편의증진법」등 관련 법률이 지속적으로 제정되었다.

이러한 노력에도 현실에서는 여전히 차별행위가 일상적으로 반복되었고, 차별로 인정된다고 하더라도 피해를 회복하거나 권리를 구제할 수 있는 방법이 사실상 없었다. 국가인권위원회가 발족하고, 차별로 판단되는 사안에 대해서는 시정권고를 했지만 장애차별이라는 고유한 사안이 일반적인 차별의 원칙에 의해 다루어져 차별로 판단되지 않거나, 시정권고를 거부하여 시정이 이루어지지 않은 사례도 늘어갔다. 장애 관련법들 역시 차별금지 및 권리구제에 있어 선언적인 규정뿐이어서 실효성을 발휘하지 못하였다. 최후의 권리구제기구는 사법부뿐이었지만, 손해배상청구소송이라는 기나긴 재판을 통해 장애인이 얻을 수 있는 소득은 원고패소판결이거나 일부 승소 또는 불과 200여 만 원 정도의 위자료뿐 차별행위는 시정되지 않았다.

미국의 경우 1990년에 미국의 장애인차별금지법이라고 할 수 있는 「장애를 가진 미국인법(ADA)」을 제정하였으며, 이후 영연방 국가를 중심으로 호주(1992년), 영국

(1995년), 스웨덴(1999년), 독일(2002년) 등 선진국뿐만 아니라 가까운 홍콩(1995년)에서
도 장애인차별금지법률이 제정되었다. 일본에서는 우리와 비슷한 시기에 장애인차별
금지법을 제정하려는 움직임이 일어났으며, 지속적인 연구작업과 법제화 작업을 시
작하였다.

이러한 외국의 움직임은 1990년대 중반부터 우리나라에 전해지면서 우리나라의 「장
애인차별금지법」 제정 운동에 영향을 미쳤으며, 「장애인차별금지법」 제정에 대한 열
망에 불을 지폈다.

「장애인차별금지법」 제정의 의미는 다음과 같다.

첫째, 장애인에 대한 차별금지와 차별에 대한 구제가 제도화되었다는 점이다. 물론
이전에도 지금은 폐지된 「남녀차별금지 및 권리에 관한 법률」 등이 있었지만, 구제 제
도 등에서는 「장애인차별금지법」이 훨씬 강력하다. 기존의 「장애인복지법」에도 차별
금지에 관한 내용이 있었고, 「장애인 · 노인 · 임산부 등의 편의증진 보장에 관한 법률」
에도 접근권이 명시되어 있었지만, 차별금지에 대한 세부 내용이 없었으며, 차별을 받
았거나 접근권을 침해당했을 경우의 구제수단이 없었기에 명목뿐인 조항에 불과했다.
따라서 「장애인차별금지법」이야말로 장애인 차별에 대한 우리나라 최초의 제대로 된
법률이며, 장애인 차별에 대한 권리구제를 명시한 법률이다.

둘째, 장애인차별금지가 공론화되었다는 점이다. 장애인을 차별하지 않는다고 하면
서도 일상생활에서는 수많은 차별이 일어났으며, 장애인은 차별을 당해도 차별에 항거
하지 못하고 억울함을 누른 채 살아갈 수밖에 없었다. 그러나 「장애인차별금지법」이
제정됨으로써 이러한 우리 사회의 차별에 대해 이야기할 수 있게 되었으며, 장애인을
차별해서는 안 된다는 사실을 공론화할 수 있게 되었다. 장애인 차별이라는 화두가 비
로소 우리 사회 한가운데 던져진 것이다.

셋째, 당사자의 목소리를 담아낸 법률이라는 점이다. 장애 관련 법률은 대부분 전문
가들에 의해 만들어진 법이다. 물론 「이동편의증진법」 역시 당사자에 의해 만들어진 법
률안을 건설교통부가 대부분 수용한 예이기는 하지만, 수많은 장애인단체와 개인이 협
력하여 법률안을 만들고, 그것을 제정까지 이끌어 낸 것은 「장애인차별금지법」의 성과
라고 할 수 있다. 특히 장애인의 목소리를 담기 위해 각 영역별로 모임을 갖고, 현장에서
의 차별사례를 수집하고, 이를 법안으로 완성해 간 과정은 「장애인차별금지법」이 단순
히 장애인이 참여한 것이 아니라 장애인에 의해 완성된 법률이라는 의미를 더한다.

넷째, 우리 사회의 차별의식과 시민의식을 성숙시키게 되었다는 점이다. 장애인에 대한 차별금지와 예방은 장애인의 문제로 끝나지 않는다. 장애인에 대한 차별의 철폐는 성, 인종, 연령, 외모, 지역 등에 대한 차별의 철폐로 이어질 것이다. 그리고 우리 사회에서 장애인에 대한 차별을 예방하며 금지하기 위한 법률을 제정했다는 것은 우리 사회의 차별의식이 한 단계 높아진 것이며, 장애인에 대한 차별철폐를 통해 국민의 차별 감수성 역시 더욱 높아질 것이다. 또한 차별에 대해 무관심하고 차별에 예민하지 않았던 우리의 차별의식을 일깨우는 경종이 될 것이다. 「장애인차별금지법」이 차별을 금지하고 구제하는 개별법으로 제정됨으로써 이제 다른 영역에 있어서의 차별도 개별법으로 제정될 수 있는 길이 열렸다. 물론 국가인권위원회에서 「차별금지법」을 제정하여 19개 영역의 모든 차별을 금지하려 하고 있지만, 인권위의 「차별금지법」은 기본법적인 성격을 가지기 쉬우며, 필요에 따라 「장애인차별금지법」처럼 개별법을 통해 구체적으로 차별을 금지하고 구제하는 법률이 제정될 가능성도 남아 있다.

2) 주요 내용

「장애인차별금지법」의 주요 내용은 크게 「장애인차별금지법」의 체계, 차별금지, 장애여성 및 장애아동, 장애인차별시정기구 및 권리구제, 손해배상 및 입증책임 차원에서 검토하여 볼 수 있다.

(1) 「장애인차별금지법」의 체계

이 법은 모든 생활영역에서 장애를 이유로 한 차별을 금지하고 장애를 이유로 차별받은 사람의 권익을 효과적으로 구제함으로써 장애인의 완전한 사회참여와 평등권 실현을 통하여 인간으로서의 존엄과 가치를 구현하는 목적을 달성하기 위하여 법적·제도적 기반을 마련하려는 것으로, 총 6장 50개 조문의 본칙으로 구성되어 있다.

〈표 2-11〉 「장애인차별금지법」의 체계

장	조(제목)
제1장 총칙	제1조(목적)/제2조(장애와 장애인)/제3조(정의)/제4조(차별행위) 제5조(차별판단)/제6조(차별금지)/제7조(자기결정권 및 선택권) 제8조(국가 및 지방자치단체의 의무)/제9조(다른 법률과의 관계)

제2장 차별금지	제1절 고용	제10조(차별금지)/제11조(정당한 편의제공 의무) 제12조(의학적 검사의 금지)
	제2절 교육	제13조(차별금지)/제14조(정당한 편의제공 의무)
	제3절 재화와 용역의 제공 및 이용	제15조(재화·용역 등의 제공에 있어서의 차별금지) 제16조(토지 및 건물의 매매·임대 등에 있어서의 차별금지) 제17조(금융상품 및 서비스 제공에 있어서의 차별금지) 제18조(시설물 접근·이용의 차별금지) 제19조(이동 및 교통수단 등에서의 차별금지) 제20조(정보접근에서의 차별금지) 제21조(정보통신·의사소통 등에서의 정당한 편의제공의무) 제22조(개인정보보호) 제23조(정보접근·의사소통에서의 국가 및 지방자치단체의 의무) 제24조(문화·예술활동의 차별금지)/제25조(체육활동의 차별금지)
	제4절 사법·행정절차 및 서비스와 참정권	제26조(사법·행정절차 및 서비스 제공에 있어서의 차별금지) 제27조(참정권)
	제5절 모·부성권, 성 등	제28조(모·부성권의 차별금지)/제29조(성에서의 차별금지)
	제6절 가족·가정·복지 시설, 건강권 등	제30조(가족·가정·복지시설 등에서의 차별금지) 제31조(건강권에서의 차별금지) 제32조(괴롭힘 등의 금지)
제3장 장애여성 및 장애아동 등		제33조(장애여성에 대한 차별금지) 제34조(장애여성에 대한 차별금지를 위한 국가 및 지방자치단체의 의무) 제35조(장애아동에 대한 차별금지) 제36조(장애아동에 대한 차별금지를 위한 국가 및 지방자치단체의 의무) 제37조(정신적 장애를 가진 사람에 대한 차별금지 등)
제4장 장애인차별시정기구 및 권리구제 등		제38조(진정)/제39조(직권조사)/제40조(장애인차별시정소위원회) 제41조(준용규정)/제42조(권고의 통보)/제43조(시정명령) 제44조(시정명령의 확정)/제45조(시정명령 이행상황의 제출요구 등)
제5장 손해배상, 입증책임 등		제46조(손해배상)/제47조(입증책임의 배분)/제48조(법원의 구제조치)
제6장 벌칙		제49조(차별행위)/제50조(과태료)

(2) 차별금지

「장애인차별금지법」에서는 차별을 고용, 교육, 재화와 용역의 제공 및 이용, 사법·행정절차 및 서비스와 참정권, 모·부성권·성 등, 가족·가정·복지시설·건강권·괴롭힘 등 총 6개의 절로 나누어 규정하고 있다. 이는 기존의 어떠한 차별 관련법보다 적용의 영역이 넓고, 생활상의 다양한 영역에서 장애인차별의 유형과 성격에 기반을 두어 차별금지 사항을 매우 구체적으로 적시하고 있다.

고용에 대해서는 모집·채용, 임금 및 복리후생, 교육·배치·승진·전보, 정년·퇴직·해고에 있어서의 차별금지, 노동조합 가입과 조합원의 권리 및 활동에 있어서의 차별금지, 사용에 대한 정당한 편의제공 의무를 부과, 장애인의 의사에 반한 직무 배치 금지, 의학적 검사의 금지 등을 규정하고 있다. 고용의 전 단계에서의 차별금지뿐만 아니라 노동조합 관련 사항도 포함하여 장애인의 노동권 보장과 관련된 전반적인 사항을 다루고 있으며, 채용 이전에 장애인 여부를 조사하기 위한 의학적 검사의 금지는 장애인차별의 특수성을 반영한 조항으로써 그동안 기업에서 관행적으로 행해지던 채용 전 신체검사에 대한 시정의 계기가 될 것이다. 정당한 편의제공 의무를 명시한 것은 매우 의미가 있다고 할 수 있으나, 정당한 편의의 구체적인 내용이나 적용대상 사업장의 단계적 범위 등에 대해서는 시행령에서 규정하고 있다.

교육에 대해서는 장애인의 입학지원 및 입학거부 금지, 전학 강요 및 거절 금지, 「특수교육진흥법」 제11조의 준수 의무, 정당한 편의제공 요청 거절 금지, 모든 교내외 활동에서 장애인의 참여 제한·배제·거부 금지 등 교육책임자에 대한 정당한 편의제공 의무 부과 등을 규정하고 있다.

교육상 장애인 차별유형을 구체적으로 적시하고 교육책임자에 대하여 정당한 편의제공 의무까지 부과하고 있지만, 정당한 편의제공 적용대상의 단계적 범위 및 편의의 내용에 대해서는 고용 영역에서도 마찬가지로 시행령에 위임하고 있다.

재화·용역 등의 제공, 토지 및 건물의 매매·임대 등, 금융상품 및 서비스 제공, 시설물 접근·이용, 이동 및 교통수단 등, 정보접근, 문화·예술활동, 체육활동에 있어서의 차별금지, 정보통신·의사소통에서의 정당한 편의제공 의무, 개인정보 보호, 정보접근·의사소통에서의 국가 및 지방자치단체의 의무 등을 규정하고 있다. 정당한 편의제공 적용대상 시설물의 단계적 범위 및 지원 등에 관한 사항, 보행 및 이동을 위한 정당한 편의 등과 관련해서는 시행령에 위임하고 있으며, 시행령에서는 「장애인·노인·임산부 등의 편의증진보장에 관한 법률」과 「교통약자의 이동편의증진법」을 준용하고 있다.

또한 사법·행정절차 및 서비스 제공에서의 차별금지, 정당한 편의제공 의무, 서식의 제작 및 제공 등 정당한 편의제공 요구 거부 금지, 형사절차에서 보호자, 변호인, 통역인, 진술보조인 등의 조력신청 시 정당한 사유 없는 거부금지 및 조력 미보장 상황에서의 진술로 인한 형사상 불이익 예방 조치, 인신구금·구속상태에서의 정당한 편의 및 적극적 조치제공 의무, 참정권 보장 및 정당한 편의제공 의무 등을 규정하고 있다.

마지막으로, 임신, 출산, 양육 등 모·부성권에 있어서의 차별금지, 입양자격 제한 금지, 임신·출산·양육 등의 실질적인 평등 보장을 위한 서비스 등의 제공 및 지원책 마련, 성적자기결정권, 성생활 향유기회 제한이나 박탈금지, 성을 향유할 권리 보장을 위한 지원책 강구 및 편견 등을 없애기 위한 홍보·교육 의무 등을 규정하고 있다. 또한 가족·가정 및 복지시설 등의 구성원에 대하여 장애인의 의사에 반한 과중한 역할 강요나 의사결정과정에서의 배제금지, 장애인의 외모나 신체공개 금지, 교육권, 재산권 행사, 사회활동 참여, 이동 및 거주의 자유권 제한·박탈·구속·배제 금지, 자녀양육권과 친권 지정 및 면접교섭권에 있어서의 차별 금지, 시설입소를 조건으로 한 친권포기 각서 요구나 면접권 및 외부소통권 제한 금지, 보건·의료에서의 차별금지, 집단따돌림, 모욕감을 주거나 비하를 유발하는 언어적 표현이나 행동 금지, 유기·학대·금전적 착취금지 등이 규정되어 있다. 모·부성권·성, 가정, 복지시설과 같이 기존에 다른 법률에서 차별의 영역으로 다루지 않는 영역으로 확대함으로써, 일상생활에서 장애인 차별이 발생하는 모든 유형을 포괄하도록 하고 있다. 특히 복지시설에서의 인권침해에 대하여 적극적인 시정조치를 할 수 있는 법적 근거를 마련하고, 적용 또한 미인가시설로까지 확대할 수 있도록 한 것은 상당히 고무적인 것이라 할 수 있다. 아울러 괴롭힘을 '차별'로 해결할 수 있도록 한 것은 차별의 개념 확장과 관련해서도 큰 의미가 있다고 볼 수 있다.

(3) 장애여성 및 장애아동

「장애인차별금지법」의 제3장에서는 장애여성, 장애아동, 정신적 장애를 가진 사람에 대한 차별금지 사항을 구체적으로 적시하고 있다. 즉, 장애여성과 장애아동에 대한 차별을 별도로 다루어 이중차별의 해결을 적극적으로 제기하고 있고, 장애인 중에서도 특별한 처우가 필요한 정신장애인에 대한 차별금지를 별도로 규정한다는 점에서 의미가 깊다고 할 수 있다.

장애여성과 관련하여 정당한 편의제공 의무 사업장의 범위와 법률에 명시되지 않은 그 밖의 필요한 정당한 편의제공의 내용에 대해서는 시행령에 위임하고 있다.

(4) 장애인차별시정기구 및 권리구제

차별행위에 대한 조사와 구제 업무를 전담하는 장애인차별시정소위원회를 인권위원회에 두되, 위원회의 구성·업무 및 운영 등에 관하여 필요한 사항은 인권위원회 규칙으로 정하도록 하고 있다. 법 제정 당시 장애계는 독립적인 장애인차별시정기구를 요구하였으나, 효율성, 판단의 일관성, 복합차별에 대한 효과적인 대응 등을 고려하여 인권위원회를 차별시정기구로 정하였다. 인권위원회는「국가인권위원회법」에서 포괄적으로 규정한 차별금지 조항과 더불어「장애인차별금지법」에서 제시하는 구체적인 차별의 판단기준에 근거하여 차별 여부를 명확히 판단할 수 있게 되었다. 인권위원회는 권고를 한 경우 그 내용을 법무부장관에게 통보하고, 법무부장관은 권고를 받은 자가 정당한 사유 없이 인권위원회의 권고를 불이행하고, 피해자가 다수이거나 반복적 차별행위에 대한 권고 불이행, 피해자에게 불이익을 주기 위한 고의적 불이행 등의 경우 시정명령을 발동할 수 있도록 하고 있다. 즉, 인권위원회에는 차별행위에 대한 시정권고권을 주고, 그러한 시정권고가 받아들여지지 않을 경우 법무부가 필요한 시정명령권을 갖도록 하는 구조로 이루어져 있다.

(5) 손해배상 및 입증책임

「장애인차별금지법」에서는 손해발생은 인정되나 피해자가 재산상 손해를 입증할 수 없을 경우에 차별행위자가 얻은 재산상 이익을 피해자의 재산상 손해액으로 추정할 수 있도록 하고, 재산상 손해액의 입증이 곤란한 경우에는 변론 전체의 취지와 증거조사의 결과에 기초하여 상당한 손해액을 인정할 수 있도록 하고 있다. 즉, 상대방 이익의 손해 추정 규정은 손해의 존재 및 손해액을 피해자에게 입증하도록 하지 않음으로써 차별의 피해자에게 입증 부담을 줄일 수 있도록 하고 있다.

또한 입증책임의 배분을 위하여 차별행위 사실은 피해자가 입증하도록 하고, 장애를 이유로 한 차별이 아니거나 정당한 사유가 있었다는 점은 차별 행위자가 입증하도록 하고 있다. 차별을 한 자에게 정보가 편재되어 있고 피해자가 증거에 접근하는 것이 제한되어 있는 현실과 간접차별의 증가 등을 고려할 때, 차별 피해자가 차별을 입증하는 것은 현실적으로 어렵고, 이로 인하여 효과적인 피해구제가 힘들기 때문에 차별 전문가들은 차별분쟁에 있어 입증책임의 전환을 제기해 왔다. 이러한 맥락에서 입증책임의 배분은 장애인 당사자가 소송단계에서 불이익을 받지 않도록 하는 조치가 될 것으로 판단된다.

법원의 구제조치를 위하여 「장애인차별금지법」에는 소송 제기 전이나 소송 제기 중이라도 임시로 차별행위를 중지시킬 수 있는 임시 구제조치, 차별적 행위의 중지, 임금 등 근로조건의 개선, 시정을 위한 적극적 조치 등의 판결, 적극적 조치가 필요하다고 판단되는 경우 이행기간을 명시하고 이를 이행하지 아니하는 때에는 늦어진 기간에 따라 일정한 배상을 하도록 명하는 규정 등을 두고 있다. 법원이 개별 사안에 따라 적절한 방법으로 구제를 할 수 있도록 한 것으로, 특히 피해자가 증명보다는 입증의 정도가 낮은 소명만으로 제소 전이나 후에 법원의 적절한 임시조치 명령을 통하여 본안 판결 전이라도 임시적인 구제를 받을 수 있도록 하고 있다.

4. 발달장애인 권리보장 및 지원에 관한 법률

1) 제정배경[5]

「발달장애인 권리보장 및 지원에 관한 법률」(이하 「발달장애인법」)이라는 법안의 명칭에서 알 수 있듯이 이 법안은 발달장애인에 대한 인권보호와 복지지원의 두 축을 중심으로 하여, 성인기 발달장애인의 지역사회에서의 자기주도적 참여와 권리를 보장하고, 최소한의 인간다운 생활을 유지할 수 있도록 지원하는 것을 주요 목표로 삼고 있다.

비록 발달장애인이 전체 등록장애인 중 소수에 불과하지만 타인의 도움없이는 성인이 되어서도 일상생활을 영위하기가 쉽지 않아 일생 돌봄이 일상적으로 필요한 경우가 상당수이고, 발달장애인의 경우 인지능력과 의사소통능력 등이 상대적으로 부족하여 자신의 권리를 주장하거나 자신을 스스로 보호하는 것에 많은 어려움이 있어 여러 가지 학대, 성폭력, 인신매매, 장기적인 노동력 착취 등의 피해자가 되는 사례가 빈번히 발생하고 있는 상황이다.

한편, 발달장애인에 대한 복지서비스와 이에 따른 인프라는 그 필요에 비해 지원 규모가 매우 부족한 실정이어서, 발달장애인을 돌보고 있는 부모나 보호자들의 신체적·

---

5) 이 내용은 김치원(2012)을 주로 인용함.

정서적·경제적인 부담이 상당히 높고, 발달장애인의 능력계발을 위해 요구되는 직업훈련이나 평생교육 등에 대한 지원체계도 매우 미흡한 상황이다.

따라서 「발달장애인법」은 발달장애인과 그들의 가족 및 보호자 등의 특별한 요구에 부합하는 각종 복지지원과 서비스 체계 및 중앙·지역 발달장애인지원센터 설립의 근거를 제정함으로써 발달장애인의 권리를 보장하고, 그 가족 및 보호자 그리고 형제·자매들의 삶의 질을 향상시킬 수 있도록 하여 궁극적으로는 국민 전체의 행복 향상에 기여하려는 것이다.

보다 구체적으로 살펴보면 「발달장애인법」은 발달장애인의 단점(약점)보다는 장점(강점)을 기반으로 한 지원시스템을 구현하여 발달장애인이 가진 강점을 바탕으로 서비스지원에 대한 평가가 이루어지고, 그러한 강점이 다양한 사회영역에서 발달장애인의 참여를 활성화시킬 수 있는 중심요소가 되도록 제도설계를 하고 있다. 또한 최소제한 환경원리에 입각한 발달장애인의 사회통합을 지향함으로써 최대한 지역사회와 통합된 방식으로 서비스를 지원하고, 지역사회 통합이 어려운 경우 차선책으로 보다 제한된(분리된) 방식으로 서비스를 지원하는 시스템을 구축하고자 한다. 기존의 장애인자립생활 모델에서 발달장애인에게 보다 적합한 상호의존 모델을 적용하여 발달장애에 대한 감수성과 이해를 기반으로 서비스 공급자와 수요자 간의 상호작용과 사회적 관계형성을 촉진하고 지역사회의 통합을 유도하는 지원체계를 구축하고자 한다.

또한 발달장애인의 자기결정권 및 자기주도성을 최대한 보장하여 발달장애인이 자기주도적으로 서비스를 선택할 수 있도록 하는 지원체계를 마련하고 있으며, 재활 및 발달, 고용 및 직업, 평생교육, 문화·예술·여가·체육활동, 소득보장, 거주시설, 주간활동, 돌봄, 권리옹호 등 삶의 전반적 영역에서 발달장애인의 질 높은 삶과 지역사회 참여에 필요한 서비스와 지원을 구체적으로 명시하고 국가와 지방자치단체가 이행하는 책무를 비교적 정확히 규정하고 있다. 서비스 전달체계에서도 중앙발달장애인지원센터와 지역발달장애인지원센터 설치 근거를 제시하여 중앙과 지방이 분리된 분절적 서비스가 아닌 통합적 서비스 지원체계를 구현하여 각종 다양한 복지 지원 및 서비스의 신청에서부터 평가, 연계, 모니터링을 포함한 서비스의 전체 운영과정을 통합적으로 관리할 수 있는 전달체계를 구축하고 있다.

2) 주요 내용

「발달장애인법」의 주요내용은 크게 「발달장애인법」의 체계, 지원 대상과 권리의 보장, 복지지원 및 서비스, 발달장애인 가족 및 보호자 지원, 발달장애인지원 서비스 전달체계-발달장애인지원센터 설립 차원에서 검토하여 볼 수 있다.

(1) 「발달장애인법」의 체계

이 법은 발달장애인의 의사를 최대한 존중하여 그들의 생애주기에 따른 특성 및 복지 욕구에 적합한 지원과 권리옹호 등이 체계적이고 효과적으로 제공될 수 있도록 필요한 사항을 규정함으로써 발달장애인의 사회참여를 촉진하고, 권리를 보호하며, 인간다운 삶을 영위하는 데 이바지하는 목적을 달성하기 위하여 법적·제도적 기반을 마련하려는 것으로 총 7장 44개 조문의 본칙으로 구성되어 있다.

〈표 2-12〉 「발달장애인법」의 체계

장	조(제목)
제1장 총칙	제1조(목적)/제2조(정의)/제3조(발달장애인의 권리) 제4조(국가와 지방자치단체의 책무)/제5조(국민의 책무) 제6조(실태조사)/제7조(다른 법률과의 관계)
제2장 권리의 보장	제8조(자기결정권의 보장)/제9조(성년후견제 이용지원) 제10조(의사소통지원)/제11조(자조단체의 결성 등) 제12조(형사·사법 절차상 권리보장)/제13조(발달장애인에 대한 전담조사제) 제14조(발달장애인 대상 범죄 방지) 제15조(신고의무)/제16조(현장조사)/제17조(보호조치 등)
제3장 복지지원 및 서비스	제18조(복지서비스의 신청)/제19조(개인별지원계획의 수립) 제20조(발달장애인과 복지서비스 제공기관 등의 연계) 제21조(계좌의 관리 등)/제22조(계좌 관리의 점검 등) 제23조(조기진단 및 개입)/제24조(재활 및 발달 지원) 제25조(고용 및 직업훈련 지원)/제26조(평생교육 지원) 제27조(문화·예술·여가·체육 활동 등 지원)/제28조(소득보장) 제29조(거주시설·주간활동·돌봄 지원)
제4장 발달장애인 가족 및 보호자 지원	제30조(보호자에 대한 정보제공과 교육) 제31조(보호자에 대한 상담지원)/제32조(휴식지원 등)

제5장 발달장애인지원센터 등	제33조(발달장애인지원센터)/제34조(발달장애인지원센터의 임무) 제35조(관계 기관의 협조)/제36조(발달장애인지원정보시스템의 구축 및 운영) 제37조(서비스의 제공 등)/제38조(서비스제공기관의 변경지정 등)
제6장 보칙	제39조(지도와 감독)/제40조(보고와 검사)/제41조(위임 · 위탁)
제7장 벌칙	제42조(벌칙)/제43조(양벌규정)/제44조(과태료)

(2) 지원 대상과 권리의 보장

「발달장애인법」은 지원 대상을 아동 및 성인 발달장애인과 그 가족으로 규정하고 있고 발달장애인을 지적장애인, 자폐성장애인 등으로 규정하고 있다(법 제2조). 모든 발달장애인은 자신의 신체와 재산에 관한 사항에 대하여 스스로 판단하고 결정할 권리를 가지고, 자신에게 법률적 · 사실적인 영향을 미치는 사안에 대하여 스스로 이해하여 자신의 자유로운 의사를 표현할 수 있도록 필요한 도움을 받을 권리가 있으며, 자신과 관련된 정책의 결정과정에서 자기의 견해와 의사를 표현할 권리가 있다(법 제3조).

이에 따라 「발달장애인법」은 구체적인 권리보호를 위해 자기결정권의 보장, 성년후견제 이용지원, 의사소통지원, 자조단체의 결성 등에 대한 내용이 있고, 형사 · 사법상의 권리를 보호하기 위해서 형사 · 사법 절차상 권리보장, 발달장애인에 대한 전담조사제, 발달장애인 대상 범죄 방지, 신고의무, 현장조사, 보호조치 등을 규정하였다.

① 자기결정권의 보장(법 제8조)

발달장애인은 자신의 주거지의 결정, 의료행위에 대한 동의나 거부, 타인과의 교류, 복지서비스의 이용 여부와 서비스 종류의 선택 등을 스스로 결정한다고 규정하고 있다. 또한 누구든지 발달장애인에게 의사결정이 필요한 사항과 관련하여 충분한 정보와 의사결정에 필요한 도움을 제공하지 아니하고 그의 의사결정능력을 판단하여서는 안 되며, 발달장애인이 스스로 의사를 결정할 능력이 충분하지 아니하다고 판단할 만한 상당한 이유가 있는 경우에는 보호자가 발달장애인의 의사결정을 지원할 수 있다. 이 경우 보호자는 발달장애인 당사자에게 최선의 이익이 되도록 하여야 한다고 규정하고 있다.

② 성년후견제 이용지원(법 제9조)

지방자치단체의 장은 성년인 발달장애인이 후견인을 선임할 필요가 있음에도 불구하고 자력으로 후견인을 선임하기 어렵다고 판단되는 경우에는 그를 위하여 「민법」에 따라 가정법원에 성년후견개시, 한정후견개시 또는 특정후견의 심판을 청구할 수 있도록 규정하고 있다.

③ 의사소통지원(법 제10조)

국가와 지방자치단체는 발달장애인의 권리와 의무에 중대한 영향을 미치는 법령과 각종 복지지원 등 중요한 정책정보를 발달장애인이 이해하기 쉬운 형태로 작성하여 배포하여야 하고, 교육부장관은 발달장애인이 자신의 의사를 원활하게 표현할 수 있도록 학습에 필요한 의사소통도구를 개발하고 의사소통지원 전문인력을 양성하여 발달장애인에게 도움이 될 수 있도록 필요한 교육을 실시하여야 한다.

④ 자조단체의 결성 등(법 제11조)

발달장애인은 자신의 권익을 보호하고 사회참여를 제고하기 위하여 자조단체(自助團體)를 구성할 수 있고, 국가와 지방자치단체는 자조단체의 활동에 필요한 경비를 지원할 수 있다.

⑤ 형사ㆍ사법상의 권리보장

「발달장애인법」은 형사ㆍ사법 절차상 권리보장을 위하여 발달장애인이 재판의 당사자가 된 경우 그의 보호자, 중앙발달장애인지원센터 및 지역발달장애인지원센터의 직원이나 그 밖에 발달장애인과 신뢰관계에 있는 사람은 법원의 허가를 받아 법원의 심리과정에서 발달장애인을 위한 보조인이 될 수 있다. 또한 법원은 발달장애인을 증인으로 신문하는 경우 발달장애인 본인, 검사, 보호자, 발달장애인지원센터의 장의 신청이 있는 때에는 재판에 중대한 지장을 줄 우려가 있는 등 부득이한 경우가 아니면 발달장애인과 신뢰관계에 있는 사람을 동석하게 하도록 하였다(법 제12조).

그리고 검찰총장 및 경찰청장은 전담검사 및 전담사법경찰관에게 발달장애인의 특성에 대한 전문지식과 의사소통 방법 및 발달장애인 보호를 위한 수사방법 등에 관한 교육을 실시하도록 하였고, 이를 통해 발달장애인이 법률상에 억울한 손해를 방지토록 하였다(법 제13조).

또한 국가와 지방자치단체는 발달장애인에 대한 범죄를 예방하고 근절하기 위한 대책을 마련하여 추진하여야 한다(법 제14조). 이를 위해 누구든지 발달장애인에 대한 각종 범죄 발생 사실을 알게 된 경우에는 발달장애인지원센터 또는 수사기관에 신고할 수 있도록 하였다. 그리고 다양한 유관기관의 종사자와 시설의 장들은 그 직무상 발달장애인에 대한 각종 범죄 등의 발생 사실을 알게 된 경우에는 즉시 발달장애인지원센터 또는 수사기관에 신고하도록 하였다(법 제15조).

발달장애인에 대한 여러 범죄 등의 신고를 접수한 발달장애인지원센터의 직원이나 사법경찰관리는 지체 없이 그 현장에 출동하도록 하였다. 이 경우 발달장애인지원센터의 장이나 수사기관의 장은 서로 발달장애인에 대한 범죄 현장에 동행하여 줄 것을 요청할 수 있고 요청받은 발달장애인지원센터의 장이나 수사기관의 장은 정당한 사유가 없으면 그 소속 직원이나 사법경찰관리가 동행하도록 조치하여야 한다(법 제16조). 그리고 발달장애인지원센터의 장은 발달장애인에 대한 범죄 등이 발생하였다고 믿을 만한 상당한 이유가 있고, 발달장애인을 그 가해자로 추정되는 사람으로부터 격리하거나 치료할 필요가 있는 경우 발달장애인을 임시로 보호하기 위하여 지정된 위기발달장애인쉼터 또는 의료기관에 인도하는 등 발달장애인이 안전한 곳에서 보호받을 수 있도록 조치하여야 한다고 하였다(법 제17조).

(3) 복지지원 및 서비스

「발달장애인법」에 따르면 발달장애인의 특성 및 요구를 고려한 개인별 맞춤 지원 체계 구축을 위하여 개인이 원하는 복지지원 및 서비스를 신청하고 이를 변경할 수 있으며(법 제18조), 특별자치시장·특별자치도지사·시장·군수·구청장은 개인별지원계획의 수립을 신청받은 경우 지역발달장애인지원센터를 통해 개인별지원계획을 수립하도록 규정하고 있다(법 제19조). 개인별지원계획에 따른 서비스 지원을 위해서 지역발달장애인지원센터의 장은 복지서비스 대상자로 선정된 발달장애인과 그 가족에게 개인별지원계획에 따라 복지서비스 세공기관 등을 연계하고, 복지서비스 제공시간 및 방법·비용부담 등 관련 정보를 제공하도록 하였다(법 제20조).

그리고 발달장애인들의 경제적 지원을 위하여 복지지원이 현금으로 지급되는 경우에는 그의 명의로 개설된 예금계좌로 입금하여야 하며, 예금의 인출 및 다른 계좌로의 이체 등 관리도 발달장애인 최대한 스스로 하게 하고(법 제21조), 지방자치단체의 장은 보건복지부장관이 정하는 바에 따라 발달장애인의 보호자 및 계좌관리인이 발달장애인의 계좌를 발달장애인의 이익을 위하여 적절하게 관리하는지 점검할 수 있도록 규정하였다(법 제22조). 또한 「발달장애인법」은 발달장애인의 장애를 조기에 발견하기 위하여 검사도구의 개발, 영유아를 둔 부모에 대한 정보제공 및 홍보, 발달장애 정밀진단 비용 등을 지원할 수 있도록 하였다(법 제23조).

각종 지원서비스 차원에서 볼 때, 「발달장애인법」은 재활 및 발달지원을 위해서는 발달장애인의 지역사회 참여 활동 촉진을 위하여 발달재활서비스 제공, 연구 및 의료지원체계 구축, 거점병원 운영, 행동발달증진센터 설치·운영하도록 하고(법 제24조), 고용 및 직업훈련지원을 위해서는 중증의 발달장애인을 위한 특화된 직업재활시설 설치·운영(법 제25조), 평생교육 지원을 위해서는 발달장애인 평생교육기관 지정 및 운영 지원 하도록 하였다(법 제26조). 그리고 발달장애인을 위한 문화·예술·여가·체육활동 등의 지원(법 제27조), 발달장애인들의 적정한 생활수준 유지를 위한 별도의 소득보장 제도 마련(법 제28조), 발달장애인의 활동 지원을 위하여 거주시설, 주간활동 및 돌봄지원(법 제29조)에 대한 내용도 규정하고 있다.

(4) 발달장애인 가족 및 보호자 지원

「발달장애인법」은 발달장애인을 양육하고 지원하는 가족 및 보호자의 부담을 완화하고 휴식을 제공하기 위하여 보호자에 대한 정보제공 및 교육 지원(법 제30조), 발달장애인과 동거하는 보호자에게 전문적인 심리상담 서비스를 제공하도록 하였고(법 제31조), 일상적인 양육부담을 경감하고 보호자의 정상적인 사회활동을 돕기 위한 휴식지원과 함께 발달장애인의 형제·자매로서 발달장애인이 아닌 아동 및 청소년이 건전하게 성장할 수 있도록 이들의 정서발달과 심리적 부담 해소 등을 위한 프로그램 운영을 지원할 수 있도록 형제·자매를 위한 프로그램 운영(법 제32조) 등을 규정하고 있다.

(5) 발달장애인 서비스 전달체계-발달장애인지원센터의 설립

중앙과 지역에 발달장애인지원센터를 설립하도록 함으로써 발달장애인에 대한 복지지원이 체계적으로 이루어질 수 있도록 하고 있다. 보건복지부장관은 중앙발달장애인지원센터를 설치·운영하고, 시·도지사는 지역발달장애인지역센터를 설치·운영하도록 하고 있다(법 제33조).

　중앙발달장애인지역센터는 발달장애인에 대한 연구수행 지원, 발달장애인이 이용 가능한 복지정보 데이터베이스 구축 및 정보 제공, 발달장애인 가족 및 관련 서비스 종사자에 대한 지침·편람 마련 및 교육지원, 발달장애인에 대한 인식개선 홍보, 발달장애인 지원 프로그램 개발, 지역발달장애인지원센터의 지원, 후견인 후보자의 추천, 발달장애인 권리침해의 모니터링 및 권리구제의 지원 등을 수행하고, 지역발달장애인지역센터는 발달장애인에 대한 개인별지원계획의 수립, 발달장애인을 위한 복지지원 정보의 제공 및 연계, 발달장애인 가족 및 관련 서비스 종사자에 대한 교육지원, 발달장애인에게 서비스를 제공하는 기관에 대한 정보의 축적 및 관리, 발달장애 조기 발견과 발달장애인에 대한 인식개선을 위한 지역사회 홍보, 발달장애인 및 그 가족에 대한 상담지원, 보호자에 대한 감독, 선임된 후견인에 대한 감독지원 및 후견업무의 지원, 현장조사 및 보호조치 등 발달장애인의 권리구제 지원 등의 업무를 수행하도록 하였다(법 제34조).

🍃 요 약

　모든 특수교육 관련 지원은 법률적 토대를 가지고 있다. 이는 특수교육 요구아동들이 존엄성과 가치를 보장받을 수 있는 최소한의 사회적 근거다. 따라서 '모든 국민은 능력에 따라 균등하게 교육을 받을 권리를 가진다'는 헌법 정신을 구체적으로 실현하기 위해 제정된 다양한 법률을 이해하는 것은 교육현장에서 반드시 필요한 부분이다. 하지만 그동안 교육현장에서는 이런 법률에 대한 이해와 중요성에 대한 인식이 부족하여 특수교육 요구아동들의 교육적 권리를 훼손하는 사례들이 많이 발생하였다. 앞으로는 특수교육 관련법의 제정배경과 주요내용을 명확히 이해함으로써 특수교육 요구아동들의 기본적 권리를 명확히 보장하는 교육현장이 되어야 할 것이다.

🍃 생각해 볼 문제

1. 특수교육 현장에서 가장 자주 발생하는 인권침해의 사례에는 어떤 것들이 있는가?
2. 「장애인 등에 대한 특수교육법」의 내용 중 교육현장에서 제정배경의 의도와 달리 실행되

고 있는 법률 조항에는 어떤 것들이 있는가? 이런 문제를 개선하기 위해서는 법률 조항이 어떻게 개정되는 것이 바람직하겠는가?

3. 「발달장애인 권리보장 및 지원에 관한 법률」과 같이 특정장애인들을 위한 별도 법률이 제정되었을 때의 장점은 무엇인가?

🍃 참고문헌

교육과학기술부(2008). 「장애인 등에 대한 특수교육법령」 해설자료집.

김치원(2012). 「발달장애인 지원 및 권리보장에 관한 법률(안)」의 제정과정. 부산복지포럼, 9, 6-13.

박종운(2007). 장애인차별금지법의 주요 내용과 의의. 장애인차별금지법 제정 의의와 장애인정책의 방향 자료집. 서울: 국가인권위원회.

수원시지역사회복지협의체(2007). 장애인차별금지법 설명회 자료집.

이승기, 김기룡, 백은령, 이계윤, 조윤경, 전혜연, 최복천, 최윤영, 김희진, 류소영(2011). 장애아동에 대한 사회적 복지지원체계 연구. 서울: 보건복지부.

전국장애인교육권연대(2007). 「장애인 등에 대한 특수교육법」 해설자료집.

한국보건사회연구원(2005). 2005년도 장애인실태조사. 서울: 보건복지부.

🍃 추천문헌

권양희 역(2015). 모두가 행복할 권리 인권-어린이를 위한 세계 장애인 권리 협약. 서울: 봄볕.

유동철(2013). 인권관점에서 보는 장애인 복지. 서울: 학지사.

Osborne, A. G. & Russo, C. J. (2014). *Special Education and The Law: A Guide for Practitioners* (3rd ed.). Thousand Oaks, CA: Corwin Press.

제2부

영역별 상담 전략

제3장

지적장애 상담

지적장애(Intellectual and Developmental Disabilities: IDD)는 미국지적장애협회(AAIDD)가 2007년에 개인 안에 내재하는 결함을 강조하는 '정신지체(Mental Retardation: MR)'라는 용어를 대신하여 제안한 장애명칭으로, 환경적 맥락에서의 지원의 중요성을 보다 강조한다. 우리나라 「장애인 등에 대한 특수교육법」에서는 현재까지도 '정신지체'라는 용어가 사용되고 있지만, 「장애인복지법」과 관련 학회에서는 '지적장애'라는 명칭을 더 선호하고 있다. 이 장에서는 지적장애의 정의, 진단 및 분류 그리고 주요 특성에 대하여 살펴보고, 이를 바탕으로 생애주기별로 고려할 만한 교육상담적 접근방안을 지원의 사정 및 계획 과정, 지적장애학생 지도방법으로 나누어 살펴보고자 한다.

학교 장면 사례

"장애 이겨 낸 취업, 선생님 덕분에 이뤘어요!"

국립특수교육원 진로 · 직업교육 우수 교사 선정
공주정명학교, 발로 뛰어 발굴한 23개 업체서 33명 실습, 취업률 64→84% 껑충
"우리도 취업할 수 있어요. 작은 회사라서 바쁘고 힘들지만 우리 회사가 최고예요."

처음에는 낯설고 보잘것없어 보이던 '천막 접기 작업'이 장애학생의 꿈을 실현시켰다. 강선재 학생(공주

정명학교, 고3, 가명)은 24회의 고단한 현장실습을 이겨 내고 취업이라는 인생의 큰 선물을 받았다. 강 군이 지적장애를 딛고 취업을 한 데는 끊임없는 열정으로 지도해 온 문해연 공주정명학교 교사가 있었다. 문 교사는 '다양한 현장실습을 통한 희망 찾기 프로젝트'를 실시해 맞춤 직업교육을 하는 한편, 학생들이 실습할 업체를 찾아 발로 뛰었다. 그 결과 23개 업체에서 33명의 학생이 실습을 하게 됐고, 이 중 24명이 취업하는 성과를 이뤄 냈다. 취업률도 64%(2011년)에서 84%(2012년)로 껑충 뛰었다.

…… (중략) ……

구미혜당학교, 전공과 전체 '자기관리 훈련' '오픈마켓' 운영으로 자립심 쑥쑥

대구광명학교, 방과후 '이료 체험의 날' 실시, 지역민 대상 실습……임상능력 키워

…… (중략) ……

이밖에도 △ '직립보행(職立步行) 직업능력을 바로 세워서 사회로 나아가자' (김순아 다솜학교) △지역사회와 함께하는 장애학생 진로 · 직업교육 꿈-잡고(Job Go!)' (손민 구미특수교육지원센터) △ '행복한 사회인 준비를 위한 전공과 운영' (위영순 서울동천학교) △ '맞춤식 개별화 진로 · 직업교육' (이영근 대전교남학교) △ '교사, 학생, 학부모가 함께하는 현장중심의 진로 · 직업교육' (이영수 대전국제통상고) △ '직업중점 특수학교의 교육과정 적용방안 및 지역사회네트워크 연계 모델링' (이준희 외 4인 한길학교) △ '발달장애학생의 적합 직종을 찾아서' (황현철 부천혜림학교) 등 7명에게는 국립특수교육원장상이 수여된다.

김은주 국립특수교육원장은 "1%의 부정적인 모습이 99%의 긍정적인 기능을 가린다는 장애인 고용에 대한 통설을 깨고 1%의 가능성도 살려 당당히 사회의 구성원으로 서게 한 교사들에게 박수를 보낸다."고 말했다. 국립특수교육원은 19일 대회의실에서 시상식을 개최할 예정이다.

출처: 한국교육신문(2013.12.2.).

🌱**학습목표**

1. 지적장애의 정의를 알고, 선별 및 진단기준을 적용한다.
2. 지적장애아동의 특성을 발생 원인 및 환경적 요인을 고려하여 파악한다.
3. 지적장애아동의 교육적 요구에 적합한 교육 및 상담방안을 제안한다.

1. 지적장애의 정의, 분류, 진단

1) 지적장애의 정의

(1)「장애인 등에 대한 특수교육법」

우리나라「장애인 등에 대한 특수교육법」시행령(시행 2015.1.1., 대통령령 제25840호) [별표] 특수교육대상자 선정기준에 따르면, 정신지체를 지닌 특수교육대상자를 '지적 기능과 적응행동상의 어려움이 함께 존재하여 교육적 성취에 어려움이 있는 사람'으로 정의하고 있다. 동법 시행규칙(시행 2013.10.6., 교육부령 제8호) [별표] 특수교육대상자 선별검사 및 진단·평가영역에 따르면, 정신지체를 지닌 특수교육대상자를 선별, 진단·평가하기 위하여 지능검사, 사회성숙도검사, 적응행동검사, 기초학습검사, 운동능력검사 등을 실시하고 장애유형별 진단·평가 시 장애인증명서, 장애인수첩 또는 진단서 등을 참고자료로 활용할 수 있도록 규정하고 있다.

한편, 우리나라 교육부는 매년 4월 1일 기준 '특수교육통계'를 발표하고 있다. 이에 따르면 2014년 우리나라 특수교육 대상학생은 총 87,278명이고, 이 중 지적장애학생은 47,667명으로 전체 특수교육 대상학생 중에서 가장 많은 비율(54.6%)을 차지하는 것으

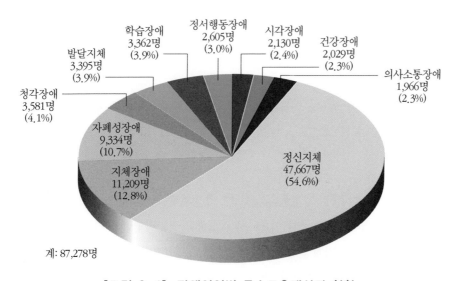

계: 87,278명

[그림 3-1] 장애영역별 특수교육대상자 현황

출처: 교육부, 2014b.

로 나타났다. 이는 학습장애학생이 가장 많은 비율을 차지하는 미국의 특수교육 대상학생 현황과 다른 점이다. 우리나라 지적장애학생은 특수학교에 15,235명(31.96%), 특수학급에 28,452명(59.69%), 일반학급(전일제 통합학급)에 3,912명(8.21%) 그리고 특수교육지원센터에 68명(0.14%)이 각각 배치되어 있는 것으로 조사되었다.

(2) 「장애인복지법」

「장애인복지법」 시행령(시행 2015. 5. 5., 대통령령 제25701호) [별표 1]에 제시된 장애인의 종류 및 기준에 따르면, 지적장애인(知的障碍人)은 '정신 발육이 항구적으로 지체되어 지적 능력의 발달이 불충분하거나 불완전하고 자신의 일을 처리하는 것과 사회생활에 적응하는 것이 상당히 곤란한 사람'을 말한다. 「장애인복지법」 시행규칙(시행 2015. 8. 3., 보건복지부령 제343호) [별표 1] 장애인의 장애등급표에 따르면, 지적장애인은 다음과 같이 장애등급이 구분된다.

> **제1급**
> 지능지수가 35 미만인 사람으로서 일상생활과 사회생활에 적응하는 것이 현저하게 곤란하여 일생 동안 다른 사람의 보호가 필요한 사람
> **제2급**
> 지능지수가 35 이상 50 미만인 사람으로서 일상생활의 단순한 행동을 훈련시킬 수 있고, 어느 정도의 감독과 도움을 받으면 복잡하지 아니하고 특수기술이 필요하지 아니한 직업을 가질 수 있는 사람
> **제3급**
> 지능지수가 50 이상 70 이하인 사람으로서 교육을 통한 사회적·직업적 재활이 가능한 사람

지적장애를 지능지수만을 기준으로 진단·평가(판별: identification)해서는 안 되지만, 인간의 지적 능력이 정규분포를 이룬다고 가정하고 지능지수만을 기준으로 지적장애를 진단·평가한다면, 지적장애의 이론적 출현율은 평균으로부터 −2표준편차 이하(IQ 70 이하)에 해당하는 2.27% 내외가 된다.

한편, 2013년 12월말 기준 전국 장애인 등록 현황에 따르면, 전체 장애인은 2,501,112명

이고, 이는 전체 인구를 5,000만 명이라고 할 때 전체 인구의 약 5%가 장애인이라는 것을 의미한다. 이들 등록장애인 중에는 지체장애인이 1,309,285명(52.3%)으로 가장 많은 비율을 차지하고, 청각장애인(255,399명, 10.2%), 뇌병변장애인(253,493명, 10.1%), 시각장애인(253,095명, 10.1%)에 이어 지적장애인은 178,866명(7.15%)으로 다섯 번째로 많은 비율을 차지하고 있는 것으로 조사되었으며, 전체 인구의 0.36%에 해당한다. 참고로 DSM-5(APA, 2013)에서는 지적장애의 출현율이 연령대별로 다르기는 하지만, 전체 인구의 약 1%이고, 중도 지적장애는 대략 1,000명당 6명 정도의 출현율을 보인다고 하였다.

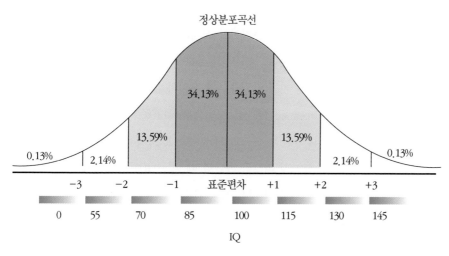

[그림 3-2] 표준정규분포와 지적장애의 이론적 출현 비율

여기서 우리는 발생률, 출현율(또는 유병률), 재현율의 개념을 구분해 둘 필요가 있다. 발생률(incidence)은 주어진 기간(주로 1년) 동안 나타난 새로운 사례의 수를 일컫는다. 발생률을 표로 제시하고자 할 때는 그 기간 동안 새로 출생하였거나 학교에 입학한 아동 중에서 지적장애로 진단된 아동의 총수를 셈으로써 가능하다. 출현율(prevalence)은 주어진 시점을 기준으로 새로이 지적장애로 판명된 경우와 그 시점 이전에 이미 지적장애로 진단된 모든 사례 수를 합하여 일컫는 것이다(신현기 역, 2008). 재현율(recurrence)은 이미 장애아동을 가지고 있는 가정이 다시 같은 장애를 가지고 있는 아동을 가질 확률을 나타내 주는 개념이다(김동일 외, 2002). 앞에서 살펴본 바와 같이 우리나라 전체 인구를 5,000만 명이라고 할 때, 전체 장애인은 2,501,112명이고 이는 전체인구의 약 5%에

해당한다고 말하는 것은 우리나라의 2013년 12월말 시점을 기준으로 한 장애인 출현율(또는 유병률)에 대한 설명인 것이다.

(3) 미국지적장애협회

미국지적장애협회(2010)는 지적장애를 '지적 기능과 함께 광범위한 사회적 및 실제적 일상 기술에 걸친 적응행동 영역에서 심각한 제한이 있고, 18세 이전에 나타나는 장애'로 정의(제11차 정의)하고 있다.

여기서 지적 기능(intellectual functioning)이란 '지능'이라고도 불리는 학습(learning), 추론(reasoning), 문제해결(problem solving) 등과 같은 일반적인 정신능력을 말한다. 지적 기능을 측정하는 한 가지 방법은 지능검사를 실시하는 것으로, IQ가 70~75 이하인 경우 지적 기능에 제한이 있다고 본다. 참고로 미국지적장애협회의 전신인 미국정신지체협회(AAMR)는 '일반적인 지적 기능이 평균보다 유의하게 낮다.'는 준거가 되는 지능지수 절사점을 제7차 정의(Grossman, 1973)를 기점으로 −1표준편차(IQ 85 이하)에서 −2표준편차(IQ 70 이하)로 변경한 바 있으며, DSM-5(APA, 2013)에서는 '지적 기능의 결함'이라는 첫 번째 준거에 해당하는지 여부를 판단할 때, 평균 100, 표준편차 15인 지능검사에서 전체 평균보다 2표준편차 이상 낮은 점수 기준을 적용하되, 측정의 표준오차(일반적으로 5점)를 경계에서 포함하여 65~75점(70±5)을 포함하도록 하였다.

적응행동은 사람들이 일상생활에서 학습하고 수행하는 개념적·사회적·실제적 기술을 총칭하는 개념으로, 이러한 적응행동에서 제한이 있는지 여부도 표준화검사를 통해 판가름할 수 있다. 여기서 개념적 기술에는 언어와 문해, 화폐, 시간, 수 개념, 자기 지시 등이 포함되고, 사회적 기술에는 대인관계 기술, 사회적 책임감, 자아존중, 잘 속아 넘어가는 특성(gullibility), 경계심(naïveté), 사회적 문제해결, 규칙 준수 및 준법능력/희생양이 안 되는 능력 등이 포함되며, 실제적 기술에는 일상생활(자조) 활동, 직업기술, 건강, 여행/교통, 스케줄/일과, 안전, 화폐 사용, 전화 사용 등이 포함된다.

〈표 3-1〉 미국지적장애협회의 지적장애 정의 요소

지적 기능	적응행동	발현 연령
지능검사 (IQ 70~75)	개념적 기술 사회적 기술 실제적 기술	18세 이전

　발현연령은 몇몇 발달장애의 조건으로, 지적장애가 발달 시기 동안에 나타나는 증거임을 의미하고, 미국에서는 이에 대하여 18세 이전까지라고 조작적으로 정의한다.

　한편, 미국지적장애협회는 지적장애를 정의하고 사정하는 데 있어서 반드시 고려해야 할 추가적인 요소들을 강조하고 있는데, 대상 아동 또래들에게 전형적인 지역사회 환경과 문화 등이 그것이다. 전문가들은 또한 사람들이 의사소통하고 움직이고 행동하는 데 있어서 존재할 수 있는 언어적 다양성과 문화적 차이도 고려해야 한다고 강조한다. 마지막으로, 사정(査定, assessment)은 개개인의 제한점(약점)이 강점(장점)과 동시에 존재하는 경우가 많다는 점, 적절하고도 개별화된 지원이 지속적으로 제공될 경우 개인의 일상생활 기능수준은 향상될 수 있다는 점을 전제로 하여 이루어져야 한다. 이와 같은 다면적인 평가에 기초할 때에 비로소 전문가들은 개인이 지적장애를 가지고 있는지 여부를 결정하고 적절한 개별화 지원계획을 수립할 수 있다(AAIDD, 2015).

(4) 미국정신의학회의 진단기준

　미국정신의학회(APA, 2013)가 『정신질환의 진단 및 통계 편람』 제5판(DSM-5)에서 제시한 지적장애의 진단기준은 다음과 같다.

지적장애(지적발달장애)는 발달 시기에 시작되며, 개념, 사회, 실행 영역에서 지적 기능과 적응 기능 모두에 결함이 있는 상태를 말한다. 다음의 3가지 진단기준을 충족해야 한다.

A. 임상적 평가와 개별적으로 실시된 표준화된 지능 검사로 확인된 지적 기능(추론, 문제 해결, 계획, 추상적 사고, 판단, 학업, 경험 학습)의 결함이 있다.

B. 적응 기능의 결함으로 인해 독립성과 사회적 책임 의식에 필요한 발달학적 · 사회문화적 표준을 충족하지 못한다. 지속적인 지원 없는 적응 결함으로 인해 다양한 환경(가정, 학교, 일터, 공동체)에서 한 가지 이상의 일상 활동(의사소통, 사회적 참여, 독립적 생활) 기능에 제한을 받는다.

C. 지적 결함과 적응 기능의 결함은 발달 시기 동안에 시작된다.

주의점: 지적장애라는 진단명은 ICD-11의 지적발달장애와 동의어다. 이 편람에서는 지적장애라는 용어를 사용하고 있지만, 다른 진단 체계와의 연관성을 명확히 하고자 제목에는 2가지 용어 모두 기재하였다. 더욱이 미연방 법령(공법 111-256, 로사법)에서 정신지체라는 용어 대신 지적장애라는 용어를 사용하기로 결정하였고, 학술지에서도 지적장애라는 용

어를 사용하고 있다. 이와 같이 지적장애라는 용어는 의학, 교육 및 기타 전문직뿐 아니라 일반 시민과 시민 단체에서도 널리 사용되고 있다.

현재의 심각도를 명시할 것

317(F70) 경도

381.0(F71) 중등도

381.1(F72) 고도

381.2(F73) 최고도

2) 지적장애의 분류

미국지적장애협회는 2007년에 종래의 '정신지체'라는 용어 대신에 '지적장애'라는 용어를 제안하였다. 이는 종래의 정신지체(MR)나 정신박약, 백치 등과 같은 용어는 개인이 겪는 어려움을 '개인 안에 내재하는 결함'으로 설명하는 경향이 있기 때문에, 그보다는 '환경적 맥락에서의 지원의 중요성을 보다 강조'하기 위한 것으로 볼 수 있다. 따라서 개인에게 요구되는 지원의 강도에 따라 정신지체를 분류한 것(AAMR, 2002)과 동일한 취지로 이해될 수 있다. 같은 맥락에서 교육가능급 정신지체(Educable MR: EMR), 훈련가능급 정신지체(Trainable MR: TMR)와 같은 분류도 더 이상 사용되지 않는다.

일반적으로 지적장애인에 대하여 장애 정도가 얼마나 심한가를 주로 지적 기능 수준(즉, IQ)에 따라 경도(mild), 중등도(moderate), 중도(severe), 최중도(profound)와 같이 분류해 왔으나(예: Grossman, 1983), 미국정신지체협회(2002)는 이러한 개인의 (지적) 결함에 초점을 맞춘 분류체계를 적용하지 않고, 지적장애인이 필요로 하는 지원의 강도에 따른 네 가지 수준을 제안하였는데, 간헐적 지원(필요한 경우에만 지원이 제공되고, 특성상 단속적이며 지속시간은 짧다), 제한적 지원(간헐적 지원보다는 지원의 시간이 길지만, 지원의 강도가 그리 크지는 않다), 확장적 지원[특정 환경(예: 일터)에서 규칙적인(예: 매일) 지원이 제공되며, 지원의 시간은 제한되지 않는다(예: 장기 지원)], 전반적 지원(지원의 강도가 높고, 지속적이며, 장소를 제한하지 않는다. 특성상 평생 지속될 수 있다)이 바로 그것이다. 이와 관련하여 우리나라 「장애인복지법」에서는 여전히 지능지수를 기준으로 지적장애 1급, 2급, 3급과 같이 등급을 나누고 있어 논란의 대상이 되고 있다.

〈표 3-2〉 지적장애의 분류

분류	지적장애			비고 (DSM—Ⅳ)
	지적 기능의 수준에 따른 분류	요구되는 지원의 종류와 강도	「장애인복지법」 (장애등급표)	
경도 (輕度, mild)	IQ 55~70	간헐적 지원 (intermittent)	3급 IQ 50~70	약 85% (교육 가능)
중등도 (中等度, moderate)	IQ 40~55	제한적 지원 (limited)	2급 IQ 35~49	약 10% (훈련 가능)
중도 (重度, severe)	IQ 25~40	확장적 지원 (extensive)	1급 IQ 34 이하	약 3~4% (보호급)
최중도 (最重度, profound)	IQ 25 미만	전반적 지원 (pervasive)	—	약 1~2% (보호급)
참고	Grossman(1983)	AAMR(2002)	보건복지부(2015)	

3) 지적장애의 진단 · 평가

(1) 선별

지적장애를 가지고 있는지 여부를 심층적으로 진단 · 평가하기에 앞서 평상시의 학교학습 수준이나 일상생활 능력 등을 바탕으로 장차 지적장애로 판별될 가능성이 높다고 판단되는 학생을 골라내는 작업을 선별(screening)이라고 한다. 국립특수교육원(2009)에서는 정신지체를 지닌 특수교육대상자를 '지적 기능과 적응행동 모두에서 평균보다 현저하게 낮아 일상생활, 교육적 성취, 사회적 참여와 역할수행 등에 어려움이 있으며, 18세 이전의 발달기에 나타난다.'고 정의하고, 특수교육대상아동 선별검사(초 · 중학생)를 개발하였다. 이 선별검사에서 5점 이상인 학생은 지적장애에 대한 심층적인 진단평가에 의뢰할 필요가 있다.

(2) 진단 · 평가(판별)

지적장애가 의심되어 선별된 학생을 대상으로 지적장애를 가지고 있는지 진단 · 평가하기 위해서는 '지적 기능'과 '적응행동' 영역 모두에서 '심각한 제한'이 있는지를 판단하여야 한다. 일반적으로 지적 기능 수준을 평가하기 위해서는 표준화된 지능검사를 활용하고, 적응행동 수준을 평가하기 위하여 표준화된 적응행동검사를 활용한다.

〈표 3-3〉 국립특수교육원의 특수교육 대상아동(정신지체) 선별검사

정신지체를 지닌 특수교육대상자는 다음과 같은 특성 및 행동을 나타낼 수 있습니다. 다음의 기준에 따라 문항별로 아동이 해당되는 모든 항목에 ∨표를 해 주시기 바랍니다.

자주 나타남(2): 1주일에 4회 이상 나타남
가끔 나타남(1): 1주일에 2~3회 나타남
나타나지 않음(0): 1주일에 1회 이하로 거의 나타나지 않음

검사문항	자주 나타남	가끔 나타남	나타나지 않음
① 옷 입고 벗기, 대소변 가리기, 주변 이동하기 등의 일상활동을 또래와 비교하였을 때 제대로 수행하지 못한다.	2	1	0
② 또래들의 놀이활동에 제대로 참여하지 못하고, 또래들이 동생 다루듯이 놀아 주는 때가 많다.	2	1	0
③ 구어(말)로 의사소통을 못하거나, 무슨 말인지 알아듣기 힘들다.	2	1	0
④ 읽기, 쓰기, 셈하기 능력이 또래에 비해 현저하게 떨어지며, 반복학습을 해도 별 진전이 없다.	2	1	0
⑤ 또래에 비해 유치한 행동을 많이 한다. 예를 들면, 마음에 들지 않으면 자신보다 낮은 연령의 아이처럼 토라지거나 운다.	2	1	0
⑥ 일상에서 반복적으로 하는 쉬운 말은 하지만, 자신의 생각이나 주장을 표현하지 못할 때가 많다.	2	1	0
⑦ 주의집중 시간이 짧고 기억력이 떨어져서 방금 가르쳐 준 것도 곧 잊어버린다.	2	1	0
⑧ 지적 수준이 낮아서 수업 내용을 이해하지 못해 돌아다니거나 잠을 자는 등 학습과 관련 없는 행동을 하거나 수업에 참여하지 못한다.	2	1	0
⑨ 위험한 상황을 잘 인식하지 못하거나 위험한 일이 벌어져도 제대로 해결하지 못한다.	2	1	0
⑩ 자신의 일을 계획하고 주도적으로 처리하는 것에 어려움이 있다.	2	1	0
⑪ 도덕적 상황 판단이 잘 안되어 나쁜 일도 시키면 시키는 대로 한다.	2	1	0
합 계			
총점			

진단검사 필요 아동: 총점 5점 이상인 경우
* 총점 3~4점: 교사의 임상적 관찰을 거친 후 진단 여부를 결정함

출처: 국립특수교육원, 2009.

① 지적 기능의 평가

우리나라에서 지적 기능을 평가하는 데 활용되고 있는 지능검사로는 인물화에 의한 간편지능검사, 종합인지기능진단검사(CAS), 한국판 웩슬러 아동용 지능검사(K-WISC-IV), 한국 웩슬러 유아지능검사(K-WPPSI), 한국판 그림지능검사(K-PIT), 한국판 라이터 비언어성 지능검사(K-Leiter-R), 한국판 색채누진행렬(K-CPM), 한국판 K-ABC, 국립특수교육원 한국형 개인지능검사(KISE-KIT) 등이 있다(이승희, 2010). 여기서는 가장 널리 활용되는 한국판 웩슬러 아동용 지능검사를 예로 들어 살펴본다.

▶ 한국판 웩슬러 아동용 지능검사 개요

한국판 웩슬러 아동용 지능검사(Korean-Wechsler Intelligence Scale for Children-IV)는 6세 0개월~16세 11개월까지의 아동의 인지능력을 평가하기 위한 개별 검사도구다. 기존의 한국판 웩슬러 아동용 지능검사(K-WISC-III)를 개정한 것으로 개정과정에서 인지발달, 지적 평가, 인지과정에 대한 최근 연구를 통합하여 전반적인 지적 능력(전체검사 IQ)을 나타내는 합산점수는 물론 특정 인지 영역에서의 지적 기능을 나타내는 소검사와 합산점수를 제공한다(인싸이트, 2016).

저자	David Wechsler
한국판 표준화	곽금주, 오상우, 김청택
목적	아동의 종합적인 인지능력 평가
대상	만 6세 0개월~만 16세 11개월
실시형태	개별검사
소요시간	65~80분

한국판 웩슬러 아동용 지능검사의 특징은 다음과 같다.

• 소검사 추가: 한국판 웩슬러 아동용 지능검사는 15개의 소검사로 구성되어 있다. K-WISC-III와 동일한 10개 소검사와 5개의 새로운 소검사(공통그림찾기, 순차처리, 행렬추리, 선택, 단어추리)가 추가되었다.

• 합산점수 산출: 한국판 웩슬러 아동용 지능검사는 다섯 가지 합산점수를 얻을 수 있으며, 아동의 전체적인 인지능력을 나타내는 전체검사 IQ를 제공한다(15개의 소검사로 이루어져 있지만 합산점수를 얻기 위해서는 대부분 10개의 주요검사만 실시한다).

- **처리점수 산출**: 한국판 웩슬러 아동용 지능검사는 3개의 소검사(토막짜기, 숫자, 선택)에서 7개의 처리점수를 제공한다. 이러한 점수들은 아동의 소검사 수행에 기여하는 인지능력에 대한 보다 자세한 정보를 제공하도록 고안되었다(처리점수는 다른 소검사점수로 대체할 수 없으며, 합산점수에도 포함되지 않음).

- **심리교육적 도구**: 한국판 웩슬러 아동용 지능검사는 전반적인 인지기능에 대한 포괄적인 평가를 할 때 사용할 수 있다. 또한 지적 영역에서의 영재, 정신지체 그리고 인지적 강점과 약점을 확인하기 위한 평가의 일부분으로 사용할 수 있다. 따라서 임상장면 및 교육장면에서 치료계획이나 배치결정을 내릴 때 유용하다.

- **다양한 인지기능 평가**: 인지능력이 평균 이하로 추정되는 아동, 아동의 인지기능을 재평가해야 하는 아동, 낮은 지적 능력이 아닌 신체적 · 언어적 · 감각적 제한이 있는 아동, 청각장애아 또는 듣는 데 어려움이 있는 아동의 평가 등이 가능하다.

▶하위검사의 구성

한국판 웩슬러 아동용 지능검사는 다음과 같은 15개 하위검사로 구성되어 있다.

〈표 3-4〉 한국판 웩슬러 아동용 지능검사의 하위검사 구성

소검사	약호	설명
토막 짜기	BD	제한시간 내에 흰색과 빨간색으로 이루어진 토막을 사용하여 제시된 모형이나 그림과 똑같은 모양을 만든다.
공통성	SI	공통적인 사물이나 개념을 나타내는 2개의 단어를 듣고 두 단어가 어떻게 유사한지를 말한다.
숫자	DS	숫자 바로 따라하기에는 검사자가 큰소리로 읽어 준 것과 같은 순서로 아동이 따라한다. 숫자 거꾸로 따라하기에서는 검사자가 읽어 준 것과 반대 방향으로 아동이 따라한다.
공통그림찾기	PCn	두 줄 또는 세 줄로 이루어진 그림을 제시하면, 아동은 공통된 특성으로 묶일 수 있는 그림을 각 줄에서 한 가지씩 고른다.
기호 쓰기	CD	간단한 기하학적 모양이나 숫자에 대응하는 기호를 그린다.
어휘	VC	그림문항에서는 그림의 이름을 말한다. 말하기 문항에서는 검사자가 크게 읽어 주는 단어의 정의를 말한다.
순차 연결	LN	연속되는 숫자와 글자를 읽어 주고, 숫자가 많아지는 순서와 한글의 가나다 순서대로 암기하도록 한다.

행렬 추리	MR	불완전한 행렬을 보고, 5개의 반응 선택지에서 제시된 행렬의 빠진 부분을 찾아 낸다.
이해	CO	일반적인 원칙과 사회적 상황에 대한 이해에 기초하여 질문에 대답한다.
동형 찾기	SS	반응부분을 훑어보고 반응부분의 모양 중 표적모양과 일치하는 것이 있는지를 제한시간 내에 표시한다.
빠진 곳 찾기	PCm	그림을 보고 제한시간 내에 빠져 있는 중요한 부분을 가리키거나 말한다.
선택	CA	무선으로 배열된 그림과 일렬로 배열된 그림을 훑어본다. 그리고 제한시간 안에 표적그림들에 표시한다.
상식	IN	일반적 지식에 관한 광범위한 주제를 다루는 질문에 대답을 한다.
산수	AR	구두로 주어지는 일련의 산수 문제를 제한시간 내에 암산으로 푼다.
단어 추리	WR	일련의 단서에서 공통된 개념을 찾아내어 단어로 말한다.

▶합산점수의 산출

한국판 웩슬러 아동용 지능검사에서는 다섯 가지 합산점수를 낼 수 있다. ① 언어이해지표(VCI), ② 지각추론지표(PRI), ③ 작업기억지표(WMI), ④ 처리속도지표(PSI), ⑤ 전체검사IQ(FSIQ)가 그것이다. 이 중 ①, ②, ③, ④를 통해 보다 분리된 인지기능 영역에서의 아동의 기능을 나타내기 위한 추가적인 네 가지 합산점수를 구할 수 있다. 각 점수에 대한 약자는 〈표 3-5〉에 제시되어 있다.

〈표 3-5〉 한국판 웩슬러 아동용 지능검사 합산점수와 약호

합산점수	약자
① 언어이해지표(Verbal Comprehension Index)	VCI
② 지각추론지표(Perceptual Reasoning Index)	PRI
③ 작업기억지표(Working Memory Index)	WMI
④ 처리속도지표(Processing Speed Index)	PSI
⑤ 전체검사 IQ(Full Scale IQ)	FSIQ

[그림 3-3]은 한국판 웩슬러 아동용 지능검사의 구조와 각 합산점수에 기여하는 소검사를 보여 준다. 진한 글씨체로 제시되어 있는 소검사는 각 지표의 주요 소검사를 나타낸다.

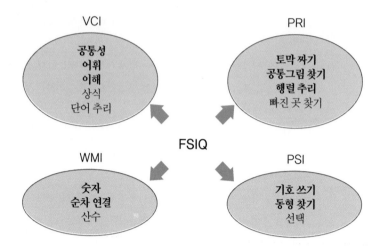

[그림 3-3] 한국판 웩슬러 아동용 지능검사의 합산점수에 기여하는 소검사의 구성

▶검사점수의 환산 및 결과 해석

지표점수를 산출할 때는 5개의 보충 소검사(빠진 곳 찾기, 선택, 상식, 산수, 단어 추리)를 제외한 10개의 소검사로부터 얻은 원점수를 바탕으로 한다. ① 검사요강에 제시된 규칙에 따라 실시한 각 소검사별 원점수를 계산한다. ② 검사 시 연령에 해당하는 소검사별 규준표를 보고 각 원점수에 해당하는 환산점수를 구한다. 이 환산점수는 평균이 10이고 표준편차가 3인 표준점수(척도점수)다. ③ 해당 지표별 소검사들의 환산점수를 합산하여 다섯 가지 하위지표별 합계를 구한다. ④ 환산점수별 합계를 규준표에 적용하여 평균 100, 표준편차 15인 표준점수(합산점수)를 산출한다. ⑤ 마지막으로 소검사 환산점수 프로파일 및 합산점수 프로파일을 그리고, 차이 비교(소검사수준, 지표수준) 및 강/약점 분석 등을 실시하고 해석한다(⟨표 3-6⟩, [그림 3-4] 참조).

⟨표 3-6⟩ 한국판 웩슬러 아동용 지능검사의 합산점수 산출 및 해석 절차

① 원점수	→	② 환산점수	③ 환산점수 합계	→	④ 합산점수	⑤ 프로파일 (해석)
(소검사별)		(10, 3)	(5개 지표별)		(100, 15)	차이 비교 (소검사, 지표수준), 강/약점 등

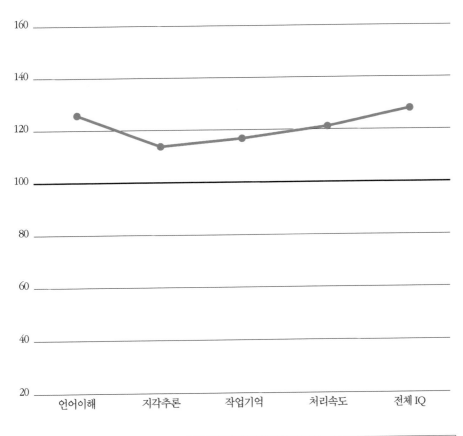

	언어이해	지각추론	작업기억	처리속도	전체 IQ
환산점수 합계	43	36	26	27	132
합산점수	126	114	117	121	128
백분위	95.7	81.6	87.3	91.5	95.8
95% 신뢰구간	117~130	105~119	108~122	109~126	121~132

[그림 3-4] 한국판 웩슬러 아동용 지능검사의 결과 프로파일 예시

② 적응행동의 평가

우리나라에서 적응행동을 평가할 수 있도록 개발된 검사로는 사회성숙도검사, 한국판 적응행동검사(K-ABS), 지역사회적응검사(CIS-A), 국립특수교육원 적응행동검사(KISE-SAB), 파라다이스 한국 표준 적응행동검사(PABS-KS), 한국판 적응행동검사-개정판(K-SIB-R) 등이 있다(이승희, 2010). 이 중에서 현재 우리나라 특수교육 현장에서 가장 널리 활용되고 있는 국립특수교육원 적응행동검사를 중심으로 살펴본다.

▶국립특수교육원 적응행동검사 개요

국립특수교육원 적응행동검사는 정신지체학생에 대한 특수교육대상자로서의 적격
성 결정을 위해 일반아동 21개월(정신지체아동 만 5세)부터 만 17세까지의 학생을 대상
으로 실시하는 표준화검사다.

저자	정인숙, 강영택, 김계옥, 박경숙, 정동영(2003)
목적	1. 특수교육의 대상자로서의 적격성 결정 2. 특정 교수 프로그램의 개발과 평가에 이용 3. 정신지체 선별
대상	정신지체아동 : 만 5세~만 17세 일반아동 : 21개월~만 17세
실시형태	정보제공자(*)에 의한 평정 (*피검사자를 6개월 이상 관찰하여 피검사자의 특성과 행동을 제대로 파악하고 있는 자/주로 부모나 교사)
소요시간	약 40분 정도 (*단 정보제공자의 개인차나 검사시행 기법에 따라 변동 가능)

▶검사의 구성

국립특수교육원 적응행동검사는 개념적 적응행동(6개), 사회적 적응행동(7개), 실
제적 적응행동(11개) 등 3개 영역에 걸친 총 24개의 소검사(총 242문항)로 구성되어 있
다(〈표 3-7〉 참조).

〈표 3-7〉 국립특수교육원 적응행동검사의 구성

구분	정의	소검사	소검사 수
개념적 적응행동검사	학문적 상황에서 성공하는 데 필요한 기술	① 언어 이해 ② 언어 표현 ③ 읽기 ④ 쓰기 ⑤ 돈 개념 ⑥ 자기 지시	6개 (72문항)
사회적 적응행동검사	사회적 기대와 다른 사람의 행동을 이 해하고, 사회적인 여러 상황에서 어떤 행동이 적절한지 판단하는 기술	① 사회성 일반 ② 놀이활동 ③ 대인관계	7개 (68문항)

		④ 책임감 ⑤ 자기 존중 ⑥ 자기 보호 ⑦ 규칙과 법	
실제적 적응행동검사	자신의 신체능력을 가능한 한 최대로 사용해 독립을 성취하기 위해 사용하는 기술	① 화장실 이용 ② 먹기 ③ 옷 입기 ④ 식사 준비 ⑤ 집안 정리 ⑥ 교통수단 이용 ⑦ 진료받기 ⑧ 금전관리 ⑨ 통신수단 이용 ⑩ 작업기술 ⑪ 안전 및 건강관리	11개 (102문항)

▶검사의 실시

국립특수교육원 적응행동검사는 피검사자를 잘 아는 정보제공자(주로 부모나 교사)에 의한 평정으로 이루어진다. 각각의 문항에 3번의 기회 중 수행 여부로 점수를 매기며 제공된 정보를 객관적으로 판단해서 채점한다. 3번의 기회 중 한 번도 수행을 못하면 0점, 1번 수행하면 1점, 2번 수행하면 2점, 3번 수행하면 3점을 부여한다.

▶점수의 기록 및 해석

점수의 기록 및 해석은 ① 인적사항 기록, 생활연령(CA) 계산 그리고 각 소검사별 원점수와 원점수를 합산한 점수를 기록하는 데서부터 시작한다. 다음으로 ② 연령별 환산점수 산출표에서 해당 연령의 소검사별 원점수에 해당하는 환산점수(평균 10, 표준편차 3인 척도점수)를 찾는다. ③ 다음으로 적응행동지수(3가지 영역의 적응행동지수와 전체 적응행동지수)를 산출하는데, 적응행동지수는 각각의 연령집단을 모집단으로 한 정상분포에서 평균 100, 표준편차 15인 표준점수로 변환하여 산출된다. 일반학생의 적응행동지수 산출표로 먼저 산출한 후 어느 한 검사에서 표준편차 2 이하가 나타날 시 정신지체학생 적응행동지수 산출표로 또 하나의 적응행동지수를 산출해야 한다. ④ 마지막으로 소검사의 환산점수를 이용하여 검사지 뒷면의 환산점수의 프로파일을 작성하는데,

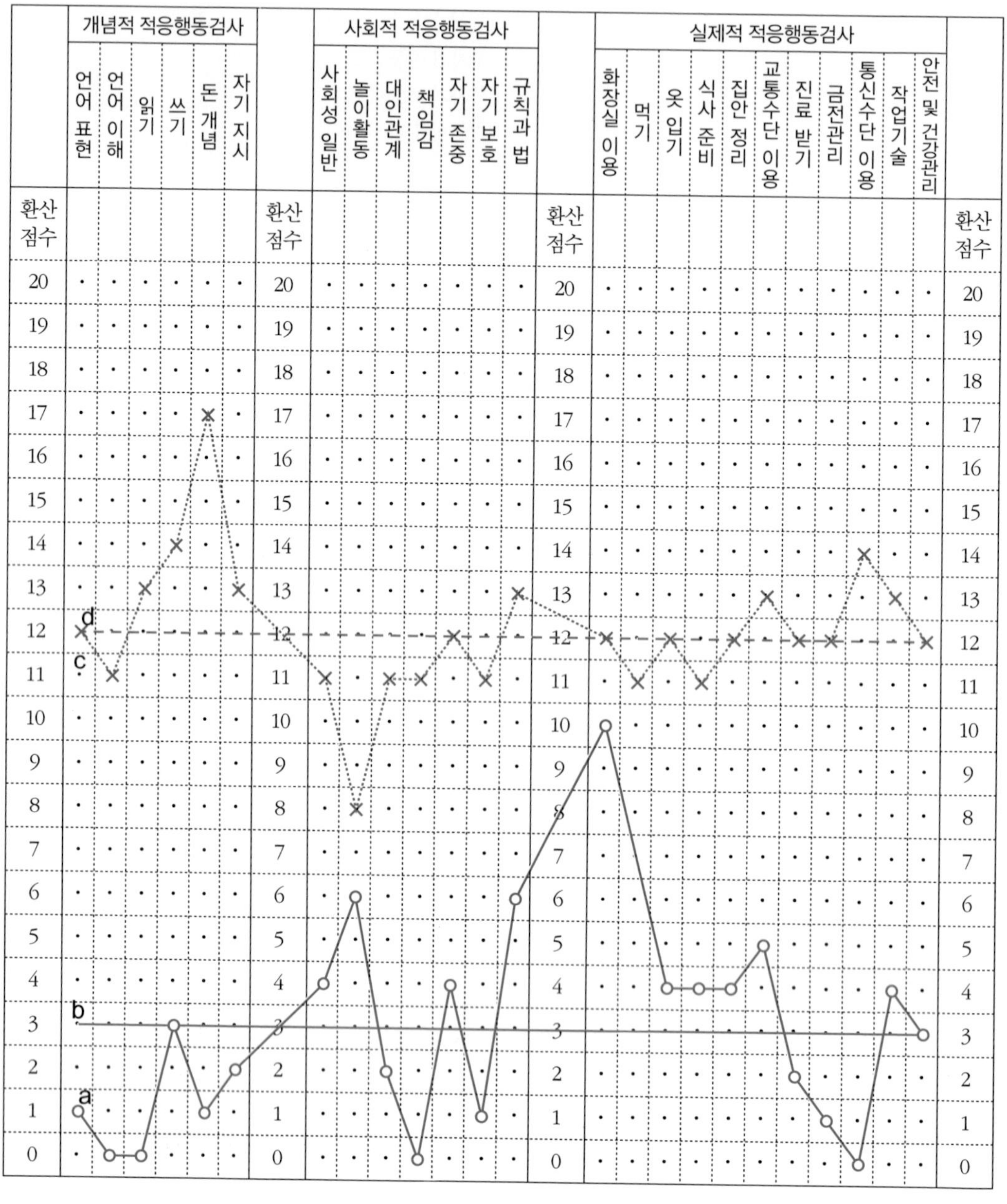
개념적 적응행동검사
언어표현
언어이해
읽기
쓰기
돈 개념
자기 지시
사회적 적응행동검사
사회성 일반
놀이활동
대인관계
책임감
자기 존중
자기 보호
규칙과 법
실제적 적응행동검사
화장실 이용
먹기
옷 입기
식사 준비
집안 정리
교통수단 이용
진료 받기
금전관리
통신수단 이용
작업기술
안전 및 건강관리
환산점수
a
b
c
d

a. 일반학생 규준 소검사 환산점수선: ─○──○─

b. 일반학생 규준 전체검사 평균선: ────────

c. 정신지체학생 규준 소검사 환산점수선: ×······×······×

d. 정신지체학생 규준 전체검사 평균선: - - - - - - -

[그림 3-5] 국립특수교육원 적응행동검사 프로파일 예시

출처: 국립특수교육원, 2003.

프로파일은 개인의 점수특성을 한눈에 파악할 수 있게 해 주며 깊이 있는 분석을 위한 방향을 제시해 준다.

2. 지적장애의 원인과 특성

1) 지적장애의 원인

지적장애를 초래하는 원인은 주로 생물학적 요인일 수 있으나, 심리사회적 요인일 수도 있고 또는 이 두 가지 요인이 혼합된 복합 요인일 수도 있다. 지적장애를 유발할 수 있는 요인이 200가지가 넘는다는 주장도 있고, 원인이 밝혀진 것은 50% 정도에 불과하다는 주장도 있다. 〈표 3-8〉은 미국지적장애협회(2010)가 제시한 지적장애의 위험요인을 정리한 것이다(박승희, 김수연, 장혜성, 나수현 역, 2011).

〈표 3-8〉 지적장애를 초래할 수 있는 위험요인

시기	생의학적	사회적	행동적	교육적
출생 전	염색체 이상 단일유전자장애 증후군 대사장애 뇌발생 장애 산모 질병 부모 연령	빈곤 산모 영양실조 가정폭력 출생 전 관리 결여	부모의 약물 복용 부모의 음주 부모의 흡연 부모의 미성숙	인지장애를 보이는 부모에 대한 지원 결여 부모가 될 준비 부족
출생 전후	조산 출생 시 손상 신생아 질환	출산관리의 결여	부모의 양육 거부 부모의 아동 유기	중재 서비스를 위한 의료적 의뢰의 결여
출생 후	외상성 뇌손상 영양실조 뇌막염 발작 장애 퇴행성질환	아동-양육자 간 상호작용 문제 적절한 자극의 결핍 가정 빈곤 가정 내 만성질환 시설 수용	아동학대 및 방치 가정폭력 부적절한 안전조치 사회적 박탈 다루기 힘든 아동의 행동	잘못된 양육 지체된 진단 부적절한 조기 중재 서비스 부적절한 특수교육 서비스 부적절한 가족지원

출처: 박승희 외 역, 2011.

여기서는 지적장애의 주요 원인을 선정하고 크게 생물학적, 심리·환경적 영향으로 나누어 살펴본다(김희규 외, 2010).

(1) 생물학적 영향

① 다운증후군

염색체 이상으로 나타나는 다운증후군은 21번 삼염색체(Trisomy 21), 모자이크형(mosaicism), 전위형(translocation) 등 세 가지 유형이 있다. 다운증후군(Down syndrome)은 일반적으로 독특한 신체적 특징을 보여 외모에서 서로 유사하게 보이기도 한다. 전반적으로 발달수준이 지체되지만 성격은 명랑한 편이다. 그러나 실제로는 다른 사람들과 마찬가지로 일상적인 감정의 기복이 있다. 건강과 수명은 다운증후군 환자들이 가지고 있는 질환, 즉 심장질환이나 갑상선 기능저하증, 백혈병 등을 어떻게 관리하는가에 달려 있다.

② 페닐케톤뇨증

아미노산 대사장애인 페닐케톤뇨증(phenylketonuria: PKU)은 결함 효소가 신체의 필수아미노산 신진대사를 방해, 즉 페닐알라닌을 티로신으로 전환하는 것을 방해하여 축적된 페닐알라닌이 정상적인 두뇌발달을 방해하는 유전적인 상태를 말한다. 이로 인한 뇌손상과 지적장애의 유발을 막기 위해서는 식이요법을 통한 조기발견과 예방이 필요하다. 즉, 고단백 음식에 많은 페닐알라닌의 섭취를 제한하여 그에 따른 유해한 영향을 크게 줄일 수 있다.

③ 타이삭스병

타이삭스병(Tay-Sachs)은 상염색체의 열성유전을 통해 유전되고, 아슈케나지(Ashkenazi, 유태인계) 사람에게서 특히 많이 나타난다. 영아는 생후 첫 몇 개월 동안은 정상적으로 발달하다가 점차 악화된다. 현재 치료법은 없으며, 문제의 유전자는 출산 전에 발견할 수 있어 태아검사를 통해 질병의 존재 유무를 확인할 수 있다.

④ 약체-X 증후군

약체-X 증후군(fragile X syndrome)은 23번 성염색체의 이상으로 발생하고 남아에게서 많이 나타난다. 이들은 긴 얼굴과 큰 귀, 주걱턱, 돌출된 이마, 근육긴장 저하(hypotonia), 평발 등의 특성을 나타낸다. 청소년기 이후 남성에서는 비정상적으로 고환이 크게 발달하기도 한다. 행동적인 특징으로는 과잉행동, 주의력 결핍, 자해행동 등을 보이고 상동어와 반향어를 나타내기도 한다.

⑤ 프래더-윌리 증후군

프래더-윌리 증후군(Prader-Willi syndrome)은 대개 15번 염색체의 부분적 결실과 관련된다. 이들의 특징으로는 과도한 식욕, 작은 체구, 체중에 비해 키가 자라지 않는 저신장 등이다. 성장하면서 과도한 짜증, 충동성, 공격성, 고집 부리기, 자해행동 등 문제행동을 보이기도 하며, 과도한 식욕으로 생명을 위협하는 비만을 초래하기도 한다. 그러나 일반적으로 프래더-윌리 유아(1~3세)들은 저성장을 경험하는 것으로 나타나 흐느적거리는 아기(floppy baby)라고 불리기도 한다.

(2) 심리 · 환경적 영향

① 심리사회적 영향

지적장애의 영향 중 심리사회적 영향은 생물학적 영향과 분리하여 설명하기가 어렵다. 유전적 영향은 명백히 생물학적이라고 할 수 있지만, 표면적인 결과는 환경적인 요인에서 영향을 받는다. 따라서 지적장애의 대부분의 원인은 환경적인 문제와 심리사회적인 문제가 서로 유기적으로 얽혀 발생되기 때문에 특정한 한 가지 원인만으로 설명하는 것은 바람직하지 않다.

② 환경적 요소

폐기물 처리장, 대기오염, 수질오염 등과 같은 환경오염은 중요한 사회적 · 생물학적 요인으로서, 삶의 질뿐만 아니라 빈곤의 영향을 받는 사람 수의 증가로 이어지기도 한다. 이는 지적장애 발생에도 영향을 미친다.

③ 부적절한 산전관리

산모가 임신 중 위험한 독소에 노출되는 것은 선천적인 기형이나 저체중 출산과 관련이 있다. 대체로 불충분한 산전관리는 빈곤과 관련 있는 경우가 많다. 임신 중 태아의 발달상 결정적 시기에 건강 문제와 영양섭취 부족은 태아의 지적 발달에 심각한 결과를 초래할 수 있다.

④ 태아기의 기형 발생

임신 중 음주는 태아알코올증후군을 가진 아기를 출산할 위험성이 있다. 또한 산모가 후천성면역결핍증, 수두, 성병, 매독, 결핵 등에 걸렸을 경우에도 태아의 장애를 초래한다. 그 외에도 니코틴, 코카인, 마리화나, 납 중독 등은 태아의 생명을 위태롭게 할 뿐만 아니라 성장발육을 지체시킬 수 있다.

⑤ 사고

사고에 의한 뇌손상은 대부분 교통사고에 의해 발생한다. 머리의 심한 부상은 지적 장애를 초래하는 주요 요인이 되고 있다.

2) 지적장애아동의 특성

일반적으로 지적장애는 지적 기능에 제한이 있기 때문에 배울 수 없다거나 일반아동과 함께 교육받을 수 없다는 생각을 한다. 그러나 지적장애의 75~90%는 경도 지적장애로, 기본적인 학습능력을 가지고 있으며, 사회성이나 자조기술을 적절하게 교육한다면 독립적으로 살 수 있는 능력이 충분하다. 여기서는 지적장애의 인지적, 사회·정서적, 행동적 특성을 제시한다(김동일, 손승현, 전병운, 한경근, 2010).

(1) 인지적 특성

지적장애아동은 인지능력과 학습특성에서 낮은 기억력, 느린 학습 속도, 주의집중 문제, 배운 내용을 다른 영역에 적용하는 일반화 능력의 부족, 동기 결함을 보인다(Heward, 2009; Turnbull et al., 2003; Wehmeyer et al., 2003: 김동일 외, 2010에서 재인용).

① 인지능력과 학업성취

지적장애아동은 대체로 주의력이 부족하고, 기억력이 뒤떨어지며, 관찰이나 모방을 통하여 배우는 모방학습이나 우발학습의 능력이 부족하다. 초인지에서도 낮은 능력을 보이기 때문에 공부를 할 때 자신만의 학습전략을 사용한다거나 추상적 사고 또는 고차원적 사고능력을 사용하는 데 어려움을 보인다.

② 언어능력

언어발달에서 지체되거나 일반아동이 보이는 전형적인 발달의 패턴을 보이지 않는다. 발달적 입장의 관점에서 지체를 보인다는 의미는 경도 지적장애아동의 언어발달이나 인지발달이 어린 일반아동의 발달과 비슷한 발달형태를 보임을 전제한다. 따라서 이런 경우 언어를 습득하는 속도가 느리고 기능수준이 낮을지라도 발달의 순서와 단계는 일반아동과 유사하다고 보는 것이다. 그러나 차이 혹은 결핍의 입장에서는 지적장애아동의 인지발달 패턴이 일반아동의 발달과는 질적으로 다르다고 본다. Piaget의 인지발달이론에 따르면 인지적 발달은 아동과 주위 환경의 상호작용의 결과로 이루어진다. 따라서 교육자의 역할은 아동이 주변 환경과 상호작용할 수 있도록 하고, 발달단계에 적절한 교재와 기회를 제공해 주는 것이다.

(2) 사회 · 정서적 특성

지적장애아동은 일반적으로 인지능력과 더불어 사회적 기술이 낮은 것으로 보고된다. 일반아동에 비해 또래나 교사와 긍정적인 관계를 맺고 유지하는 능력이 떨어지거나 사회적 관계를 형성하는 데 방해가 되는 문제행동을 보이는 경우가 많다. 따라서 또래에게 거부를 당하거나 고립되는 아동은 결국 학교에서 다른 학생들과 상호작용을 하면서 사회적 경험을 쌓거나 경험을 통해 배우는 기회가 적어지게 된다. 게다가 또래로부터 거부를 당할 경우 부정적 정서를 갖게 될 가능성이 높고, 다른 사람과 상호작용하는 법을 몰라 친구를 사귀는 데 어려움이 있을 수 있다(김동일 외, 2010).

한편, 지적장애아동의 낮은 지적 능력에 비해 사회 · 정서적 특성은 긍정적으로 기술되는 경우도 있다. 또한 일반학교에 배치된 지적장애아동이 특수학교에 있는 지적장애아동에 비해 사회성이 좋았다는 연구결과도 있다(Zion & Jenvey, 2006). 따라서 지적장애아동이 어릴 적부터 일반아동과 상호작용 기회를 많이 갖고 대화 시작하기, 차례 지키기 등 다양한 사회성 기술을 연습하고 습득하도록 도와주면 그들의 사회성 발달에 도움이 될 것이다(김동일 외, 2010).

(3) 행동적 특성

경도 지적장애아동에게는 주로 주의산만, 과잉행동, 불안장애, 외상 후 스트레스 장애, 성격장애 등을 포함하는 매우 다양한 행동적 특성이 나타날 수 있다. 이러한 행동 특성은 대체로 장애 때문에 나타난다. 하지만 약물의 영향이나 건강 관련 문제 때문에 부적절한 행동을 보이는 경우도 있다(Beirne-Smith et al., 2006). 따라서 사회 · 정서적 특성과 함께 행동적 특성으로 지적장애아동을 일반교육 프로그램에 통합시키기 위한 결정을 하는 데 어려움이 예상된다. 또한 지적장애아동은 행동적 특성으로 인해 학업에 어려움을 보일 수 있으므로 그들의 행동 문제에 대해 적절한 중재와 관리 기법을 교육 · 훈련받을 필요가 있다(김동일 외, 2010; Gumpel, 1994)

3. 지적장애인을 위한 교육과 상담

미국지적장애협회로 명칭을 변경하기 전에 AAMR에서는 '지원'을 '한 개인의 발달, 교육, 관심 그리고 개인적 복지를 증진하고, 개인의 기능을 향상시키기 위한 목적으로 하는 자원 및 전략'이라고 정의하였다. 그리고 Luckasson 등에 의한 1992년 AAMR체계에서는 지원의 네 가지 원천을 자신, 다른 사람들, 공학 그리고 서비스 등으로 제안하고 있다(박승희, 신현기 역, 2002). 이 절에서는 지적장애인을 위한 교육 및 상담서비스를 제공하는 과정에서 '지원'의 내용과 강도 등을 계획하고 제공하는 절차와 방법을 살펴본다.

1) 지원의 사정 및 계획과정

〈표 3-9〉는 한 개인이 필요로 하는 지원에 대한 사정과 개별화 지원계획(Individualized Support Plan: ISP) 개발을 위한 4단계 과정을 보여 준다.

〈표 3-9〉 지원 사정과 계획과정 모델

단계 1: 적절한 지원영역 규명
인간의 발달
교수 및 교육
가정생활
지역사회 생활
고용
건강과 안전
행동적
사회적
보호와 옹호
단계 2: 각각의 지원영역에 적합한 지원활동 규명
해당 개인의 관심 및 선호
그 사람이 참여하고 있거나, 참여할 가능성이 가장 높은 활동
그 사람이 참여하고 있거나, 참여할 가능성이 가장 높은 상황
단계 3: 지원 요구의 수준 또는 강도 평가
빈도
일간 지원시간
지원의 유형
단계 4: 해당 개인에 대한 개별화 지원계획 작성
해당 개인의 관심 및 선호
필요로 하는 지원영역과 활동
그 사람이 참여하고 있거나, 참여할 가능성이 가장 높은 상황
그 사람이 참여하고 있거나, 참여할 가능성이 가장 높은 활동
확인된 지원요구를 다루는 특정 지원기능
자연스러운 지원 강조
지원기능 제공 책임자들
개인적 성과
지원의 제공과 그 성과를 감독하기 위한 계획

출처: AAMR, 2002.

〈표 3-10〉은 지적장애를 가진 개인에게 영역별로 제공할 수 있는 지원활동을 제시하고 있다. 교육 및 상담전문가들이 지적장애인에 대한 지원(서비스) 내용을 계획할 때 참고할 수 있을 것이다.

〈표 3-10〉 지원영역과 대표적인 지원활동

인간발달 활동

- 눈과 손의 협응, 대·소근육 운동기술 등을 포함하는 신체발달 기회 제공
- 감각경험의 조정, 단어와 이미지를 이용한 세상의 표상, 구체적인 사건에 대한 논리적 추론 그리고 보다 현실적이고 논리적인 방식으로 추론하기 등과 관련된 인지발달의 기회 제공
- 신뢰, 자율, 주도, 숙달 그리고 정체성 등과 관련된 사회적-정서적 발달 활동 제공

교수 및 교육활동

- 트레이너들 또는 교사들 그리고 같이 훈련받는 동료들 또는 학생들과 상호작용하기
- 훈련 또는 교육적 결정에 참여하기
- 문제해결 전략 학습 및 활용하기
- 학습을 위한 기술 사용하기
- 훈련 또는 교육적 상황에 접근하기
- 기능적 교과(예: 표지판 읽기, 잔돈 세기 등) 학습 및 활용하기
- 건강과 체육기술 학습 및 활용하기
- 자기결정기술 학습 및 활용하기
- 전환(교육)서비스 받기

가정생활 활동

- 화장실 이용하기
- 세탁하기 및 옷 손질하기
- 음식 준비 및 먹기
- 살림살이하고 청소하기
- 옷 입기
- 목욕하기와 개인위생 및 몸치장하기
- 가정용구 및 기술 사용하기
- 가정 내에서의 여가활동에 참여하기

지역사회 생활 활동

- 교통수단 이용하기
- 지역사회의 레크리에이션 또는 여가활동에 참여하기
- 지역사회 서비스 이용하기
- 친구 및 가족 방문하기
- 좋아하는 지역사회 활동(예: 교회, 자원봉사 등)에 참여하기
- 쇼핑하고 물건 구입하기
- 지역사회 구성원들과 교류하기
- 공공건물 및 환경 이용하기

고용활동

- 직업 또는 과제 조정 이용하기 또는 받기
- 특정 직업기술 학습 및 활용하기
- 동료들과 교류하기

- 감독관 또는 코치들과 교류하기
- 일과 관련된 과제를 적절한 속도와 질로 완수하기
- 담당 업무 변경하기
- 위험 중재 및 보조 서비스 이용하고 획득하기
- 직원 보조 서비스 이용하기

건강과 안전활동

- 치료 서비스 이용하기
- 투약하기
- 건강 및 안전과 관련된 위험 피하기
- 가정 건강관리 받기
- 이동하기와 움직이기
- 건강관리 서비스 제공자들과 의사소통하기
- 응급서비스 이용하기
- 영양을 위한 식이요법 유지하기
- 신체적 건강 유지하기
- 정신건강 또는 정서적 행복 유지하기
- 규칙과 법 준수하기
- 호흡, 섭식, 피부관리, 발작관리, 장루관리 그리고 기타 특이한 의료요구 받기

행동적 활동

- 특정 기술 또는 행동 학습하기
- 학습하기 또는 적절한 결정 내리기
- 정신건강 치료 이용하고 획득하기
- 약물 남용 치료 이용하고 획득하기
- 선택하고, 주도권 갖기
- 개인적으로 좋아하는 것을 일상 활동에 통합하기
- 공공장소에서 사회적으로 적절한 행동 유지하기
- 자기관리 전략을 학습하거나 활용하기
- 분노와 공격성 통제하기
- 적응기술 및 행동 증가시키기

사회적 활동

- 가족과 격의 없이 교제하기
- 레크리에이션 또는 여가활동에 참여하기
- 성(性)과 관련된 적절한 결정 내리기
- 가족 외의 사람들과 교제하기
- 친구를 사귀고, 친구관계 유지하기
- 사람들과 교제하기/교제 끊기
- 개인적인 요구에 대해 다른 사람들과 의사소통하기
- 적절한 사회성 기술 이용하기
- 사랑하는 그리고 친밀한 관계에 참여하기

• 도움을 제공하고, 다른 사람들을 돕기

보호 및 옹호활동

• 스스로와 다른 사람들을 옹호하기
• 돈과 개인 재정 관리하기
• 착취로부터 스스로를 보호하기
• 법적 권리와 책임 행사하기
• 자기옹호 또는 지원기구에 소속되고 참여하기
• 법 서비스 획득하기
• 적절한 선택 및 결정하기
• 은행 이용하기와 수표를 현금으로 바꾸기

출처: AAMR, 2002.

2) 지적장애아동 지도방법

효과성이 입증된 지적장애아동을 위한 교육방법으로는 주로 교사 주도적으로 이루어지는 직접교수법, 학생 주도의 자기점검법, 자기교수법 및 자기강화법, 또래 주도적 방법으로 또래교수를 활용하는 방법, 컴퓨터를 활용하여 개별화된 프로그램을 사용하는 방법, 자기결정력 증진을 위한 방법 등이 있다. 이 중에서 직접교수와 일반적 학업기술의 습득에 어려움이 있는 경우 사용되는 기능적 교육과정 그리고 자기결정 기술을 중심으로 자세히 살펴본다(김동일 외, 2010).

(1) 직접교수

지적장애아동은 가르치는 내용이 분명하고 체계적일 때 가장 잘 배울 수 있으며, 과제를 분석하여 작게 나누어 직접적이고 반복적으로 가르치는 것이 중요하다(Heward, 2009). Bender(2009)에 의하면 직접교수는 도입-수업 시작-교사의 안내와 함께 연습-독립적 연습-점검-재교수의 단계를 거쳐 진행하는 게 바람직하다. 지적장애아동을 위한 직접교수의 원리는 다음과 같다(김동일 외, 2010).

• **아동의 수행능력 수준 평가**: 가장 중요한 교수목표 및 학습목표를 설정하기 위하여 아동의 현재 수행능력을 평가한다.
• **과제분석**: 복잡하거나 여러 단계로 이루어진 목표행동을 쉽게 가르칠 수 있는 하

위과제로 나누어 지적장애아동이 새로운 기술을 쉽게 배울 수 있도록 과제를 만들어 제공한다.

- **교수자료나 활동 제작**: 지적장애아동이 교실 상황에서 다른 학생들과 더불어 학습을 할 때 적극적으로 반응하는 시간과 기회를 많이 줄 수 있도록 교수자료를 만들어 제공한다.
- **학습의 중간발판 단계(mediated scaffolding) 사용**: 학습과제를 수행할 때 일상적 단서에 자연스럽게 반응할 수 있도록 도와준다. 점차 교사의 지원과 단서를 감소시켜 독립적이고 자발적으로 할 수 있는 단계에 이르도록 한다.
- **아동의 수행결과에 대한 후속결과물 제공**: 지적장애아동의 현재 수행과 과거의 수행을 비교하여 아동에게 현재 수행에 대한 정보를 구체적이고 즉각적으로 제시해 준다. 과제를 성공적으로 수행했거나 더 나은 수행을 보였을 때는 정적 강화로 긍정적 피드백을 주고, 과제 수행에 오류가 있을 때에는 오류를 수정해 주는 교정적 피드백을 제공해야 한다.
- **학습과정에 유창성을 위한 활동 포함**: 지적장애아동이 새로운 기술을 정확하게 수행할 수 있도록 연습할 수 있는 기회를 학습활동에서 충분히 제공해야 한다.
- **일반화와 유지전략 포함**: 아동이 학습한 기술을 다른 환경이나 과제에 적용하는 일반화능력과 학습을 한 후 어느 정도의 시간이 지나도 지속적으로 그 기술을 적용할 수 있는 능력을 함께 길러 주어야 한다.
- 직접적이고 자주 측정하여 교수계획에 활용한다.

(2) 기능적 교육과정

지적장애아동 교육의 궁극적 목적은 아동이 적절한 학교교육과 관련 서비스를 통해 사회로의 통합과 자립을 이룰 수 있도록 하는 것이다. 지적장애아동이 사회에서 독립적으로 살기 위해서는 학교교육을 통해 어느 정도의 학습능력을 습득하는 것이 꼭 필요하지만, 기능적 교육과정으로 교육활동을 구성하여 일상생활에 바탕을 둔 기능적 생활 중심의 기술을 지도하는 것이 궁극적으로는 최선의 방법으로 제안되고 있다. 지적장애아동을 위한 기능적 교육과정의 영역은 〈표 3-11〉과 같다(김동일 외, 2010).

〈표 3-11〉 기능적 교육과정 영역과 예시활동

영역	주요 활동
의사소통	전화 사용(약속이나 서비스를 위한 전화, 친구나 친지에게 전화, 위급 시 전화하기, 전화 받기), 상징적 행동(구어, 문어)과 수화 혹은 비상징적 행동(얼굴 표정, 제스처)을 이해하고 표현하기
자기관리	샤워 혹은 목욕, 머리 손질, 손톱, 치아 관리, 용변 보기 등 신변처리 기술
가정생활	집안 청소(진공청소기 이용, 먼지 털기와 닦기, 정리정돈), 옷 세탁과 관리(세탁 및 건조, 옷 갈아 입기, 정리), 식사 계획 및 준비(메뉴 계획, 식사 준비, 음식 저장), 일과 시간표 짜기
사회적 기술	타인과 협상하고 자기주장하기(룸메이트와 책임영역 협상하기, 공동 혹은 개인적 물건 영역 협상하기, 이웃과 협상하기, 다른 사람이 중요한 책임을 다하도록 주장하기, 필요한 지원 주장하기), 충동 통제하기
지역사회 활용	지역사회 안에서 이동하기(대중교통 이용하기), 도서관, 공공 편의시설 활용교육
자기주도	시간관리와 활동일정표 작성(일과표 준수하기, 달력 이용하기, 알람시계 활용하기)
건강과 안전	식사하기, 병의 처치 및 예방, 위급 시 119에 전화하기, 화재 시 대피하기, 소화기 사용하기, 안전하게 문 열어 주기, 기본적 안전성 고려하기
기능적 교과	읽기, 쓰기, 셈하기를 포함한 개인적인 독립적 생활의 견지에서 기능적인 학업기술 획득
여가	TV 보기, 음악 듣기, 취미생활, 손님 맞이하기, 여가활동
직업	직업기술, 직업을 유지하기 위한 사회적 행동기술

출처: AAMR, 2002에서 적용행동 기술 영역 발췌.

(3) 자기결정 기술

자기결정(self determination) 기술은 지적장애아동 교육에서 매우 중요하면서도 핵심적인 요소로 간주되고 부각되고 있다(Wehmeyer, Kelchner, & Richards, 1996: 김동일 외, 2010에서 재인용). 자기결정이란 외부의 영향이나 간섭을 부당하게 받지 않고 자신의 삶의 질에 관한 선택과 결정을 내리는 데 주체적으로 활동하는 것을 말한다(Wehmeyer et al., 2000). 지적장애아동을 가르칠 때 아동 스스로 효과적인 결정을 내릴 수 없다고 생각하거나 잘못된 의사결정을 내릴 것이라고 가정하기 때문에 중요한 선택을 대신해 주는데, 이로 인해 성인이 되어서도 스스로 결정하고 책임지는 것을 할 수 없게 된다. 그러므로 성인이 되어 사회에서 독립적이고 성공적으로 살기 위해서는 자기결정 능력을 가지는 것이 필수적이다(김성애, 2002). 따라서 지적장애아동이 자율적으로 성장하기 위해서 어린 시절부터 다양한 교육 경험과 학습 경험을 쌓을 수 있는 기회를 많이 주고 자기결정 기술과 능력을 갖추도록 도와주어야 한다(Wehmeyer et al., 2000). 임은영 등(2007)

이 사용한 자기결정 기술 향상 프로그램의 하위영역으로는 자기인식, 자기관리, 선택하기, 자기옹호, 지원망 구성, 지역사회 활용 등이 있다. 각각의 하위기술 영역을 포함한 자기결정 기술 프로그램은 〈표 3-12〉와 같다.

〈표 3-12〉 자기결정 프로그램의 하위영역과 내용

영역	내용
자기인식	자신을 독특한 개인으로서 개념화하는 것으로, 특정 장애로 말미암아 초래된 자신의 제한된 능력을 인식하는 장애 인식을 포함한다.
자기관리	장애아동의 문제행동을 감소시키고 새로운 기술을 가르치기 위한 것으로, 자기교수법, 자기강화법, 자기평가법 등의 중재유형이 있다.
선택하기	자신이 선호하는 것을 표현하고 선택할 기회를 제공하여 아동이 스스로 선택하게 하는 기술을 말한다.
자기옹호	자신의 권리를 주장하고 타협점을 찾기 위해 상대방의 의견과 절충하는 기술을 말한다.
지원망 구성	장애아동이 가능한 한 독립적인 생활을 하도록 그들을 포함한 모든 사람이 지역사회의 다른 구성원들에게 지원과 도움을 제공할 수 있는 능력을 말한다.
지역사회 활용	장애학생이 성인이 되어 독립적인 기능을 하도록 하기 위해 지역사회에서의 일상생활에 적용할 수 있는 생활기술을 교수하는 것을 말한다.

출처: 임은영 외, 2007.

요 약

지적장애는 '지적 기능과 함께 광범위한 사회적 및 실제적 일상기술에 걸친 적응행동 영역에서 심각한 제한이 있고, 18세 이전에 나타나는 장애'를 말한다. 지적 기능 및 적응기능의 결함 여부에 대해서는 한국판 웩슬러 아동용 지능검사와 같은 표준화된 지능검사와 국립특수교육원 적응행동검사와 같은 적응행동검사 그리고 임상적 평가를 통하여 진단·평가한다. 장애 정도의 심각성을 기준으로 경도, 중등도, 중도, 최중도와 같이 분류하여 왔으나, 장애가 개인에 내재하는 결함이 아니라 환경적 맥락에서 제공되는 지원에 따라 달라진다는 점에서 미국지적장애협회는 2002년부터 필요한 지원의 강도에 따라 네 가지로 분류(간헐적, 제한적, 확장적, 전반적 지원)하고 있다. 지적장애를 초래할 수 있는 원인으로는 다운증후군, 페닐케톤뇨증, 타이삭스병, 약체-X 증후군, 프래더-윌리 증후군과 같은 생물학적 요인과 약물중독, 임신 중 음주, 출산 후 환경오염, 영양결핍, 사고로 인한 뇌손상 등과 같은 심리사회적 요인으로 나누어 볼 수 있다.

지적장애아동은 인지적 측면에서 낮은 지능, 낮은 기억력, 주의집중 문제, 일반화능력 부족 등의 인지적 문제와 낮은 언어능력 그리고 낮은 사회적 기술 및 상호작용 능력, 낮은 학업동기 및 외적 귀인 성향, 주의산만 및 과잉행동, 충동억제 부족 등의 특성을 보이는 경우가 많다. 하지만 75~90%는 경도지적장애로 기본적인 학습능력을 가지고 있기 때문에 발달, 학업기술, 가정생활, 지역사회 적응기술, 고용활동, 건강과 안전, 행동영역, 사회적 활동, 보호 및 옹호활동 영역에서 직접교수와 기능적 교육과정 그리고 자기결정 기술 프로그램 등과 같은 적절한 교육 및 상담이 지속적으로 지원될 경우 이들의 기본적인 학습능력을 바탕으로 사회성이나 자조기술이 향상될 수 있고, 사회적으로 독립적인 삶을 영위할 수도 있다.

🌿 생각해 볼 문제

1. 다음은 특수교사와 일반교사가 나눈 대화다. ㉠~㉤ 중에서 옳은 내용만을 있는 대로 고른 것은?[2012학년도 중등(특수)교사 임용시험 2교시(전공) 시험 문제]

일반교사: 지적장애는 지적 능력과 적응기술에서의 어려움을 동시에 가지고 있다고 하던데, 적응기술이 뭔가요?

특수교사: '미국 지적장애 및 발달장애학회(AAIDD)'에 따르면, ㉠ <u>'실제적 적응기술'은 '손해보지 않기'와 같은 일상생활 활동에 필요한 기술을 의미해요.</u> 그리고 ㉡ <u>'사회적 적응기술'에는 '자존감'과 '대인관계'와 같은 기술이 포함되어 있어요.</u>

일반교사: 그렇군요. 그런 제한점이 있을 수 있겠네요.

특수교사: 하지만 지적장애학생이 제한점만 가지고 있는 것은 아니에요. 미국 지적장애 및 발달장애학회에서는 여러 증후군을 지닌 사람에게서 자주 나타나는 행동적 징후 중에서 강점을 찾아 제시했어요.

일반교사: 그래요? 증후군에 따라 강점이 다른가요?

특수교사: 네. ㉢ <u>약체-X 증후군(Fragile X syndrome)을 지닌 사람은 일반적으로 음성언어 기술보다는 시·공간적 기술에 강점이 있고요.</u> 또, ㉣ <u>프래더-윌리 증후군(Prader-Willi syndrome)이 있는 사람은 대체로 시각적 처리와 퍼즐 해결에 강점이 있어요.</u>

일반교사: 그럼 다운증후군(Down syndrome)은요?

특수교사: ㉤ <u>다운증후군을 지닌 사람은 일반적으로 언어 또는 청각적 과제보다 시·공간적 과제를 더 잘 수행하는 강점이 있다고 해요.</u>

일반교사: 그렇군요. 그런 강점을 잘 활용해서 지도하면 좋겠네요. 좋은 말씀 감사합니다.

---

① ㉠, ㉡   ② ㉠, ㉣   ③ ㉡, ㉢, ㉤   ④ ㉡, ㉣, ㉤   ⑤ ㉡, ㉢, ㉣, ㉤

2. 다음 〈보기〉에서 지적장애에 관한 설명으로 옳은 것을 모두 고르시오.

─────── 〈보 기〉 ───────

① 우리나라 「특수교육법」에서는 '지적 기능과 적응행동상의 어려움이 함께 존재하여 교육적 성취에 어려움이 있는 사람'이라고 정의하고 있다.

② 우리나라 「장애인복지법」 시행규칙에서는 지적장애인 3급을 '지능지수가 35 이상 50 미만인 사람으로서 일상생활의 단순한 행동을 훈련시킬 수 있고, 어느 정도의 감독과 도움을 받으면 복잡하지 아니하고 특수기술이 필요하지 아니한 직업을 가질 수 있는 사람'이라고 규정하고 있다.

③ 미국지적장애협회(AAIDD)는 2010년도의 지적장애 매뉴얼(제11차 정의)에서 지적장애(정신지체)를 경도(mild), 중등도(moderate), 중도(severe), 최중도(profound)로 분류하였다.

④ 미국지적장애협회(AAIDD)는 '유의하게 평균 이하인 지적 기능'의 기준을 1973년부터 '표준화된 지능검사에서 표준편차 −2 이하(지능지수 70 이하)'로 변경한 바 있다.

⑤ 지적장애의 원인 중 하나인 다운증후군(Down syndrome)은 23번 성염색체의 X염색체 이상으로 발생하며 남아보다 여아에게서 더 많이 나타난다.

⑥ 지적장애아동은 기억력, 모방학습 및 우발학습 능력, 초인지능력이 낮고, 언어 및 사회성 발달도 일반아동에 비해 발달속도가 지체된다.

⑦ 지적장애아동을 위한 학생 주도의 교수방법으로는 아동의 독립성을 증진시키는 교수방법, 자기점검, 자기교수, 자기강화와 같은 자기조절 기술을 사용하도록 교수하는 방법을 예로 들 수 있다.

3. 다음은 특수학교 김 교사가 중학교 1학년 1반 학생들에게 '잎 모양 본뜨기'를 지도하기 위해 '직접교수'를 적용한 수업의 일부다. '직접교수'의 단계별 교수·학습활동의 예로 적절한 것만을 있는 대로 고른 것은?

단계	교수·학습활동의 예
학습목표 제시	(가) 교사가 객관적 용어로 진술된 학습목표를 제시하고, 학생들이 학습목표를 따라 읽는다. • 학습목표 : 잎 모양 본뜨는 방법을 안다.

교사 시범	(나) 교사가 학생들에게 '잎 모양 본뜨기'에 대해 시범을 보이며 "잎 모양을 본뜰 때는 다음과 같이 합니다. 먼저, 본을 뜰 나뭇잎 위에 화선지를 올려 놓습니다."라고 말한다. 그런 다음 교사가 잎 모양 본뜨기의 나머지 순서를 차례대로 시범을 보인다.
안내된 연습	(다) 교사가 학생들에게 잎 모양 본뜨는 연습을 하도록 지시한다. 다른 학생들이 연습하는 동안 교사가 과제에 어려움을 보이는 학생 A에게 가서 "처음에는 무엇을 해야 하지요?"라고 질문한다. 학생 A가 답을 하지 못하자, 교사가 "잘 생각해서 해 보아요."라고 말하고 안내된 연습을 종료한다.
독립적 연습	(라) 교사가 학생들에게 "자, 그럼 이제부터 여러분이 각자 잎 모양 본뜨기 연습을 해 보도록 해요."라고 말한다. 학생들이 연습하는 동안 교사가 교실을 돌아다니며 학생들이 잎 모양 본뜨기를 제대로 수행하는지를 점검한다. (후략)

① (가), (나)　② (가), (다)　③ (나), (라)　④ (가), (다), (라)　⑤ (나), (다), (라)

3. ③　2. ①,③,④,⑤　1. ④

(정답)

🍃**참고문헌**

곽금주, 오상우, 김청택(2011). K-WISC-IV 전문가 지침서. 서울: 학지사.

교육부(2014a). 2014 특수교육통계.

교육부(2014b). 2014 특수교육 연차보고서.

국립특수교육원(2003). 국립특수교육원 적응행동검사 KISE-SAB 요강.

국립특수교육원(2009). 특수교육대상아동 선별검사.

김동일, 김계현, 김병석, 김봉환, 김창대, 김혜숙, 신종호(2002). 특수아동상담. 서울: 학지사.

김동일, 손승현, 전병운, 한경근(2010). 특수교육학개론: 장애·영재아동의 이해. 서울: 학지사.

김성애(2002). 발달지체 유아의 자기결정 촉진당위성과 교수-학습 원리: 유아통합교육 현장을 중심으로. 특수교육학연구, 37(2), 1-23.

김희규, 강정숙, 김은영, 김의정, 김주영, 김형일, 박계신, 오세철, 옥정달, 정동일, 정동훈, 정해진, 채희태, 홍은숙, 황복선(2010). 특수교육학개론. 서울: 학지사.

박승희, 김수연, 장혜성, 나수현 역(2011). 지적장애: 정의, 분류 및 지원체계[*Intellectual Disability: Definition, Classification, and Systems of Supports* (11th ed.)]. AAIDD 저. 서울: 교육과학사. (원저는 2010년에 출판).

박승희, 신현기 역(2002). 정신지체 개념화: AAMR 2002년 정신지체 정의, 분류, 지원체계 [*Mental retardation*]. AAMR 저. 서울: 교육과학사. (원저는 1991년에 출판).

신현기 역(2008). 생의 주기별로 본 지적장애인(제9판) [*Intellectual Disabilities Across the Lifespan* (9th ed.)]. Drew, C. J., & Hardman, M. L. 저. 서울: 시그마프레스. (원저는 2007년에 출판).

이근후, 강병조, 곽동일, 민성길, 박민철, 박영숙, 신석철, 우종인, 이길홍, 이무석, 이정호, 정성 덕, 정인과, 한오수, 황익근(1995). 정신장애의 진단 및 통계 편람(제4판) [*Diagnostic and Statistical Manual of Mental Disorders* (4th ed.)]. APA 저. 서울: 하나의학사. (원저는 1994년 에 출판).

이승희(2010). 특수교육평가(2판). 서울: 학지사.

임은영, 김자경, 김기주, 김주영(2007). 자기결정 프로그램이 초등학교 경도 정신지체아동의 자 기결정력에 나타난 효과. 정신지체연구, 9(2), 21-36.

정인숙, 강영택, 김계옥, 박경숙, 정동영(2003). KISE 적응행동검사(KISE-SAB).

American Psychiatric Association(2013). *Diagnostic and Statistical Manual of Mental Disorders* (5th ed.). Arlington, VA: APA.

Beirne-Smith, M., Patton, J. R., & Kim, S. H. (2006). *Mental Retardation* (7th ed.). Upper Saddle River, NJ: Merrill/Prentice Hall.

Bender, W. (2009). *Differentiating math instruction.* Thousand Oaks, CA: Corwin.

Heward, W. L. (2009). *Exceptional Children: An introduction to special education* (9th ed.). Upper Saddle River, NJ: Pearson.

Grossman, J. J. (Ed.). (1973). *Manual on terminology and classification in mental retardation.* Washington, D.C.: American Association on Mental Deficiency.

Grossman, J. J. (Ed.). (1983). *Classification in mental retardation.* Washington, D.C.: American Association on Mental Deficiency.

Gumpel, T. (1994). Social competence and social skills training for persons with mental retardation: An expansion of a behavioral paradigm. *Education and Training in Mental Retardation and Developmental Disabilities, 29*(3), 194-201.

Turnbull, H. R., Turnbull, A. P., Wehmeyer, M. L., & Park, J. (2003). A quality of life framework for special education outcomes. *Remedial and Special Education, 24*, 67-74.

Weymeyer, M. L., Kelchner, K., & Richards, S. (1996). Essential characteristics of self-determined behaviors of adults with mental retardation and developmental disabilities. *American Journal on Mental Retardation, 100*, 632-642.

Wehmeyer, M. L., Lattin, D. L., Lapp-Rincker, G., & Argan, M. (2003). Access to the general curriculum of middle school students with mild mental retardation. *Remedial and Special Education, 24*, 262-274.

Wehmeyer, M. L., Palmer, S. B., Argan, M., Mithaug, D. E., & Martin, J. E. (2000). Promoting causal agency: The self-determined learning model of instruction. *Exceptional Children, 66*, 439-453.

Zion, E., & Jenvey, V. B. (2006). Temperament and social behavior at home and school among typically developing children with an intellectual disability. *Journal of Intellectual Disability Research, 50*(6), 445-456.

인싸이트(2016). http://www.inpsyt.co.kr/

한국교육신문(2013.12.2.). 장애 이겨 낸 취업, 선생님 덕분에 이뤘어요. http://www.hangyo.com/APP/news/article.asp?idx=42975

American Association on Intellectual and Developmental Disabilities(2015). http://aaidd.org/

제4장

자폐스펙트럼장애 상담

자폐스펙트럼장애(Autistic Spectrum Disorder: 이하 ASD)는 「장애인 등에 대한 특수교육법」에서는 '자폐성장애', 「정신질환의 진단 및 통계 편람」 제5판(DSM-5, 2013)에서는 '자폐스펙트럼장애', 그 밖에도 전반적 발달장애, 자폐장애, 자폐증 등 다양한 용어로 표현되고 있다. 이 장에서는 오늘날 아동기 장애를 진단하는 데 가장 널리 활용되는 DSM-5(2013)에 근거하여 '자폐스펙트럼장애'라고 기술하였다.

자폐스펙트럼장애는 사회적 상호작용, 의사소통 그리고 행동에서의 손상이 특징적인 신경발달장애다. 자폐스펙트럼장애는 1940년대, 정신과의사인 Kanner(1943)와 소아과의사 Asperger(1944)에 의해 하나의 독특한 범주로 분류되고 알려지기 시작하였다. Kanner는 그전까지 전혀 보고되지 않았던 사회적 손상, 비정상적인 언어, 한정되고 반복적인 관심을 보이는 등 현저하게 특이한 행동을 보이는 11명의 아동사례를 발표하면서 초기 유아기 자폐증(early infantile autism)이라고 명명하였다. Asperger는 자폐증과 유사한 사회성 문제를 가지나 언어발달과 지능의 문제 심각도가 낮은 아동을 자폐성 정신병(autistic psychopathy)이라 하였다.

학교 장면 사례

동원이는 어려서부터 눈을 맞추지 않고, 낯을 가리거나 부모와 떨어지는 것에 대한 거부를 보이지 않으며, 안기려 하지 않았다. 언어 발달은 느리고 세 살이 되어도 거의 말을 하지 않았으며, 말을 가르쳐 주려는 부모의 노력에도 전혀 반응이 없었다. 하루종일 혼자서 퍼즐놀이나 미니자동차 굴리기에 시간을 보내고, 또래와 함께 있어도 어울리는 데 관심을 보이지 않았으며, 혼자 노는 것에 몰두하곤 하였다. 때로 벽에 머리를 반복적으로 부딪치고 한 자리에서 서서 뱅글뱅글 도는 행동을 하거나 전등불빛에 책의 모서리를 비춰 반복적으로 보기도 하였다. 이러한 동원이가 걱정이 되어 부모는 동원이가 네 살 때 전문가를 찾아갔고, '자폐증'이라는 진단을 받게 되었다. 이후 언어치료와 놀이치료를 지속적으로 받았다. 동원이는 현재 특수학급이 있는 초등학교에 진학하여 주요 교과수업에는 특수학급에서 특수교사에게 지도를 받고, 이외의 수업에서는 통합학급에서 생활을 한다. 통합학급의 교사는 동원이가 수업시간에 전혀 따라가지 못하는 듯하고 가끔씩 알 수 없는 소리를 크게 지르는 등 수업에 방해가 되어 특수교사에게 어떻게 이 학생을 다뤄야 하는지 문의하곤 한다.

🍃 학습목표

1. 자폐스펙트럼장애의 개념 및 하위유형별 행동 특성을 이해한다.
2. 자폐스펙트럼장애의 원인을 이해하고 원인에 따른 개입법을 구분한다.
3. 자폐스펙트럼장애 진단기준을 이해하고 진단절차 및 도구를 알 수 있다.
4. 자폐스펙트럼장애를 대상으로 한 치료적 개입의 종류와 방법을 이해한다.

1. 자폐스펙트럼장애의 특성

1) 사회적 특성

ASD 아동의 가장 핵심적인 결함은 사회적 상호작용의 문제다. 이들은 발달초기 단계에서부터 눈맞춤, 얼굴 표정, 시선, 자세, 몸짓 등과 같은 비언어적 사회적 상호작용과 모방기능에 결함이 있으며, 연령수준에 기대되는 관계형성이 어렵다. 예를 들어, 사회적 미소를 동반한 친숙한 얼굴에 반응을 보이거나 주 양육자와 떨어지는 것을 힘들어하는 분리불안 및 낯가림을 보이지 않으며, 타인과 함께 있거나 혼자 있는 것에 크게 개의치 않고, 알려고도 하지 않는 것처럼 보인다. 또한 또래와 함께 있어도 또래가 관심을 보이거나 관심 있는 물건을 보여 주려 하지 않으며 즐거움이나 관심 등을 자발적으로 나누려 하거나 사회적 몸짓을 사용하지 않는다. 예를 들어, 자폐아동이 어머니를 끌고 가더라도 이는 어머니와 관계를 맺으려는 사회적 의미요소가 존재한다기보다는 높은 곳에 올려져 있는 자신이 관심 있어 하는 물건을 내려 주기를 바라는 것으로 볼 수 있다. 자폐아동의 어머니는 자신이 기능적인 목적을 위한 수단으로 도구 취급을 받는 것처럼 느껴진다는 보고를 하곤 한다.

2) 의사소통 특성

ASD 아동은 의사소통에 있어서 질적인 손상을 보인다. 이들은 들은 그대로 다른 사람이 한 말을 똑같이 반복하는 반향어(echolaria)를 보이거나 질적으로 다른 특이한 언어를 사용하기도 한다. 이들은 억양이 독특하고 단조로워 기계적이고 로봇이 말하는 것과 유사하다는 인상을 준다.

구어의 발달과 이해는 장애 정도에 따라 스펙트럼이 다양하다. 언어발달이 지체되거나 전혀 나타나지 않는 정도에서 현학적 대화를 즐기는 정도까지 있으며, 구어이해의 경우 대부분은 언어정보를 구체적이거나 글자 그대로 받아들여서 관용어구나 속담, 비유, 농담 등을 이해하지 못한다. 또한 언어의 사회적 의미를 이해하지 못하며, 타인의 의도나 동기를 파악하는 것을 어려워한다. 상대방의 관점을 이해하기 어려우며, 말을 잘하는 경우에도 맥락과 상관없이 자신의 관심사에 대해서만 일방적으로 이야기하는 등 상호교류적인 원활한 의사소통은 어렵다. 이들은 타인과 함께 대화를 나눈다기보다는 타인에 대고 말한다고 묘사되곤 한다.

비언어적 의사소통에서도 손상을 보인다. 고개 끄덕임, 몸짓이나 표정 등 구어를 대체할 수 있는 의사소통을 사용하지 않는다. 사회적 상황에서 사람들의 감정, 의도, 입장이나 얼굴 표정을 파악하기 어렵고, 대화의 복잡한 비언어적 특성을 이해하기 힘들다.

ASD 아동에게서는 근본적으로 사회성 결여와 관련되어 의사소통 문제가 나타나며, 언어의 형식적인 측면(구문론, 형태론)에 비해 사회적 맥락과 관련된 언어의 화용론에서 문제가 두드러진다. 상대방, 상황, 맥락에 맞게 말을 시작하고 적절한 언어를 선택하는 것이 어렵다.

3) 행동적 특성

ASD의 두드러진 행동적 특성은 매우 제한적이며 반복적이고 같은 행동을 보인다는 것이다. 이들은 어려서는 장난감이나 물건을 일렬로 줄세우거나 쌓거나 장난감 자동차 바퀴를 계속 돌리고 각을 맞추는 등 어떤 물건을 기능에 따라 사용하기보다는 사물의 특정부분에 강박적 집착을 보여 방해를 하지 않으면 하루종일 몰두하고 있다. 이들은 종종 찡그리거나 빙빙 한자리에서 돌거나 손을 특이한 자세로 비틀거나 움직이고 까치발을 하거나 갑자기 돌진하고 몸을 흔들거나 벽에 머리를 박거나 하는 공격적이고 자해 행동을 보이기도 하는 등 상동적이고 반복적인 행동을 보인다.

의례적(ritual)이고 동일성에 대해 비합리적으로 고수하는 강박적인 행동을 보이는데, 특정 절차를 엄격하게 지켜야 하고 친숙한 환경의 사소한 변화에도 유연하게 대처하지 못한다. 예를 들어, 집에 가는데 반드시 똑같은 길로만 가기를 고집하는 등 반복되는 일상사에 작은 변화만 생겨도 쉽게 격분한다. 또한 제한된 관심영역에 지나치게 몰두하여 지하철 노선, 공룡 이름, 역사적 사실, 날씨 정보, 수도 등을 외우는 데 상당 시간 몰두하고 때로 비상한 암기능력을 보이며, 자신의 관심사, 주제에만 지나친 관심을 보이고 그밖에는 일체의 관심을 보이지 않는다.

특정 감각자극에 대해 과잉반응이나 과소반응을 보이는 것과 같이 감각경험에 대한 비정상적 반응을 보인다. 대부분의 사람이 반응하는 감각자극에 대해 둔하거나 기계음, 세탁기 소리, 비행기 소리, 천둥소리 등 특정한 일상적 소리를 견디지 못하여 귀를 막거나 빛, 소리, 회전물체, 촉감에 사로잡혀 있기도 한다.

4) 인지적 특성

ASD의 지적 기능의 수준은 표준화된 지능검사에서 정신지체에서부터 매우 우수한 수준까지 매우 다양하게 평가된다(Harris, Handleman, & Burton, 1990; Lincoln, Allen, & Kilman, 1995). 이들은 표준화된 지능검사에서 사회적 상황에서의 적응과 관련 깊은 소검사(이해 문제, 차례 맞추기)에서 낮은 수행(Asarnow, Tanguay, Bott, & Freeman, 1987; Happé, 1994)을 보이고, 기계적인 암기나 조작을 필요로 하는 소검사(토막 짜기, 숫자 외우기)에서는 우수한 수행(Shah & Frith, 1993)을 보여서 각 인지기능 간 편차가 큰 편이었다.

ASD의 대략 75% 정도는 정신지체이고, 고기능자폐나 아스퍼거증후군으로 분류되는 약 20% 이상 아동은 평균 및 그 이상의 지적 기능을 보이기 때문에 일정 수준 이상의 학업성취 수준을 보이기도 한다. 자폐성 영재(autistic servant) 혹은 서번트증후군(savant syndrome)의 경우 암기, 수학적 계산, 음악, 미술, 기계적 조작 등 특정영역에서는 천재적인 능력을 발휘하기도 한다. 그러나 정신지체를 동반한 대다수의 자폐아동은 낮은 학업성취를 나타내어 개별화된 교육적 접근이 필요하다. 한편, ASD의 지능을 해석할 때, ASD 아동은 의사소통의 문제로 인해 지능검사 수행 시 충분히 잠재능력을 발휘하기 어려워 실제보다 저평가될 가능성이 있다는 것을 고려해야 한다.

ASD는 주의(attention) 영역에서 특정자극에 대한 과잉선택성을 보이며, 정보처리 영역에서 청각적 자극처리는 어려우나 시각적 단서는 비교적 잘 알아차리는 등 자극 특성에 따라 다른 수행양상을 보인다. 상황에 따라 적절한 주의이동이 어려우며, 특정 사항에 지나치게 집중적 주의를 기울여 다양한 감각적 정보를 놓치는 경우가 많다. 또한 사회인지 측면에서 타인의 정서상태, 입장을 추론하고 조망하는 능력이 부족하다. 마음이론(theory of mind)에 의하면(Baron-Cohen et al., 1985), 자폐아동은 다른 사람의 마음을 읽는 능력에 결함이 있다고 가설을 세운다. 즉, 타인의 생각과 감정을 파악, 이해하는 능력이 심각하게 손상되어 타인의 조망을 수용하는 것이 어려우며, 타인의 사회적 의사소통을 이해하고 반응하는 데 영향을 받는다. 예를 들어, 학교에서 짝이 지우개를 자폐아동 주변 바닥에 떨어뜨려 자폐아동에게 "지우개를 주울 수 있니?"라고 말하면, 자폐아동은 능력 여부를 묻는 것으로 해석하여 지우개를 주워 주는 대신에 단지 "응."이라고 대답하고 가만히 있는 것이다.

2. 유병률

자폐성장애는 DSM-IV-TR(2000)에서는 0.05%, 즉 10,000명당 5명이 나타났으나, DSM-5(2013)에서는 1%로 100명당 1명이 나타난다. 유병률이 과거에 비해 상당히 높은 비율로 증가하고 있는 것이다. 유병률이 증가하고 있는 이유에 대해서는 아직까지 합의된 결론에 이르지 못하고 있다. 하지만 현재까지는 장애의 개념이 범주성장애에서 스펙트럼장애로 진단기준이 변경됨으로써 확장된 진단준거를 갖게 된 점, 언론매체의 영향으로 장애에 대한 부모의 인식이 증가하여 조기진단 비율이 높아진 점, 평생 지속되는 장애라는 것을 인지하게 되는 등의 이유가 논의되고 있다(Matson & Kozlowski, 2011).

3. 자폐스펙트럼장애의 원인

자폐증의 원인에 대한 해답을 찾으려는 노력은 지금까지도 이어지고 있으나, 무엇이 자폐증을 일으키는지에 대한 명확한 원인을 찾아내지 못하고 있다. 과거 1960년대 후반에 자폐증은 얼음같이 차갑고 보듬어 주지 않는 방식으로 양육을 한 소위 '냉장고 엄마'라는 자폐증 아동의 어머니가 원인으로 대두되기도 하였고, 무관심하고 냉정한 부모가 자녀와의 정서적 유대를 발달시키지 못해 자폐증이 발생하였다고 보기도 했으나(Bettelheim, 1967) 이러한 주장은 더 이상 받아들여지지 않는다. 최근에는 예방접종이 자폐증을 유발한다는 문제제기가 있기도 하였으나, 이를 입증하는 증거는 찾아볼 수 없었다(Immunization Safety Review Committee, 2004).

자폐증의 원인으로는 일반적으로 두뇌구조나 기능상의 문제, 유전적 요인, 신경전달물질, 임신 중 특정 요인 등 생물학적 원인이 추정되고 있다. 예를 들어, 뇌간의 손상(Cohen et al., 2013), 전두엽기능부전(Dawson et al., 1998), 세로토닌 과다(Yang, Tan, & Du, 2014) 등이 자폐증을 유발한다는 연구결과가 누적되고 있다. 자폐증과 관련된 특정 유전자가 존재한다고 밝혀진 바는 없으나, 자폐증이 유전적 요소가 있는 장애라는 논의가 이루어지고 있다(Rutter, 2000).

4. 진단 및 평가

1) DSM-5 진단기준

DSM-5는 자폐스펙트럼장애를 개념화하고 정의하는 방식에 중요한 변화를 가져왔다. DSM-IV에서는 자폐장애, 비전형자폐장애, 아스퍼거증후군, 레트장애, 소아기붕괴

성장애를 포함하는 전반적 발달장애(Perversive Developmental Disabilities: PDD)로 사회적 의사소통 능력과 사회적 상호작용 능력의 현저한 결함과 정형화된 행동이나 지나친 집착행동을 수반하는 언어, 정서, 행동 전반에 걸친 장애를 언급하였다. 그러나 DSM-5에서는 이러한 장애들을 증상의 심각도만 다를 뿐 연속선상에 존재하는 하나의 장애로 보았다. 기존의 DSM-IV-TR에서 분류한 자폐증, 소아기붕괴성장애, 아스퍼거장애, 기타 전반적 발달장애를 자폐스펙트럼장애로 통합하였고, 레트장애는 고유한 유전적 원인이 밝혀졌기 때문에 ASD에서 제외하였다.

DSM-5 진단기준

A. 다양한 분야에 걸쳐 나타나는 사회적 의사소통 및 사회적 상호작용의 지속적인 결함으로 현재 또는 과거력상 다음과 같은 특징으로 나타난다(예시들은 실례이며 증상을 총망라한 것이 아님, 본문을 참조하시오).

  1. 사회적-감정적 상호성의 결함(예, 비정상적인 사회적 접근과 정상적인 대화의 실패, 흥미나 감정 공유의 감소, 사회적 상호작용의 시작 및 반응의 실패)

  2. 사회적 상호작용을 위한 비언어적인 의사소통 행동의 결함(예, 언어적, 비언어적 의사소통의 불완전한 통합, 비정상적인 눈 맞춤과 몸짓 언어, 몸짓의 이해와 사용의 결함, 얼굴 표정과 비언어적 의사소통의 전반적 결핍)

  3. 관계 발전, 유지 및 관계에 대한 이해의 결함(예, 다양한 사회적 상황에 적합한 적응적 행동의 어려움, 상상 놀이를 공유하거나 친구 사귀기가 어려움, 동료들에 대한 관심 결여)

현재의 심각도를 명시할 것:

  심각도는 사회적 의사소통 손상과 제한적이고 반복적인 행동 양상에 기초하여 평가한다(표 2를 참조하시오).

B. 제한적이고 반복적인 행동이나 흥미, 활동이 현재 또는 과거력상 다음 항목들 가운데 적어도 2가지 이상 나타난다(예시들은 실례이며 증상을 총망라한 것이 아님, 본문을 참조하시오).

  1. 상동증적이거나 반복적인 운동성 동작, 물건 사용 또는 말하기(예, 단순 운동성 상동증, 장난감 정렬하기 또는 물체 튕기기, 반향어, 특이한 문구 사용)

  2. 동일성에 대한 고집, 일상적인 것에 대한 융통성 없는 집착, 또는 의례적인 언어 또는 비언어적 행동 양상(예, 작은 변화에 대한 극심한 고통, 변화의 어려움, 완고한 사고 방식, 의례적인 인사, 같은 길로만 다니기, 매일 같은 음식 먹기)

3. 강도나 초점에 있어서 비정상적으로 극도로 제한되고 고정된 흥미(예, 특이한 물체에 대한 강한 애착 또는 집착, 과도하게 국한되거나 고집스러운 흥미)

4. 감각 정보에 대한 과잉 또는 과소 반응, 또는 환경의 감각 영역에 대한 특이한 관심(예, 통증/온도에 대한 명백한 무관심, 특정 소리나 감촉에 대한 부정적 반응, 과도한 냄새 맡기 또는 물체 만지기, 빛이나 움직임에 대한 시각적 매료)

현재의 심각도를 명시할 것:

심각도는 사회적 의사소통 손상과 제한적이고 반복적인 행동 양상에 기초하여 평가한다(표 2를 참조하시오).

C. 증상은 반드시 초기 발달 시기부터 나타나야 한다(그러나 사회적 요구가 개인의 제한된 능력을 넘어서기 전까지는 증상이 완전히 나타나지 않을 수 있고, 나중에는 학습된 전략에 의해 증상이 감춰질 수 있다).

D. 이러한 증상은 사회적, 직업적 또는 다른 중요한 기능 영역에서 임상적으로 뚜렷한 손상을 초래한다.

E. 이러한 장애는 지적장애(지적발달장애) 또는 전반적 발달지연으로 더 잘 설명되지 않는다. 지적장애와 자폐스펙트럼장애는 자주 동반된다. 자폐스펙트럼장애와 지적장애를 함께 진단하기 위해서는 사회적 의사소통이 전반적인 발달 수준에 기대되는 것보다 저하되어야 한다.

주의점: DSM-IV의 진단기준상 자폐성장애, 아스퍼거 장애 또는 달리 분류되지 않는 광범위성 발달장애로 진단된 경우에서는 자폐스펙트럼장애의 진단이 내려져야 한다. 사회적 의사소통에 뚜렷한 결함이 있으나 자폐스펙트럼장애의 다른 진단 항목을 만족하지 않는 경우에는 사회적(실용적) 의사소통장애로 평가해야 한다.

다음의 경우 명시할 것:

지적 손상을 동반하는 경우 또는 동반하지 않는 경우

언어 손상을 동반하는 경우 또는 동반하지 않는 경우

알려진 의학적 · 유전적 상태 또는 환경적 요인과 연관된 경우

(부호화 시 주의점: 관련된 의학적 또는 유전적 상태를 식별하기 위해 추가적인 부호를 사용하시오)

다른 신경 발달, 정신 또는 행동 장애와 연관된 경우

(부호화 시 주의점: 관련된 신경발달, 정신 또는 행동 장애를 식별하기 위해 추가적인 부호를 사용하시오)

긴장증 동반(정의에 대해서는 다른 정신질환과 관련이 있는 긴장증의 기준을 참조하시오.)(부호화 시 주의점: 공존 긴장증이 있는 경우에는 자폐스펙트럼장애와 관련이 있는 긴장증에 대한 추가적인 부호 293.89[F06.1]을 사용할 것)

2) 선별 및 진단

자폐스펙트럼장애로 의심되는 아동을 평가하기 위해 개발된 도구에는 평정척도, 체크리스트, 진단 면접 등이 있다. 그러나 전문가와 부모는 단순히 하나의 검사나 평가도구를 근거로 장애로 판단해서는 안 되며, 발달력을 검토하고 행동관찰, 척도, 발달검사 등의 자료를 종합하여 최종 진단을 내려야 한다.

〈표 4-1〉 자폐성 장애아동을 위한 선별 및 평가도구

유형	검사도구	특징
평정 척도	아동기 자폐증 평정척도(Childhood Autism Rating Scale: CARS) (Schopler, Reichler, & Renner, 1986)	• 15개 항목 • 아동 직접관찰, 기록, 부모 보고를 통한 정보를 기초로 평정
직접 관찰 척도	한국판 자폐증 진단 관찰 스케줄 (Autism Diagnostic Observation Schedule: ADOS) (유희정, 곽영숙, 2009).	• 의사소통, 사회적 상호작용, 놀이와 상상력, 상동적 행동과 제한된 관심, 기타 이상행동 등을 평가하는 반구조화된 평가도구 • 4개의 모듈로 구성 • 아동 직접관찰과 검사실시를 기초로 하여 0~8점 평정, 개별 항목의 등급을 알고리즘 양식에 기록 후, 사회적 상호작용, 의사소통영역, 의사소통–사회적 상호작용 총점을 기준으로 분류
선별	사회적 의사소통설문지(Social Communication Questionnaire: SCQ)(유희정, 2007)	• 부모 보고를 통해 자폐스펙트럼장애와 관련된 증상을 선별하는 도구 • 보호자 작성(전문가의 도움이 필요 없음) • 생활연령 만 4세/정신연령 2세 이상부터 사용 가능 • ASD 가능성 지표가 되는 절단점(cut-off score) 제공
	한국형 덴버 II검사(신희선 외, 2002)	• 생후 2주~6세 4개월 아동 대상 • 발달장애 가능성이 있는 아동 선별, 주관적 장애가 의심되는 아동을 객관적으로 활용하는 데 활용 • 총 104개 문항 • 개인-사회성, 미세운동 및 적응, 언어, 전체운동 영역으로 구성 • 검사자 직접관찰 및 검사 실시

5. 자폐스펙트럼장애 상담 및 프로그램

자폐에 대한 치료적 개입과 지원은 대부분 아동기를 지나서도 필요하며, 대부분의 고기능자폐아동조차 성인이 되어서 삶의 여러 영역에서 종종 좋지 않은 결과를 갖는다 (Barnhill, 2007; Cimera & Cowan, 2009). 또한 치료는 가능한 한 빨리 시작할수록 좀 더 강력하므로, ASD 아동을 대상으로 효과적인 치료적 개입이 조기에 집중적으로 이루어지는 것이 중요하며, 그 효과가 시간이 경과하여도 지속되고, 습득된 기술이 치료 맥락을 넘어서 일반화되는 것은 매우 중요하다.

자폐아동은 대부분 핵심 증상 군집들과 관련된 어려움을 보이나, 장애가 외부로 나타나는 매우 독특하고 특이한 자폐 관련 특성과 심각도가 다양하기 때문에 자폐스펙트럼 아동에게 어떤 하나의 프로그램을 제안한다는 것은 매우 어렵다. 우선 현재 보이는 문제들의 특성과 심각도를 명확히 평가하는 것이 중요하고, 평가는 적절한 치료 계획을 세우는 데 핵심적인 전제가 된다. 이러한 평가를 바탕으로 주의 깊게 계획되고 아동의 수준에 따라 맞춤형의 개별적인 치료가 이루어지는 것이 효과적이며, 제공된 상담 및 프로그램에 대한 아동의 반응을 지속적으로 모니터링하는 것이 필요하다. 그간의 ASD 를 대상으로 한 치료적 개입은 대부분 ASD의 제한된 인지수준을 고려하여 행동주의적 접근을 택하고 있으며, 생각의 변화와 인지기술을 다루는 인지적 접근을 포함한 광범위한 중재들 또한 ASD 아동의 다양한 욕구에 부합하기 위해 제안되어 왔다.

자폐아동을 위한 다양한 교육 및 치료적 중재를 Simpson 등(2005)의 기준에 의해 분류하면 〈표 4-2〉와 같다(이소현 역, 2005). 그들은 인간관계 중심 중재 및 치료, 기술 중심 중재 및 치료, 인지적 중재 및 치료, 생리학적 · 생물학적 · 신경학적 중재 및 치료, 기타 중재 및 프로그램으로 분류하고, 각 중재가 축적된 연구를 통해 효과성에 대한 근거와 과학적인 기반을 가지고 있는지에 따라 '과학적 기반의 실제' '성과가 기대되는 실제' '지원정보가 부족한 실제' '권장되지 않는 실제'로 나누어 분석하였다. 먼저, 인간관계 중심의 교수전략과 중재방법은 ASD는 부모의 온정 및 양육결핍과 관련된다고 가정하며, ASD 아동이 적절한 방법으로 다른 사람들에게 애착을 표현할 수 있게 도움을 주고, 애정, 애착, 결속, 소속감 등을 촉진하여 대인관계와 정서적 유대를 증진시키려고 시도한다. 기술 중심의 중재 및 치료 프로그램은 학교와 기타 교육현장에서 가장 많이

〈표 4-2〉 자폐성 장애아동을 위한 다양한 중재전략

	인간관계 중심의 중재 및 치료	기술 중심의 중재 및 치료	인지적 중재 및 치료	생리학적·생물학적·신경학적 중재 및 치료	기타 중재: 치료 및 관련 인자
과학적 기반의 실제		• 응용행동분석(ABA) • 비연속개별시도교수 (DTT) • 중심축 반응훈련 (PRT)	• 학습경험: 유아와 부모들을 위한 대안적 프로그램		
성과가 기대되는 실제	• 놀이 중심의 전략	• 보조공학 • 보완대체 의사소통 • 우연교수 • 공동행동일과 • 그림교환 의사소통 체계 • 구조화된 교수	• 인지행동 수정 • 인지학습 전략 • 사회적 의사결정 전략 • 상황 이야기	• 약물치료 • 감각통합	
지원 정보가 부족한 실제	• 온화한 교수 • 선택방법(썬라이즈) • 마루놀이 • 애완동물 치료 • 관계개발 중재	• 단어훈련 게임 • 벤다이크 교육과정	• 만화 그리기 • 인지 스크립트 • 파워카드	• 청각통합 훈련 • 대용량 비타민 치료 • 광과민성 증후군: 얼렌렌즈	• 미술치료 • 음악치료 • 칸디다(효모균) • 글루텐-카세인(단백질) • 수은-백신
권장되지 않는 실제	• 안아 주기	• 촉진적 의사소통			

출처: 이소현 역, 2005.

사용되는 방법으로 자폐아동의 욕구와 관련된 특정 영역의 수행을 직접적으로 진단하고 그 영역의 기능을 향상시키기 위하여 교수해야 할 특정 목표기술을 선정하여 특정 기술을 기능적으로 사용할 수 있는 능력 향상을 목표로 한다. 인지적 중재 및 치료 프로그램은 자폐아동이 스스로 자신의 행동을 모니터링하여 적절한 반응은 강화하고 적절하지 않은 경우에는 자신의 행동과 수행을 조절하도록 가르치는 것을 목표로 한다. 인지적 중재는 교사, 부모 및 기타 다른 사람들로부터 부여되던 조절과 통제를 자폐아동으로 옮기도록 시도하는 방법으로, 모든 자폐아동에게 적절한 방법은 아니다. 자기이해 능력, 자기조절 및 자기강화와 같은 인지적 언어기술을 지니고 있고, 내적 통제의 동기부여가 가능한 경우에 가장 효과적인 방법이다. 또한 생리학적·생물학적·신경학적 중재 및 치료는 자폐장애의 신경학적인 기능이상이나 문제를 다루고, 신경학적 기능 변화나 내적 상태 강조를 초점으로 한다. 의학전문가들의 참여가 필수적이며, 생물학적 치료 이외에도 의사소통, 사회성, 놀이, 학업기술의 습득에 초점을 맞출 필요가 있으며, 다른 효과적인 전략과 병행하는 것이 효과적이다. 마지막으로 기타 중재는 각 범주에 속하지 않는 다양한 방향을 가진 기타 중재방법으로 다른 네 가지 중재방법과는 매우 이질적인 접근방법이다(이소현 역, 2005).

이 중 과학적 기반이 있는 실제로는 응용행동분석, 비연속개별시도교수(Discrete Trial Training: DTT) 등을 예시로 들고 있으며, ASD에 대한 치료적 개입으로 효과성이 가장 널리 인정되고 경험적으로 타당화되어 있는 것은 행동모델을 기반으로 한 치료다(national research council, 2001).

1) 행동치료

행동치료의 기본원리는 바람직하지 않은 행동은 감소시키면서 상대적으로 바람직한 행동을 증가시키는 것이다. 즉, 선행자극이나 선행사건으로 어떤 행동이 일어났을 때 그에 따르는 즉각적이고 일시적인 환경변화 혹은 후속자극을 조작적으로 제공하게 되면 그에 따르는 후속결과가 발생한다. 그 후속결과가 자신에게 보상이 될 경우 미래에 행동이 일어날 확률이 증가하고 보상이 되지 않는 경우는 감소한다. 행동치료는 중재의 대상이 되는 바람직하지 않은 행동을 바람직한 행동으로 대체시키기 위한 긍정적인 행동지원을 내용으로 한다. 따라서 철저한 행동분석을 기반으로 하여 자폐아동의 내외적 환경을 조정해 준다는 입장에서 이해해야 한다. 내적 환경을 조정하기 위해서는 자폐아동이 자신에게 바람직한 행동이 어떤 것인지 이해하고 스스로 선택할 수 있는 내적 동기부여가 우선되어야 한다. 내적 동기부여는 외부로 나타난 자신의 행동에서 반복적으로 긍정적 강화가 되어 스스로 바람직한 행동을 수행하고 그 행동으로 인해 자기만족감이 형성되고 증가될 수 있는 환경이 제공되는 것을 원칙으로 한다.

이 중 응용행동분석과 DTT는 행동치료적 접근 중 가장 효과적인 과학적 근거를 가지고 있는 치료기법이다. 먼저, 응용행동분석(Applied Behavior Analysis: ABA)은 행동을 환경적 변인의 함수로 보고 조작적 조건형성원리의 적용을 강조하는 일종의 행동수정 방법으로, 행동에 영향을 주는 변인들을 분석하고 평가하여 학습과 행동변화를 정확히 측정해 체계적이고 과학적으로 접근하려 한다. ABA는 측정 가능한 행동에 초점을 두며, 평가는 행동의 발생에 영향을 미치는 배경사건 같은 맥락적 속성, 행동의 발생을 이끄는 선행사건, 문제행동, 행동결과로서 어떤 것을 획득/회피하게 될지와 같은 행동의 기능(function)으로서의 동기적 속성으로 구성된다. 평가를 통해 자폐아동의 행동을 변화시키기 위한 개별적인 중재를 계획하고 실시할 수 있다. ABA는 선행사건, 행동, 행동결과의 세 가지 측면에서 실행하여 긍정적인 행동변화를 가져올 수 있다. 첫째, 문제행동을 보이기 전에 환경 및 조건을 바꿔 줌으로써 긍정적 행동을 촉진할 수 있거나 문제행동을 최소화할 수 있는 선행사건을 변화시킨다. 둘째, 좀 더 적응적인 행동기술을 가르쳐서 자신의 욕구를 충족시키기 위해 문제행동을 하지 않아도 욕구가 충족될 수 있도록 행동을 다룬다. 셋째, 긍정적 행동을 보상하거나 그동안 문제행동을 통해 얻었던 보상들을 제거하거나 문제행동을 처벌함으로써 행동결과를 변화시킨다. ASD 아동 중재에서 치료자의 관심의 대상이 되는 행동은 언어, 의사소통, 사회기술, 놀이기술, 인지 및 학업기술, 운동기술, 독립적 생활기술 등을 포함한다(Smith et al., 2007). ABA는 아동에게 계획된 대로 기술을 가르치기 위해 정적강화, 원하는 반응이 발생할 가능성을 증가시키는 추가된 자극을 통한 촉진(prompting), 이전에 강화된 행동에 뒤따르는 후속결과를 제거하여 원하지 않는 행동을 약화시키는 소거(extinction), 특정 반응이 발생한 후에 원하지 않는 후속결과를 제시함으로써 행동을 약화시키는 벌(punishment) 등을 사용한다. 아동의 행동에 대한 강화물로서의 보상은 음식, 컴퓨터/핸드폰 사용, 퍼즐, 하이파이브, 피아노 치기, 좋아하는 장난감, 스티커, 도장, 비디오 시청 등 다양하며, 아동에게 어떠한 것이 강화물이 되는지를 확인하는 것이 필수적이다. 언어적 칭찬이 보상이 되지 않는 경우가 종종 있기 때문에 주의 깊게 확인해야 한다. ABA기법은 학급, 클리닉, 지역사회 또는 가정의 일상적인 일과 내에서도 사용할 수 있다는 장점이 있다. ABA의 효율성은 수많은 연구를 통하여 자폐아동의 지적 기능, 언어, 사회기능 등에 유용하다는 증거가 꾸준히 제시되어 왔지만(Copper, Heron, & Heward, 2007; Foxx, 2008; Remington et al., 2007; Shook, 2005), 유지와 일반화의 문제에 대한 비판은 계속되고 있다. ABA의 단독실시가 ASD집단에 효과적이기는 하지만, 고기능 ASD 아동 및 청소년에게는 CBT의 병행이 더 큰 혜택을 줄 수 있다.

다음으로 DTT(Lovaas, 1981)는 응용행동분석을 기반으로 한 행동치료 및 교수방법 중 하나로, 5세 이전의 아동을 대상으로 한다면 조기행동집중중재(Early Intensive Behavioral

Intervenion: EIBI)로 언급된다. DTT는 복잡한 기술을 세분화하여 고도로 구조화한 각 세부기술들을 가르친다. 각 시행 또는 학습기회는 간결하고 일관된 반응교수로 구성되고, 다양한 연습기회를 제공하여 어려운 기술과 행동을 습득하도록 한다. DTT는 '변별자극 제시 → 반응 → 후속결과 제공(강화) → 시도 간 간격(3~5초) → 변별자극제시 반응 → 후속결과 제공(강화) → 시도 간 간격(3~5초)' 등의 과정을 숙달될 때까지 반복 수행한다. 이러한 과정에서 아동은 치료자를 모델로 모방하거나 언어적 요청에 대한 순응반응으로 반응한다. 행동의 습득은 명료한 촉진(prompting)과 목표반응에 대한 아동의 결과에 대해 체계적으로 강화하는 것과 같은 행동조성(shaping) 기술을 사용하여 이루어진다. 이러한 교육 및 치료적 개입은 전형적으로 2년 이상 동안 매주 20~40시간의 과정 이상의 단위로 전달되고, 의사소통, 사회기술, 인지, 학업준비 기술(문자, 수 개념 등) 등 기술의 강조로 이루어진다. DTT는 자폐아동의 중요한 행동을 다루는 데 성공적인 결과를 나타냈지만, 다음과 같은 이유에서 비판받고 있다(Vismara & Rogers, 2010). 첫째, 교수 및 치료적 맥락에서 성인이 일방적으로 지시한다는 것과 엄격한 자극통제는 습득한 기술의 자발적인 사용을 제한할 수 있다(Schreibman, 1997). 둘째, 고도로 구조화된 교수환경과 인위적 혹은 연관되지 않은 강화물은 자연적인 환경에서의 일반화를 어렵게 만들고 아동의 의존성을 증대시키며 기계적 반응을 이끈다(Schreibman, 1997).

이밖에 DTT와 관련된 어려움에 대한 반응으로 아동이 좀 더 자연적 · 자발적인 흥미를 나타낼 수 있는 학습상황을 포함하는 새로운 행동중재가 개발되었다[예: 우연교수(Incidental Teaching: IT, Hart & Risley, 1980), 중심축반응훈련(Pivotal Response Training: PRT, Koegle et al., 1987; Laski et al., 1988; Schreibman & Koegel, 1996), 환경교수(Mileiu Teaching: MT, Alpert & Kaiser, 1992; Kaiser & Hester, 1996)]. 이러한 치료접근은 자연적으로 발생하는 사건맥락(놀이상황, 식사시간, 옷 입기, 목욕시간)에서의 교수기회를 제공한다는 공통점이 있어서, 좀 더 쉽게 일상생활로 포함될 수 있기에 일반화에 대한 요구가 감소되며, 다른 사람들이 집, 교실, 지역사회와 같은 다양한 상황에서 기존에 존재하는 활동으로 전략을 포함시키는 것을 배울 수 있다는 장점이 있다.

2) 인지행동치료

ASD 아동에 대한 행동적 접근의 유망한 대안 중 하나는 인지행동치료(Cognitive

Behavioral Therapy: CBT)다(Wang & Spillane, 2009). CBT는 인지치료와 전통적·행동적 전략들을 통합하여 개발된 것으로, 사고, 신념, 가치 등 인지를 통한 행동변화를 촉진하는 심리치료 방법이자 목표 지향적이고 해결 중심적인 치료다. CBT는 광범위하게 채택되었고, 심리치료 중에서 가장 많이 연구된 형태 중 하나다(Butler et al., 2006). 전형적으로 발달하는 아동을 대상으로 CBT를 사용할 때 치료자는 학습과정, 사회환경, 정보처리 요인 간의 상호작용에 초점을 둔다. CBT는 문제해결 향상의 역할을 하고 자기조절 능력을 향상시킬 뿐 아니라 아동에게 학업적으로 관련된 과제를 가르치고 충동적인 행동을 수정하는 데 성공적으로 적용되어 왔다(Meichenbaum & Goodman, 1971; Michenbaum & Asarnow, 1979). 또한 CBT는 다양한 심리장애의 치료를 위한 표준으로 고려되고, 발달수준에 적절하게 수정될 때 아동에게 가장 성공적이다(Kendall & Chodhury, 2003). CBT 내에서 행동전략은 자기파괴적 행동과 수정에 목표를 두며, 인지기법은 개인이 상황에 대해 어떻게 생각하고 정보를 처리해야 할지에 목표를 두어 왔다. 이와 함께 CBT는 임상가가 선행조건을 변화시키고 강화물들이 긍정적 행동을 촉진하여 새로운 기술을 시도하도록 짝을 짓는 것을 돕는 한편, 부적응적 인지 혹은 사고과정을 변화시키는 데 초점을 두도록 한다. 아동의 발달수준에 따라 수정될 때, CBT는 적절하고 효과적인 중재가 된다. 아동에게 맞춰 CBT를 수정할 때 부모가 치료과정에 가치 있는 비중으로 추천되어 왔다.

그러나 ASD에 대한 CBT의 효과성에 관한 증거는 많지 않다. 이는 CBT의 치료 패러다임이 문제를 일으키거나 유지하는 데 있어서의 인지적·행동적 요소를 다루기 때문에 마음이론이 부족하여 자신의 사고와 신념에 대해 내성(insight)하기 어려운 ASD에게는 인지적인 기법을 사용하기 어렵기 때문이다. CBT는 아스퍼거 진단이나 ASD 범주에서 높은 기능수준을 가진 사람에게 더 적합하지만, CBT의 여러 기본원리는 ASD진단을 받은 아동·청소년을 치료할 때에도 유용하게 적용될 수 있다(Mennuti, Freeman, & Christner, 2006).

한편, ASD 성인을 대상으로 CBT에 대한 수많은 연구가 이루어져 왔다. 모든 연구에서 고무적인 결과가 보고되었고, 몇몇은 치료적 성과의 일반화와 유지, 특히 사회적 상황의 회피와 사회적 불안감소가 유지되고 일반화됨을 보고하였다(Cardaciotto & Herbert 2004; Dansey & Peshawaria, 2009). 게다가 CBT는 ASD을 대상으로 그들이 습득한 기술(skills)의 일반화를 촉진하는 데 잠재력이 있는 것으로 고려된다(Chalfant et al.,

2007; Sofronoff et al. 2007). 특히 고기능 ASD 아동·청소년은 비교적 잘 발달된 언어기술을 가지고 있으며, 자신이 남과 다르지만 조화롭게 적응해야 할 필요성을 어느 정도 인식하고 있다. 이러한 인식은 심각한 ASD나 공존장애로 인지결함을 가진 사람에게는 찾아볼 수 없는 동기요인이기에 CBT를 통해 효과를 얻을 수 있다. 한편, Ho 등(2014)은 자폐아동을 대상으로 한 10개의 인지행동치료 연구를 개관하였는데, 유의미한 치료효과를 나타냈다. 분석 결과, 연구 참여자의 대다수가 지능이 70 이상인 고기능자폐였고, 모든 중재는 임상상황에서 치료자에 의해 실시되고, 대부분 목표는 불안과 그 관련 문제를 다루고 있었다. 그러나 모든 10개의 연구가 매우 다른 이질적인 특성을 가지고 있기에 해석에 유의해야 한다고 결론을 내렸다.

3) 부모교육 및 훈련

Dawson과 Osterling(1997)은 자폐아동을 대상으로 한 중재를 제공한 논문들을 메타분석하였고, 그 결과 성공적인 프로그램에서 공통적으로 나타나는 특성은 다음과 같았다. 첫째, 특정한 결함(주의, 순응성, 적절한 놀이 등)을 목표로 하는 것, 둘째, 교사가 적은 수의 학생을 다루는 매우 구조화되고 예측 가능한 프로그램의 사용, 셋째, 여러 상황(치료소, 집, 학교)에 관련된 프로그램들의 통합, 넷째, 보조상담자로 부모들을 참여시키는 것, 다섯째, 다른 프로그램으로 전환할 때의 주의 깊은 관찰이다. 또한 초기의 개입 이후에서도 교육 프로그램이 학습과정에서 집중적 참여기회를 제공하고, 개별화되며 체계적인 구조가 준비되어야 하며, 부모의 관여가 필요하다고 하였다. 이렇듯 지난 몇십 년 동안 자폐아동의 행동치료에 필수적 부분으로 부모를 포함시키는 것이 주목되어 왔으며(Frankel & Myatt, 2003; Lovaas, 1987) 인지행동 중재에 변화의 촉진자로 부모를 포함시키는 것은 상대적으로 덜 주목되어 왔다(Hassenfeldt, Lorenzi, & Scarpa, 2015).

ASD 아동이 변화를 위한 주체가 되거나 자신의 어려움을 인식하는 것은 본능적으로 부족하며, 상담 및 프로그램이 진행되는 장면의 외부상황으로 기술의 일반화가 나타나는 것은 특히 문제가 된다. 부모들은 중요하고 쉽게 접근 가능한 자원이고 집에서의 공동치료자(co-therapist) 역할을 할 수 있기에, 부모교육 및 훈련을 아동치료에 추가하여 복합적 중재가 이루어지는 것이 필요하다. 다양한 이유에서 부모들이 새로운 기술을 연습하고, 치료상황에서 배운 기술을 가정에서 일반화하고 효과를 유지하도록 하

는 것은 비용 대비 효과적이다. 주당 20~40시간의 집중적 행동치료를 받는 것이 자폐
아동에게 가장 긍정적인 결과를 준다는 것에 대한 증거는 명백하다(Smith, 2010). 그러나
이는 가족에게 상당한 경제적·시간적 투자와 부담을 준다. 따라서 부모를 공동치료자
로서 활용하는 것은 치료의 강도를 증가시키고 치료자가 제공하는 치료에 대한 보충이
될 수 있다. 이러한 방식을 통해 자폐아동은 배우는 데 어려움이 있는 많은 사회기술과
의사소통 기술을 자연적인 가정환경을 포함한 다양한 상황에서 지속적으로 배울 수 있
고 연습할 수 있다. 부가적으로 한 번 훈련된 부모들은 종종 다른 가족구성원 혹은 양육
자들이 아동과 함께 작업하도록 가르칠 수 있고, 그들이 더 많은 배움의 기회를 갖도록
하고, 보조치료자들을 확대시키도록 가르칠 수 있다. 초기진단이나 형식적 혹은 구조
화된 치료 프로그램이 시작되기 전에 부모는 아동의 세상에 대한 창문이 되고 자폐아동
이 주위 사회에 대해 배울 수 있도록 비공식적 기법을 사용한다. 더욱이 교사는 매년 바
뀌고 치료자도 자주 변경되지만 부모는 아동의 발달을 통틀어 가장 일관적인 대상일 수
있으며, 아동의 욕구와 동기를 좀 더 인식하기 쉽다. 부모교육 및 훈련은 실제로 가족
스트레스를 완화시키고 그 결과 아동은 비언어적 의사소통과 언어적 의사소통을 향상
시킬 수 있다.

　한편, ASD 아동대상 중재에서 복합중재가 제공되어야 할 필요가 있다. 인지행동치
료 요소를 부모훈련에 추가하는 것은 부모를 보조치료자로 활용함으로써 기술의 일반
화를 돕고 집중치료의 부담을 감소시킨다는 면에서 효과적이다. 또한 지적손상이 없
는 고기능자폐의 경우에는 인지기능이 보통 혹은 그 이상수준임에도 사회적 의사소통
(Landa, 2000; Paul et al., 2009), 또래관계(Frankel & Myatt, 2003; Frankel et al., 2010; Laugeson
et al., 2012), 일상생활 활동(Kanne et al., 2011; Klin et al., 2007), 이후 학교에서의 직업으로
의 전환과정에 영향을 주는 사회기술(Higgins et al., 2008; Hurlbutt & Chalmers, 2004)에서
어려움을 보인다. 이러한 아동은 또래보다 정서적 어려움을 더 많이 보이고, 이는 청소
년기까지 지속된다.

효과적 중재 프로그램의 공통요인

◻ **효과적인 중재의 공통 요소들**

Dawson과 Osterling(1997)은 다음의 여섯 가지 요소를 효과적인 중재 프로그램에 공통 요소로 기술하였다.

① 커리큘럼 내용: 프로그램의 커리큘럼은 다음 능력들을 포함하는 다섯 가지 기초기술 영역을 강조한다. ① 학습에 필수적인 환경의 요소, ② 타인을 모방하기, ③ 언어를 이해하고 사용하기, ④ 인형을 가지고 적절히 놀기, ⑤ 타인들과 사회적 상호작용하기

② 고도로 지지적인 교수환경과 일반화전략: 프로그램들은 우선적으로 고도로 구조화된 환경에서 핵심기술들을 습득하려 시도하고, 다음으로 이러한 기술들을 좀 더 복잡하고 자연적인 환경에서 일반화하려 한다.

③ 예측 가능성과 정규적 일과: 자폐아동은 환경과 정해진 일과가 달라지면 행동이 쉽게 혼란되기 때문에, 프로그램은 하나의 활동에서 다른 활동으로 전환하는 데 있어서 아동을 지원하기 위한 전략을 채택한다.

④ 문제행동에 대한 기능적 접근: 자폐아동이 문제행동을 보이기 때문에 우선 프로그램은 환경을 구조화하여 이러한 행동이 나타나는 것을 막으려 시도한다. 만약 문제행동이 지속된다면, 프로그램은 다음 단계에 따라 기능적 접근을 사용한다. ① 행동 기록하기, ② 행동이 아동에게 미치는 기능에 대한 가설을 설정하기, ③ 아동이 상황을 효과적으로 대처할 수 있도록 적절한 행동을 지원할 수 있는 환경으로 바꾸기, ④ 문제행동을 대처할 수 있는 적절한 행동 가르치기

⑤ 유치원 교실로부터 전환을 위한 계획: 프로그램은 아동이 이후에 유치원이나 학교교실에서 독립적으로 기능할 수 있도록 아동이 필요로 하는 생존기술을 가르친다.

⑥ 가족 참여: 프로그램은 자폐아동의 중재에 중요한 요소로 부모를 포함한다. 가족참여는 프로그램 성공을 위해 중요한 요인이다. 왜냐하면 부모는 중재계획을 세우는 데 독특한 견해를 제공할 수 있고, 추가 중재시간을 제공할 수 있기 때문이다. 중재에 부모를 포함시키는 것은 아동이 좀 더 기술의 유지와 일반화를 성취할 수 있도록 도우며, 부모의 스트레스 수준을 낮추는 데 도움이 된다.

🍃 요 약

　자폐스펙트럼장애는 사회적 상호작용, 의사소통, 행동에서의 손상이 특징적인 신경발달장애다. 자폐스펙트럼장애는 다양한 자폐 관련 증상을 보이고 심각도의 정도가 경미한 수준에서 심각한 수준에 이르기까지 차이가 크기 때문에 모든 자폐스펙트럼장애에 효과적인 단일한 치료방법은 존재하지 않는다. 우선적으로 문제의 종류, 특성, 심각도 등에 대한 정확한 평가가 중요하며, 이를 바탕으로 각 개인의 수준에 따라 맞춤형 개별적 치료가 이루어지는 것이 효과적이다. 치료는 가능한 한 조기에 집중적으로 이루어지는 것이 효과적이며, 과학적으로 효과가 입증된 치료방법은 응용행동분석(ABA), 비연속개별시도(DTT) 등 행동치료, 인지행동치료 등이 있으며, 단일한 치료방법보다는 부모교육을 병행하는 것이 효과적이다.

🍃 생각해 볼 문제

1. 부모교육 시 고려해야 할 부모의 특성(예: 양육스트레스, 정신건강 등)이 무엇인지에 대해 생각해 보자.
2. 자폐학생과의 상담에서 치료적 동맹을 맺기 위한 방법으로는 어떤 것이 있을지 생각해 보자.

🍃 참고문헌

신희선, 한경자, 오가실, 오진주, 하미나(2002). 한국형 Denver II 검사지침서. 서울: 현문사.

유희정(2007). 한국판 사회적의사소통설문지(SCQ). 서울: 학지사.

유희정, 곽영숙(2009). 한국판 자폐증 진단 관찰 스케줄(ADOS). 서울: 학지사.

이소현 역(2005). 자폐범주성 장애[Autism spectrum disorders: Interventions and treatments for children and youth]. Simpson, R. L., de Boer-Ott, S. R., Griswold, D., Myles, B. S., Byrd, S., Ganz, J., & Adams, L. G. 저. 서울: 시그마프레스. (원저는 2005년에 출판).

Alpert, C. L., & Kaiser, A. P. (1992). Training parents as milieu language teachers. *Journal of Early intervention, 16*(1), 31-52.

American Psychiatric Association(2013). *Diagnostic and Statistical Manual of Mental Disorders* (5th ed.). Arlington, VA: APA.

Asarnow, R. F., Tanguay, P. E., Bott, L., & Freeman, B. J. (1987). PATTERNS OF INTELLECTUAL FUNCTIONING IN NON-RETARDED AUTISTIC AND SCHIZOPHRENIC CHILDREN. *Journal of Child Psychology and Psychiatry, 28*(2), 273-280.

Asperger, H. (1944). Die "Autistischen Psychopathen" im Kindesalter. *European Archives of Psychiatry and Clinical Neuroscience, 117*(1), 76-136.

Barnhill, G. P. (2007). Outcomes in adults with Asperger syndrome. *Focus on autism and other developmental disabilities, 22*(2), 116-126.

Baron-Cohen, S., Leslie, A. M., & Frith, U. (1985). Does the autistic child have a "theory of mind"? *Cognition, 21*(1), 37-46.

Bettelheim, B. (1967). *The empty fortress: infantile autism and the birth of self.* NY: Free Press.

Butler, A. C., Chapman, J. E., Forman, E. M., & Beck, A. T. (2006). The empirical status of cognitive-behavioral therapy: a review of meta-analyses. *Clinical psychology review, 26*(1), 17-31.

Cardaciotto, L., & Herbert, J. D. (2004). Cognitive behavior therapy for social anxiety disorder in the context of Asperger's syndrome: A single-subject report. *Cognitive and Behavioral Practice, 11*, 75-81.

Chalfant, A. M., Rapee, R., & Carroll, L. (2007). Treating anxiety disorders in children with high functioning autism spectrum disorders: A controlled trial. *Journal of autism and developmental disorders, 37*(10), 1842-1857.

Cimera, R. E., & Cowan, R. J. (2009). The costs of services and employment outcomes achieved by adults with autism in the US. *Autism, 13*(3), 285-302.

Cohen, I. L., Gardner, J. M., Karmel, B. Z., Phan, H. T., Kittler, P., Gomez, T. R., ... & Barone, A. (2013). Neonatal Brainstem Function and 4-Month Arousal-Modulated Attention Are Jointly Associated With Autism. *Autism Research, 6*(1), 11-22.

Cooper, J. O., Heron, T. E., & Heward, W. L. (2007). *Applied behavior analysis* (2nd ed.). NJ: Prentize Hall.

Dansey, D., & Peshawaria, R. (2009). Adapting a desensitisation programme to address the dog phobia of an adult on the autism spectrum with a learning disability. *Good Autism Practice (GAP), 10*(1), 9-14.

Dawson, G., Mellzoff, A. N., Osterling, J., & Rinaldi, J. (1998). Neoropsychological correlates of early symptoms of autism. *Child deveopment, 69*, 1276-1285.

Dawson, G., & Osterling, J. (1997). Early intervention in autism. *The effectiveness of early intervention*, 307–326.

Foxx, R. M. (2008). Applied behavior analysis treatment of autism: The state of the art. *Child and adolescent psychiatric clinics of North America, 17*(4), 821–834.

Frankel, F. H., & Myatt, R. (2003). *Children's friendship training*. NY: Psychology Press.

Frankel, F., Myatt, R., Sugar, C., Whitham, C., Gorospe, C. M., & Laugeson, E. (2010). A randomized controlled study of parent-assisted children's friendship training with children having autism spectrum disorders. *Journal of autism and developmental disorders, 40*(7), 827–842.

Happé, F. G. (1994). An advanced test of theory of mind: Understanding of story characters' thoughts and feelings by able autistic, mentally handicapped, and normal children and adults. *Journal of autism and Developmental disorders, 24*(2), 129–154.

Harris, S. L., Handleman, S., & Burton, J. L. (1990). Stanford Binet profiles of young children with autism. *Special Services in the schools, 6*, 135–143.

Hart, B., & Risley, T. R. (1980). In vivo language intervention: Unanticipated general effects. *Journal of Applied Behavior Analysis, 13*(3), 407–432.

Hassenfeldt, T. A., Lorenzi, J., & Scarpa, A. (2015). A Review of Parent Training in Child Interventions: Applications to Cognitive-Behavioral Therapy for Children with High-Functioning Autism. *Review Journal of Autism and Developmental Disorders, 2*(1), 79–90.

Higgins, J. P. T., Deeks, J. J., & Altman D. G. (2008). Special topics in statistics. In J. P. T. Higgins & S. Gree (Eds.), *Cochrane handbook for systematic reviews of interventions* (pp. 481–530). West Sussex, UK: Wiley-Balckwell.

Ho, B. P., Stephenson, J., & Carter, M. (2014). Cognitive-behavioral approach for children with autism spectrum disorders: A meta-analysis. *Review Journal of Autism and Developmental Disorders, 1*(1), 18–33.

Hurlbutt, K., & Chalmers, L. (2004). Employment and adults with Asperger syndrome. *Focus on autism and other developmental disabilities, 19*(4), 215–222.

Immunization Safety Review Committee(2004). *Immunization Safety Review: Vaccines and Autism*. National Academies Press.

Kaiser, A. P., & Hester, P. P. (1996). How everyday environments support children's communication. *Positive behavioral support: Including people with difficult behavior in the community*, 145–162.

Kanne, S. M., Gerber, A. J., Quirmbach, L. M., Sparrow, S. S., Cicchetti, D. V., & Saulnier, C.

A. (2011). The role of adaptive behavior in autism spectrum disorders: Implications for functional outcome. *Journal of autism and developmental disorders, 41*(8), 1007-1018.

Kanner, L. (1949). Problems of nosology and psychodynamics in early infantile autism. *American Journal of Orthopsychiatry, 19*, 419-426.

Kendall, P. C., & Choudhury, M. S. (2003). Children and adolescents in cognitive-behavioral therapy: Some past efforts and current advances, and the challenges in our future. *Cognitive Therapy and Research, 27*(1), 89-104.

Klin, A., Saulnier, C. A., Sparrow, S. S., Cicchetti, D. V., Volkmar, F. R., & Lord, C. (2007). Social and communication abilities and disabilities in higher functioning individuals with autism spectrum disorders: The Vineland and the ADOS. *Journal of autism and developmental disorders, 37*(4), 748-759.

Koegel, R. L., Dyer, K., & Bell, L. K. (1987). The influence of child-preferred activities on autistic children's social behavior. *Journal of Applied Behavior Analysis, 20*(3), 243.

Landa, R. (2000). Social language use in Asperger syndrome and high-functioning Autism. In A. Klin. F. Volkmar, & S. Sparrow (Eds.), *Asperger syndrome* (pp.125-158). New York: The Guildford Press.

Laski, K. E., Charlop, M. H., & Schreibman, L. (1988). Training parents to use the natural language paradigm to increase their autistic children's speech. *Journal of Applied Behavior Analysis, 21*(4), 391-400.

Laugeson, E. A., Frankel, F., Gantman, A., Dillon, A. R., & Mogil, C. (2012). Evidence-based social skills training for adolescents with autism spectrum disorders: The UCLA PEERS program. *Journal of autism and developmental disorders, 42*(6), 1025-1036.

Lincoln, A. J., Allen, M. H., & Kilman, A. (1995). The assessment and interpretation of intellectual abilities in people with autism. *In Learning and cognition in autism* (pp. 89-117). NY: Springer US.

Lovaas, O. I. (1981). *Teaching developmentally disabled children: The me book.* Baltimore: University Park Press.

Lovaas, O. I. (1987). Behavioral treatment and normal educational and intellectual functioning in young autistic children. *Journal of consulting and clinical psychology, 55*(1), 3.

Matson, J. L., & Kozlowski, A. M. (2011). The increasing prevalence of autism spectrum disorders. *Research in Autism Spectrum Disorders, 5*(1), 418-425.

Meichenbaum, D. H., & Asarnow, J. (1979). Cognitive-behavioral modification and metacognitive development: Implications for the classroom. In P. Kendall & S. Hollon (Eds.), *Cognitive-behavioral interventions: Theory, research, and procedures*. Orlando, FL: Academic Press.

Meichenbaum, D. H., & Goodman, J. (1971). Training impulsive children to talk to themselves: a means of developing self-control. *Journal of abnormal psychology, 77*(2), 115.

Mennuti, R. B., Freeman, A., & Christner, R. W. (2006). *Cognitive-behavioral interventions in educational settings: A handbook for practice*. NY: Routledge.

Modahl, C., Green, L. A., Fein, D., Morris, M., Waterhouse, L., Feinstein, C., & Levin, H. (1998). Plasma oxytocin levels in autistic children. *Biological psychiatry, 43*(4), 270–277.

National Research Council(2001). *Educating children with autism*. Washington D.C.: National.

Paul, R., Orlovski, S. M., Marcinko, H. C., & Volkmar, F. (2009). Conversational behaviors in youth with high-functioning ASD and Asperger syndrome. *Journal of autism and developmental disorders, 39*(1), 115–125.

Remington, B., Hastings, R. P., Kovshoff, H., degli Espinosa, F., Jahr, E., Brown, T., ... & Ward, N. (2007). Early intensive behavioral intervention: outcomes for children with autism and their parents after two years. *American Journal on Mental Retardation, 112*(6), 418–438.

Rutter, M. (2000). Genetic studies of autism: from the 1970s into the millennium. *Journal of Abnormal Child Psychology, 28*(1), 3–14.

Schopler, E., Reichler, R., & Renner, B. R. (1986). *The Childhood Autism Scale (CARS) for diagnostic screening and classification of autism*. New York: Irvington.

Schreibman, L. (1997). Theoretical perspective on behavioral intervention for individuals with autism. In D. J. Cohen & F. R. Volkmar (Eds.), *Handbook of autism and pervasive developmental disorders* (2nd ed., pp. 920–933). New York: Wiley.

Schreibman, L., & Koegel, R. L. (1996). *Fostering self-management: Parent-delivered pivotal response training for children with autistic disorder*.

Shah, A., & Frith, U. (1993). Why do autistic individuals show superior performance on the block design task? *Journal of Child Psychology and Psychiatry, 34*(8), 1351–1364.

Shook G. L. (2005). An examination of the integrity and future of the Behavior Analyst Certification Board® credentials. *Behavior Modification, 29*(3), 562–574.

Smith, T., Scahill, L., Dawson, G., Guthrie, D., Lord, C., Odom, S., ... & Wagner, A. (2007). Designing research studies on psychosocial interventions in autism. *Journal of autism and developmental disorders, 37*(2), 354–366.

Sofronoff, K., Attwood, T., Hinton, S., & Levin, I. (2007). A randomized controlled trial of a cognitive behavioural intervention for anger management in children diagnosed with Asperger syndrome. *Journal of autism and developmental disorders, 37*(7), 1203-1214.

Vismara, L. A., & Rogers, S. J. (2010). Behavioral treatments in autism spectrum disorder: what do we know? *Annual review of clinical psychology, 6,* 447-468.

Wang, P., & Spillane, A. (2009). Evidence-based social skills interventions for children with autism: A meta-analysis. *Education and Training in Developmental Disabilities,* 318-342.

Yang, C. J., Tan, H. P., & Du, Y. J. (2014). The developmental disruptions of serotonin signaling may involved in autism during early brain development. *Neuroscience, 267,* 1-10.

🍃 추천문헌

박경희 역(2011). 어느 자폐인 이야기[*Emergence: Labeled Autistic*]. Temple Grandin 저. 서울: 김영사. (원저는 1996년에 출판).

www.autismspeaks.org
www.autismsociety.org
www.nationalautismcenter.org

제5장

학습장애 상담

다음 학교 장면 사례의 민호와 같이 학습 문제를 가지고 있는 아동을 우리는 학급에서 종종 만나게 된다. 이들에게 학습 및 심리상담을 제공하기 위해서는 학습 및 주의행동의 문제를 유발하는 원인과 이들 아동의 인지적·정의적·행동적 특성을 이해하고 있어야 한다. 이 장에서는 학습장애아동에 대한 상담자의 구체적 이해를 돕기 위해 장애의 정의 및 원인, 진단 준거, 출현율, 이들 아동의 심리적 특성 그리고 이들을 위한 상담활동의 내용에 대해 살펴보고자 한다.

학교 장면 사례

> 민호는 지각을 자주 하고 수업시간에 산만한 편이며 항상 주위를 두리번거린다. 친구들과는 잘 어울리는 편이나 수업시간에 발표를 잘하지 않고 준비물을 거의 가지고 오지 않는다. 3학년인데도 글을 유창하게 읽지 못하며 글의 내용을 이해하는 데 어려움이 있다.

🌿 학습목표

1. 학습장애의 정의 및 원인에 대해 이해한다.

2. 학습장애아동의 인지적·정의적 특성을 이해하고 이를 실제 상담과정에 활용한다.

3. 학습장애아동을 대상으로 한 학습상담, 심리상담에 대해 이해하고 이를 실제 상담과정에 활용한다.

1. 들어가는 말

기능교과(읽기, 쓰기, 수학)와 내용교과(사회과, 과학과)에서 현저한 학습 곤란을 보이는 아동을 지적 기능이 현저히 떨어지는 지적장애아동이라고 말할 수 있는가? 수업 시간이나 개별과제를 수행하는 도중 계속 주의집중을 하지 못하고 주위 친구나 다른 일에 관심을 기울이는 아동을 장애아동이라고 말할 수 있는가? 많은 사람이 이 같은 특성을 가지고 있는 아동에 대해 '장애'라는 부정적인 명칭을 부여하는 것에 대해 우려를 나타낸다. 하지만 최근 연구는 이 학생들이 단순히 학습활동이나 수행과제에 관심이 없기 때문에 학업수행에 문제를 나타내는 것이 아니라, 이러한 문제를 나타내지 않는 일반아동과 생물학적으로 다른 특징을 가지고 있는 것으로 보고하고 있다(Church, Lewis, & Batshaw, 1997).

학습능력에 대한 사회적 요구 역시 최근 급증하는 추세다. 과거에 비해 깊이 있는 지식기반과 함께 새로운 지식을 끊임없이 학습할 수 있는 능력을 더 많이 요구하고 있는 것이다. 그러므로 지식의 변화가 빠르게 일어나고 있는 정보화사회에서 스스로 학습할 역량을 갖추지 못한다면, 이는 개인의 사회생활에 심각한 문제를 야기할 것이다. 이러한 측면에서 학습능력의 상대적 부족은 앞으로의 사회적응 및 활동을 저해하는 하나의 장애(handicap)요인이 될 수 있는 것이다.

이 장에서는 특수교육자와 상담자들이 학교학습에서 점차 많이 접할 것으로 예상되는 특수아동 집단인 학습장애아동에 대해 살펴보고자 한다. 구체적으로 학습장애가 무엇인지 그리고 장애의 원인과 장애아동이 가지고 있는 특성이 무엇인지를 살펴볼 것이다. 마지막으로, 학습장애아동에 대한 전문적 이해를 바탕으로 이들을 위한 상담의 필요성과 내용에 대해 살펴보고자 한다.

2. 학습장애에 대한 이해

1) 학습장애의 정의

학습장애(學習障碍, learning disability)란 용어는 1963년 미국 일리노이대학교 교수였던 Samuel Kirk 박사가 처음 사용하였다. 이전까지 학습장애를 지칭하기 위해 '뇌손상'이나 '미세 뇌기능 이상(minimal brain dysfunction)'이라는 용어를 사용하였으나(Kavale & Forness, 1995), 이들 용어가 내포하고 있는 부정적 의미 때문에 많은 사람이 이들 용어를 사용하는 것을 반대하였다.

지금까지 '학습장애'라는 용어가 제안된 이후로 다양한 정의가 제시되었으나, 학습장애 전문가들이 가장 타당한 것으로 받아들이고 있는 정의는 1977년 미국 교육부의 정의다(Mercer, 1991). 미국 교육부에서 제안한 학습장애에 대한 정의를 살펴보면 다음과 같다.

> 학습장애란 구어나 문어의 사용이나 이해와 관련된 기본적 인지기능의 장애를 말한다. 이 같은 인지기능의 장애는 듣기, 말하기, 읽기, 쓰기, 산수 등의 학습기능 수행에 어려움을 초래한다. 학습장애는 지각장애, 뇌손상, 미세 뇌기능 이상, 난독증, 발달실어증 같은 상태를 포함한다. 하지만 시각장애, 청각장애, 운동장애, 정신지체, 정서장애로 인한 학습결손 그리고 환경, 문화, 경제적 결핍으로 인한 학습결손은 학습장애에 포함시키지 않는다(U.S. Office of Education, 1977).

학습장애의 개념을 구체적으로 이해하기 위해서는 최근 개정된 『정신질환의 진단 및 통계 편람(*Diagnostic Statistical Manual of Mental Disorders*)』 제5판(DSM-5)에서 제시한 학습장애 정의를 살펴볼 필요가 있다. DSM-5와 DSM-IV의 학습장애 관련 정의를 비교하면 〈표 5-1〉과 같다.

DSM-5에서 제시한 학습장애 정의의 특성은 다섯 가지로 정리할 수 있다(American Psychiatric Association, 2013). 첫째, 읽기학습 장애, 쓰기학습 장애 등으로 분리되었던 학

〈표 5-1〉 DSM-IV와 DSM-5 비교

	DSM-IV-TR	DSM-5
용어	학습장애	특정학습장애
진단 기준	1. 개별적으로 실시된 표준화검사에서 읽기, 수학, 쓰기능력이 개인의 생활연령, 측정된 지능 그리고 나이에 적합한 교육에 비해 기대되는 정도보다 현저히 낮다(표준화검사 결과와 지능지수 사이에 2 표준편차 이상 차이가 남). 2. 학업적 기술이 요구되는 학업의 성취나 일상생활의 활동을 현저하게 방해한다. 3. 감각결함이 있다면 통상적으로 감각결함에 동반되는 정도를 초과해서 심한 정도로 나타난다.	1. 학습과 학업기술을 사용하는 것의 어려움이 그에 맞는 중재를 제공했음에도 최소 6개월 이상 지속된다. 2. 학업기술이 개인의 생활연령에 비추어 기대되는 정도보다 현저히 낮아 학업 및 직업상의 성취 또는 일상생활 활동을 현저히 방해한다. 이는 개별적으로 수행된 표준화된 성취도평가와 종합적인 임상검사에 의해 공식적으로 확인된다. 17세 이상의 개인의 경우 손상된 학습의 어려움에 대한 기록물이 표준화된 평가를 대체할 수 있다. 3. 학업적 어려움은 학령기 동안 발생하지만 개인의 제한된 능력을 초과하는 학업기술에 대한 요구가 있기 전까지는 분명하게 드러나지 않을 수 있다(예: 시간이 정해진 시험, 제출기한이 빠듯한, 복잡한 읽기 및 쓰기능력이 요구되는 과제, 부담이 큰 과제). 4. 학업적 어려움은 정신지체, 교정되지 않은 시력 및 청력의 문제, 다른 정신 또는 신경학적 장애, 심리사회적 역경, 학업교수에서 사용하는 언어의 문제, 교육기회 부족으로 인해 기인되지 않는다.
지원 강도 제시	×	현재 상태에 따라 경도, 중도, 중등도로 지원강도 표시
하위 장애 분류	• 읽기장애 • 산술장애 • 쓰기장애 • 달리 분류되지 않는 장애	하위장애를 구분하지 않고 '특정학습장애'라는 용어로 통합함 하위장애명 대신 손상된 학업영역 및 하위기술을 반드시 기록하도록 함 읽기 곤란형 쓰기 곤란형 산술 곤란형
난독증, 난산증	언급하지 않음	특정 학습장애에 포함되는 난독증과 난산증에 대한 명확한 개념과 이들 용어를 사용했을 때 고려해야 할 점을 제시

진단적 특징	1. 학습장애는 읽기, 산술, 쓰기를 평가하기 위해 개별적으로 시행된 표준화검사에서 나이, 학교교육, 지능에 비해 기대되는 수준보다 현저하게 낮게 나올 때 진단한다. 2. 현저하게 낮다는 것은 표준화검사 성적과 지능지수 사이에 2표준편차 이상 차이가 날 때 정의한다. 3. 때로는 성적과 지능지수 사이의 작은 점수 차이(1표준편차~2표준편차 사이)는 개인의 지능검사가 인지과정과 연관된 장애, 개인의 정신장애, 일반적인 의학적 상태 또는 개인의 인종적·문화적 배경에 의해 영향을 받은 경우 적용된다. 4. 감각결함이 있다면 학습장애는 통상적으로 감각결함에 동반되는 정도를 초과해서 심하게 나타나야 한다.	1. 특정학습장애는 중요한 학업기술을 학습하는 데 지속적인 어려움을 가진다. 2. 개인의 학업기술의 성취가 실제연령에서 기대되는 수준의 평균이다. 3. 대다수의 학생의 경우 학업적 어려움은 학령기 초기에 나타난다.
배제 기준의 예	• 부적절한 교육 • 시각과 청각의 감각기능상의 결손 • 지적장애 • 광범위성 발달장애 • 의사소통장애	• 정신지체 • 교정되지 않은 시력 및 청력의 문제 • 정신 또는 신경학적 장애 • 심리사회적 역경 • 언어문제 • 부적절한 교육

습장애의 영역을 특정학습장애(Specific Learning Disability)로 통합하고 하위요소를 분류하였다. DSM-5에서는 각 하위영역에서 상호배타성, 적용가능 정도, 발달상의 민감도, 심리측정 기준으로서의 임상적 유용성과 타당성 문제를 보완하기 위하여 특정학습장애(SLD)로 통합하였다. 또한 하위요소에 대해서도 장애 정도를 경도(Mild), 중도(Moderate), 최중도(Severe)로 명확하게 해석할 수 있도록 하였다.

둘째, 불일치 진단기준을 삭제하고 중재반응 모형(Response to Intervention: RTI)을 수용하였다. DSM-5에서는 지능과 학업수준의 현저한 차이로 학습장애를 진단하는 불일치 진단기준을 삭제하고 어려움이 있는 학습영역에서 적절한 중재를 제공하였음에도 지속적인 학업의 어려움을 6개월 이상 보이는 경우와 읽기, 쓰기, 수학 등의 영역에서 구체적인 학습 어려움을 보이는 경우를 나누어 제시하고 있다. 이는 최근 특수교육에서 주로 활용되는 중재반응 모형의 아이디어를 일부 수용한 것으로 해석할 수 있다.

셋째, 생애주기를 고려하여 학습장애를 진단할 수 있는 시기를 확장하였다. DSM–IV에서는 학습의 어려움의 원인이 되는 특정학업 기술의 결손을 학령기에 국한하여 적용하였으나 DSM-5에서는 저성취기준을 도입하여 학업기술이 동 연령보다 낮은 수준의 점수(최소 −1.5 표준편차)를 보이고, 표준화된 검사와 종합적인 임상결과가 있을 경우 학습장애로 정의할 수 있음을 명시하였다. 학령기에만 사용할 수 있는 표준화검사 결과를 학습의 어려움에 관한 기록 등으로 대체함으로써 학령기 이후에도 학습장애를 진단할 수 있음을 명시한 것이다.

넷째, 학습장애의 정의와 관련된 배제요인을 구체적으로 제시하였다. DSM-IV에서는 시각, 청각의 결함에 따른 학업의 어려움만을 배제요인으로 제시하였지만, DSM-5에서는 지적장애, 시청각 결함 또는 다른 신경학적 장애, 심리사회적 문제, 언어문제, 부적절한 교수로 발생하는 학업 어려움을 배제요인으로 제시하면서 학습장애가 과잉진단되는 것을 방지하였다.

다섯째, 난독증과 난산증에 관한 명확한 개념을 제시하였다. DSM-5에서는 난독증은 정확한 단어 인지능력에 비해 부족한 해독능력과 철자능력을 보이며 이로 인해 심각한 학업적 어려움을 보이는 것으로 정의하였다. 또한 수 정보 처리과정에서 결함을 보이며 수 연산과 관련한 학업적 어려움을 보이는 아동을 난산증이 있는 것으로 보고 있다. [그림 5-1]은 DSM-5에서 제시한 학습장애의 정의를 설명해 준다.

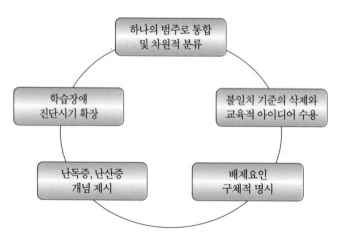

[그림 5-1] DSM-5에서 제시한 학습장애 정의의 특징

2) 학습장애의 신경학적 특징: 저성취와의 차이

학습장애아동 상담을 위해 상담자가 이해하고 있어야 하는 것 중의 하나가 학습장애와 저성취(低成就, low achievement)의 차이에 관한 것이다. 저성취와 학습장애가 구별되는 개념인가에 대한 논의는 학습장애 전문가들 사이에서 오래전부터 중요한 논쟁의 대상으로 다루어져 왔다. 학습장애와 저성취를 구별하는 개념요인으로 전문가들의 많은 관심을 끈 것은 능력(能力)과 성취(成就)의 차이(差異, discrepancy between ability and achievement)다(김동일, 2000b; 신종호, 1999). 이 개념은 학습장애아동이 자신의 능력보다 현저하게 낮은 학업성취를 나타내는 집단으로서, 낮은 능력으로 인한 낮은 학업성취를 나타내는 저성취 집단과 구별됨을 의미한다.

이러한 가장 낮은 학업성취를 나타내 보이는 원인은 학습장애아동이 가지고 있는 신경학적 이상을 들 수 있다. 학습장애아동은 좌ㆍ우뇌의 대칭성, 뇌량의 크기, 신경세포의 연결 등에 있어서 일반아동과 구별되는 신경학적 특징을 가지고 있다(Larsen, Hoien, Lundberg, & Odegaard, 1990; Lyon & Rumsey, 1996).

3. 학습장애아동의 출현율

최근 특수교육 서비스를 요하는 장애아동의 증가율을 영역별로 볼 때, 가장 높은 증가율을 보이는 분야가 바로 학습장애다(Church et al., 1997; Mercer, 1991). 각 장애 영역별 특수아동의 수를 통계적으로 나타내 주는 개념인 출현율(prevalence)은 전체 학령기 아동 중 특정 장애를 가지고 있는 아동의 비율을 나타내는 것이다. 학습장애아동의 출현율은 어떤 정의를 적용하느냐에 따라, 어떤 평가도구를 사용하느냐에 따라 약 4~10% 사이로 보고되고 있다(Mercer, 1991). 2014년 특수교육통계 자료에 따르면 학습장애아동은 전체 장애아동의 3.9% 정도다(교육부, 2014). 그러나 읽기나 쓰기, 셈하기의 기본적 학습기능에서 중증(重症)의 학습문제를 보이는 아동만을 대상으로 할 때의 출현율은 약 1~2% 정도인 것으로 보인다.

4. 학습장애아동의 특징

학습장애아동은 인지적 측면과 정의적 측면에서 일반아동과 구별되는 특징을 가지고 있다. 인지적 측면의 특징으로는 짧은 주의력, 단기기억의 결손, 인지전략의 부적절한 사용, 새로운 정보 학습 시 상대적으로 소극화된 장기기억의 역할 등을 들 수 있다. 정의적 측면의 특징으로는 누적된 학습실패로 인해 학습된 무력감, 낮은 자기존중감, 행동통제의 외적 소재, 짧은 과제 지속력, 낮은 사회적 수용 등을 들 수 있다.

1) 인지적 특징

학습장애의 인지적 특성에 관한 연구결과는 학습장애아동이 일반아동보다 낮은 능력을 나타낸다고 보고한다(Hallahan, Kauffman, & Lloyd, 1985).

주의집중행동은 크게 지속적 주의력(duration of attention)과 선택적 주의력(selective attention)으로 나누어 볼 수 있다. 먼저, 지속적 주의력과 관련된 학습장애아동에 대한 연구는 일관된 결과를 보여 주지 않고 있다(Bender, 1992). 이에 반해, 선택적 주의력과 관련된 연구는 일관되게 학습장애아동이 일반아동에 비해 중요 요인에 대해 선택적으로 주의를 기울이는 능력이 부족하다고 보고하고 있다(Bender, 1992; Gearheart, 1986; Mercer, 1991). 이는 학습장애아동이 정보가 주어졌을 때 적극적으로 무엇이 중요한지 찾으려고 하지 않기 때문이다.

둘째, 학습장애아동의 인지적 특성으로 작동기억의 결함을 들 수 있다. 작동기억에서 새로운 정보를 의미 있게 처리하기 위해서는 새로운 정보를 효과적으로 처리하기 위한 인지전략과 새로운 정보를 기존 지식기반과 연결시키는 인지활동이 중요한 역할을 수행하게 된다. 지금까지의 연구들은 학습장애아동들이 인지전략과 초인지전략을 활용하는 데 일반아동에 비해 현저한 결함을 보인다고 보고하고 있다. 하지만 이들 전략을 상황에 따라 적용하도록 체계적인 훈련을 받았을 경우 전략을 활용하는 데 전혀 어려움을 나타내지 않는다고 한다(Hallahan et al., 1985). 즉, 학습장애아동이 새로운 정보를 처리하는 과정에서 인지전략과 학습전략을 수동적으로 활용한다는 데 문제가 있는 것으로 연구결과는 밝히고 있다(Mercer, 1991).

마지막으로, 여러 연구에서 학습장애아동은 누적된 학습 실패를 경험하고 있는 것으로 보고하고 있다(Mercer, 1991). 누적된 학습 실패로 인해 장애아동은 일반아동에 비해 빈약한 지식기반을 가지게 되며, 이같이 빈약한 지식기반은 계속되는 학습에 부정적인 영향을 미친다. 이러한 악순환의 고리를 체계적으로 끊어 버리기 위해서는 초기 학습 단계에서부터 작은 단위로 나누어 학습의 성공을 경험할 수 있도록 조력하는 것이 필요하다. 이를 위해 개별화된 교육내용과 방법을 적용하는 것이 중요하다.

2) 정의적 특징

누적된 실패경험과 주위 사람들의 낮은 기대는 학습장애아동의 정의적 발달에 부정적인 영향을 미친다. 낮은 자기존중감, 실패에 대한 두려움, 부정적인 귀인행동과 같은 정의적 특성은 또다시 학업에 실패하고 주위 사람들의 낮은 기대를 가져오는 악순환의 고리를 만들어 낸다. 이러한 악순환관계는 학습장애아동의 이차적 장애 문제이기는 하지만, 정의적 문제에 대한 체계적인 교육과 상담 프로그램이 계획, 제공되어야 함을 시사한다. 다음은 학습장애아동이 지닌 정의적 특성의 내용이다.

(1) 낮은 자기존중감 및 학습된 무력감

자기존중감은 자기 자신에 대한 정의적 이해 또는 평가로서, 자기 자신에 대한 인지적 이해 또는 평가로 정의되는 자기개념(self-concept)과 유사하게 사용된다. 학습장애아동의 경우 낮은 자기존중감이 초기에는 학습, 행동, 성격, 외모 등 전체적인 영역에 걸쳐 나타나다가, 시간이 지남에 따라 학습영역에 국한하여 부정적 자기개념을 갖는 것으로 보고되고 있다(Bender, 1987a, 1987b).

학습장애아동이 갖는 낮은 자기존중감은 학습 실패가 누적됨에 따라 나타나는 학습된 무력감(learned helplessness)과 밀접한 관계가 있다. 학습장애아동의 경우 이 같은 실패의 경험이 한 번이 아니라 수차례에 걸쳐 누적되기 때문에 이들이 가지고 있을 학습에 대한 무력감은 우울감이나 불안과 같은 정서적 문제로 발전될 가능성이 존재한다(Alloy & Seligman, 1979). 그러므로 학습장애를 가지고 있는 아동의 낮은 자기존중감과 무력감을 회복시켜 주기 위해 상담을 포함한 교육적 처치가 조기에 제공될 필요가 있다. 이를 위해서는 학습과제를 단순화, 조직화, 계열화하여 제공함으로써 순차적으로 학습에 대한 성공경험을 갖도록 도와주는 것이 필요하다. 또한 이와 같은 과제분석적 (task-analytic) 접근을 통한 성공적 학습경험의 제공과 함께 이들 아동이 잘할 수 있는 분야(예: 체육, 음악, 미술, 컴퓨터, 사회봉사 등)에서 긍정적 자기개념을 가지게 하는 것이 필요하다. 아동 자신이 학업과 관련된 영역이 아닐지라도 '나도 할 수 있다.'는 자기효능감 (self-efficacy)을 갖도록 도와주는 것은 이들의 '삶의 무력감'을 극복할 수 있도록 한다는 점에서 교육적 의미가 있다.

(2) 부정적 귀인행동

귀인행동은 개인의 행동이나 일의 결과를 지배하는 근원적 요인에 대한 개인의 지각 또는 믿음을 의미한다(Weiner, 1992). 학교학습에서 학생이 자신의 실패와 성공을 귀인 하는 행동은 크게 세 가지 기준으로 나누어 볼 수 있다. 첫째, 행동이나 일에 대한 통제의 소재에 대한 믿음이 개인의 내적 요인(예: 능력, 노력)에 있느냐, 아니면 타인 또는 환경(예: 행운, 과제)에 있느냐에 따라 내적 귀인과 외적 귀인으로 나누어 볼 수 있다. 둘째, 행동이나 일의 결과에 대한 귀인대상이 가변적인 특성을 갖느냐(예: 노력), 아니면 어느 정도 안정적인 특성을 갖는 것이냐(예: 능력)에 따라 가변적 귀인과 안정적 귀인으로 나눈다. 마지막으로, 행동이나 일의 결과를 통제할 수 있느냐 없느냐에 따라 통제가능 귀인(예: 노력)과 통제불가 귀인(예: 과제)으로 나누어 볼 수 있다. 일반적으로 학습장애아동은 학습 실패에 대해 내적 귀인보다는 외적 귀인을, 가변적 요인에 대한 귀인보다는 안정적 요인에 대한 귀인을, 통제 가능한 요인에 대한 귀인보다는 통제 불가능한 요인에 대한 귀인을 많이 하는 것으로 보고되고 있다(Hallahan et al., 1985; Mercer, 1991).

장애아동이 실패를 하였을 경우, 통제 가능한 내적 요인(예: 노력, 시간 계획, 적절한 인지전략 활용)으로 그 원인을 돌리도록 하는 동시에, 다른 과제를 통해 성공적인 경험을 같이 경험할 수 있도록 조력하는 것이 필요하다. 또한 성공적인 학습결과를 가져왔을 경우에는 '왜' 성공적인 결과가 있을 수 있었는지를 아동과 함께 이야기해 보는 것이 바람직하다. 아동과의 성공경험에 대한 대화는 계속되는 학습에 더 많은 개인적 시간과 노력을 투자할 수 있도록 도와주는 과정임과 동시에, 항상 자신의 일에 관심을 기울여 주는 '의미 있는 타인(significant others)'이 존재한다는 것을 아동이 느낄 수 있도록 적절한 격려와 관심을 보여 주는 과정이 될 수 있기 때문이다.

수동적인 귀인행동을 극복하기 위해 사용할 수 있는 또 다른 방법으로는 달성 가능한 목표를 설정하도록 하고, 목표를 달성하는 데 노력이 중요함을 체계적으로 경험하게 하는 것이다. 이는 누적된 학습 실패로 인해 학습과정에서 소외되었던 아동에게 학습의 적극적 주체로서의 역할을 경험하도록 유도하여 부정적이고 소극적인 학습 태도 및 자기인식에서 벗어날 수 있도록 도울 수 있음을 시사하는 것이다.

(3) 과제불안

불안(anxiety)이란 특정 상황이나 과제에 대한 이상적 심리상태를 가리키는 용어로서, 특정 상황과 연결되어 나타나는 상황 불안(state anxiety)과 지속적이고 일반적인 형태로 나타나는 기질 불안(trait anxiety)으로 대별된다. 학습장애아동은 기질 불안보다는 특정 과제 수행과 관련된 심리적 불안을 가지고 있다. 특히 이들 장애아동은 시간 제한을 가지고 과제를 수행해야 하는 상황이나 다른 학생들과의 경쟁이나 비교가 강조되는 상황에서 더 많은 심리적 불안을 나타낸다(Hill & Wigfield, 1984; Wigfield & Eccles, 1989).

아동이 경험하게 되는 심리적 불안은 과제에 기울여야 할 주의를 분산시키고 과제에 대해 성취동기를 저하시켜 학습과 평가결과에 부정적 영향을 미친다(Tobias, 1985). 연구는 학습 및 과제수행에 대한 높은 심리적 불안을 가지고 있는 학생들에게 단순히 긴장을 풀 수 있는 상담 서비스를 제공하는 것이 이들 아동의 학습을 저절로 향상시키지 못한다고 제안한다(Naveh-Bejamin, 1991). 이들의 학업성취를 향상시키기 위해서는 심리적 상담 서비스와 함께 학습활동과 직접적으로 관련이 있는 학습전략과 기법을 동시에 제공할 필요가 있다.

(4) 친구로부터의 따돌림

학습장애아동은 친구들로부터 가시적이거나 암묵적인 따돌림을 경험한다(Bender, Bailey, Stuck, & Wayne, 1984). 이들이 친구들에게 따돌림을 경험하게 되는 이유로는 가장 먼저 낮은 학업성취를 들 수 있다. 학력이 상대적으로 중시되는 우리 사회에서는 학습능력의 심각한 결손과 이로 인한 누적된 학습 실패는 집단으로부터의 심리적·물리적 소외를 초래하는 중요한 원인이 될 수 있다.

학습장애아동이 또래집단에서 소외되는 또 다른 이유로 이들 아동의 부적절한 사회적 기술 또는 행동을 들 수 있다. 적절한 사회적 관계를 형성하기 위해서는 타인의 관점을 이해하고 수용할 수 있는 능력이 필요하다(Selman, 1981). 학습장애아동은 일반아동과의 대화 시 주체적으로 대화를 지속시키는 데 부족함이 있어 사회적 관계를 형성하는 데 어려움이 있다(Bryan, Donahue, Pearl, & Sturm, 1981). 또한 학습장애아동은 타인과의 긴밀한 관계 형성에 필요한 타인의 조망 수용과 상호적 대화 기술에 있어서도 어려움을 가지고 있다.

5. 학습장애아동 상담

지금까지 학습장애아동의 인지적·정의적 특성에 대해 살펴보았다. 정보처리 과정에서의 인지적 어려움과 누적된 실패의 경험에서 기인되는 정의적 문제는 학습장애 학생들의 정상적인 학교생활을 돕기 위해서 체계적인 상담 프로그램이 필요함을 분명히 보여 준다. 이 절에서는 학습장애아동을 위한 학습상담, 심리상담에 대해 살펴보기로 한다.

1) 학습상담

학습장애아동이 학교생활에서 경험하는 심리적 문제는 근본적으로 이들이 가지고 있는 심각한 학습결손에서 기인한다고 할 수 있다. 이들의 학습문제는 단순히 일반아동과 비교되어 나타나는 상대적 학습문제가 아니라 기본적 학습기능(예: 읽기, 쓰기, 셈하기)의 심각한 결손과 이로 인한 다른 교과학습의 결손을 가져오는 절대적 학습문제라고 할 수 있다. 지금부터 학습장애를 교과영역별로 분류할 때 범주로 대별되는 읽기, 쓰기, 수학영역에서 이들 아동이 가지고 있는 학습문제 및 학습상담의 필요성에 대해 살펴보기로 한다.

(1) 읽기영역

읽기는 내용학습을 위한 중요한 학습도구의 역할을 수행하기 때문에 읽기기능의 결함은 다른 교과학습에도 부정적인 영향을 미치게 된다(김동일, 이대식, 신종호, 2009). 이러한 읽기는 기능적으로 볼 때 단어 인지(word recognition)와 내용 이해(comprehension)로 나누어 볼 수 있으며, 학습장애아동의 경우 두 기능 모두에 있어 심각한 문제를 나타낸다.

단어 인지는 형태 인식(configuration), 문맥 분석(context analysis), 음소 분석(phonemic analysis), 음절화(syllabication), 즉시 읽기(sight-word reading)로 나누어 볼 수 있다. 학습장애아동을 대상으로 한 연구들은 이들 아동이 초기 읽기 학습에 있어서 문자소와 음소의 일대일 대응과 음소의 결합에 대한 지식을 기반으로 체계적으로 문자 해독을 수행하는 것이 아니라, 문자에 대한 개인적 경험을 통한 기억과 문맥에 의존한 읽기행동(형태 인식과 문맥 분석을 이용한 읽기)을 많이 나타낸다고 한다(Hallahan et al., 1985; Mercer, 1991). 문자해독 능력의 발달지체나 결함은 계속적으로 다른 교과의 내용 학습에 심각한 부정적 영향을 미칠 것이다. 따라서 학습상담을 통해 이들을 위한 체계적인 프로그램을 제공해야 할 것이다.

문자해독 능력에 대한 체계적 지도와 함께 상담자가 주의를 기울여야 할 부분이 바로 독해능력에 대한 체계적인 지도다. 읽기활동과 관련된 아동의 내용이해 활동은 크게 어휘 이해(vocabulary comprehension), 문자적 내용 이해(literal comprehension), 추론적 이해(inferential comprehension)로 나누어 볼 수 있다. 학습장애아동의 독해능력과 관련된 연구는 이들 아동이 세부 독해기능에 있어 일반아동에 비해 현저한 어려움을 가지고 있는 것으로 보고하고 있다(Mercer, 1991). 먼저, 학습장애아동은 제한된 언어경험으로 인해 어휘력이 상대적으로 부족한 것으로 보고되고 있으며, 어휘력의 부족은 읽기와 다른 교과의 내용 학습에도 현저한 어려움을 초래하게 된다. 그러므로 장애아동이 읽기나 내용 학습을 시작하기 전에 새로운 학습활동에 핵심이 되는 어휘에 대해 사전에 이해할 수 있도록 적절한 프로그램이 계획, 제공되어야 한다.

읽기활동에서는 글자 그대로 쓰인 내용을 이해하는 것뿐만 아니라 글 속에 내재해 있는 사건 간의 관련성(예: 인과관계)을 파악하거나, 계속되는 이야기에 대해 가설을 형성할 수 있는 추론능력이 중요한 역할을 수행한다. 하지만 학습장애아동은 읽기자료에 내재해 있는 내용구성 요인 간의 관련성을 파악하는 데 필요한 인지전략의 활용에서 수동적인 특징을 나타낸다(Hallahan et al., 1985). 효과적인 읽기활동을 위해 필요한 인지전략으로는 읽기 목적에 따른 읽기활동의 수준 결정(예: 속독 대 정독), 읽기활동을 시작하기 전 읽기자료의 전체적 구성 확인, 중요한 부분과 그렇지 않은 부분에 대한 주의(注意)와 읽기시간의 상대적 할당, 읽기활동 진행 중 자신의 이해에 대한 계속적 추적, 난해한 부분에 대한 반복 읽기, 필요 시 이해를 도울 수 있는 외적 자료의 활용 등을 들 수 있다.

학습장애아동의 읽기능력을 진단하는 검사도구로는 BASA Reading(김동일, 2000a)이 있으며 이 검사는 읽기유창성검사와 빈칸채우기검사로 구성되어 있다. BASA: Reading 의 빈칸채우기검사는 〈표 5-2〉와 같은 형식을 갖추고 있다.

〈표 5-2〉 BASA: Reading 빈칸채우기검사 유형

- 비가 온 뒤, 하늘에 (부침개가 / 무지개가 / 물방개가) 생겼습니다.

- 아롱다롱 (심심한 / 천천히 / 아름다운) 무지개였습니다.

일반아동과는 달리 학습장애아동은 유사한 다른 학습상황에서 인지전략을 일반화하여 자율적으로 사용하지 않고, 단지 이를 사용하도록 교사나 상담자가 지시하는 경우에만 이를 활용한다. 그러므로 상담자들은 학습상담 시 충분한 연습과 다양한 적용경험을 계획하고 제공하여 학습장애아동이 필요한 인지전략을 자율적으로 일반화하여 적용할 수 있도록 조력해야 할 것이다.

(2) 쓰기영역

초기 쓰기능력은 읽기능력과 밀접한 관련을 가지고 발달해 간다. 단어 인지에 어려움이 있는 아동의 대부분이 해당 단어의 철자에도 문제를 나타내며(Carpenter & Miller, 1982), 난독증이 있는 아동의 경우 자신이 읽을 수 있는 단어 중 약 50%만을 정확하게 쓸 수 있는 것으로 보고되고 있다(Mercer, 1991). 이는 읽기가 단순히 인지(recognition)라는 인지적 기능을 요구하는 반면, 쓰기는 회상(recall)을 통한 부호화(encoding)라는 상대적으로 복잡한 인지기능을 요구하기 때문이다. 이 밖에도 읽기의 경우에는 문맥과 같은 추가단서가 제공되는 반면, 쓰기의 경우는 이러한 문맥이 추가단서로써 그 기능을 수행하지 못하는 상황적 차이도 존재하기 때문이다.

쓰기 지도는 크게 철자 지도와 글쓰기 지도로 대별해 볼 수 있다. 철자 지도는 문자소와 음소의 대응 및 결합과 관련된 규칙을 아동이 분명히 알 수 있도록 해야 하며, 다양한 연습활동을 통해 이를 자동화하는 단계에 이르도록 하는 것이 필요하다. 철자 지도 시에는 가르치는 활동과 평가활동을 결합하여 아동의 진전도(progress)를 추적하고,

이를 수업 효과성 분석과 아동의 수업 참여도를 높이는 방안으로 활용할 필요가 있다. BASA: Written Expression(김동일, 2008)은 교육과정 중심 측정을 포함하고 있는 쓰기 평가도구로 아동의 쓰기능력의 진전도를 평가하는 데 활용되는 검사도구다.

철자 지도와 함께 실제로 자신의 생각을 전달할 수 있는 수단으로써 글쓰기에 대한 체계적 지도가 학습장애아동에게 제공될 필요가 있다. 단순한 기능적 글쓰기(이력서, 지원서, 각종 서식 작성)뿐만 아니라, 정보화 사회에서 요구하는 체계적인 사고전달 능력을 키워 주기 위해서는 내용적 글쓰기에 대한 지도가 필요하다. 학습장애아동은 주제에 대한 글쓰기를 할 때 주로 관련된 단어들을 나열하는 특징을 나타낸다. 이들 장애아동을 지도하기 위해서는 글쓰기 과정을 단계별로 나누어서 각 단계에 필요한 기능이 무엇인지를 체계적으로 도와주는 것이 필요하다.

쓰기학습 상담을 위해 상담자가 참고할 수 있는 쓰기활동 단계로는 쓰기 전 단계, 초안 단계, 개정 단계, 편집 단계, 공유 단계를 들 수 있다(Mercer, 1991). 쓰기 전 단계에서는 아동이 무엇을 쓸 것인지 분명한 주제의식을 갖도록 하고, 이를 다른 사람(교사, 또래, 부모)과 같이 이야기해 보도록 지도한다. 주제를 선택한 후에는 글의 목적(정보 제공, 현상 기술, 타인의 설득 등)과 글의 독자(또래, 부모, 교사, 다른 성인 등)에 따라 글의 형식(편지, 이야기, 보고서 등)을 적절하게 선택하도록 해야 한다.

(3) 수학영역

수학영역에서 심각한 학습결손을 보이는 아동의 경우 사물의 분류(classification), 계열화(sequencing), 일대일 대응관계(one-to-one correspondence), 보존(conservation)과 같은 기본개념이 부족한 것으로 보고되고 있다(Mercer, 1991). 이들 개념은 수의 이해, 연산, 측정, 집합 등과 관련해 중요한 개념적 역할을 수행한다. 따라서 수학장애를 가지고 있는 아동을 대상으로 한 학습상담에 있어 아동이 수학기능을 수행하는 데 근본이 되는 개념들을 가지고 있는지에 대한 평가가 먼저 수행되어야 한다. 또한 수학에 심각한 학습결손을 보이는 아동은 초등학교 저학년 교육과정의 주 내용인 사칙연산과 연산법칙(교환, 결합, 배분법칙) 활용에 어려움을 가지고 있다. 즉, 수학장애아동은 미분, 적분, 행렬, 통계와 같은 고차적인 내용 학습에 어려움을 경험하는 학생이 아니라 바로 단순한 기능 학습에 어려움을 겪는 학생인 것이다.

셈하기와 관련된 기본 수학기능 학습에 어려움을 겪게 되는 것은 부분적으로는 이들

〈표 5-3〉 수학 연산에서 나타나는 오류유형

오류유형		설명	예시			
			덧셈	뺄셈	곱셈	나눗셈
	잘못된 연산	다른 연산방법으로 문제를 해결하는 경우	454 +187 267 덧셈인데 뺄셈을 함	242 −171 413 뺄셈인데 덧셈을 함	15 × 2 13 곱셈인데 뺄셈을 함	216 3)72 나눗셈인데 곱셈을 함
	계산상의 오류	올바른 연산방법으로 문제를 해결하려고 했으나 계산결과를 잘못 알고 있는 경우	41 + 3 45 1+3=5로 계산	256 −132 113 6-2=3으로 5-3=1로 계산	34 × 4 132 4×4=12로 계산	71 4)288 8÷4=1로 계산
체계적 오류	결함 있는 알고리즘	올바른 연산방법을 사용하여 문제를 해결하려 했으나 정해진 연산절차를 따르지 않아 오답을 한 경우	26 + 3 11 같은 자릿수끼리 더하지 않고 무조건 더함	622 −244 422 연산 순서를 고려하지 않고 무조건 큰 수에서 작은 수를 뺌	621 × 23 1243 연산 순서를 고려하지 않고 같은 자릿수끼리만 계산	142 4)518 나누어 떨어지는 것을 먼저 계산하고 나머지 계산
	받아올림과 받아내림 오류	받아올리거나 받아내림을 하지 않거나 할 필요가 없는데 한 경우	249 +128 367 받아올림을 하지 않고 계산	792 −429 373 받아내림을 하지 않고 계산	35 × 3 95 받아올린 수를 계산에서 제외	
	자릿값의 오류	답을 잘못된 자리에 쓰는 경우			307 × 3 9021 자릿값을 정하지 못하고 순서대로 답을 적음	52 3)75 60 15 15 십의 자리 몫을 일의 자리에 쓰고, 일의 자리 몫을 십의 자리에 적음

출처: 김동일, 2006.

에게 제공되는 교육 프로그램의 내용과 방법이 지나치게 단순하게 구성·운영되는 것과 관련이 있다. 예를 들어, 뺄셈활동에 내재해 있는 기본 기능은 크게 세 가지다. 첫째, 뺄셈은 전체에서 일부를 제하는(take-away) 수리적 활동이다. "철수는 아이스크림 5개를 냉장고에 넣어 두었다. 철수가 이 중 한 개를 먹었다면 아이스크림은 몇 개 남았겠는가?"는 이러한 뺄셈의 측면을 보여 주는 문제다. 둘째, 뺄셈은 서로 다른 두 집단 간의 차이(difference)를 나타내 준다. 이를 대표하는 문제로 "철수는 몽당연필을 10개 가지고 있으며, 순희는 6개를 가지고 있다. 철수가 순희보다 몽당연필을 몇 개 더 가지고 있는가?"를 들 수 있다. 마지막으로, 뺄셈은 특정한 수나 양을 채우기 위해 추가로 요구되는(add-up) 수나 양을 나타낸다. "철수가 사고 싶어 하는 장난감은 500원이다. 지금 철수가 가지고 있는 돈은 100원인데, 장난감을 사기 위해서는 얼마가 더 필요한가?"라는 문제는 추가로 요구되는 수나 양에 대한 이해를 요구하는 문제다. 이처럼 다양한 개념 이해를 요구하는 뺄셈을 전체에서 일부를 제하는 것으로만 단순화하여 가르친다면, 다른 개념 이해를 요구하는 문제에 대해서 학습장애아동은 심각한 어려움을 나타내게 될 것이다. 김동일(2006)은 연산 등에서 아동이 보이는 오류의 유형을 〈표 5-3〉과 같이 분류하여 지도에 활용하도록 제안한다. 수학영역에 대한 학습상담 시 상담자는 아동이 개념적으로 제한된 학습경험을 가지고 있는지에 대한 평가를 실시할 필요가 있으며, 단순한 반복 연습을 통한 기본기능 학습보다는 각 기능에 내재해 있는 개념을 이해하는 방향으로 교육 프로그램이 계획, 제공되도록 노력해야 한다.

2) 심리상담

학습장애아동의 정의적 특성에서 논의된 바와 같이 이들 아동의 심리적 문제를 대표하는 것이 바로 학습된 무력감(learned helplessness)이다. 이는 누적된 실패경험을 통한 심리적 좌절로, 아동이 이를 극복할 수 있도록 돕기 위한 체계적 상담 서비스가 제공될 필요가 있다.

'노력해도 소용없다.'라는 자포자기적 심리상태를 극복하기 위해 사용될 수 있는 상담기법으로 행동주의이론에 근거하여 개발된 응용행동분석(applied behavioral analysis) 방법을 생각해 볼 수 있다. 응용행동분석은 대상아동이 보이는 문제행동(학습된 무력감)에 영향을 미치는 선행자(antecedents)와 결과물(consequences)을 관찰과 면담을 통해 밝혀내고, 선행자와 결과물의 체계적인 변화를 통해 문제행동의 변화를 도모하는 접근방법이다(Smith, 1993). 학습된 무력감의 변화에 영향을 미칠 수 있는 선행요인으로는 과제의 난이도, 수업의 체계성, 학습환경 등을 생각해 볼 수 있으며, 행동에 뒤따르는 결과요인으로 노력이나 결과에 대한 주위의 관심과 인정, 아동 자신의 내적 성취감, 외부에서 주어지는 긍정적 평가 등을 들 수 있다. 상담기법으로서 응용행동분석은 외부적 환경 변화를 통한 행동 변화를 계획한다는 측면에서 초등학교에 재학 중인 어린 학생에게 더욱 효과적으로 사용될 수 있을 것이다.

학습장애아동의 학습된 무력감을 극복해 주기 위해 사용할 수 있는 또 다른 방법으로 멘토링 활용을 생각해 볼 수 있다. 멘토링 활용을 통한 행동 변화의 모색은 이론적으로 Bandura의 사회적 관찰학습이론에 근거한 방법이다. 사회적 관찰학습이론에 따르면, 직접적 보상에 의해서뿐만 아니라 다른 사람의 행동과 결과에 대한 직간접적 관찰을 통해 새로운 행동을 획득하거나 기존 행동이 변화할 수 있다고 한다. 이러한 정신적 후원자를 통한 사회적 망(social networking)의 형성은 계속된 실패로 인해 자신감을

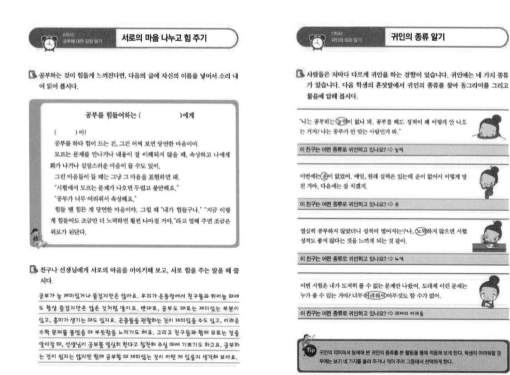

[그림 5-2] 학습된 무력감을 개선하는 데 활용할 수 있는 프로그램의 예시

잃은 아동을 도와줄 수 있을 것이다. [그림 5-2]는 학습된 무력감을 극복하기 위한 방안으로 활용할 수 있는 프로그램의 예를 보여 주고 있다.

학습된 무력감과 함께 학습장애아동이 경험하는 심리적 문제로서 사회적 소외 및 거부를 생각해 볼 수 있다. 이들 아동은 공부를 못한다는 이유로 가정과 학교에서 점차 관심과 기대 밖의 대상이 되어 간다. 이러한 측면에서 상담자는 이들 학생이 경험하는 심리적 문제를 같이 이야기하고 필요할 때 도움을 제공해 주는 정신적 후원자 역할을 수행해야 한다.

6. 마치는 말

상담자가 자기 분야의 전문성을 높이기 위해서는 인성적 자질이나 상담이론 및 기법에 대한 전문지식뿐만 아니라, 상담분야에 대한 전문성(specialty)을 갖는 것이 필요하다. 따라서 학습장애아동을 대상으로 한 성공적인 상담활동을 위해서는 학습장애아동의 학습문제뿐만 아니라 이들이 경험하는 심리적 문제 또한 종합적으로 고려해야 한다.

또한 효과적인 상담활동을 위해서는 아동뿐만 아니라 부모도 상담과정에 참여시키는 것이 필요하다. 학습장애아동의 부모는 대부분 왜 아동이 심각한 학습문제를 경험하는지에 대한 이해가 부족한 것으로 보고되고 있다. 이해의 부족은 때로 부모가 아동의 능력수준을 넘는 지나친 기대를 가지게 하며, 이는 결과적으로 아동과 부모의 관계를 갈등의 관계로 만들게 된다. 그러므로 상담자는 부모가 아동이 가지고 있는 문제를 올바르게 이해하도록 돕고 궁극적으로 아동의 정신적 후원자로서 그 역할을 수행할 수 있도록 도와야 할 것이다. 또한 상담자는 학습장애아동이 가지고 있는 단점뿐만 아니라 장점을 이해하기 위해 아동이 학교를 졸업하고 장차 선택할 수 있는 진로에 대한 체계적 상담이 학습 및 심리문제 상담과 함께 제공될 필요가 있다.

🍃 생각해 볼 문제

1. 학습장애를 정신지체와 같은 생리학적 장애로 볼 수 있는가? 장애를 가지고 있다고 공식적으로 판정하는 것이 장애 명칭을 갖는 아동에게 가져다주는 긍정적 · 부정적 영향은 무엇이겠는가?

2. 학습장애아동이 나타내 보이는 학습문제와 심리문제의 상호적 관련성이 상담에 시사하는 바는 무엇인가?

🍃 참고문헌

교육부(2014). 특수교육통계. 아산: 국립특수교육원.

김동일(2000a). 기초학습기능 수행평가체제: 읽기(BASA: Reading). 서울: 학지사.

김동일(2000b). 학습장애와 학습부진: 쟁점과 대안적 접근. 황정규(편). 현대 교육심리학의 쟁점과 전망(pp. 111-142). 서울: 교육과학사.

김동일(2006). 기초학습기능 수행평가체제: 수학(BASA: Math). 서울: 학지사.

김동일(2015). BASA-ALSA와 함께하는 학습전략프로그램 워크북. 서울: 학지사.

김동일, 이대식, 신종호(2009). 학습장애아동의 이해와 교육(2판). 서울: 학지사.

신종호(1999). 학습장애 집단과 저성취 집단 간의 읽기 차이에 대한 시계열 연구: 학습장애에 대한 개념 논쟁을 중심으로. 특수교육학연구, 34(2), 277-295.

Alloy, L. B., & Seligman, M. E. P. (1979). On the cognitive component of learned helplessness and depression. *The Jounral of Learning and Motivation, 13*, 219-276.

American Psychiatric Association(2000). *Diagnostic and statistical manual of mental disorders* (4th ed.). Washington, D.C.: APA.

American Psychiatric Association(2013). *Diagnostic and statistical manual of mental disorders* (5th ed.). Arlington, VA: APA.

Bender, W. N. (1987a). Behavioral indicators of temperament and personality in the inactive learner. *Journal of Learning Disabilities, 20*, 301-305.

Bender, W. N. (1987b). Secondary personality and behavioral problems in adolescents with learning disabilities. *Journal of Learning Disabilities, 20*, 280-285.

Bender, W. N. (1992). *Learning disabilities: Characteristics, identification, and teaching strategies.* Needham Heights, MA: Allyn and Bacon.

Bender, W. N., Bailey, d. B., Stuck, G. B., & Wayne, M. D. (1984). Relative peer status of learning disabled, educable mentally handicapped, low achieving, and normally achieving children. *Child Study Journal, 13*, 209–216.

Bryan, T. S., Donahue, M. Pearl, R., & Sturm, C. (1981). Learning disabled children's conversational skill- the TV talk show. *Learning Disability Quarterly, 4*, 250–259.

Carpenter, D., & Miller, L. J. (1982). Spelling ability of reading disabled LD students and able readers. *Learning Disability Quarterly, 5*, 65–70.

Church, R. P., Lewis, M. E. B., Batshaw, M. L. (1997). Learning disabilities. In M. L. Batshaw (Ed.), *Children with disabilities* (pp.471–497). Baltimore, MD: Brooks.

Gearheart, B. R. (1986). *Learning disabilities: Educational strategies*. New York: Merrill Publishing Co.

Hallahan, D. P., Kauffman, J. M., & Lloyd, J. W. (1985). *Introduction to learning disabilities*. Englewood Cliffs, NJ: Prentice-Hall.

Hill, K. T., & Wigfield, A. (1984). The interaction of test anxiety and success-failure experiences in determining children's arithmetic performance. *Developmental Psychology, 13*, 205–211.

Kavale, A. K., & Forness, S. R. (1995). *The nature of learning disabilities: Critical elements of diagnosis and classification*. Mahwah, NJ: Lawrence Erlbaum.

Larsen, J. P., Hoien, T., Lundberg, I., & Odegaard, H. (1990). MRI evaluation of the size and symmetry of the planum temporale in adolescents with developmental dyslexia. *Brain and Language, 39*, 289–301.

Lyon, G. R., & Rumsey, J. M. (1996). *Neuroimaging: A window to the neurological foundations of learning and behavior in children*. Baltimore: Brookes Publishing Company.

Mercer, C. D. (1991). *Students with learning disabilities* (4th ed.). New York: Macmillian.

Naveh-Benjamin, M. (1991). A comparison of training programs intended for different types of text-anxious students: Further support for an information-processing model. *Journal of Educational Psychology, 83*, 134–139.

Selman, R. L. (1981). The child as a friendship philosopher. In s. Asher & J. Gottman (Eds.), *The development of children's friendships*. Cambridge: Cambridge University Press.

Smith, M. D. (1993). *Behavior modification for exceptional children and youth*. Boston, MA: Andover Medical Publishers.

Tobias, S. (1985). Text anxiety: Interference, defective skills, and cognitive capacity. *Educational Psychologist, 20*, 232–242.

U. S. Office of Education(1977). Assistance to states for education of handicapped children:

Procedures for evaluating specific learning disabilities. *Federal Register, 42*(250), 65082-65085.

Weiner, B. (1992). *Human motivation: Metaphors, theories, and research.* Newsbury Park, CA: Sage.

Wigfield, A., & Eccles, J. (1989). Text anxiety in elementary and secondary school students. *Educational Psychology, 24,* 159-183.

추천문헌

김동일(1999). 학습부진 영재아동. 서울: 원미사.

김동일(2006). 기초학습기능 수행평가체제: 수학(BASA: Math). 서울: 학지사.

김동일(2008). 기초학습기능 수행평가체제: 쓰기(BASA: Written expression). 서울: 학지사.

김동일, 이대식, 신종호(2009). 학습장애아동의 이해와 교육(2판). 서울: 학지사.

제6장

주의력결핍 및 과잉행동장애 상담

주의력결핍 및 과잉행동장애(Attention Deficit Hyperactivity Disorder: ADHD)는 발달수준에 부적절한 정도의 주의산만, 과잉행동, 충동성 등을 주요 행동 특성으로 나타내는 장애다. 주의산만, 과잉행동, 충동성은 모든 아동·청소년의 행동 특성이기 때문에 과잉 진단될 위험이 매우 높다. 발달수준에 적절한 주의산만이나 과잉행동을 ADHD와 혼돈하지 않기 위해서는 문제행동의 정도와 빈도, 지속기간 등을 면밀히 검토하여야 한다. 이 장에서는 ADHD의 행동 특성, 원인, 진단 및 평가, 개입 등에 대해 다룰 것이다. 매우 다양하고 이질적인 집단인 ADHD를 이해하고 이에 개입하기 위해서는 ADHD의 일반적 특성뿐만 아니라 개개인의 발달적·심리적·환경적 특성을 고려해야 한다.

학교 장면 사례

지용이는 어릴 때부터 신체활동을 좋아하는 아이였다. 말도 또래보다 빨리 시작했고 호기심도 많아서 똑똑하다는 이야기를 자주 들었다. 하지만 초등학교 입학 후에는 불필요하게 몸을 많이 움직이고 수업과 관련 없는 이야기를 자주 해서 선생님께 지적받는 일이 많아졌다. 학용품을 자주 잃어버리고, 숙제나 알림장도 잘 챙기지 못해 부모님과 선생님께 혼나는 일도 많았다. 또 글씨 쓰는 것을 싫어해서 쓰기 과제가 있는 날은 시간 내에 학습을 완수하지 못해서 나머지 공부를 하거나 혼나는 일도 잦았다. 학년이 올라갈수록 지용이는 학교와 공부를 싫어하게 되었고, 싫어하는 과목을 공부해야 하는 날에는 짜증과 화를 자주 내었다. 선생님께 지적을 자주 당하다 보니 친구들 사이에서도 남의 일에 참견을 많이 하는 시끄러운 아이라는 인상을 심어 주게 되었고 따돌림을 당하기도 하였다.

🍃 학습목표

1. ADHD의 개념 및 하위유형별 행동 특성을 이해한다.
2. ADHD의 원인을 이해하고 원인에 따른 개입법을 구분한다.
3. ADHD 진단기준을 이해하고 진단절차 및 도구를 알 수 있다.

1. 주의력결핍 및 과잉행동장애의 특성

ADHD는 발달수준에 부적절한 정도의 주의산만, 과잉행동, 충동성 등을 주요 행동 특성으로 나타내는 장애다. 엄밀하게 말하면, ADHD는 주의력 장애(Attention Deficit Disorder)와 과잉행동장애(Hyperactivity Disorder)라는 두 개의 장애를 병렬적으로 연결해 놓은 것이다.

주의력장애가 있다고 해서 반드시 과잉행동장애가 있는 것은 아니며, 반대의 경우도 마찬가지다. 과잉행동 없이 부주의 문제만 심각한 개인과 부주의 문제 없이 과잉행동만 두드러지는 개인도 모두 ADHD로 진단될 수 있다. 물론 부주의와 과잉행동을 함께 가지고 있는 ADHD도 있다. 그만큼 ADHD는 매우 다양하면서도 이질적인 집단이다. 그러므로 ADHD로 진단된 개개인의 고유성을 배제한 채 진단명만으로 교육 및 상담계획을 수립하는 것은 바람직하지 않다.

1) 부주의

ADHD의 부주의한 행동은 세부적인 면에 면밀한 주의를 기울이지 못하여 일상생활이나 학습장면에서 사소한 실수를 하는 것과 관련된다. 부주의한 특성으로 인해 이들은 무질서하고 산만하게 행동한다. 공부나 놀이를 할 때는 시작한 지 얼마 안 돼 싫증을 내고, 하고 있던 활동과 아무 상관이 없는 다른 자극에 관심을 보이기도 한다. 해야 할 일을 잊어버리는 경우가 많고, 정리정돈을 잘 못해서 자기 물건을 자주 잃어버리거나 망가뜨린다. 또한 숙제나 수업과 같은 체계적이고 지속적인 활동에 집중하는 것을 매우 어려워하기 때문에 과제를 완수하기 힘들어한다.

하지만 이들의 부주의한 특성은 멍하니 딴생각을 하거나 낙서나 손장난을 하는 것과 같이 조용하게 나타나기 때문에 수업의 흐름을 깨거나 다른 사람을 방해하지는 않는다. 그러므로 부주의만 가진 ADHD의 경우, 교사의 눈에 잘 띄지 않을 수 있으며, 학습부진으로 이어지기 쉽다.

대인관계에서도 부주의한 행동은 문제가 된다. 이들은 다른 사람의 말을 경청하지 않는 듯 보이고, 다른 사람의 요청이나 지시와 다르게 과제를 수행하는 경우가 많다. 때문에 반항적이거나 지능이 낮다는 오해를 받기도 한다. 대화의 주제가 자주 바뀌고 대화에 집중하지 않는 듯한 인상을 주기 때문에 상대방의 기분을 상하게 하기 쉽다.

〈학습상황에서 주로 발견되는 부주의 행동〉
- 학습할 내용에 주의를 기울이는 대신 창밖을 보거나 낙서를 하거나 딴생각에 쉽게 빠진다.
- 학용품이나 물건을 잘 정리, 정돈하지 못하고 책상 주변이 지저분하다.
- 자기 물건이나 기억해야 할 사항을 잘 잊어버린다.
- 시작은 하지만 끝을 내지 못하는 과제가 많다.
- 교사의 지시와 다른 엉뚱한 과제나 행동을 자주 한다.

2) 과잉행동 – 충동성

과잉행동–충동성은 무언가를 계속해서 만지작거리거나, 잠시도 가만히 앉아 있지 못하며 성급하게 말하거나 행동하는 것 등으로 나타난다. 이들은 상황에 맞지 않게 지나치게 뛰어다니거나, 아무 데나 기어오르고, 일을 조용하고 차분하게 하지 못한다. 끊임없이 활동하거나 마치 무언가에 쫓기는 사람처럼 보이고 지나치게 수다스럽게 말하기도 해서 정신없이 뭔가를 하는 것처럼 보인다.

학교에서도 자리에 계속 앉아 있지 못하고, 몸을 뒤틀고 옴지락거리거나 의자에서 일어난다. 또 손, 발, 다리를 자주 움직이고, 교사의 질문이 채 끝나기도 전에 성급하게 대답하며, 자기 차례를 기다리지 못하고, 다른 사람의 활동을 방해하며, 자신과 관련 없는 일에 종종 끼어든다. 이로 인해 교사에게 자주 지적을 당하고 또래관계가 원만하지 못한 경우가 많다.

〈학습상황에서 주로 발견되는 과잉행동-충동성〉

• 한자리에 가만히 앉아 있지 못하고 불필요한 몸 움직임을 많이 한다.

• 수업시간에 떠들썩하게 구는 등 상황에 알맞은 행동을 하지 못한다.

• 아무 데나 올라타고 뛰어넘고 기어오르는 등 위험하게 행동한다.

• 지나치게 질문하거나 끼어듦이 많고 시끄럽다.

• 질문이 끝나기도 전에 큰소리로 답을 외친다.

• 순서나 규칙을 잘 지키지 못하고 자기 마음대로 하려고 한다.

• 한 과제를 끝마치기 전에 다른 과제에 덤벼든다.

• 쉽게 화를 내거나 흥분을 잘한다.

2. 유병률과 성차

ADHD는 아동기 정신과 장애 중 가장 흔한 장애의 하나로 미국의 경우 학령기 아동의 3~5%로 추정된다. 우리나라는 연구대상과 연구방법에 따라 2%에서 20%까지 다양하게 보고된다(임경희, 조붕환, 2004; 표경식 외, 2001; American Psychiatric Association, 2013; Barkely, 2006).

ADHD로 진단되는 남아는 여아에 비해 2배 정도 많은 것으로 보고된다(American Psychiatric Association, 2013). ADHD의 문제행동은 가정보다는 학교와 같은 집단상황에서 더 두드러지며, 놀이상황보다는 학습상황에서 더 심각해지는 특성이 있기 때문에 대부분의 ADHD는 학령기 이후에 진단되는 경향이 있다. 하지만 ADHD의 발달력을 조사해 보면 절반 이상의 ADHD는 4세 이전부터 ADHD의 행동 특성을 뚜렷이 나타내기 시작했던 것으로 보고된다. 또 조금 더 자라면 괜찮아질 것이라는 일반인의 기대와는 달리 70% 정도의 ADHD는 청소년기와 성인기까지 문제행동을 지속하게 된다(Rappaport, Omoy, & Tenebaum, 1998; Resnick, 1998; Schachar, & Tannock, 2002).

3. 주의력결핍 및 과잉행동장애의 원인

ADHD의 원인은 유전자 이상, 뇌손상, 뇌 화학 물질 이상 등의 생물학적 결손과 부모의 양육태도, 성장환경 등의 환경적 결손으로 크게 구분된다. 근래에는 생물학적 요인과 환경 간의 상호작용에서 기인한다는 주장이 설득력을 얻고 있다.

1) 생물학적 원인

ADHD의 생물학적 원인을 주장하는 연구는 크게 유전 연구와 뇌손상 연구로 구분할 수 있다. ADHD의 유전적 요인과 뇌손상 연구의 패러다임은 [그림 6-1]과 같다. 이미 ADHD의 가계 내에 공유되고 있는 특정 유전자나 뇌손상 및 뇌기능장애로 인해 ADHD가 발현된다는 것이다.

ADHD의 유전적 요인에 대한 연구는 ADHD의 행동 특성이 가계를 통해 유전되며, 특정 유전자 문제로 인해 ADHD가 발병함을 주장한다. ADHD의 유전 가능성을 주장하는 연구는 가계 연구, 쌍생아 연구, 입양아 연구, 유전자 분석 연구(molecular genetic studies) 등으로 구분된다. 가계 연구, 쌍생아 연구, 입양아 연구 등은 ADHD 아동의 부모가 ADHD를 보고하는 비율이 일반아 부모가 ADHD를 보고하는 비율보다 2배에서 8배 높으며, ADHD 가계는 또 다른 가족 구성원이 ADHD를 보고하는 비율이 일반 가계보다 일관성 있게 높으며, 일란성 쌍생아 간의 ADHD 발생 일치율이 이란성 쌍생아의 그것보다 높으며, ADHD를 포함하는 생물학적 가족 내에서 또 다른 ADHD를 보고하는 비율이 입양가족의 그것보다 높다는 것을 밝혔다(Biederman & Faraone, 2002; Sprich et al., 2000; Thapar, 2003). 하지만 일각에서는 이러한 연구에서 제시되는 높은 일치율이 유전자뿐만 아니라 가계 구성원이 공유하고 있는 부모의 양육방식이나 가족 특성, 문화 등

[그림 6-1] 생물학적 결손 패러다임

의 영향을 받았을 가능성을 배제하지 못함을 비판한다(Joseph, 2000).

ADHD의 일부는 대뇌피질(frontal cortex)에서의 이상을 보고하는데, 특히 우반구에서 이상이 두드러진다. 또한 일부 연구에서 ADHD의 피질하 조직(subcorticalstructure)이 일 반인보다 작다는 것이 밝혀지고 있어 ADHD는 전두-피질하(fronto-subcortical)상의 문제에서 기인하는 것으로 추측되고 있다. 이러한 주장은 전두-피질하 조직이 카테콜아민(catecholamine, 신경세포에 작용하는 호르몬의 일종)에 풍부하며, 카테콜아민은 ADHD에게 처방되는 약물을 통해 활성화되기 때문에 더욱 설득력을 얻고 있다. 또한 일부 ADHD의 뇌에서 전전두피질(prefrontal cortex), 기저핵(basal ganglia)의 비정상적 대칭과 손상이 발견되는데, 뇌의 이 부위는 도파민 수용자가 풍부한 영역이기 때문에 ADHD 유전자 연구에서 제기되고 있는 도파민 가설을 지지하게 된다(공석원, 이정섭, 류인균, 홍강의, 1997; Biederman & Faraone, 2002; Sandson, Bachna, & Morin, 2000).

하지만 ADHD의 뇌손상에 대한 연구는 비용 등의 문제로 인해 다수의 사례를 대상으로 하지 못하였고, 반복연구가 충분히 이루어지지 않아 아직 그 결과를 일반화하기 힘들다. 일부 ADHD에게서는 뇌손상의 증거가 발견되지 않고 있기 때문에 모든 ADHD가 뇌손상에서 기인한다는 결론에 이를 수도 없다. 하지만 ADHD 중 일부는 뇌손상이나 뇌 기능상의 장애와 관련된 원인을 가지고 있음이 시사된다.

2) 환경적 요인

ADHD 원인의 또 다른 하나는 양육환경과 관련된다. ADHD의 가족환경에 대한 연구결과는, ADHD가 일반아동보다 훨씬 높은 환경적 위험 요소 속에서 양육되고 있음을 밝히고 있다.

ADHD 아동의 부모는 일반아 부모보다 거부적이고 강압적·지시적인 양육태도를 많이 보인다. 이들은 자녀가 주의산만이나 과잉행동 등의 문제행동을 보일 때 일반아의 부모보다 두 배 더 많이 부정적 태도로 반응하는 경향이 있다. 또한 ADHD 아동의 부모는 부모로서의 자존감이 떨어지며, 특히 모(母)는 주 양육자로서의 심리적 스트레스를 더 많이 호소한다. ADHD 자녀를 두고 있는 가족의 경우, 모(母)가 성(性)과 관련된 외상경험을 가지고 있는 빈도가 일반아 가정보다 높고, 가계 내에 알코올중독의 사례가 더 많으며, 가족 응집력(coherence)이 떨어지는 특징을 지니고 있다. 그리고 ADHD 아동의 문제행동은 가족의 스트레스를 높이고 모자관계를 악화시켜 더 큰 문제행동을 유발하는 악순환 구조를 만들게 된다(송윤조, 2005; Barkley, 2006; DeWolfe, Byrne, & Bawden, 2000).

한편, 이러한 가족 스트레스 중 가장 결정적인 요소의 하나가 경제적 곤란이다. 가정의 수입이 낮을수록 ADHD 문제의 심각도가 높고, ADHD 아동과 어머니 간의 갈등수준이 높다. 또한 아동이 발달 초기부터 ADHD 행동 특성을 나타낸 경우 가정의 수입이 적고, 가족 스트레스가 많은 가정일수록 적절한 양육방식이나 태도를 통해 아동의 공격적인 행동과 과잉행동을 다루지 못하는 특성이 보고되었다(Campbell et al., 1986; Smith et al., 2002).

이러한 ADHD 아동의 환경적 취약성에 대한 연구는 [그림 6-2]와 같은 환경적 결손 패러다임을 통해 경제적 곤란을 비롯한 양육자 스트레스와 양육태도가 ADHD 발달의 원인임을 주장한다. 하지만 양육자 스트레스와 양육태도는 ADHD 자녀와의 상호작용 결과일 수도 있기 때문에, 점선을 통해 그 가능성 또한 포함하고 있다.

[그림 6-2] 환경적 결손 패러다임

3) 상호작용론

ADHD 원인과 관련된 또 다른 연구는 상호작용론을 지지한다. 상호작용론의 핵심은 아동의 까다로운 기질이나 양육자의 높은 스트레스 상황이 맞물려 아동이 생애 초기에 심리적 외상을 경험하거나 주 양육자와의 안정적인 애착을 형성하지 못할 경우 아동은 뇌발달이 저해되어 쉽게 과잉각성되고 부주의와 충동성이 부적절한 수준으로 나타난다는 것이다(Clarke et al., 2002; Lannier, & Massanari, 2000). [그림 6-3]은 아동의 기질적 특성 및 주 양육자의 스트레스로 인한 부모·자녀 간의 상호작용 결핍과 애착 미형성이 영아의 뇌 발달을 저해를 포함하는 생물학적 결손을 일으켜 ADHD로 발달하는 과정을 보여 주고 있다.

일반적으로 영아는 주 양육자와의 안전한 애착관계를 형성함으로써 외상으로부터 보호받을 수 있지만, 영아의 기질적 특성이나 주 양육자가 지니고 있는 정신적 문제, 심리적 특성 혹은 주 양육자와 영아를 둘러싸고 있는 가족 및 환경으로부터 유발되는 스트레스는 영아와 주 양육자 간의 애착형성을 방해하고 영아에게 심리적 외상으로 작용할 수 있다. 이러한 심리적 외상은 미성숙하고 가변적인 영아의 뇌에 영향을 미쳐 감정 및 행동 조절의 기능을 손상시키게 된다(김붕년, 2002; Ladnier & Massanari, 2000).

상호작용론에서는 일부 ADHD 아동에게서 관찰되는 전두엽 손상이 선천적이기보다는 후천적이라고 주장한다. 왜냐하면 전두엽은 태어날 당시에는 거의 발달되어 있지 않지만 지속적으로 자극되고 사용되면서 성장과 함께 20대 초중반까지 지속적으로 발달하는 영역이기 때문이다(Carlson, 2001; Davies, 2002). 영아는 자동적이고 본능적이며 원초적인 감정을 표출하기 마련이다. 주 양육자가 그 감정에 공감적으로 반응하고 긍정적인 상호작용을 지속하는 과정을 통해 영아는 전두엽 발달이 촉진된다. 이 시기 전두엽 발달이 저해될 경우에는 이후 발달과정에서 주의집중, 추론, 개념화, 문제해결 등의 고등의 인지기능과 감정조절 기능을 수행하는 데 어려움을 나타내게 되는 것이다.

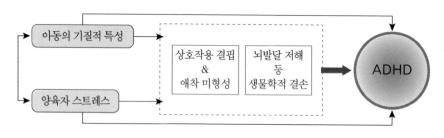

[그림 6-3] 상호작용론 패러다임

4. 진단 및 평가

ADHD의 행동 특성은 성장기 아동 누구나 나타내는 행동 특징이기 때문에 과잉진단될 위험이 아주 높은 장애다. 일시적으로 나타나는 주의산만이나 과잉행동 문제를 ADHD와 혼돈하지 않기 위해서는 문제행동의 정도와 빈도, 지속기간 등을 면밀히 검토하여야 한다.

ADHD를 진단할 수 있는 타당하면서도 신뢰로운 단일의 심리검사도구는 없다. 현재 ADHD의 주의집중 능력을 평가하기 위해 지능검사, 전산화된 연속수행검사(Continuous Performance Test), 전두엽 실행 기능검사 등을 활용하고 있지만, 이러한 검사를 활용할 경우, ADHD 진단에만 활용하기보다는 ADHD를 위한 교육과 치료계획을 수립하는 데까지 활용하는 것이 더 적절하다.

1) DSM-5 진단기준

ADHD 진단에서 가장 우선적으로 혹은 가장 보편적으로 사용되는 도구는 미국 정신의학회의 정신장애 진단 및 통계 편람(Diagnostic and Statistical Manual of Mental Disorders: DSM)이다. DSM-5는 장애의 원인보다는 증상에 초점을 맞추고 있기 때문에 ADHD 역시 원인보다는 행동화된 증상의 정도를 근거로 진단을 내린다.

2013년에 개정된 5판의 진단기준은 다음과 같다.

A. 기능 또는 발달을 저해하는 지속적인 부주의 및 과잉행동-충동성이 (1) 그리고/또는 (2)의 특징을 갖는다.

1. **부주의**: 다음 9개 증상 가운데 6개 이상이 적어도 6개월 동안 발달 수준에 적합하지 않고 사회적·학업적/직업적 활동에 직접적으로 부정적인 영향을 미칠 정도로 지속됨

   주의점: 이러한 증상은 단지 반항적 행동, 적대감 또는 과제나 지시 이해의 실패로 인한 양상이 아니어야 한다. 후기 청소년이나 성인(17세 이상)의 경우에는 적어도 5가지의 증상을 만족해야 한다.

   a. 종종 세부적인 면에 대해 면밀한 주의를 기울이지 못하거나, 학업, 작업 또는 다른 활동에서 부주의한 실수를 저지름(예, 세부적인 것을 못 보고 넘어가거나 놓침, 작업이 부정확함)

   b. 종종 과제를 하거나 놀이를 할 때 지속적으로 주의집중을 할 수 없음(예, 강의, 대화 또는 긴 글을 읽을 때 계속해서 집중하기가 어려움)

   c. 종종 다른 사람이 직접 말을 할 때 경청하지 않는 것처럼 보임(예, 명백하게 주의집중을 방해하는 것이 없는데도 마음이 다른 곳에 있는 것처럼 보임)

d. 종종 지시를 완수하지 못하고, 학업, 잡일 또는 작업장에서의 임무를 수행하지 못함(예, 과제를 시작하지만 빨리 주의를 잃고 쉽게 곁길로 샘)

e. 종종 과제와 활동을 체계화하는 데 어려움이 있음(예, 순차적인 과제를 처리하는 데 어려움, 물건이나 소지품을 정리하는 데 어려움, 지저분하고 체계적이지 못한 작업, 시간 관리를 잘 하지 못함, 마감 시간을 맞추지 못함)

f. 종종 지속적인 정신적 노력을 요구하는 과제에 참여하기를 기피하고, 싫어하거나 저항함(예, 학업 또는 숙제, 후기 청소년이나 성인의 경우에는 보고서 준비하기, 서류 작성하기, 긴 서류 검토하기)

g. 과제나 활동에 꼭 필요한 물건들(예, 학습 과제, 연필, 책, 도구, 지갑, 열쇠, 서류 작업, 안경, 휴대폰)을 자주 잃어버림

h. 종종 외부 자극(후기 청소년과 성인의 경우에는 관련이 없는 생각들이 포함될 수 있음)에 의해 쉽게 산만해짐

i. 흔히 일상적인 활동을 잊어버림(예, 잡일하기, 심부름하기, 후기 청소년과 성인의 경우에는 전화 회답하기, 청구서 지불하기, 약속 지키기)

2. **과잉행동-충동성**: 다음 9개 증상 가운데 6개 이상이 적어도 6개월 동안 발달 수준에 적합하지 않고 사회적, 학업적/직업적 활동에 직접적으로 부정적인 영향을 미칠 정도로 지속됨

주의점: 이러한 증상은 단지 반항적 행동, 적대감 또는 과제나 지시 이해의 실패로 인한 양상이 아니어야 한다. 후기 청소년이나 성인(17세 이상)의 경우, 적어도 5가지의 증상을 만족해야 한다.

a. 종종 손발을 만지작거리며 가만두지 못하거나 의자에 앉아서도 몸을 꿈틀거림

b. 종종 앉아 있도록 요구되는 교실이나 다른 상황에서 자리를 떠남(예, 교실이나 사무실 또는 다른 업무 현장, 또는 자리를 지키는 게 요구되는 상황에서 자리를 이탈)

c. 종종 부적절하게 지나치게 뛰어다니거나 기어오름(주의점: 청소년 또는 성인에서는 주관적으로 좌불안석을 경험하는 것에 국한될 수 있다)

d. 종종 조용히 여가 활동에 참여하거나 놀지 못함

e. 종종 "끊임없이 활동하거나"마치 "태엽 풀린 자동차처럼"행동함(예, 음식점이나 회의실에 장시간 동안 가만히 있을 수 없거나 불편해함, 다른 사람에게 가만히 있지 못하는 것처럼 보이거나 가만히 있기가 어려워 보일 수 있음)

f. 종종 지나치게 수다스럽게 말함

g. 종종 질문이 끝나기 전에 성급하게 대답함(예, 다른 사람의 말을 가로챔, 대화 시

자신의 차례를 기다리지 못함)

　h. 종종 자신의 차례를 기다리지 못함(예, 줄 서 있는 동안)

　i. 종종 다른 사람의 활동을 방해하거나 침해함(예, 대화나 게임, 활동에 참견함, 다른 사람에게 묻거나 허락을 받지 않고 다른 사람의 물건을 사용하기도 함, 청소년이나 성인의 경우 다른 사람이 하는 일을 침해하거나 꿰찰 수 있음)

B. 몇 가지의 부주의 또는 과잉행동-충동성 증상이 12세 이전에 나타난다.

C. 몇 가지의 부주의 또는 과잉행동-충동성 증상이 2가지 또는 그 이상의 환경에서 존재한다(예, 가정, 학교나 직장, 친구들 또는 친척들과의 관계, 다른 활동에서).

D. 증상이 사회적 · 학업적 또는 직업적 기능의 질을 방해하거나 감소시킨다는 명확한 증거가 있다.

E. 증상이 조현병 또는 기타 정신병적 장애의 경과 중에만 발생되지는 않으며, 다른 정신장애(예, 기분장애, 불안장애, 해리장애, 성격장애, 물질 중독 또는 금단)으로 더 잘 설명되지 않는다.

다음 중 하나를 명시할 것:

　314.01(F90.2) 복합형: 지난 6개월 동안 진단기준 A1(부주의)과 진단기준 A2(과잉행동-충동성)를 모두 충족한다.

　314.00(F90.0) 주의력결핍 우세형: 지난 6개월 동안 진단기준 A1(부주의)은 충족하지만 A2(과잉행동-충동성)는 충족하지 않는다.

　314.01(F90.1) 과잉행동/충동 우세형: 지난 6개월 동안 진단기준 A2(과잉행동-충동성)는 충족하지만 A1(부주의)은 충족하지 않는다.

다음의 경우 명시할 것:

　부분 관해 상태: 과거에 완전한 진단기준을 충족하였고, 지난 6개월 동안에는 완전한 진단기준을 충족하지는 않지만 여전히 증상이 사회적, 학업적 또는 직업적 기능에 손상을 일으키는 상태다.

현재의 심각도를 명시할 것:

　경도: 현재 진단을 충족하는 수준을 초과하는 증상은 거의 없으며, 증상으로 인한 사회적, 학업적 또는 직업적 기능의 손상은 경미한 수준을 넘지 않는다.

　중등도: 증상 또는 기능적 손상이 "경도"와 "고도" 사이에 있다.

　고도: 진단을 충족하는 수준을 초과하는 다양한 증상 또는 특히 심각한 몇 가지 증상이 있다. 혹은 증상이 사회적 또는 직업적 기능에 뚜렷한 손상을 야기한다.

DSM-5를 근거로 ADHD를 판별하는 과정은 A에서 E까지의 모든 항목을 면밀히 검토하여야 한다. ADHD가 과잉진단되는 이유 중 하나는 부모 및 교사, 아동을 면담하는 과정에서 주증상에 해당하는 A만을 평가하고, 나머지 B~E와 관련된 정보를 간과하기 때문이다.

특히 만 12세, 즉 초등학교 저학년 이전 시기부터 발달수준에 부적절한 정도의 과잉행동-충동, 부주의행동이 두드러졌다는 것과 각기 다른 두 가지 이상의 장면에서 과잉행동-충동, 부주의행동이 나타난다는 것은 객관적인 입장에서 평가되어야 한다. 어려서부터 조금 활동적이고 에너지가 많기는 했지만 또래에 비해 두드러지는 수준은 아니었다거나, 학교나 학원에서는 충동적이고 산만한 면이 있지만 집에서는 곧잘 집중을 한다면 ADHD로 진단되지 않는다.

또 문제행동이 6개월 이상 지속되었는지를 확인해서 적응상의 문제나 스트레스로 인해 일시적으로 나타나는 부적응행동과 구분해야 한다. 산만하고 충동적인 행동은 입학, 새 학년 진입, 이사, 전학, 친구와의 갈등, 신체적 질병, 부모의 부부갈등, 동생의 탄생 등과 같은 생활 속의 크고 작은 스트레스에 대한 반응으로 나타날 수 있기 때문이다.

산만하고 충동적이기는 하지만 성적도 공부한 만큼 나오고 친구들과의 관계도 원만하다면 이 역시 ADHD로 진단될 수 없다. 부모가 원하는 만큼 열심히 공부하지 않는다거나 또래들과 사소한 다툼이 잦은 정도로는 'D. 증상이 사회적·학업적 또는 직업적 기능의 질을 방해하거나 감소시킨다는 명확한 증거가 있다.' 조건을 충족시킬 수 없다. 산만하고 충동적이긴 해도 공부도 어느 정도 하고 가족이나 친구들과도 심각한 정도의 마찰이 없다면, ADHD로 진단하기보다는 기질이나 개성으로 인정하고 스스로 조절할 수 있게 도와주는 것이 바람직하다.

기분장애, 불안장애, 해리성장애, 성격장애 등은 ADHD와 유사한 행동 특성을 나타내기 때문에 이러한 다른 장애로 인한 행동과 ADHD를 구분하는 것도 매우 중요하다. 기분의 침체나 무력감, 불안 등으로 인해 부주의하고 충동적으로 행동할 경우 ADHD보다 기분장애, 불안장애 등이 우선 진단되어야 하며, 해당 장애로 인한 증상보다 심각하게 부주의하고 충동적일 경우에만 ADHD가 함께 진단될 수 있다.

그러므로 면담과 관찰을 통해 주의력결핍 및 과잉행동 문제와 관련된 역사(history)와 현재의 정도에 대한 정보를 탐색해야 한다. 부모 면담을 통해 가정환경, 가족사항, 아동의 성장력, 학교생활에서의 적응, 또래와의 관계, 가족과의 관계 등의 사회적 적응에 대한 기본자료와 함께 아동의 발달 초기 양육사를 자세히 면담하는 것이 필요하다.

성장과정에서 나타난 주의력결핍 및 과잉행동의 변화와 현재의 정도, 예외적으로 문제행동이 나타나지 않는 상황 등에 대한 정보도 탐색해야 한다. 문제가 나타나는 구체적인 상황 각각에서 부모, 아동 간의 상호작용 패턴을 탐색하여 문제가 얼마나 다양한 상황에서 일어나는가 그리고 그 상황에서 부모가 어떻게 대처하는가를 파악할 수 있다. 이러한 정보는 부모의 부적절한 양육방식이 주의력결핍 및 과잉행동 문제에 기여하는 정도를 가늠하는 중요한 근거가 될 수 있으며, 나아가 부모교육의 자료가 될 수도 있다.

〈부모면담을 통해 얻어야 하는 정보〉
- 주의집중력과 관련된 역사: 아동의 발달 초기 양육사, 성장과정에서 나타난 주의집중력의 변화
- 발달사: 가정환경, 가족사항, 아동의 성장력
- 현재 주의집중력 정도 및 편차에 대한 정보 탐색: 상황 및 장면에 따른 주의집중력 패턴 및 정도
- 학교생활에서의 적응, 또래와의 관계, 가족과의 관계 등의 사회적 적응에 대한 기본자료
- 아동의 주의집중력 문제에 대한 부모의 반응 및 평가

2) 체크리스트

체크리스트는 아동과 많은 시간을 함께 보내는 부모나 교사가 아동의 행동을 평정하기 위해 활용된다. ADHD 평정을 위해 개발된 체크리스트는 다양하지만, 국내에서는 K-ARS(Korean ADHD Rating Scale)가 활발히 사용되고 있다. K-ARS는 DSM 진단기준을 근거로 DePaul 등(1998)이 개발한 것을 한국어로 번역한 것으로, 타당도 연구 및 성별, 연령별 규준이 마련되어 있다(김영신 외, 2003; 장수진, 서동수, 변희정, 2007).

문항은 부주의성을 반영하는 9개 문항(홀수 문항), 과잉행동-충동성을 반영하는 9개 문항(짝수 문항), 총 18개 문항으로 구성되었으며 각 문항은 빈도에 따라 0~3점의 점수로 평정된다. 미국 소아과학회의 경우 총점을 산출하는 방식보다는 부주의, 과잉행동-

ADHD Rating Scale – IV

작성일 : 201   년   월   일   이름 :

	지난 일주일 동안 아이가 **집안에서 보인 행동**을 가장 잘 기술한 번호에 동그라미 치십시오.	전혀 그렇지 않다.	약간 그렇다.	상당히 그렇다.	매우 자주 그렇다.
1	학교수업이나 일 혹은 다른 활동을 할 때, 주의집중을 하지 않고 부주의해서 실수를 많이 한다.	0	1	2	3
2	가만히 앉아 있지를 못하고 손발을 계속 움직이거나 몸을 꿈틀거린다.	0	1	2	3
3	과제나 놀이를 할 때 지속적으로 주의집중하는 데 어려움이 있다.	0	1	2	3
4	수업시간이나 가만히 앉아 있어야 하는 상황에서 자리에서 일어나 돌아다닌다.	0	1	2	3
5	다른 사람이 직접 이야기하는데도 잘 귀 기울여 듣지 않는 것처럼 보인다.	0	1	2	3
6	상황에 맞지 않게 과도하게 뛰어다니거나 기어오른다.	0	1	2	3
7	지시에 따라서 학업이나 집안일이나 자신이 해야 할 일을 끝마치지 못한다.	0	1	2	3
8	조용히 하는 놀이나 오락활동에 참여하는 데 어려움이 있다.	0	1	2	3
9	과제나 활동을 체계적으로 하는 데 어려움이 있다.	0	1	2	3
10	항상 끊임없이 움직이거나 모터가 달려서 움직이는 것처럼 행동한다.	0	1	2	3
11	공부나 숙제 등 지속적으로 정신적 노력이 필요한 일이나 활동을 피하거나 싫어하거나 또는 하기를 꺼려 한다.	0	1	2	3
12	말을 너무 많이 한다.	0	1	2	3
13	과제나 활동을 하는 데 필요한 것들(장난감, 숙제, 연필 등)을 잃어버린다.	0	1	2	3
14	질문을 끝까지 듣지 않고 대답한다.	0	1	2	3
15	외부자극에 의해 쉽게 산만해진다.	0	1	2	3
16	자기 순서를 기다리지 못한다.	0	1	2	3
17	일상적인 활동을 잊어버린다(예: 숙제를 잊어버리거나 도시락을 두고 학교에 간다).	0	1	2	3
18	다른 사람을 방해하고 간섭한다.	0	1	2	3

총점: 부주의(홀수 문항 합):   과잉행동-충동성(짝수 문항 합):

충동성 문항 각 9개 중 2(상당히 혹은 자주 그렇다) 혹은 3(매우 자주 그렇다)에 체크된 문항이 6개 이상인지를 확인하는 것을 권장한다. 이것이 DSM 진단기준에 더 부합하기 때문이다.

총점방식이든 문항 개수를 세는 방식이든 이 체크리스트는 DSM 진단기준의 A 항목만을 포함하기 때문에, 나머지 B~E에 대한 정보는 부모 및 아동 면담, 심리검사 등을 통해 보충해야 한다.

3) 심리검사

(1) 연속수행검사

연속수행검사(Continuous Performance Test: CPT)는 컴퓨터를 이용해 연속적으로 제시되는 자극에 대한 수행능력을 평가하는 검사다. CPT는 각성(vigilance), 반응 억제(response inhibition), 신호 탐지(signal detection) 등의 신경심리학적 특성을 측정하기 위해 고안된 측정방식으로, 화면에 제시되는 연속적인 자극에 대한 반응률과 반응시간을 주요 지표로 삼아 외부 자극에 대한 선택적 반응능력, 즉 주의력을 측정한다(Conners, Epstein, Angold, & Klaric, 2003; Halperin, Sharma, Greenblatt, & Schwartz, 1991).

TOVA(Test of Variables of Attention)는 대표적인 CPT로 세모, 네모, 원과 같은 매우 단순한 자극에 대한 연속적인 반응을 통해 주의력을 평가한다. 국내에서는 홍강의, 신민섭,

단순선택주의력 검사(시각)
검사를 시작하면 다음과 같이 화면의 중앙에 원, 별, 마름모 중 한 가지의 도형이 차례로 나타났다 사라집니다.

화면의 원 모양이 나타나는 경우 스페이스바를 최대한 빨리 누르도록 하십시오.
다른 모양이 나타나는 경우에는 스페이스바를 누르면 안 됩니다.

[그림 6-4] CAT 검사 실시 예시

조성준(1999)에 의해 개발된 ADS(ADHD Diagnostic System)가 같은 방식으로 개발된 것이다. ADS는 5~15세 아동 및 청소년을 대상으로 하며, 시각자극과 청각자극을 구분하여 각각 15분 동안 제시하는 단순자극에 대한 반응을 산출하여 주의력을 평가한다. 국내에서 개발된 또 다른 CPT 방식의 검사로는 CAT(Comprehensive Attention Test)가 있다(해피마인드, 2008). CAT는 4~15세 아동을 대상으로 단순 선택 주의력(시각, 청각), 억제 지속 주의력, 간섭 선택 주의력, 분할 주의력, 작업 기억력 등을 측정하여 표준화한 것이다.

(2) 전두엽 실행기능검사

실행기능(executive function)은 특정 자극에 대한 가장 적절한 반응을 산출하기 위해 주의, 언어, 기억 등의 하위기능을 조절하는 기능이며, 일반적으로 뇌의 전두엽에서 관장하는 것으로 알려져 있다(Stuss, 1992). ADHD 진단에서 실행기능검사를 활용하는 것은 실행기능의 하위 요소 중 하나인 억제능력(inhibition)이 ADHD에게 특히 부족한 능력으로 간주되기 때문이다. 실행기능검사를 통해 과제를 수행하는 데 방해가 되는 자극을 차단하고 적절한 반응을 위해 충동성을 조절하는 억제능력의 정도를 평가하는 것이다. 그림찾기검사(Maching Familiar Figure Test), 위스콘신 카드분류검사(Wisconsin Card Sort Test), 스트룹 색상 단어 검사(Stroop Color and Word test), 색 선로 검사(Color Trials Test) 등이 대표적인 실행기능검사에 속한다.

(3) 주의집중 능력 검사

주의집중 능력 검사는 ADHD뿐만 아니라 일반 아동·청소년의 주의집중 능력을 종합적으로 평가하기 위해 활용된다. 주의집중 능력 검사는 주의력과 집중력을 개념적으로 구분하였다. 주의력은 외부자극에 선택적으로 주의를 기울여 단기기억을 하는 데 필요한 능력을, 집중력은 선택된 정보의 특성에 맞추어 주의를 분할하거나 작업기억의 용량을 조정하여 단기기억 정보를 장기기억으로 전환시키는 데 필요한 능력을 의미한다. 측정영역을 시각 주의력, 청각 주의력, 학습 집중력, 지속적 집중력, 정보처리 속도로 세분화하여 측정하며, 초등 1학년부터 고등학교 2학년까지 측정 가능하다(이명경, 2011).

주의집중 능력 검사 영역별 백분위

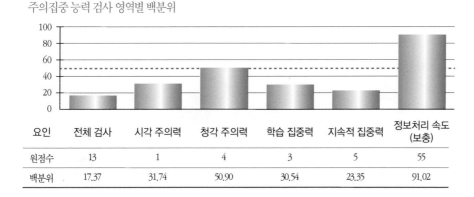

요인	전체 검사	시각 주의력	청각 주의력	학습 집중력	지속적 집중력	정보처리 속도 (보충)
원점수	13	1	4	3	5	55
백분위	17.37	31.74	50.90	30.54	23.35	91.02

[그림 6-5] 주의집중 능력 검사 결과 예시

5. 주의력결핍 및 과잉행동장애의 개입

ADHD에 대한 개입은 크게 인지행동치료, 심리상담 및 교육, 사회성 프로그램, 약물치료 등으로 구분된다.

1) 인지행동치료

ADHD 인지행동치료는 아동의 충동적인 행동을 수정하기 위해 합리적이고 융통성 있는 문제해결 방식을 가르치는 것을 목표로 한다. 게임이나 학습놀이 등을 활용해서 자신의 행동을 미리 생각해 보게 하고 어떤 행동을 하는 것이 자신에게 가장 좋을지를 선택하도록 하여 충동적인 행동을 감소시키는 것이다. 자기교시 훈련, 문제해결 훈련, Think Aloud 훈련 등의 인지행동치료적 접근은 공통적으로 자기조절에 필요한 언어를 내재화하는 기술을 가르치고 작업기억 능력을 높여 자기통제 능력 향상을 꾀한다. 자신의 사고 및 행동과정을 관찰, 평가하는 데 필요한 언어를 가르치고 다양한 상황에 적용시켜 자기조절을 돕는 것이다(김형대, 2001; Kendall & Braswell, 1985; Meichenbaum & Goodman, 1971).

Think Aloud 훈련의 경우, 인지적 문제해결 과정에서 내재적 언어를 활성화시키는 자기교시 훈련과 사회적 문제상황에서 계획 세우기, 해결책 탐색, 결과 산출 과정을 언

[그림 6-6] 자기 조절을 위한 5단계 생각법 예시

출처: 한국집중력센터, SMART 시청각 집중력 프로그램.

어화하는 문제해결 훈련을 적절히 병행한 접근법이다. 이 훈련은 문제 정의(내가 해결해야 할 문제는 무엇이지? 나는 무엇을 해야 할까?), 문제 탐색(나의 계획은 무엇이지? 나는 그것을 어떻게 해결해야 할까?), 자기점검(나는 나의 계획을 활용하고 있는가?), 자기평가(나는 어떻게 했는가?) 등의 단계로 구성되어 있다(두정훈, 손정락, 2003; 이정수, 2002).

SMART 시청각 집중력 프로그램 역시 자기조절을 위한 언어를 내재화하도록 돕기 위해 5단계 생각법(무엇을 해야 하지?, 어떻게 해야 하지?, 어떻게 하고 있지?, 어떻게 했지?, 잘했어! 열심히 노력한 덕분이야., 괜찮아. 다음번엔 더 노력하자!)을 교육하고, 시·청각정보 처리능력과 정서조절 능력 등을 높여 언어적 작업 기억, 비언어적 작업 기억, 정서 동기 각성에 대한 자기조절 능력을 높이는 대표적 인지행동치료 모델이다(이명경, 2006). 이러한 인지행동치료 모델은 ADHD 아동이 자기 행동에 대한 통제감을 경험하면서 주도적으로 문제에 대처할 수 있도록 도와 무력감이나 낮은 자존감, 불안 등의 이차적 문제까지 다룰 수 있고, 개입의 효과가 비교적 오래 지속되는 강점이 있다.

2) 심리상담 및 교육

ADHD는 과도한 활동량과 부주의한 행동 특성으로 인해 학교는 물론 가정에서도 '문제아'로 낙인찍히기 쉽다. 이들은 타인과의 관계에서 어려서부터 반복적으로 부정적 상호작용을 경험할 가능성이 높고 이로 인해 부모, 교사, 또래, 형제 등과의 관계에서 불유쾌한 정서를 자주 느끼게 된다. 그리고 이러한 감정이 잘 처리되지 못할 경우 우울장애, 불안장애, 반항성장애, 품행장애 등을 동반하게 된다.

특히 생애 초기 주 양육자와 안전한 관계를 형성하지 못한 ADHD의 경우 약물치료나 행동치료보다는 정서에 초점을 맞춘 심리상담이나 가족상담이 더 효과적일 수 있다. ADHD 부모는 자녀양육과 관련된 자아효능감이 낮으며, ADHD 자녀와 상호작용할 때 보다 강압적이며 덜 반응적인 특성을 보이며, 자녀-부모 간에는 더 많은 갈등이 존재하는 경향이 있다(DeWolfe, 2000; Smith et al, 2002).

주 양육자와의 관계에서 공감적 이해와 정서적 교류를 충분히 경험하지 못했던 ADHD는 공감적이고 반응적인 상담자와의 관계 형성을 통해서 자신의 감정과 행동을 조절하는 능력을 새롭게 학습할 수 있게 된다(Jones, 2002; Ladnier & Massanari, 2000). 이때 상담자는 ADHD를 발달적이고 가족 체계론적 관점으로 이해하고 상담과정에 가족을 적극적으로 개입시키는 것이 바람직하다.

개인상담이든 가족상담이든 심리상담을 통해 아동은 자신의 정서를 편안하게 인식하고 사회적으로 바람직한 방식으로 표현할 수 있어야 한다. 이를 위해 미술치료, 놀이치료, 음악치료와 같은 표현예술 치료도 적극 활용될 수 있다. 부모와 교사가 ADHD 아동에게 보다 지지적이고 수용적인 태도를 견지하고 긍정적 정서를 경험할 수 있는 기회를 생활에서 자주 접할 수 있도록 하기 위한 부모상담과 교육도 필요하다.

3) 사회성 프로그램

ADHD 아동은 자신의 정서를 인식하고 표현하는 능력이 또래에 비해 부족하기 때문에 사회적 상황에서 다양한 문제를 겪는다. 이들은 상황에 맞지 않게 과도한 화를 폭발하거나 울음을 터뜨리는 경우가 잦은데, 정작 자신이 무엇 때문에 화가 나거나 슬픈지를 잘 모르는 경우가 많다. 또 상대방의 말과 행동을 객관적이면서도 타당한 관점으로 받아들이기보다는 일부의 단서만 왜곡해서 받아들여 상대방의 기대와는 동떨어진 정서적 반응을 나타내는 경우가 잦다. 타인의 눈빛이나 얼굴 표정, 목소리 톤 등에서 나타나는 미묘한 감정 변화를 인식하는 능력도 부족하여 '눈치 없이 구는 듯'한 인상을 남기기도 쉽다.

이렇게 자신 안에서 일어나는 정서 변화는 물론이고 타인의 정서에 대해서도 인식하고 이해하는 능력이 부족하기 때문에 이들은 절충이나 타협과 같은 세련된 사회적 기술을 발휘하기 힘들다. 이러한 ADHD의 특성은 타인과의 긍정적 상호작용의 기회를 줄이게 되어 사회성 발달의 기회가 제한되는 결과로 이어지기 쉽다.

ADHD 아동을 위한 사회성 프로그램의 특성은 사회 적응을 위한 매우 구체적인 기술을 알려 주고 반복적으로 연습시키는 데 있다. 대부분의 아동은 사회적 기술을 누군가가 특별한 시간을 내어 가르쳐 주지 않아도 생활 속에서 자연스럽게 습득하는 데 반해, ADHD 아동은 상황마다의 적절한 행동을 하나씩 가르치고 반복연습시켜야 한다(안동현, 김세실, 한은선, 2004).

사회적 기술은 단기간의 개입으로 효과를 얻기 힘들기 때문에 가르쳐야 할 사회적 기술의 목록을 구조화한 후 다양한 놀이장면에서 적용하는 과정을 도와주는 것이 좋다. 이를 위해 회기 수에 제한을 두지 않고 오픈 집단(중간에 집단원이 빠지는 경우 새로운 집단원을 받는 집단)으로 운영할 수도 있다.

4) 약물치료

ADHD 아동에게 가장 많이 그리고 손쉽게 개입하는 방법의 하나가 약물치료다. 약물치료는 ADHD가 생물학적 원인에 의해 발달한다는 주장에 근거한 접근법으로 중추신경자극제를 투여하여 학습과 사회적 관계를 형성할 수 있을 정도로 활동성을 억제하는 기능을 한다. 약물치료의 효과는 교실에서 소리를 지르는 행동, 지속적 주의력, 충동성, 단기기억 등에서 긍정적인 변화를 이끌어 내며 성인의 지시에 대한 순응도도 높이는 것으로 보고된다(DuPaul & Stoner, 2003).

ADHD 치료를 위해 일차적으로 처방되는 중추신경자극제는 중추신경계의 시냅스 부위로부터 카테콜아민을 방출하여, 전두엽 피질, 뇌간, 중뇌 등의 도파민 농도를 상승시켜 행동통제의 결과를 낳는다. 도파민은 인체에 존재하는 수백 개의 신경전달물질

중 하나로 다른 신경전달물질과 상호작용하면서 운동 조절, 호르몬 조절, 감정 및 동기 형성, 욕망 및 쾌락 조절, 학습 등에 영향을 미치는 것으로 알려져 있다.

ADHD에게 처방되는 약물은 여러 종류이며 개인에게 가장 적합한 약물의 종류와 적정 복용량을 찾아 나가는 과정을 거치게 된다. 약물의 효능은 ADHD의 문제행동 빈도와 정도에 따라 판단되므로 학부모와 교사가 약물치료에 따른 아동의 변화를 면밀히 관찰하여 그 내용을 약물을 처방하는 의사에게 알리는 것이 도움이 된다(American Academy of Pediatrics, 2004).

약물로 인한 부작용도 관찰, 보고되어야 한다. ADHD에게 처방되는 약의 대표적인 부작용은 식욕감퇴와 수면장애다. 이러한 부작용은 대체로 치료 초기에 나타나며 가벼운 정도이지만, 개인마다 차이가 있다. 성장기 아동에게 나타나는 식욕감퇴와 수면장애는 성장부진으로 이어질 가능성이 있으므로 장기간 약물을 복용할 때에는 정기적으로 키와 몸무게를 점검하면서 체력을 관리해 주어야 한다. 이 외에도 틱, 두통, 위통, 과민하고 갑작스러운 감정 변화 등의 부작용이 나타날 수 있다. 약물치료는 문제행동을 감소시키는 기능을 가지고 있지만, 바람직한 행동을 학습시키지는 못하기 때문에 약물치료를 하더라도 상담과 교육활동을 병행해서 바람직한 행동의 학습을 촉진하는 것이 바람직하다.

요 약

ADHD는 다양한 원인에 의해 발달하며 다른 장애의 주요 증상과 혼재해서 나타나는 경우가 많기 때문에 면담, 관찰, 체크리스트, 심리검사 등을 통해 종합적이고 체계적으로 정보를 탐색할 필요가 있다. 단, ADHD 판별 자체를 위해 지나치게 에너지를 쏟는 것보다는 개개인이 가지고 있는 주의력결핍 및 과잉행동의 역사 및 양상, 환경과의 상호작용 등을 파악하는 것이 우선시되어야 하며, 그것에 근거하여 개개인에게 적합한 치료 계획을 수립하고 개입하여야 한다.

생각해 볼 문제

1. ADHD에 대한 다음의 설명 중 옳은 것은?

① 유전에 의해 발생하며 환경의 영향은 미미하다.

② 성장과 함께 증상이 완화되며 성인기에 이르면 70% 정도가 자연치유된다.

③ 전두엽 발달이 또래에 비해 지체되어 있으며 행동 억제의 어려움이 보고된다.

④ 아동기 정신과 장애 중 가장 흔한 장애의 하나이며, 여아가 남아보다 진단율이 높다.

⑤ 유아기 때는 증상이 없다가 초등학교 입학 이후에 증상이 갑자기 나타나는 경향이 있다.

2. DSM-5의 ADHD 진단기준에 대한 설명 중 바른 것은?

① 주 증상이 만 7세 이전부터 있었어야 진단 가능하다.

② 증상은 최소한 6개월 이상 지속되어야 진단 가능하다.

③ 기분 장애로 인해 부주의 증상이 나타나는 경우, 기분 장애와 ADHD를 함께 진단한다.

④ 부주의 영역 9개 증상 중 5개 이상 해당할 경우 주의력 결핍 우세형으로 진단 가능하다.

⑤ 주의력 결핍 우세형, 과잉행동 우세형, 충동성 우세형으로 하위 유형을 구분하여 진단한다.

3. ADHD 개입법에 대한 설명 중 바르지 <u>않은</u> 것은?

① 인지 행동 치료는 충동적인 행동을 수정하기 위해 합리적이고 융통성 있는 문제 해결 방식을 가르친다.

② 약물치료를 가장 우선적으로 고려해야 하며 약물치료 기간 중에는 상담이나 교육을 배제하는 것이 좋다.

③ 주 양육자와의 애착 미형성으로 인해 증상이 심화되는 경우 심리상담이나 가족상담이 더 효과적일 수 있다.

④ 정서 인식 및 표현 능력이 낮은 ADHD의 경우 미술치료, 놀이치료, 음악치료 등과 함께 사회성 프로그램을 병행하는 것이 바람직하다.

⑤ 약물치료는 두통, 수면장애, 식욕 부진 등의 부작용이 동반될 수 있으므로 순작용과 부작용을 객관적으로 검토하여 약물치료의 효과성을 평가해야 한다.

1. ③ 2. ② 3. ②

(정답)

🌿참고문헌

공석원, 이정섭, 류인균, 홍강의(1997). 주의력결핍/과잉운동장애에서 전두엽과 미상핵의 뇌자기공명영상상 연구. 신경정신의학, 36(6), 1162-1169.

김붕년(2002). 주의력결핍/과잉행동 증상과 연관된 임신, 분만 및 주산기 위험 요인에 관한 연구. 신경정신의학, 41(2), 263-273.

김영신, 소유경, 노주선, 최낙경, 김세주, 고윤주(2003). 한국어판 부모 및 교사용 ADHD 평가척도 (K-ARS)의 규준연구. 신경정신의학, 42(3), 352-359.

김형대(2001). 인지행동적 자기통제훈련이 ADHD아동의 자기통제능력과 과제수행능력에 미치는 효과. 대구대학교 특수교육대학원 석사학위논문.

두정훈, 손정락(2003). Think Aloud 훈련이 ADHD 성향이 있는 아동의 주의력 결핍, 충동성 및 사회적 유능성에 미치는 효과. 한국심리학회지:임상, 22(1), 1-15.

미국소아과학회(2007). ADHD에 대한 가장 완전한 지침서[ADHD: A Complete and Authoritative]. American Academy of Pediatrics 저. 서울: 이퍼블릭. (원저는 2004년에 출판).

송윤조(2005). 주의력결핍과잉행동장애 아동 및 가족 특성이 양육 스트레스에 미치는 영향. 이화여자대학교 대학원 석사학위논문.

안동현, 김세실, 한은선(2004). 주의력결핍장애 아동의 사회기술훈련. 서울: 학지사.

이명경(2006). 집중력교육의 이론과 실제. 서울: 한국집중력센터.

이명경(2011). 아동청소년을 위한 주의 집중 능력 검사 실시 요강. 서울: 한국집중력센터.

이정수(2002). Think Aloud 프로그램을 통한 자기통제훈련이 주의력 결핍 과잉행동장애 아동의 과잉행동 및 충동성 감소에 미치는 효과. 세종대학교 교육대학원 석사학위논문.

임경희, 조붕환(2004). 성, 학년, 지역에 따른 초등학생의 ADHD 출현율 조사 연구. 초등교육연구, 17, 235-260.

장수진, 서동수, 변희정(2007). 한국어판 주의력결핍 과잉행동장애 평가척도의 부모용 규준 연구. 소아청소년정신의학, 18(1), 38-48.

표경식, 박상학, 김상훈, 조용래, 김학렬, 문경래(2001). 도시지역 초등학생에서 주의력결핍 과잉행동장애의 유병률. 조선대학교 의대논문집, 26(2).

해피마인드(2008). Comprehensive Attention Test. 서울: 해피마인드.

홍강의, 신민섭, 조성준(2004). 주의력 장애 진단 시스템 사용 설명서. 서울: (주) 아이큐빅.

American Psychiatric Association(2013). *Diagnostic and statistical manual of mental disorders* (5th ed.). Arlington, VA: APA.

Barkley, R. A. (2006). *Attention Deficit Hyperactivity Disorder: A Handbook for Diagnosis and Treatment* (3rd ed.). New York: The Guilford Press.

Biederman, J., & Faraone, S. V. (2002). Current concepts on the neurobiology of Attention deficit/hyperactivity disorder. *Journal of Attention Disorders, 6,* 7-16.

Campbell, S. B., Breaux, A. M., Ewing, L. J., & Szumowski, E. K. (1986). Correlates and predictors of hyperactivity and aggression: a longitudinal study of parent-referred problem preschoolers. *Journal of Abnormal Child Psychology, 12,* 217-234.

Carlson, N. R. (2001). *Physiology of behavior.* Boston: Allyn and Bacon.

Clarke, L., Ungerer, J., Chahoud, K., Johnson, S., & Stiefel, I. (2002). Attention deficit hyperactivity disorder is associated with attachment insecurity. *Clinical Child Psychology and Psychiatry, 7,* 179-198.

Conners, C. K., Epstein, J. N., Angold, A., & Klaric, J. (2003). Continuous performance test performance in normative epidemiological sample. *Journal of Abnormal Child Psychology, 31*(5), 555-562.

Davies, M. (2002). A few thoughts about the mind, the brain, and a child with early deprovation. *Journal of Analytical Psychology, 47,* 421-435.

DeWolfe, N. A., Byrne, J. M., & Bawden, H. N. (2000). ADHD in preschool children: parent-rated psychosocial correlates. *Developmental Medicine, 42,* 825-830.

DuPaul, G. J., & Stoner, G. (2003). *ADHD in the school.* New York: The Guilford Press.

DuPaul, G. J., Power, T. J., Anastopoulos, A. D., & Reid, R. (1998). *ADHD Rating Scale-IV: Checklist, norms and clinical interpretation.* New York: Guilford Press.

Halperin, J. M., Sharma, V., Greenblatt, E., & Schwartz, S. T. (1991). Assessment of the continuous performance test: Reliability and validity in a nonreferred sample. *Psychological Assessment, 3,* 603-608.

Jones, J. D. (2002). Plea for a measure of understanding: The importance of intensive psychotherapy in the treatment of children with ADHD. *Psychotherapy: Theory, Research, Practice, Traning, 39,* 12-22.

Joseph, J. (2000). Not in their genes: a critical view of the genetics of attention-deficit hyperactivity disorder. *Developmental Review, 20*, 539-567.

Kendall, P. C., & Braswell, L. (1985). Cognitive-Behavioral Self-Control Therapy for Impulsive Children. New York: Guilford Press.

Ladnier, R. D., & Massanari, A. E. (2000). Treating ADHD as attachment deficit hyperactivity disorder. In T. M. Levy (Ed.), *Handbook of attachment interventions* (pp. 27-65). California: Academic Press.

Meichenbaum, D., & Goodman, J. (1971). Training impulsive children to talk themselves: A means of developing self-control. *Journal of Abnormal Psychology, 77*, 115-126.

Rappaport, G. C., Ornoy, A., Tenebaum, A. (1998). Is early intervention effective in preventing ADHD? *Israel Journal of Psychiatry & Related Sciences, 35*, 271-279.

Resnick, R. J. (1998). Attention-deficit/hyperactivity disorder through the life span. In G. P. Koocher, J. C. Norcross, & S. S. Hill III. (Eds.), *Psychologists desk reference* (pp. 39-41). New York: Oxford University Press.

Sandson, T. A., Bachna, K. J., Morin, M. D. (2000). Right hemisphere dysfunction in ADHD: visual Demispatial inattention and clinical subtype. *Journal of Learning Disabilities, 33*, 83-94.

Schachar, R. & Tannock, R. (2002). Syndromes of hyperactivity and attention deficit. In M. Rutter, & E. Taylor (Eds.), *Child and adolescent psychiatry* (pp. 399-418). Oxford: Blackwell Publishing Company.

Smith, A. J., Brown, R. T., Bunke, V., Blount, R. L., & Chirstophersen, E. (2002). Psychosocial adjustment and peer competence of siblings of children with attention-deficit/hyperactivity disorder. *Journal of Attention Disorders, 5*, 165-177.

Sprich, S., Biederman, J., Crawford, M. H., Mundy, E., & Faraone, S. V. (2000). Adoptive and biological families of children and adolescents with ADHD. *Journal of the American Academy of Child and Adolescent Psychiatry, 39*, 1432-1437.

Stuss, D. T. (1992). Biological and psychological development of executive function. *Brain and Cognition, 20*, 8-23.

Thapar, A. (2003). Attention deficit hyperactivity disorder: new genetic findings, new directions. In R. Plomin, J. C. Defries, I. W. Craig, & P. McGuffin (Eds.), *Behavioral genetics in the postgenetic era*. Washington, D.C.: American Psychological Association.

🍃추천문헌

이명경(2016). 집중력이 내 아이의 인생을 결정한다. 서울: 랜덤하우스 코리아.

톰 하트먼(2009). 산만한 아이들이 세상을 바꾼다. 서울: 미래의 창.

Barkley, R. A. (2006). *Attention Deficit Hyperactivity Disorde: A Handbook for Diagnosis and Treatment* (3rd ed.). New York: The Guilford Press.

제7장

파괴적, 충동통제 및
행동장애 상담

DSM-5에 파괴적, 충동통제, 품행장애(Disruptive, Impulse-Control and Conduct Disorder)라는 범주가 새로이 추가되었다. DSM-IV에서 여기저기 나누어져 있던 진단명들이 하나로 묶였는데, 그 공통점은 타인의 권익을 침해하고 사회에 갈등과 분열을 조장한다는 것이다. 이러한 취지하에 발생연령이나 원인, 기전과는 관계없이 품행장애, 반사회적장애가 도벽, 방화벽, 기타 충동장애와 함께 묶이게 되었다.

파괴적, 충동통제 및 품행장애는 정서와 행동의 자기통제에 문제가 있는 장애다. DSM-5(APA, 2013)에 따르면, 이 장애는 적대적 반항장애(Oppositional Defiant Disorder), 품행장애(Conduct Disorder), 간헐적 폭발성장애(Intermittent Explosive Disorder), 반사회적 성격장애(Antisocial Personality Disorder), 방화벽(Pyromania), 도벽(Kleptomania), 달리 분류되지 않은 파괴적, 충동통제 및 품행장애(Other Unspecified and Unspecified Disruptive, Impulse-Control, and Conduct Disorder)를 포함한다. 이들은 모두 문제가 행동으로 드러나는데, 구체적으로 신체적 · 언어적 공격성을 드러내거나 재산 파괴 등 타인의 권리를 위반하는 행동을 하거나 사회적 규범 혹은 권한에 위배되는 행동으로 나타난다.

이 장에서는 크게 파괴적 행동장애(Disruptive Behavior Disorder)와 충동통제장애의 두 부분으로 구분하여 설명하고자 한다. 파괴적 행동장애에서는 6개 주요 하위장애 중 적대적 반항장애와 품행장애에 대해서 설명하고, 충동통제장애에서는 간헐적 폭발성장애, 방화벽, 도벽에 대해서 기술하고자 한다.

초등학교 2학년인 윤학이는 선생님의 말씀에 대들거나 따지기도 한다. 또한 청소를 시키면 왜 내가 해야 하냐고 반항적인 태도를 보이기도 하며, 선생님이 이러한 태도를 혼내거나 지적하면 노려보거나 불손한 태도를 취해 선생님의 화를 북돋기도 한다. 학교생활에서 잘못한 일이 있어서 야단치면 자신이 한 일이 아니며, 친구 탓을 하거나 잘못했다는 말을 하지 않고 거짓말을 하기도 한다.

선생님의 상담전화로 부모와 이야기를 했을 때 가정에서도 비슷한 패턴을 보이며, 특히 어머니가 혼내거나 야단치면 짜증내거나 소리를 지르기도 하며, 갈등이 일어나고 있다고 한다. 어머니는 사춘기가 일찍 시작되었다고 생각하고 있으며, 어린 시절에도 고집이 세고 자기가 하고 싶은 일을 하지 못하면 소리를 지르거나 짜증을 잘 내고 원하는 대로 해야 직성이 풀리는 아이였다고 한다. 이러한 행동이 학교나 가정에서 자주 일어나고 있지만, 대부분 어른에 대해 일어나는 반응이었으며, 타인을 해치거나 뚜렷한 비행을 저지르는 행동은 없다고 한다.

현석이는 14세로 가정과 학교에서 친구들과의 다툼, 폭언, 과잉행동, 욕설, 과격한 폭력 등을 보여 의뢰되었다. 가정에서 엄마나 아버지에게 따지거나 욕을 하기도 하며, 누나에게 싸움을 걸고 때로는 부모나 누나의 돈을 훔치기도 하였다. 동생을 괴롭히거나 심부름을 시키고, 자신의 말을 듣지 않을 때는 폭력을 휘두르기도 했다. 부모가 타이르거나 혼을 내면 집을 나가 버린다든가 불을 질러 버리겠다고 소리치기도 하였다. 실제로 그는 자신의 방에 있는 휴지통에 불을 내거나, 공공 화장실의 휴지통에 불을 지르기도 했다. 한번은 책에 불을 붙였으며 불이 커지기 전 엄마가 외출에서 돌아와 다행히 불을 껐지만, 자신은 잘못하지 않았고 어쩌다 불이 붙은 것이라며 자신의 잘못을 부인했다.

학교에서도 작년에 화장실 휴지통에 불을 붙였고, 이는 CCTV로 알려져 정학을 받았다. 호기심에 불을 질렀으며 자신이 주도하지 않았고 다른 친구들이 해 보라고 시켜서 했다며 억울함을 호소하기도 하였다. 때때로 교사와 트러블이 생기기도 하였다. 교실에서 소리를 지르고 친구들과 욕을 하다가 한 교사에게 걸려서 잔소리를 들었는데 그 교사에게 따지고 증거를 대보라거나, 왜 자신만 혼을 내냐고 하면서 오히려 큰소리로 화를 내거나 분노를 표하기도 했다고 한다. 그 결과 학교에서 요주의 인물이 되었으며, 한 번 더 이런 일이 있으면 강제 전학조치가 취해질 것이라는 말을 듣게 되었다.

🍃 학습목표

1. 파괴적 행동장애의 하위유형별 개념과 주요 특징, 유병률, 원인을 이해한다.
2. 파괴적 행동장애의 하위유형별 진단기준을 이해하고 평가도구를 알 수 있다.
3. 파괴적 행동장애의 치료적 개입방법에 대해 이해한다.
4. 충동통제장애의 하위유형별 개념과 주요 특징, 유병률, 진단기준을 이해한다.

파괴적 행동장애(Disruptive and Conduct Disorder)

1. 적대적 반항장애

1) 개념 및 주요 특징

적대적 반항장애(Oppositional Defiant Disorder)는 부모 등 권위적인 어른들에게 화를 내고 짜증을 내는 등 적대적이고 반항적인 행동을 지속적이고 반복적으로 나타내는 것이 특징이다. 장애가 없는 대부분의 아동도 때때로 적대적이고 공격적인 행동을 어느 정도 나타낼 수 있다. 그러나 지난 6개월 이내에 4개 이상의 반항적 행동이 아동이 속한 또래에 비해 빈도를 초과하여 지속적으로 나타나 가정이나 학교 등에서 많은 문제가 있으면서 품행장애 기준에 해당되지 않을 경우 적대적 반항장애로 진단된다.

2) 유병률과 성차

적대적 반항장애는 3세 정도에 시작될 수 있지만, 전형적으로 8세경에 두드러지게 나타나며 청소년기 이후에 사라진다. DSM-5에 따르면, 적대적 반항장애의 유병률은 학령기 아동은 1~11%이고, 나이와 성별에 따라 다를 수 있지만 평균적으로 3.3%의 유병률을 나타낸다. 사춘기 이전에는 남자가 여자보다 1.4배 정도 더 많이 발생하지만, 사춘기 이후에는 남녀 성비가 비슷하게 나타난다(APA, 2013).

3) 원인

적대적 반항장애의 원인은 잘 밝혀져 있지 않으나 주로 기질, 애착, 사회적 인지 등 아동수준의 요인 및 환경적 요인과 관련이 있다.

(1) 아동수준 요인

기질적 요인으로 아동의 정서적 과민반응과 좌절에 대한 낮은 내성은 주변과의 상호
작용을 통해서 적대적 반항장애의 발병에 영향을 미친다. Sanason과 Prior(1999)에 따르
면, 부정적인 정서, 융통성이 없는 성격 등 아동의 초기 기질적 요인은 추후 아동의 외
현화된 품행문제를 예측할 수 있다. 몇몇 연구에 의해 불안정한 회피(Pierrehumbert et al.,
2000)와 부모와 불안정한 애착관계(DeVito & Hopkins, 2001) 및 파괴적 행동 사이에 관련
성이 보고되었다.

파괴적 행동을 보이는 아동 · 청소년은 대인관계 상황에 대한 인지과정에서 특징적
인 결함을 보인다. 사회문제해결 실험연구에서 적대적 반항장애를 가진 소년과 ADHD
를 가진 소년은 사회적 단서를 부호화하고 반응을 보이는 데 어려움이 있었다. 적대적
반항장애를 가진 소년은 문제에 대해서 더욱 공격적인 행동을 나타냈고 공격적인 행동
을 나타내는 자신의 능력에 자신감을 느낀다고 보고하였다(Matthys et al., 1999).

(2) 환경적 요인

환경적 요인에는 부적절한 양육태도, 부부 갈등, 가족 간 낮은 결속력(Mash & Wolfe,
2010), 권력지향적이고 지배적인 부모의 특성, 물질남용이나 반사회적 성격장애와 같은
부모의 정신장애 등(Greene et al., 2002)이 포함된다. 많은 사례에서 장애아동의 부모는
가혹하고 일관성이 없으며, 방만한 자녀양육 태도를 보이고, 이들은 대부분 권력지향
적이고 지배적인 특성을 지니고 있었다. 기질적으로 자기주장과 독립성이 강한 아동의
경우 부모가 일방적으로 아동의 행동을 힘이나 권위로 과도하게 억제하고 훈육하면 적
대적이고 반항적인 태도를 유발할 수 있다. 한편, 행동주의자들에 따르면, 아동의 적대
적인 행동은 가정에서 조작적 조건형성을 통해 강화되고 모방학습을 통해 학습된 행동
이라고 한다. 즉, 아동의 반항적인 행동은 자신의 요구를 관철시키거나 혹은 부모의 요
구를 철회하게 하는 등의 보상적 결과를 통해 강화된다고 한다(권석만, 2013). 또한 부모
의 관심의 증가가 행동을 강화시킬 수 있다. 적대적 반항행동이 가족에서 모방학습을
통해 학습되고 조작적 조건형성을 통해 강화될 수 있다고 주장한다(권석만, 2013).

2. 품행장애

1) 개념 및 주요특징

품행장애(Conduct Disorder)는 반복적으로 타인의 권리를 침해하고 나이에 맞는 사회적 규범 및 규칙을 위반하는 행동을 나타내는 것이 특징이다. 이들은 사람이나 동물을 거칠고 잔인하게 대하며, 폭력, 방화, 도둑질, 거짓말, 가출, 무단결석 등 난폭하거나 무책임한 행동을 한다(권석만, 2013; 육기환, 1998). 극단적인 증오와 적대감을 지속적으로 보인다면 적대적 반항장애나 품행장애로 진단하게 된다. DSM 분류체계에 따르면, 적대적 반항장애보다 더 심하고 진행이 된 경우 품행장애로 진단하게 된다(강제욱 외, 2012).

2) 유병률과 성차

품행장애는 일반적으로 7~15세 사이에 시작되고, 시간이 지나면서 경미한 장애행동은 좋아질 수 있지만 심각한 수준의 경우 반사회적 성격장애나 다른 심리문제로 진단된다(오경자 외 역, 2014; Mash & Wolfe, 2010). DSM-5에 따르면, 연간 2~10%가 품행장애로 진단되고 평균적으로 4%의 유병률을 보인다(APA, 2013). 연령이 증가할수록 유병률이 증가하고, 남자가 여자보다 4배에서 12배 정도 더 많이 진단된다(Sadock, Kaplan, & Sadock, 2007). 품행장애아동의 3분의 1은 주의력결핍 및 과잉행동장애를 수반하기도 한다(오경자 외 역, 2014). 두 장애의 국내 유병률은 적대적 반항장애 11.34%, 품행장애 1.12%로 나타났다(조수철 외, 2005).

3) 원인

적대적 반항장애와 품행장애는 중요한 개념적 관계가 있다. 적대적 반항장애는 권위적 인물에 대한 부정과 반항, 저항적인 행동양식의 반복으로 정의되고, 대개 학령전기에 나타나며 유아기와 아동기의 문제적 기질과 관련이 있다. 반면, 품행장애는 발달적으로 진보한 적대적 반항장애의 형태이며, 이 두 장애의 관련 요인이 유사하다는 연구가 있다(하은혜, 진미경, 김서윤, 이희연 역, 2012). 품행장애의 원인을 한 가지 요인으로 설명하는 것은 불가능하다. 품행장애는 다양한 생물학적 및 심리사회적인 요인들이 복합적으로 작용하여 장애로 발전하는 데 기여한다.

(1) 가정 관련 요인

환경적 요인 중 가정 관련 위험요인은 적대적 반항장애와 양상이 비슷하다. 부모의 강압적이고 처벌적인 양육태도나 무관심하고 방임적인 양육태도, 비일관적인 양육태도는 모두 품행장애를 촉발할 수 있다. 즉, 부모에게 거부당하거나 부모가 떠나거나 강압적이거나 학대하거나 혹은 부모로부터 적절하고 지속적인 지도감독을 받지 못한 경우 아동 및 청소년에게서 품행장애 문제가 나타날 수 있다. 부모의 이혼도 품행장애의 원인이 될 수 있다고 하지만 이혼한 부모 간 적대감, 분노 혹은 고통이 지속되고 유지되는 것은 이혼 자체보다도 아동의 부적응행동에 더욱 중요한 원인이라 할 수 있다. 이외에도 부모의 정신장애, 아동학대, 반사회적 태도 혹은 범죄행위, 알코올 의존과 물질남용은 아동 및 청소년의 품행장애 유발요인으로 기여한다.

(2) 또래요인

또래관계와 아동의 품행문제는 서로 영향을 미친다. 또래로부터의 거절이나 비행청소년들과의 어울림, 청소년 음주는 품행장애와 같은 공격적인 행동의 증가와 관련된다. 즉, 공격적인 아동은 또래로부터 거부당할 위험이 크고, 거부당한 공격적인 아동은 시간이 지남에 따라 품행문제가 심각해진다. 또래로부터 거부당한 아동·청소년은 일반적으로 일탈한 또래집단과 사귀기 쉬운데, 결과적으로 그들을 모델링하고 강화되며 반사회적 행동의 기회가 늘게 된다(Dishion, Andrews, & Crosby, 1995). 청소년의 음주와 정신건강에 관한 연구는 청소년이 어린 나이에 음주를 시작할수록 공격적 행동과 기분장애를 나타내는 것으로 보고하였다.

(3) 지역사회요인

사회경제적 요인들이 아동·청소년의 품행장애에 기여한다. 사회경제적 수준이 낮은 환경에 처한 아동은 품행장애 유발의 고위험에 처해 있다고 할 수 있다. 실직한 부모, 지지적인 소셜 네트워크의 부족, 폭력적인 지역사회 환경 등이 위험요인으로 알려져 있다. 주변 환경적 요인으로서, 높은 수준의 폭력적 지역사회 환경은 아동의 품행문제를 직접적으로 증가시킬 수 있고, 공격성의 수용 가능성에 대한 아동의 생각에 영향을 미칠 수 있다(Guerra, Huesman, & Spindler, 2003).

(4) 신경생물학적 요인

가족연구, 쌍생아연구, 입양아연구에 따르면, 유전적인 요인과 역기능적인 환경 간의 상호작용이 품행문제의 발생에 영향을 미친다고 한다. 품행장애의 많은 사례를 통해 반사회적 성격장애나 알코올 의존이 있는 부모의 자녀에게서 품행문제가 더 자주 발생한다는 사실은 유전적인 영향을 받을 수 있음을 시사한다. 품행장애가 있는 아동의 뇌손상과 같은 기질적 문제 혹은 뇌기능장애가 품행장애에 영향을 미친다. 자기공명영상(magnetic resonance image: MRI) 결과를 통해 건강한 대조군에 비해 품행장애아동 및 청소년에게서 전두엽, 측두엽, 해마, 섬엽 등의 부피가 감소되는 등 뇌의 구조적 이상이 나타났다(조수철 외, 2014). 기능적 MRI 연구에 따르면, 품행장애 아동 및 청소년에게 부정적인 정서를 유발하는 그림을 제시했을 때 건강한 대조군에 비해서 오른쪽 등쪽 전방 대상회(right dorsal anterior cingulate cortex)와 해마의 활성도 이상 등 뇌기능에 이상이 있는 것으로 나타났다(조수철 외, 2014). 신경생물학적 요인으로는 품행장애아동의 혈액 내 세로토닌 농도가 높거나 척수액 내의 세로토닌 대사물인 5-하이드록시인돌아세트산(5-hydroxyindoleacetic acid: 5-HIAA)이 높다는 보고가 있다. 이들의 공격적인 행동은 높은 테스토스테론 수치와도 관련이 있었다. 테스토스테론과 품행문제와의 관련성은 체내 코르티솔의 수치, 부모–자녀 간의 관계나 비행 또래의 존재 여부 등 임상적 특징이나 주변 환경에 따라 다양하게 변화한다고 알려졌다(조수철 외, 2014; Popma et al., 2008).

3. 진단기준 및 평가

1) 진단기준

적대적 반항장애는 기분조절의 어려움과 행동상의 문제를 동시에 나타내는 반면, 품행장애는 행동상의 문제만이 진단기준에 포함되어 있다. 적대적 반항장애는 주로 집에서 나타나지만 품행장애는 학교나 직장, 기타 사회적 상황에서 권위 있는 대상과의 관계에서도 나타난다. DSM-5에 따른 적대적 반항장애와 품행장애의 진단기준은 〈표 7-1〉과 〈표 7-2〉에 각각 제시되었다.

(1) 적대적 반항장애

〈표 7-1〉 적대적 반항장애의 DSM-5 진단기준(APA, 2013)

A. 분노/과민한 기분, 논쟁적/반항적 행동 또는 보복적인 양상이 적어도 6개월 이상 지속되고, 다음 중 적어도 4가지 이상의 증상이 존재한다. 이러한 증상은 형제나 자매가 아닌 적어도 한 명 이상의 다른 사람과의 상호작용에서 나타나야 한다.

분노/과민한 기분
1. 자주 욱하고 화를 냄
2. 자주 과민하고 쉽게 짜증을 냄
3. 자주 화를 내고 크게 분개함

논쟁적/반항적 행동
4. 권위자와의 잦은 논쟁, 아동이나 청소년의 경우는 성인과 논쟁함
5. 자주 적극적으로 권위자의 요구나 규칙을 무시하거나 거절
6. 자주 고의적으로 타인을 귀찮게 함
7. 자주 자신의 실수나 잘못된 행동을 남의 탓으로 돌림

보복적 특성
8. 지난 6개월 안에 적어도 두 차례 이상 악의에 차 있거나 앙심을 품음

주의점: 진단에 부합하는 행동의 지속성 및 빈도는 정상 범위 내에 있는 행동과 구별되어야 한다. 다른 언급이 없다면, 5세 이하의 아동인 경우에는 최소한 6개월 동안 거의 매일 상기 행동이 나타나야 한다. 5세 이상의 아동인 경우에는 6개월 동안 일주일에 최소한 1회 이상 상기 행동이 나타나야 한다(진단기준 A8). 이런 빈도에 대한 기준은 증상을 기술하기 위한 최소 기준을 제공한 것일 뿐이며, 반항적 행동이 동일한 발달 수준에 있고 성별이나 문화적 배경이 같은 다른 사람들에게서 전형적으로 관찰되는 것보다 더 빈번하고 강도가 높은지와 같은 다른 요인들도 고려해야 한다.

B. 행동의 장애가 개인 자신에게, 또는 자신에게 직접적으로 관련 있는 사회적 맥락(예, 가족, 또래 집단, 동료) 내에 있는 상대방에게 고통을 주며, 그 결과 사회적, 학업적, 직업적, 또는 다른 중요한 기능 영역에서 부정적인 영향을 준다.

C. 행동은 정신병적 장애, 물질사용장애, 우울장애 또는 양극성장애의 경과 중에만 국한해서 나타나지 않는다.
또한 파괴적 기분조절부전장애의 진단기준을 충족하지 않아야 한다.

현재의 심각도 명시할 것:
　경도: 증상이 한 가지 상황(예, 집, 학교, 직장, 또래 집단)에서만 나타나는 경우다.
　중등도: 증상이 적어도 2가지 상황에서 나타나는 경우다.
　고도: 증상이 3가지 이상의 상황에서 나타나는 경우다.

(2) 품행장애

〈표 7-2〉 품행장애의 DSM-5 진단기준

A. 다른 사람의 기본적 권리를 침해하고 연령에 적절한 사회적 규범 및 규칙을 위반하는 지속적이고 반복적인 행동 양상으로, 지난 12개월 동안 다음의 15개 기준 중 적어도 3개 이상에 해당되고, 지난 6개월 동안 적어도 한 개 이상의 기준에 해당된다.

사람과 동물에 대한 공격성

1. 자주 다른 사람을 괴롭히거나, 위협하거나, 협박함
2. 자주 신체적인 싸움을 검
3. 다른 사람에게 심각한 신체적 손상을 입힐 수 있는 무기 사용(예, 방망이, 벽돌, 깨진 병, 칼, 총).
4. 다른 사람에게 신체적으로 잔인하게 대함
5. 동물에게 신체적으로 잔인하게 대함
6. 피해자가 보는 앞에서 도둑질을 함(예, 노상강도, 소매치기, 강탈, 무장강도).
7. 다른 사람에게 성적 활동을 강요함

재산 파괴

8. 심각한 손상을 입히려는 의도로 고의적으로 불을 지름
9. 다른 사람의 재산을 고의적으로 파괴함(방화로 인한 것은 제외).

사기 또는 절도

10. 다른 사람의 집, 건물 또는 자동차를 망가뜨림
11. 어떤 물건을 얻거나 환심을 사기 위해 또는 의무를 피하기 위해 거짓말을 자주 함(즉, 다른 사람을 속임).
12. 피해자와 대면하지 않은 상황에서 귀중품을 훔침(부수거나 침입하지 않고 상점에서 물건 훔치기, 문서 위조)

심각한 규칙 위반

13. 부모의 제지에도 불구하고 13세 이전부터 자주 밤늦게까지 집에 들어오지 않음
14. 친부모 또는 양부모와 같이 사는 동안 밤에 적어도 2번 이상 가출, 또는 장기간 귀가하지 않은 가출이 1회 있음
15. 13세 이전에 무단결석을 자주 함

B. 행동 장애가 사회적, 학업적, 또는 직업적 기능 영역에서 임상적으로 현저한 손상을 초래한다.

C. 18세 이상일 경우, 반사회성 성격장애의 기준에 부합되지 않는다.

다음의 경우 명시할 것:

312.81(F91.1) **아동기 발병형**: 10세 이전에 품행장애의 특징적인 증상 중 적어도 1개 이상을 보이는 경우다.

312.82(F91.2) **청소년기 발병형**: 10세 이전에는 품행장애의 특징적인 증상을 전혀 충족하지 않는 경우다.

312.89(F91.9) **명시되지 않는 발병**: 품행장애의 진단기준을 충족하지만, 첫 증상을 10세 이전에 보였는지 또는 10세 이후에 보였는지에 대한 정보가 없어서 확실히 결정하기 어려운 경우다.

다음의 경우 명시할 것:

제한된 친사회적 정서 동반: 이 명시자를 진단하려면 적어도 12개월 이상 다양한 대인관계나 사회

적 장면에서 다음 중 적어도 2개 이상의 특징을 보여야 한다. 이러한 특성은 해당 기간 동안 그 개인의 대인관계적 · 정서적 기능의 전형적인 형태를 반영해 주며, 몇몇 상황에서만 가끔 발생하는 것이 아니다. 따라서 명시자를 평가하기 위해서는 다양한 출처에서 정보를 얻는 것이 필수적이다. 자기보고뿐만 아니라 그 개인을 장기간 동안 알고 있는 사람들(예, 부모, 교사, 동료, 친척, 또래)의 보고를 반드시 고려해야 한다.

후회나 죄책감 결여: 본인이 잘못을 저질러도 나쁜 기분이나 죄책감을 느끼지 않는다(붙잡히거나 처벌을 받는 상황에서만 양심의 가책을 표현하는 경우는 배제해야 한다). 자신의 행동으로 인한 부정적인 결과에 대해 일반적인 염려가 결여되어 있다. 예를 들면, 다른 사람을 다치게 하고도 자책하지 않거나 규칙을 어겨 발생하는 결과에 대해 신경을 쓰지 않는다.

냉담, 즉 공감의 결여: 다른 사람의 감정을 무시하거나 신경 쓰지 않는다. 다른 사람들은 이들을 차갑고 무정한 사람으로 묘사한다. 심지어 자신이 다른 사람에게 상당한 피해를 주는 경우에도, 자신이 타인에게 미치는 영향보다는 자기 자신에게 미치는 영향에 더 신경을 쓴다.

수행에 대한 무관심: 학교나 직장 또는 다른 중요한 활동에서 자신이 저조한 수행을 보이는 것을 개의치 않는다. 심지어 충분히 예상 가능한 상황에서도 좋은 성과를 보이기 위해 필요한 노력을 기울이지 않으며, 전형적으로 자신의 저조한 수행을 다른 사람의 탓으로 돌린다.

피상적이거나 결여된 정서: 피상적이거나, 가식적이고, 깊이가 없는 정서(예, 행동과 상반되는 정서 표현, 빠른 정서 전환)를 제외하고는 다른 사람에게 자신의 기분이나 정서를 드러내지 않는다. 또는 얻고자 하는 것이 있을 때만 정서를 표현한다(예, 다른 사람을 조종하거나 위협하고자 할 때 보이는 정서 표현).

현재의 심각도 명시할 것:

경도: 진단을 충족하는 품행 문제가 있더라도, 품행 문제의 수가 적고, 다른 사람에게 가벼운 해를 끼치는 경우(예, 거짓말, 무단결석, 허락 없이 밤늦게까지 집에 들어가지 않는 것, 기타 규칙 위반)다.

중등도: 품행 문제의 수와 다른 사람에게 끼치는 영향의 정도가 "경도"와 "고도"의 중간에 해당되는 경우(예, 피해자와 대면하지 않는 상황에서 도둑질하기, 공공기물 파손)다.

고도: 진단을 충족하는 품행 문제가 많거나, 또는 다른 사람에게 심각한 해를 끼치는 경우(예, 성적 강요, 신체적 잔인함, 무기 사용, 피해자가 보는 앞에서 도둑질, 파괴와 침입)다.

2) 진단평가

적대적 반항장애와 품행장애 등에서 보이는 행동문제를 평가하기 위해서는 적대적 혹은 반항적인 행동, 공격적 행동을 한 이유와 상황 등을 포함한 면담이 요구된다. 가족을 포함한 아동이 생활하는 역기능적인 주변환경 전반에 대한 생태학적 평가가 이루어져야 한다. 이를 위해 교사나 부모 등 학생과 많은 시간을 보내는 성인을 대상으로 조사를 해야 한다. 하지만 부모나 교사의 현재 정서상태나 과거경험 등이 아동의 행동에 대한 지각에 영향을 미칠 수 있기 때문에(이성봉, 방명애, 김은경, 박지연, 2014; Eddy, 2006),

면담 외에도 학생의 행동에 대한 직접관찰과 다양한 진단적 평가도구를 활용하는 것이
필요하다.

　적대적 행동문제를 구체적으로 다루는 완벽한 평가도구를 논의하는 것은 쉬운 일
이 아니다. 하지만 현재까지 사용되는 평가도구를 소개하면, 아동행동평가척도(Child
Behavior Checklist: CBCL), 한국판 청소년 자기보고척도(Korean-Youth Self Report: K-YSR),
파탄적 행동장애 평정척도(Disruptive Behavior Disorder Rating Scale: DBDRS) 등이 유용한
평가척도다(조수철, 신민섭, 2006). 그 이외에도 주의력결핍 및 과잉행동장애(ADHD), 적
대적 반항장애, 품행장애의 적대적 혹은 반항적인 행동문제를 다루는 구체적인 행동척
도로서 코너스(Conners)척도가 있다. 이 척도는 1960년대 말과 1970년대 초에 처음 출
판된 이후 1997년에 개정되어 널리 사용되고 있으며, '긴' 부모용 버전에는 80개 항목,
'긴' 교사용 버전에는 59개 항목이 포함되어 있다. 각 버전에는 적대적, 비행, 과잉행동,
불안-수줍음, 완벽주의 그리고 사회문제에 관련된 하위척도가 있다. 적대적 행동문
제를 가진 아동을 평가하기 위해 코너스척도의 지표 중 구체적으로 과잉행동 및 적대
적/공격적 행동에 초점을 맞춘 보다 더 간략한 평정척도로서 CASQ(Conners Abbreviated
Symptom Questionnaire), IOWA Conners(Inattentive/Overactivity with Aggression Conners),
CLAM(Conners, Loney and Milich)이 있다(〈표 7-3〉 참조).

〈표 7-3〉 품행장애의 DSM-5 진단기준

척도	정보제공자	연령	항목 수	요인
CASQ	부모, 교사	3~7세	10	1. 안절부절/충동적 2. 정서적 불안정
IOWA Conners	교사	유치원~초5	10	1. 주의산만/과잉행동 2. 공격성 또는 적대적/반항적
CLAM	부모, 교사	*	16	(이 척도는 CASQ와 2개의 IOWA Conner의 요인을 합한 것이다. 위를 보시오.)
SNAP-IV	교사	**	41	***

* CASQ와 IOWA Conners의 별개의 기준

** DSM-III 항목에 대해 Swanaon(1981)은 SNAP 원판에서 기준을 제시한다. 교사용 DSM-III-R에 대해 기준과 심리측정
학 자료에 대해 Pelham(1992) 저서를 참조하시오.

*** 이 척도는 다음을 포함하고 있다. (1) 과잉행동을 동반하거나 동반하지 않은 주의력결핍장애와 적대적 장애에 대한
DSM-III 진단기준, (2) ADHD와 ODD에 대한 DSM-III-R 진단기준, (3) DSM-IV 실험판 ADHD와 과잉행동 증상을 동반하
지 않은 주의력결핍장애의 증상들, (4) DSM-IV 진단기준의 최종 ADHD 증상의 18항목과 적대적 반항장애 증상의 8항목

이 중 CASQ는 충동성-과잉행동을 나타내는 아동집단의 선별을 위한 표준화된 도구로 사용되어 왔으며, 한국형 코너스 단축형 행동평가척도가 사용되고 있다. SNAP-IV (Swanson, Nolan and Phalam-IV)는 DSM-IV에 나오는 주의산만과 과잉활동에 관한 진단기준에 일치하는 가장 최신의 평정도구다.

4. 치료적 개입

적대적 반항장애와 품행장애는 서로 개별적인 장애라는 시각도 있는 한편, 서로 연속성을 가지고 연관된 장애라는 보고도 있다. 일부 적대적 반항장애는 추후 품행장애로 진행되기도 하고 혹은 적대적 반항장애가 품행장애의 가벼운 형태라고도 한다(홍강의 외, 2014; Achenbach et al., 1989). 더 나아가 두 장애는 위험요인과 치료에서 공통특징을 상당 부분 가지고 있기 때문에(홍강의 외, 2014), 두 장애에 대한 치료를 개별적으로 다루지 않고 적대적, 반항적이고 공격적인 특성을 포함한 파괴적 행동장애에 대한 치료적 개입을 소개하고자 한다. Sprague와 Walker(2000)는 파괴적 행동장애아동의 교육과 치료적 개입을 위한 연구를 기반으로 하여 다음과 같은 지침을 제시하고 있다(이성봉 외, 2014).

- 가능한 한 빠른 시기에 치료를 한다.
- 행동적 위험요인은 물론 강점도 파악하여 이를 치료에 활용한다.
- 가족구성원을 치료 파트너로 참여시킨다.
- 반사회적 행동에 효과적인 치료의 특성에 중점을 둔다.

파괴적 행동장애는 연령에 따라 다르기 때문에 13세 이전에 치료하는 것이 가장 효과적이다(Webster-Stratton & Reid, 2010). 아동의 기질적 요인, 신경생물학적인 요인 그리고 가정, 학교 등 다양한 환경적인 요인이 파괴적 행동장애의 발병에 관여하기 때문에 파괴적 행동장애의 치료를 약물치료, 아동초점적 치료, 부모나 가족 등 환경적인 치료적 개입으로 나누어 살펴보고자 한다.

1) 약물치료

적대적 반항장애의 경우 ADHD, 우울장애 등 치료가 요구되는 공존질환이 없는 경우에는 약물치료를 적용하는 경우는 많지 않다. 다만, 공격성 및 이자극성(irritability)과 같은 행동을 즉시 조절해야 할 경우가 있으며 이를 통해 심리사회적인 치료에 도움이 될 수 있다(조수철 외, 2014).

품행장애도 약물치료로만 호전되는 방법은 아직 충분히 만족스럽지 않다. 하지만 앞에서 언급하였던 것처럼 아동의 공격성과 이자극성의 조절이 필요한 경우 약물치료를 시행해야 한다. 품행장애에 적용되는 약물치료는 크게 공격성과 이자극성을 조절해 주기 위한 방법과 ADHD, 적대적 반항장애, 간헐적 폭발장애, 우울장애, 불안장애 등과 같은 공존질환이 존재하는 경우에 적용되는 방법으로 나누어 볼 수 있다. 공격성을 조절하기 위한 약물치료로는 리튬(lithium), 리스페리돈(risperidone)을 비롯한 향정신병약물, 발프로익 에시드(valproic acid)를 비롯한 기분조절제, 클로디닌, 베타차단제인 프로프라놀롤(propranolol)이 보고되었다(조수철 외, 2014; Meltzer et al., 2011). 공존질환으로 ADHD가 존재하는 경우 메칠페니데이트(methylphenidate), 클로디닌이 효과적이라는 연구보고가 있다(조수철 외, 2014; Meltzer et al., 2011). 우울증과 품행장애가 공존하였을 경우 이미프라민(imipramine)이 품행장애 치료에 효과적이라 한다.

품행장애의 약물치료는 아직 다른 장애에 비해서 약물선택이나 치료효과에 대해서 일관된 결론이 내려지지 않았기 때문에 증상조절을 통한 이득과 부작용 등으로 인한 부정적인 영향을 살펴서 시행하여야 한다(조수철 외, 2014).

2) 아동초점적 치료

파괴적 행동장애아동에게 일차적으로 초점을 맞춘 치료는 부모와의 상호작용, 또래와의 상호작용, 교사 등 다른 성인과의 상호작용 및 적절한 사회적 기술을 가르치는 것 등의 다양한 내용으로 실시되어야 한다(Donohue, DeCato, Azrin, & Teichner, 2001). 효과적인 중재는 장기적이고 아동의 행동에 적합하게 개별화되어야 할 필요가 있다. 학령전 아동의 경우에는 사회적 의사소통 훈련, 행동관리 및 직접적인 개입을 통해 적절한 의사소통 행동과 또래들과의 상호작용을 통한 행동을 지원하는 방법을 적용할 수 있다

(문장원, 2001).

최근 적대적 반항장애와 품행장애아동에게 일차적으로 초점을 맞춘 치료 중 인지 행동적 개입이 효과적이라고 지지되고 있다(Kazdin, 2010; 오경자 외 역, 2014). 문제해결 기술 훈련 접근에서 치료자는 아동에게 구조적인 사고와 긍정적인 사회행동을 가르치는데 도움이 되는 모델링, 연습, 역할연기와 체계적 보상 등을 조합해서 사용한다. 치료과정에서 임상가들은 아동과 게임을 하거나 과제를 풀고, 그들이 학습한 내용과 게임에서 배운 기술을 실제 상황에 적용하도록 도모한다(오경자 외 역, 2014). 문제해결 기술은 아동 스스로가 자신의 문제행동을 돌아보도록 하고, 충동적이고 역기능적인 행동반응을 줄이도록 하며, 대안적 행동을 스스로 생각해 보도록 한다.

또 다른 치료적 접근은 '분노와 대처기술 훈련'으로 품행장애아동은 집단회기에 참여해서 자신의 분노를 더 효과적으로 관리하고 문제를 해결하며 사회기술을 쌓고 목표를 설정하며 또래 압력에 대처하는 방법을 배우게 된다(Lochman et al., 2011).

3) 부모교육

파괴적 행동장애아동의 치료를 위해서는 아동의 발달과 가장 밀접하게 관련된 양육자, 즉 부모를 고려해야 한다. 부모훈련 및 교육 프로그램을 통해 아동의 문제행동에 대처하는 부모의 역할을 강화하고 아동을 일관성 있게 대하도록 교육해야 한다. 왜냐하면 부모가 아동을 대하는 태도가 변해야 아동도 변하게 되고, 부모와 자녀 간의 의사소통도 수월해지며 관계도 개선될 수 있기 때문이다(김청송, 2014).

학령 전 아동에게 사용하는 접근 중 하나는 '부모자녀 상호작용 치료'다(Querido & Eyberg, 2005; Zisser & Eyberg, 2010). 여기에서 치료자는 부모가 아동과 긍정적으로 상호작용하고 적절하게 제한을 주고 일관되게 행동하며 훈육결정에서 공정하고 아동에 대한 좀 더 적절한 기대를 가지도록 가르친다. 치료자는 또한 아동에게 사회적 기술을 가르친다. 아주 어린 아동에게 적용되는 '비디오 모델링'은 비디오를 이용해서 동일한 방식을 가르치는 것이다(오경자 외 역, 2014; Webster-Stratton & Reid, 2010).

또 다른 접근으로 아동이 학령기에 이르면 치료자는 종종 부모관리 훈련이라고 하는 가족개입을 사용한다. 이 접근을 통해 부모는 좀 더 효과적으로 자녀를 다루는 법을 배우고, 부모와 자녀가 함께 행동지향 가족치료에 참여한다(Forgatch & Patterson, 2010). 전통적으로 가족과 치료자는 변화시킬 특별한 목표행동을 정한다. 그리고 나서 매뉴얼, 치료실습, 과제의 도움을 받아 부모에게 문제행동을 더 잘 찾아내게 하고, 일관성 있게 바람직하지 않은 행동에 보상하지 않고 적절한 행동에 보상하는 법을 배우게 한다. 취학 전 가족개입과 마찬가지로 부모관리 훈련도 종종 효과를 거둔다(오경자 외 역, 2014; Forgatch & Patterson, 2010).

충동조절장애(Impulse-Control Disorder)

학교 장면 사례

호진이는 15세 중학생으로 자신의 공격성이나 화의 분출을 통제하지 못하는 어려움을 호소했다. 작은 오해나 사소한 일에서 일어나는 화를 참지 못한다고 하였다. 친구가 일이 생겨서 약속에 20~30분 늦었을 때 심한 욕설을 했고 주변의 물건을 걷어차거나 다시는 만나지 않겠다면서 분노를 터뜨렸다. 또한 은행에 일을 보러 갔을 때 사람이 많아 기다리다가 자신의 차례에 다른 사람이 먼저 들어가는 것을 보고 화를 내고 싸움을 걸고, 큰소리로 욕을 해서 청원경찰에게 저지당하기도 하였다. 그리고 인터넷을 하던 중 접속장애로 서비스 센터에 전화를 하였는데 잘 연결이 되지 않았고, 상담원과 이야기를 하던 중 두 차례 전문가에게로 전화가 넘겨지면서 상담원에게 욕설과 폭언 등 차마 입에 담지 못할 말을 퍼부었다. 가족의 제지로 전화를 끊었지만 분노가 일어났을 때 제대로 통제가 되지 않고, 화가 나서 퍼부은 욕설이나 폭언은 잘 기억하지 못하고 있으며, 이러한 일을 깨달았을 때 부끄러워하고 자신의 행동에 후회를 하곤 했다. 반복되는 분노 폭발로 인해 친구들과 멀어졌으며, 가족의 권유로 상담을 하게 되었다.

1. 간헐적 폭발성장애

1) 개념 및 주요특징

간헐적 폭발성장애(Intermittent Explosive Disorder)는 공격적 충동이 조절되지 않아서 가끔 심각한 파괴적 행동을 나타내는 경우를 말한다. 이러한 공격적 행동은 주로 가까운 사람들의 사소한 자극이나 분노폭발을 일으키지 않을 정도의 작은 심리사회적 스트레스에 의해서 일어난다. 이 장애에서 보이는 공격성은 기본적으로 충동적이며 분노를 기반으로 하고, 미리 계획되어 나타나는 경우는 드물다. 더 나아가 심각한 공격적 행위나 재산, 기물을 파괴하는 충동을 통제하지 못한 난폭한 행동이 발작적이고 간헐적으로 반복되는 특징이 있다. 수 분 혹은 수십 분간 돌발적으로 일어나고 전형적으로 30분 이내로 지속되다 빠르게 소멸된다.

2) 유병률과 성차

간헐적 폭발성장애의 유병률에 관한 연구는 매우 드물기 때문에 유병률과 관련한 정보는 그리 많지 않다. 하지만 DSM-5에 따르면, 이 장애에 대한 미국의 1년 유병률은 2.7%이고, 50세 이상의 나이 든 사람보다 35세 이하의 젊은 사람에게서 더 자주 나타나며, 고졸 이하 등 교육수준이 낮은 사람에게서 더욱 일반적이다(APA, 2013). 여성보다는 남성에게서 흔하게 나타나는데, 이 장애로 진단받은 2%의 정신과 입원환자들 중 80%가 남성인 것으로 나타났다(Sadock et al., 2007).

3) 원인

간헐적 폭발성장애의 원인은 분명하게 밝혀진 것이 별로 없다. 정신분석적 접근에서는 폭발적 분노표출은 자기애적 상처를 주는 사건에 대한 방어로 유발된다고 한다. 이 장애를 가진 전형적인 환자들은 남성적 정체성이 약한, 신체적으로는 크지만 의존적인 남성으로 묘사된다. 자신이 쓸모없고 무력하다고 느끼거나 환경을 바꿀 수 없다고 느끼거나 혹은 불안, 우울, 죄책감 수준이 높아질 때 신체적인 폭력을 자주 사용한다. 알코올 의존이나 두들겨 맞고, 삶에 대한 위협을 당하는 등의 불우한 어린 시절을 경험한 것이 간헐적 폭발성장애의 원인이 된다는 주장이 있다. 이외에도 분만 중 외상(perinatal trauma), 유아기 발작(infantile seizures), 머리외상(head trauma), 뇌염(encephalitis), 미세 뇌기능손상(minimal brain dysfunction) 그리고 과잉행동 등의 요인이 이 장애 발병을 예측할 수 있는 요인들이다.

생물학적 원인으로 안드로겐 수준이 높거나 세로토닌이 비정상적으로 과다하게 분비되었을 때에도 공격적 행동을 유발할 수 있다. 공격적 행동을 할 수 있는 유전적 취약성을 지닌 사람은 스트레스에 대한 통제력이 약하기 때문에 평범한 스트레스에도 폭력적인 공격행동을 나타낼 수 있다.

4) 진단 및 평가

이 장애는 삽화적인 성격을 보이는데, 물건을 부수거나 타인 또는 동물에게 심각한 상해를 끼치는 중대하게 파괴적이고 공격적인 몇몇의 삽화 사이에, 공격적인 언어나 손상을 일으키지 않는 신체적 공격을 보이는 보다 가벼운 삽화가 일어나기도 한다(APA, 2013). DSM-5에서는 가벼운 삽화의 경우 3개월에 평균적으로 주 2회, 심각한 삽화의 경우는 1년에 3회의 빈도를 진단기준으로 규정하고 있다. DSM-5에서는 신체적 또는 정서적 외상이 환경적인 관련인자로 제시되고 있으며, 유전요인도 이 장애의 발생과 관련이 있다는 보고가 있어 가족 내의 병력을 진단과정에서 알아보는 것이 필요하다. 간헐적 폭발성장애의 DSM-5 진단기준은 〈표 7-4〉와 같다.

〈표 7-4〉 간헐적 폭발성장애의 DSM-5 진단기준(APA, 2013)

A. 공격적인 충동을 통제하지 못해서 보이는 반복적인 행동폭발로, 다음의 항목 중 하나를 특징적으로 보인다.
　1. 언어적 공격성(예, 분노발작, 장황한 비난, 논쟁이나 언어적 다툼) 또는 재산, 동물, 타인에게 가하는 신체적 공격성이 3개월 동안 평균적으로 일주일에 2회 이상 발생함. 신체적 공격성은 재산 피해나 재산 파괴를 초래하지 않으며, 동물이나 다른 사람에게 상해를 입히지 않음
　2. 재산 피해나 파괴 그리고/또는 동물이나 다른 사람에게 상해를 입힐 수 있는 신체적 폭행을 포함하는 폭발적 행동을 12개월 이내에 3회 보임
B. 반복적인 행동폭발 동안 표현된 공격성의 정도는 심리사회적 스트레스 요인에 의해 촉발되거나 유발되는 정도를 심하게 넘어선 것이다.
C. 반복적인 공격적 행동폭발은 미리 계획된 것이 아니며(예, 충동적이거나 분노로 유발된 행동), 유형적인 대상에만 한정된 것이 아니다(예, 돈, 권력, 친밀감).
D. 반복적인 공격적 행동폭발은 개인에게 현저한 심리적 고통을 유발하거나, 직업적 또는 대인관계 기능에 손상을 주거나, 경제적 또는 법적 문제와 관련된다.
E. 생활연령chronological age은 적어도 6세 이상이다(또는 6세에 상응하는 발달 단계 수준).
F. 반복적인 공격적 행동폭발이 다른 정신장애로 더 잘 설명되지 않으며(예, 주요우울장애, 양극성장애, 파괴적 기분조절부전장애, 정신병적 장애, 반사회성 성격장애, 경계성 성격장애), 다른 의학적 상태(예, 두부 외상, 알츠하이머병)나 물질(예, 남용약물, 치료약물)의 생리적 효과로 인한 것이 아니다. 6~18세 아동의 경우에 적응장애의 일부로 보이는 공격적 행동을 이 진단으로 고려해서는 안 된다.
주의점: 반복적이고 충동적인 공격적 행동폭발이 주의력결핍 과잉행동장애, 품행장애, 적대적 반항장애, 자폐스펙트럼장애들에서 보일 수 있는 정도를 초과하고 독립적인 임상적 주의가 요구될 때 상기 진단에 더해서 간헐적 폭발장애를 추가적으로 진단 내릴 수 있다.

5) 치료적 개입

간헐적 폭발성장애를 가진 경우 분노폭발 때문에 심리치료만으로는 치료가 어렵다. 심리치료는 쉽지 않으나 심리사회적 스트레스에 대한 인내력을 증가시키고 비공격적인 방법으로 표출할 수 있도록 한다. 환자 자신이 공격적인 행동폭발을 하기 전에 느끼는 감정이나 생각을 스스로 알아보고 그것을 말로 표현하도록 한다. 약물치료로는 리튬이나 기분조절제, 향정신병 약물, 항불안제가 효과적일 수 있다. 기질적인 원인에 의한 공격성인 경우에는 발작의 역치를 낮출 수 있는 약물은 증상을 악화시킬 수 있으므로 주의가 필요하다(홍강의 외, 2014). 최근에는 세로토닌이 공격행동과 관련된다는 연구에 근거하여 세로토닌 재흡수를 차단하는 약물이 효과적이라고 제안되고 있다(권석만, 2013).

2. 방화벽

방화벽(Pyromania)은 목적을 가지고 고의로 불을 지르고 싶은 충동이나 행동을 억제할 수 있는 능력이 반복적으로 상실되는 충동조절장애다. 불을 지르기 전에 긴장이나 정서적 흥분을 경험하기도 하고, 불타는 것을 보며 기쁨과 안도 그리고 강한 황홀감을 느낀다.

아동기에 발병되기 시작하고, 물질사용 장애, 양극성 장애, 병적 도박, 품행장애 등이 공존되는 경우가 흔하다. 방화벽의 유병률은 잘 알려져 있지 않지만, DSM-5에 따르면 방화벽은 아니지만 불을 지르는 행동의 유병률이 인구 표본의 1.13%로 보고되었다. 아동기에 발병되기 시작하지만, 흔하지는 않다. 여성보다 남성에게서 약 8배 정도 더 흔하게 발생되고, 체포된 방화범의 40%가 18세 이하다.

품행장애에서 보이는 방화는 의도적인 것인 반면, 방화벽에서는 불에 대한 충동에 저항하는 노력이 실패해서 나타난다는 점에서 차이가 있다(Sadock et al., 2007). 방화벽의 DSM-5 진단기준은 〈표 7-5〉와 같다.

〈표 7-5〉 방화벽의 DSM-5 진단기준(APA, 2013)

A. 한 번 이상의 고의적이고 목적 있는 방화가 존재한다.

B. 방화 행위 전의 긴장 또는 정서적 흥분이 나타난다.

C. 불에 대한 그리고 불과 연관된 상황적 맥락에 대한 매혹, 흥미, 호기심 또는 매력(예, 방화용품, 그
것의 사용, 방화 결과)을 가지고 있다.

D. 불을 지르거나 불이 난 것을 목격하거나 참여할 때의 기쁨, 만족 또는 안도감이 나타난다.

E. 방화는 금전적 이득, 사회ㆍ정치적 이념의 표현, 범죄 행위 은폐, 분노나 복수심 표현, 생활환경 개
선, 망상이나 환각에 대한 반응 또는 손상된 판단력의 결과(예, 주요신경인지장애, 지적장애[지적
발달장애], 물질 중독)에 기인된 것이 아니다.

F. 방화는 품행장애, 조증 삽화 또는 반사회성 성격장애로 더 잘 설명되지 않는다.

3. 도 벽

도벽(Kleptomania)은 남의 물건을 훔치고 싶은 충동을 참지 못해 반복적으로 물건을 훔치는 것이다. 훔치는 행동은 개인적으로 쓸모가 없거나 금전적인 이득을 위한 것이 아님에도 훔치려고 하는 충동을 억누르지 못해서 일어난다. 훔치는 행동이 잘못된 것이라는 것을 알고 두려워하기도 한다. 또한 훔치는 행동을 하기 전에 긴장감이 커지고 행동을 한 후에는 긴장감이 줄어들며 쾌감과 만족감을 느낀다. 훔친 물건은 종종 다른 사람들에게 나누어 주기도 하고 몰래 돌려주기도 하며, 계속 가지고 있기도 한다.

도벽은 들치기(shoplifting)를 하다 체포된 사람의 4~24%에서 발견된다. 전체 인구 0.3~0.6%의 유병률로 드물게 나타나며, 여성이 남성보다 3배 정도 더 높은 것으로 나타났다(Sadock et al., 2007). 발병 나이는 다양하지만, 주로 청소년기에 나타난다. 짧은 기간 동안 증상이 나타나다가 사라지거나 삽화적인 양상이 나타나기도 하고 장기간 동안 증상이 지속되기도 한다. 법적인 처벌을 받더라도 수년간 지속되는 경우도 있다. 기분장애, 우울장애, 성격장애, 물질사용장애, 품행장애 등 공존질환이 있는 경우도 있다. 도벽의 DSM-5 진단기준은 〈표 7-6〉과 같다.

〈표 7-6〉 도벽의 DSM-5 진단기준(APA, 2013)

A. 개인적인 용도로 쓸모가 없거나 금전적으로 가치가 없는 물건을 훔치려는 충동을 저지하는 데 반복적인 실패한다.
B. 훔치기 직전에 고조되는 긴장감이 나타난다.
C. 훔쳤을 때의 기쁨, 만족감 또는 안도감이 있다.
D. 훔치는 행위를 분노나 복수를 표현하거나 망상이나 환각에 대한 반응으로 하는 것이 아니다.
E. 훔치는 행위가 품행장애, 조증 삽화 또는 반사회성 성격장애로 더 잘 설명되지 않는다.

🍃 요약

파괴적 행동장애와 충동통제장애 그리고 품행장애는 행동과 정서조절이 잘 이루어지지 않으면서 기분장애나 조현병, 불안장애 등 다른 정신장애로 더 잘 설명되지 않는 특징을 가지고 있다. 이 장애들은 주로 아동 초기에서 청소년 후기에 발병되고 5세 이전에 진단되는 경우는 많지 않으며, 일부 경우를 제외하고는 성인기 발병이 드물다. 많은 경우 나이가 들수록 장애가 호전되기도 하지만, 일부는 반사회적 성격장애, 물질사용장애, 기분장애 등으로 진행되기도 한다. 더 나아가 일상생활에서 심각한 어려움을 경험하기도 한다. 이 장애들은 조기개입 치료가 더 효과적이며, 우울장애, 불안장애, ADHD 등과 공존질환이 있는 경우가 많기 때문에 치료 역시 공존질환을 적극적으로 치료해야 한다. 장애의 발생원인이 기질, 유전 및 환경적 요인이 모두 복합적으로 작용하기 때문에 약물치료와 심리사회적 치료를 병행할 때 더 효과적일 수 있다.

🍃 생각해 볼 문제

1. 다음 중 적대적 반항장애의 진단기준에 해당하지 않는 것은?

① 과민하거나 쉽게 짜증을 낸다.
② 타인의 재산을 고의로 파괴한다.
③ 지난 6개월 이내 적어도 2회 이상 악의적인 태도를 보인다.
④ 권위적 대상들로부터 요구되는 것에 순응하기를 적극적으로 거부한다.

2. DSM-5에서 파괴적, 충동통제 및 품행장애의 하위유형에 속하는 장애로 옳지 <u>않은</u> 것은?

① 도박중

② 방화중

③ 적대적 반항장애

④ 간헐적 폭발성장애

3. 다음 설명에 해당하는 장애는?

> • 사회적 규범 및 규칙을 위반하는 행동을 나타낸다.
> • 남성이 여성보다 4~12배 정도 유병률이 높다.
> • 부모의 양육태도, 아동학대, 또래로부터의 거절, 비행청소년들과의 어울림 등으로 인해 발생한다.

① 반사회적 성격장애

② 간헐적 폭발성 장애

③ 적대적 반항장애

④ 품행장애

1. ② 　 2. ① 　 3. ④

(정답)

🍃 참고문헌

강제욱, 박은진, 김성찬, 신의진, 신윤미, 정재석, 천근아, 육기환(2012). 주의력 결핍 과잉행동장애에서 파탄적 행동장애의 공존과 약물치료. 소아청소년정신의학, 23, s55-s65.

권석만(2013). 현대이상심리학. 서울: 학지사.

김지훈, 양영희(2014). 파탄적 행동장애 · 충동조절장애 · 품행장애. 홍강의(편). DSM-5에 준하여 새롭게 쓴 소아정신의학. 서울: 학지사.

김청송(2014). 사례중심의 이상심리학. 경기: 싸이북스.

문장원(2001). 품행장애의 예방을 위한 조기중재 전략탐색. 정서 · 학습장애 연구, 17(1), 283-305.

안동현, 이영식, 정선주, 반건호, 이정섭, 전성일, 김영신, 신의진 역(2005). 아동 및 청소년 정신병리의 진단평가[Diagnostic Assessment in Child and Adolescent Psychopathology]. Shaffer,

D., Lucas, C. P., & Richters, J. E. 저. 서울: 학지사. (원저는 1999년에 출판).

양영희(2014). 품행장애/적대적 반항장애. 조수철 외. 생물소아정신의학. 서울: 시그마프레스.

오경자, 정경미, 송현주, 양윤란, 송원영, 김현수 역(2014). 이상심리학[Fundametals of Abnormal Psychiatric Association]. Comer, R. J. 저. 서울: 시그마프레스. (원저는 2013년에 출판).

육기환(1998). 소아·청소년 정신장애의 종류. 한국학교보건학회지, 11(2), 139-141.

이성봉, 방명애, 김은경, 박지연(2014). 정서 및 행동장애. 서울: 학지사.

조수철, 고복자, 김봉석, 김붕년, 김재원, 신민섭, 유한익, 이동우, 이준영, 이재원, 정동선, 전성일, 정희연, 홍진표, 황준원, 한성희(2005). 서울시 소아청소년정신장애 유병율조사. 서울: 서울시 소아청소년 광역정신보건센터.

조수철, 신민섭(2006). 소아정신병리의 진단과 평가. 서울: 학지사.

조수철 외 공저(2014). 생물소아정신의학. 서울: 시그마프레스.

하은혜, 진미경, 김서윤, 이희연 역(2012). 아동기 심리장애와 발달장애의 평가[Assessing childhood psychopathology and developmental disabilities]. Matson, J. L., Andrasik, F., & Matson, M. L. 저. 서울: 시그마프레스. (원저는 2012년에 출판).

홍강의 외 공저(2014). 소아정신의학. 서울: 학지사.

Achenbach, T. M., Conners, C. K., Quay, H. C., Verhulst, F. C., & Howell, C. T. (1989). Replication of empirically derived syndromes as a basis for taxonomy of child/adolescent psychopathology. *Journal of Abnormal Child Psychology, 17*, 299-323.

American Psychiatric Association(2013). *Diagnostic and statistical manual of mental disorders* (5th ed.). Arlington, VA: APA.

DeVito, C., & Hopkins, J. (2001). Attachment, parenting, and marital dissatisfaction as predictors of disruptive behavior in preschoolers. *Developmental Psychopathology, 13*, 215-231.

Dishion, T. J., Andrews, D. W., & Crosby, L. (1995). Antisocial boys and their friends in early adolescence: Relationship characteristics, quality, and interactional process. *Child Development, 66*, 139-151.

Donohue, B., DeCato, L. A., Azrin, N. H., & Teichner, G. A. (2001). Satisfaction of parents with their conduct-disordered and substance-abusing youth. *Behavior Modification, 25*(1), 21-43.

Eddy, J. M. (2006). *Conduct disorders: The latest assessment and treatment strategies*. Kansas City, MO: Compact Clinicals.

Forgatch, M. S., & Patterson, G. R.(2010). Parent management training-Oregon model: An intervention for antisocial behavior in children and adolescents. In J. R. Weisz & A. E. Kazdin (Eds.), *Evidence-based psychotherapies for children and adolescents* (pp.159-177). New York: Guilford Press.

Greene, R. W., Biederman, J., Zerwas, S., Monuteaux, M. C., Goring, J. C., & Faraone, S. V. (2002). Psychiatric comorbidity, family dysfunction, and social impairment in referred youth with oppositional defiant disorder. *The American Journal of Psychiatry, 159*, 1214-1224.

Guerra, N. G., Huesman, L. R., & Spindler, A. (2003). Community violence exposure, social cognition, and aggression among urban elementary school children. *Child Development, 74*, 1561-1576.

Kazdin, A. E. (2010). Problem-solving skills training and parent management training for oppositional defiant disorder and conduct disorder. In J. R. Weisz, & A. E. Kazdin (Eds.), *Evidence-based psychotherapies for children and adolescents* (2nd ed., pp. 211-226). New York: Guilford Press.

Lochman, J. E., Powell, N. P., Boxmeyer, C. L., & Jimenez-Camargo, L. (2011). Cognitive-behavioral therapy for externalizing disorders in children and adolescents. *Child and Adolescent Psychiatric Clinics of North America, 20*(2), 305-318.

Mash, E. J., & Wolfe, D. A. (2010). *Abnormal child psychology* (4th ed.). Stanford, CT: Wadsworth/Cengage Learning.

Matthys, W., Cuperus, J. M., & Van Engeland, H.(1999). Deficient social problem-solving in boys with ODD/CD, with ADHD, and with both disorders. *Journal of the Amrican Academy of Child and Adolescence Psychiatry, 38*, 311-321.

Meltzer, B., Castro, M., & Frazier, J. A. (2011). Aggression. In A. Martin, L. Scahil, & C. J. Kratochwil (Eds.), *Pediatric psychopharmacology: Principles and practice* (2nd ed., pp. 671-681). New York: Oxford University Press.

Popma, A., Jansen, L. M., Vermeiren, R., Steiner, H., Raine, A., van Goozen, S. H., van Engeland, H., & Doreleijers, T. A. (2008). Hypothalamus pituitary adrenal axis and autonomic activity during stress in delinquent male adolescents and controls. *Psychoneuroendocrinology, 31*, 948-957.

Querido, J. G., & Eyberg, S. M. (2005). Parent-child interaction therapy: Maintaining treatment gains of preschoolers with disruptive behavior disorders. In E. D. Hibbs & P. S. Jensen (Eds.), *Psychosocial treatments for child and adolescent disorders: Empirically based strategies for clinical practice* (2nd ed., pp. 575-597). Washington, D.C.: American Psychological

Association.

Sadock, B. J., Kaplan, H. I., & Sadock, V. A. (2007). *Synopsis of Psychiatry*. Philadelphia, PA: Lippocott Williams & Wilkins.

Sanason, A., & Prior, M. (1999). Temperament and behavioral precursors to oppositional defiant disorder and conduct disorder. In H. C. Quay & A. E. Hogan (Eds.), *Handbook of Disruptive Behavior Disorder* (pp. 397–417). New York: Kluwer Academic/Plenum.

Sprague, J., & Walker, H. (2000). Early identification and intervention for youth with antisocial and violent behavior. *Exceptional Children, 66*(3), 367–379.

Webster-Stratton, C., & Reid, M. (2010). The incredible years parents, teachers, and children training series: A multifaceted treatment approach for young children with conduct disorders. In J. R. Weisz & A. E. Kazdin (Eds.), *Evidence-based psychotherapies for children and adolescents* (2nd ed., pp. 194–210). New York: Guilford Press.

Zisser, A., & Eyberg, S. M. (2010). Parent-child interaction therapy and the treatment of disruptive behavior disorders. In J. R. Weisz & A. E. Kazdin (Eds.), *Evidence-based psychotherapies for children and adolescents* (2nd ed., pp. 179–193). New York: Guilford Press.

제8장

우울장애 상담

우울장애(Depressive Disorder)는 청소년기에 매우 많이 나타나는 장애로, 의욕저하, 우울감, 인지 및 신체적 둔화 등이 나타나는 장애다. 특히 아동이나 청소년기의 우울장애는 성인기의 우울장애와는 다르게 가면성 우울증으로 숨겨진 채로 나타날 위험이 매우 높다. 이 장에서는 이러한 우울장애의 특성과 원인, 진단 및 평가, 개입 등에 대해 다룰 것이다. 이런 우울장애를 제대로 이해하고 상담적 개입을 하기 위해서는 우울장애와 관련된 상담기법을 더 체계적으로 학습할 필요가 있다. 이 장에서는 간단하게 현재 이루어지고 있는 개입법을 소개할 것이다.

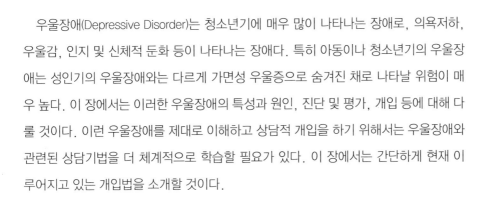

학교 장면 사례

중학교 1학년인 성재는 지나칠 정도로 내성적인 성격이다. 학교에서는 거의 대부분 조용히 앉아만 있으며 친구들이 말을 걸어와 대답할 때도 성재의 얼굴에서 표정의 변화를 찾아보기는 어렵다. 성재는 늘 무언가에 짓눌리고 억압되어 있는 표정으로 앉아 있으며, 자신의 감정이나 의견을 누구에게도 잘 얘기하지 않는다. 심지어 친구들에게 놀림을 당할 때조차도 화를 내지 않는다. 화를 억누르고 감정을 억압하는 경우가 많다. 그러나 어느 순간 성재는 발작을 하는 것처럼 갑자기 화를 내거나 공격적인 성향을 드러낸다. 주변 사람들을 때리거나 공격하는 것이다. 학교에서는 주로 친구들을 때리거나, 심한 경우 교사에게 달려든 적도 있다. 더 심한 경우는 집에서 어머니를 때린 적도 여러 번 있다. 하지만 다음날이 되면 성재는 평소처럼 얌전하고 말이 없는 내성적인 아이로 돌아간다. 성재의 어머니와 아버지는 현재 이혼한 상태다. 성재의 어머니는 자살을 시도한 적이 있으며, 병원에서 조울증 진단을 받고 약을 복용하고 있다. 성재의 아버지는 꽤 유명한 음악가이지만, 아버지 역시 우울증 성향을 보이고 있다.

고등학교 3학년인 주현이는 같은 반 남자아이와 3개월 정도 이성교제를 하게 되었다. 학기 초부터 남자친구와 사귄 주현이는 남자친구와 거의 모든 일과를 함께했다. 등하교를 같이 하고, 수업도 같이 듣고, 밥도 늘 남자친구하고만 먹는 등 하루 종일 남자친구와 붙어 다니다 보니 여자친구들을 사귈 기회를 놓치고 말았다. 그런데 1학기가 끝나갈 무렵 주현이는 남자친구와 헤어졌다. 주현이가 다른 남자아이와 친구로 친하게 지내는 것을 질투해 오던 남자친구가 먼저 이별을 선언한 것이다. 그런데 헤어진 후 주현이의 남자친구는 같은 반 친구들에게 주현이에 대한 험담을 늘어놓기 시작했다. 주현이가 평소에도 남자친구인 자신에게 소홀했던 점을 욕했던 것이다. 같은 반 친구들은 주현이 남자친구의 얘기만 듣고 덩달아 주현이를 욕하기 시작했다. 주현이는 자신의 억울한 입장에 대해서 아무런 변호를 할 수가 없었다. 주현이는 남자친구하고만 붙어 다니느라 반에서 다른 친구들을 사귈 기회가 없었기에 아무도 주현이의 편을 들어주지 않았다. 교실 안에는 주현이와 대화를 나눌 수 있는 친구가 단 한 명도 없었다. 어느새 주현이는 반 전체 아이들에게 나쁜 여자아이로 찍혀 있었다. 주현이 또한 같은 반 아이들이 모두 자신을 미워한다고 여기게 되었고, 반 아이들이 자신을 남자친구가 있으면서 바람을 피운 이상한 여자애로 본다고 생각하게 되었다. 주현이는 활발한 성격의 아이였지만 그 일이 있은 후 점점 말이 없어지고 무기력한 아이가 되어 갔다. 시시때때로 슬픔을 느끼고, 혼자 멍한 표정으로 앉아 있는 시간이 점점 많아졌다. 점심시간에도 혼자 밥을 먹거나, 아예 밥을 먹지 않고 엎드려 자는 경우도 늘어났다.

🌱**학습목표**

1. 우울장애의 개념 및 우울장애의 원인과 결과를 이해한다.
2. 우울장애의 진단기준을 이해하고 도구를 사용하여 우울을 진단할 수 있다.
3. 우울장애를 위한 상담 및 개입방법을 이해하고 사용한다.

1. 우울장애의 특성

1) 우울장애의 정의

우울은 슬픔, 에너지 저하, 죄책감, 자기가치감 감소 등의 특징을 가지며, 판단, 지각, 기억, 인지, 태도, 사고, 대인관계 등 광범위한 측면에 악영향을 미치는 부정적인 마음상태다(Beck, 1967). 우울증은 슬픔의 감정, 희망 없음, 무기력감, 죄책감, 자기비판적 사

고, 외부활동에 대한 흥미 감소 등을 보이는 주관적인 기분 또는 정동 이외에도 심리운
동 활동이 느려지는 현상, 일반적인 권태, 피로, 성적 욕구의 감소, 식욕 감퇴, 변비, 불
면증(특히 이른 아침) 등이 수반된다. 어떤 경우에는 불면증 대신 수면시간이 증가하거
나, 식욕 감퇴 대신 과도한 식욕을 갖게 되기도 한다. 이러한 신체증상은 현재 우울증이
진행되고 있다는 징후이며, 정신 신체적 질병의 원인이 된다.

우울은 거의 모든 일상생활과 오락에 있어서 흥미와 즐거움을 상실한 불쾌한 기분이
며, 슬프고 비관적이고 절망적이며 기가 죽고 맥 빠지거나 또는 초조한 기분과 더불어
기분 좋은 일에 대해서조차 무반응을 보이는 것을 말한다. 자기비하, 피로감, 무기력감,
절망감과 더불어 자신은 세상에서 버림받고 사랑받지 못하는 존재라고 느끼는 것이 포
함된다.

Comer(2014)는 우울은 기분이 처지고 슬픈 상태이며 인생이 어둡고 희망이 없어 보
이는 것이라고 하였다. 그는 우울장애를 정서증상, 동기증상, 인지증상, 행동증상, 신체
증상으로 나누어 설명하였는데, 그 특징을 살펴보면 다음과 같다.

- 정서증상: 슬픔과 낙담을 느낌. 비참하고, 공허하며, 굴욕적인 기분을 느낌. 어떤
  즐거움을 전혀 경험하지 못하며, 불안, 분노 등을 느낌
- 동기증상: 일상활동에 대한 욕구를 잃어버림. 출근, 대화, 성관계, 식사 등에 대한
  욕구를 잃어버림
- 인지증상: 자신에 대해 극단적으로 부정적인 생각을 함. 모든 불행한 사건에 대해
  서 자신을 비난함. 무력감과 무망감을 느끼며 자살사고가 많아짐
- 행동증상: 활동성이 떨어지고 생산적이지 않음. 하루 종일 침대에 누워 있기도 함
- 신체증상: 두통, 소화불량, 변비, 현기증 등을 경험하며, 식욕 저하와 수면 부족이
  많이 나타남. 일부의 경우 식욕 증대, 수면 과다가 나타나기도 함

2) 청소년기 우울장애

청소년 시기의 우울은 앞에서 설명한 일반적인 우울장애의 특징에 몇 가지 특징이
추가된다고 볼 수 있다. Reinherz 등(2000)은 청소년기, 즉 15~18세가 우울을 경험할 확
률이 가장 높은 시기라고 하였으며, 이러한 청소년기 우울은 성인기의 우울로까지 이어

지기 쉽다.

청소년기의 우울은 성인기 우울과는 매우 다른 특징을 보이기도 한다. 이는 가면성 우울증(Davis, 2005)으로 불리기도 하는데, 이별불안을 느끼고, 학교에 대한 공포증이 생기며, 과잉행동이 나타나고, 학교성적이 떨어지며, 반사회적 행동, 가출, 무단결석, 알코올 남용, 약물 남용, 인터넷 중독 등의 비행이 함께 나타난다(Davis, 2005).

청소년의 우울성향은 은폐된 상황에서 예측할 수 없는 충동적이고 파괴적인 행동표현으로 발현되는 경향이 있다. 특히 우울 한 가지만의 증상이 아니라 반항, 결석, 가출과 같은 행동장애나 범죄행위도 우울의 한 증상으로 나타나기도 한다. 또한 죄책감, 자기비하, 창피함, 과다수면, 체중변화 등의 증상을 나타내고, 자살시도가 상대적으로 많으며, 자살을 성공한 경우도 많은 편이다.

청소년 우울증은 위장된 우울증이라고 부르기도 한다. 이 경우, 우울감을 호소하기보다는 탈선, 가출, 규칙이나 법을 어기는 행위 등 문제아와 같은 행동장애를 보인다. 우울 등의 다른 형태로 온몸이 여기저기 아프거나 소화장애가 나타나기도 한다.

이러한 청소년기의 우울증상을 초등학교 저학년과 고학년 및 청소년 시기로 나눠서 좀 더 자세히 살펴보면 다음과 같다.

(1) 초등학교 저학년 우울증 증후

초등학교 저학년 아동에게 우울증이 있는 경우 나타나는 증상은 성인과 차별점이 있다. 성인과 마찬가지로 우울하고 무기력한 증상이 나타나기도 하지만, 그와 다르게 화를 쉽게 내고 울음을 그치지 않으며 소리를 지르는 증상으로 나타나기도 한다. 또한 항상 불안해 보이기도 하며, 친구들과 함께 노는 것을 좋아하지 않는다. 공부를 하는 것도 싫어하고 동기가 저하되어 있다. 무엇을 하면 쉽게 피로감을 느끼며 졸려 한다. 오줌이나 똥을 싸기도 하고, 스스로를 고립시켜 자신만의 생각에 사로잡혀 있으며, 간혹 성기를 만지는 자위행위로 우울증이 나타나기도 한다.

(2) 초등학교 고학년, 청소년 우울증 증후

초등학교 고학년이나 청소년기에 나타나는 우울증의 증상은 매우 심각하다. 먼저, 자기 자신에 대해서 깊이 있게 생각하는 듯 보이며, 늘 생각이 많고, 비판적인 경우가 많다. 특히 청소년기의 우울증은 자살충동으로 많이 연결되며, 요즘은 인터넷 등에서 자살 관련 정보를 얻어 자살을 시도하는 경우도 많이 생기고 있다. 여러 가지 문제가 생겨도 그것에 대해 방관하며 냉소적으로 바라본다. 자신의 능력과 상관없이 열등감이 많으며, 늘 의기소침하고 풀이 죽어 있다. 기분 변화가 급작스럽게 나타나며, 불안하고, 친구들을 사귀기 어려워한다. 간혹 섭식장애나 두통과 같은 신체화 증상으로 나타나기도 한다. 소화가 안 되거나 설사를 자주하는 등 소화기 문제로 나타나는 경우도 매우 많이 있다.

2. 유병률과 성차

소아, 청소년기의 우울증이 얼마나 많이 나타나는지에 대한 자료는 어떤 척도를 사용해서 우울증을 측정하는가에 따라 달라질 수 있다. 일반적인 관점을 살펴보면 우울증은 6~12세에 2~3%, 청소년기에 6~9% 나타난다. 즉, 청소년기에 매우 많이 나타나는 증상이라고 볼 수 있다. 특히 이 시기의 우울증은 자살률 증가에 영향을 미치고 있어 매우 심각하다. 최근에는 특히 중·고등학교 시기에 우울증을 앓아 자살사고로까지 이어지는 경우가 많으므로 이러한 유병률은 매우 심각한 사회문제라고 볼 수 있다.

우울증의 성차를 살펴보면, 청소년기의 여성은 남성에 비해 우울증 가능성이 훨씬 높다(Hankin et al., 1998). 이는 불안과 같은 내현적 문제가 여성에게 많이 나타나는 것과 일맥상통하는 결과라고 볼 수 있다. 우울증이 여성에게 많이 나타나는 이유에 대해서는 여러 가지로 생각해 볼 수 있겠지만, 일반적으로 남자 청소년은 힘든 일이 있거나 화가 날 때 폭력이나 비행 등의 외현적 문제로 이러한 심리 내적 문제를 발산하나, 여자 청소년은 이를 참고 자신의 문제로 생각하여 자신을 비난하는 방식으로 문제를 발산하기 때문인 것으로 볼 수도 있다.

3. 우울장애의 원인

우울장애의 원인은 생물학적 원인과 환경적 원인, 심리 내적 원인 등의 세 가지로 나눌 수 있다.

1) 생물학적 원인

우울증이 유전적인 요인이 있는가에 대해서는 오랫동안 여러 학자에 의해서 연구되어 왔으며, 많은 논란이 있는 부분이다. 그러나 일반적으로 받아들이는 정설에 따르면 우울증을 겪은 부모의 자녀는 청소년기에 우울증을 겪을 가능성이 3~5배 높다 (Hammen, 2009). 즉, 우울증은 유전될 가능성이 높으며 이는 우울증에 생물학적 원인이 있는 것으로 생각할 수 있다.

우울증의 유전적 요인을 밝히려는 노력은 주로 가계 연구와 쌍생아 연구를 통해 이루어졌다. 우울증 환자의 가계에 대한 연구를 살펴보면, 직계가족에서 우울증이 발생할 확률은 일반인보다 1.5~3배가 높다는 연구결과가 있다. 그러나 가족은 유전적 요인도 공유하지만, 유사한 심리사회적 환경에서 생활하기 때문에 가계 연구 결과를 유전적 결과로만 해석할 수는 없다는 주장이 제기되었다. 이런 문제점을 개선한 것이 일란성 쌍생아와 이란성 쌍생아에서 우울증의 일치율을 비교하는 쌍생아 연구다. 이러한 연구에서는 대부분 일란성 쌍생아가 이란성 쌍생아보다 우울증 일치율이 높은 것으로 나타났다. McGuffin 등(1996)이 약 200쌍의 쌍생아를 조사한 결과 일란성 쌍생아가 우울증을 가진 경우 다른 쌍생아가 우울증을 가진 경우는 46%로 나타나 우울증의 유전적 원인을 지지하였다. Kamali와 McInnis(2011)는 우울증이 일정 유전자와 관련이 있다는 증거를 발견하기도 했다.

2) 환경적 요인

우울증의 환경적 요인은 가정 환경적 요인, 학교 환경적 요인, 인터넷 기반의 환경적 요인으로 나눠서 살펴볼 수 있다.

(1) 가정 환경적 요인

우울증의 원인으로 가장 많이 대두되고 있는 내용은 부모에 대한 애착문제와 관련된 것들이다. 즉, 부모에게서 애정을 많이 받고 자라면 안정감과 신뢰감을 느끼거나 그렇지 않은 경우에는 불안한 정서, 즉 우울을 느낄 수 있다는 것이다(Symonds, 1949). 부모의 양육태도가 바람직할 경우 우울을 예방할 수 있으며, 부모의 방치나 과잉간섭 같은 부정적인 양육태도는 우울과 높은 관련이 있다(허묘연, 2004). 부모와의 불안정애착, 학대, 부적절한 양육은 우울증과 관련이 있다(Rudolph, 2009)고 밝혀진 바 있다. 또한 부모-자녀의 부정적인 의사소통은 우울을 일으키는 데 중요한 역할을 하기도 한다. 권정연(2005)은 부모-자녀의 의사소통이 활발하게 이루어지지 않을 경우 갈등이 생기고 이로 인해 우울이 높아질 수 있다고 하였고, 김선희(2008)는 부모-자녀 간의 역기능적 의사소통이 우울을 높일 수 있다고 보았다.

또한 우울증을 가진 부모가 아이를 키우면서 자신의 우울증적 사고를 전달하게 된다는 우울증 양육자 가설과 부모의 갈등이 아이의 우울증을 일으킬 수 있다는 가설도 있다.

① 우울증 양육자

우울증이 있는 부모는 자녀에게 우울증을 생기게 하거나 계속 유지시키도록 하는 상호작용을 한다. 우울증이 걸리는 원인 중 하나로 어머니의 정서표현이 거의 없는 것을 뽑을 수 있기 때문이다. 어머니가 늘 집에서 학생에게 부정적인 사고를 전달하면 자녀들은 이에 영향을 받을 수도 있다. 어머니가 늘 세상을 부정적으로 해석하고 바라보면서 그러한 의사소통을 자녀에게 전달한다면 자녀 또한 그 영향에서 벗어날 수 없기 때문이다.

② 부모갈등

부모갈등은 '부부가 서로의 대립과 불일치를 해결하기 위해 교환하는 관찰 가능한 부정적인 언어적·비언어적 상호작용'이라고 정의할 수 있다. 이러한 부모갈등은 서로에게 신체적·정신적 상처를 남기게 된다는 점에서 매우 부정적인 결과를 초래할 뿐만 아니라, 자녀에게도 매우 강한 스트레스로 작용한다. 부모갈등 빈도가 높을수록 자녀는 더욱더 스트레스를 느끼며 분노와 불안정감을 경험하는 등 심리적인 문제가 심해진다. 신체적 폭력을 사용하는 등 부모갈등의 강도가 심할수록 자녀는 부정적인 정서 및 위협을 더 많이 경험한다.

부모갈등이 있는 경우, 아버지와 어머니 양쪽이 배우자에 대한 불만을 자녀에게 투사하기도 하며, 자녀 또한 어느 한쪽 부모와 지나치게 밀착하여 자신이 마치 부부갈등을 일으킨 것처럼 지각하고 한쪽 편이 되어 싸움을 벌이기도 한다. 이런 현상은 자녀에게 분노와 같은 부정적 정서를 일으키기도 하며, 결국에는 자신이 무엇을 해도 부모님의 갈등은 해결되지 않는다는 무기력감을 느끼기도 한다. 이것이 청소년기에 우울증으로 나타나기도 한다.

특히 부모님이 이혼한 가정의 청소년인 경우, 이와 같은 무기력감을 많이 느낀다. 많은 경우 자신의 문제로 인해 부모님이 이혼했다고 지각하게 되기도 한다. 이러한 현상은 청소년에게 삶을 살아가는 것에 대한 부정적 시각을 만들어 주고, 청소년기 우울증으로 나타나기도 한다.

(2) 학교 환경적 요인

학교 환경적 요인은 청소년기 우울증에 많은 영향을 미친다. 특히 교사나 친구들과 갈등을 겪는 경우 우울증이 더 심화될 수 있다.

① 교사와의 갈등

청소년은 대부분의 시간을 학교에서 보낸다. 따라서 학교 교사와의 관계는 청소년기에 매우 중요한 부분을 차지한다. 교사가 친구들과 자신을 차별대우한다든가, 교사가 자신에게 부정적인 피드백을 주는 점은 청소년기 학생에게 매우 큰 영향을 미친다. 겉으로는 관심 없는 척하는 경우도 많지만 대부분의 청소년은 이러한 교사와의 관계에 굉장히 집착하고, 거기서 오는 좌절감을 여러 방식으로 표현한다. 학생에 따라서는 서운함이나 분노 등을 적절하게 표현하지 못하고 삼키는 경우도 많이 있다. 이러한 경우 우울증 증상으로 나타나기도 한다.

② 또래 친구와의 갈등

청소년기에 또래 친구와의 관계는 가족관계나 교사와의 관계 못지않게, 간혹 더 중요한 관계로 비춰진다. 학교에서 친구와 사이가 안 좋아지면, 학교 자체를 가기 싫어하는 경우도 많이 생긴다. 학교에서 친구들 사이에서 집단 따돌림을 받는 학생이 자살시도를 하는 경우도 많이 있다. 따라서 이 시기 친구들과의 관계는 우울증으로 직결되는 문제일 수 있다.

(3) 인터넷 기반의 환경적 요인

최근 청소년의 인터넷 중독은 매우 심각한 문제로 대두되고 있다. 인터넷 중독의 심각한 폐해로 비행이 많이 나타나고 있으며, 우울증상도 함께 높아지고 있는 추세다. Young과 Rodgers(1997)는 인터넷 중독자들이 높은 우울증상을 보인다고 하였으며, 김동일 등(2013)은 메타분석을 통해 우울, 불안 등의 내재화문제가 인터넷 중독과 유의미한 상관을 보인다는 것을 밝혔다.

3) 심리 내적 요인

우울장애의 심리 내적 요인으로 많이 이야기되는 개인 심리적 특성으로는 자아존중감, 사회적 지지, 정서조절, 자아정체감, 분노조절 등이 있다. 또한 청소년기의 학업관련 스트레스가 우울을 일으킬 수 있다는 다양한 연구가 있다(김교헌, 2004; 김기정, 2009; 우채영, 박아청, 정현희, 2010). 청소년기의 스트레스 사건은 우울증상이 나타날 확률을 3배 증가시킨다(Schraedley, Gotlib, & Hayward, 1999). 학업적 자아개념이 낮을수록 우울증이 많이 생긴다고 보기도 한다(남윤주, 이숙, 2008).

다음에서는 대표적 이론으로 볼 수 있는 애착이론, 인지이론, 행동이론 등이 우울증의 심리 내적 원인에 대해서 어떻게 설명하고 있는지 살펴보고자 한다.

(1) 애착이론

Bowlby의 애착이론에 따르면 우울증은 어머니와 아동과의 관계에서 발생하는 애착관계에 문제가 있을 때 생기는 것이다. 이 이론에서 말하는 안정적인 애착을 형성하지 못한 경우는 회피형 애착, 저항형 애착, 혼란형 애착 등이며, 어린 시절 이와 같이 불안정 애착이 형성되면 청소년기에 우울증으로 나타날 수 있다고 보는 것이다. 애착관계가 우울증의 한 원인으로 간주되는 것은 사실이나, 애착이론이 초기 부모−아동과의 관계의 질과 우울증의 특별한 관계를 예언하는 과학적 결과는 많지 않다.

(2) 인지이론

① Aaron Beck의 부정적인 인지이론

Aaron Beck은 임상실험과 관찰을 통해서 우울증 환자의 인지형태와 사고과정상의 왜곡을 발견하고 우울증의 모형으로 기본적 3요소 이론을 제안하였다. 기본적 3요소 이론은 우울한 사람은 자기 자신(self), 자기 세계(world), 자기 미래(future)를 특이한 양식으로 보게 된다는 것이다. 이 세 가지 인지형태는 자기 자신에 대한 부정적 견해, 경험에 대한 부정적 견해, 장래에 대한 부정적 견해를 말한다. 이를 Beck의 인지적 삼각대 모델이라고도 한다. 이 삼각대는 일단 우울증에 걸리면, 해당 개인이 보는 모든 것을 부정적인 것으로 생각하는 경향이 있다고 말한다.

그는 우울증의 근원은 부정적인 인지로서, 우울증의 원인이나 치료에 우울 경향적 인지가 중심 역할을 하는 것으로 설명하고 있다. 우울한 사람은 자기 주위에서 일어나는 부정적 사건에 대해서는 책임이 자신에게 있으며 긍정적인 사건에 대해서는 자기 능력을 부인하기도 한다.

Beck이 강조한 인지적 왜곡은 다양한 개념으로 제시되어 있다. 그중 주요한 인지적 왜곡은 다음과 같다.

- **흑백논리**: 사건의 의미를 이분법적 범주인 둘 중 하나로 해석하는 오류다. 예를 들어, 어떤 사람이 나에게 별 관심이 없다면 그것은 나를 증오하고 미워하는 것으로 해석한다. 또 세상 사람은 좋은 사람과 나쁜 사람으로 구분되며, 좋은 사람이 아니라면 모두 나쁜 사람으로 단정 짓기도 한다.
- **과잉일반화**: 한두 번의 사건에 근거해서 일반적인 결론을 내리고 무관한 상황에도 그 결론을 적용하는 오류다. 예를 들어, 학교에서 친구들이 한두 번 내 인사를 받아 주지 않았다면, 친구들 모두가 나를 좋아하지 않고, 나를 따돌린다고 생각해 버리는 것이다.
- **선택적 주의**: 상황이나 사건의 주된 내용은 무시하고 특정한 일부 정보에만 주의를 기울여서 전체를 해석해 버리는 오류다. 예를 들어, 엄마가 항상 나에게 친절하게 잘 대해 주시다가도 엄마와 아빠가 싸운 후에 엄마가 나에게 화를 냈다면, 선택적 주의를 하는 학생은 엄마가 화를 냈다는 사실만을 선택하여 받아들이고, 가족

이 나를 미워한다고 생각해 버린다.

- **의미 확대 및 의미 축소**: 사건의 중요성이나 의미를 지나치게 과장하거나 축소하는 오류다. 예를 들어, 학교에서 발표를 하는데 말을 더듬고 잘하지 못했다면, 이 것을 자신의 학교생활 전체를 망친 것으로 확대하여 해석하고, 학교를 가고 싶어 하지 않는 것이 의미 확대라고 볼 수 있다.
- **임의적 추론**: 결론을 내리기에 충분한 근거가 없는데도 결론을 성급하게 내려 버리는 오류다. 예를 들어, 교실의 모든 친구가 자신에 대해 욕을 하고 있다고 결론을 내려 버렸으나, 그 증거를 하나하나 찾아보면 정확한 근거가 없는 경우가 임의적 추론을 내린 경우다.
- **나는 반드시 ~해야 한다**: "나는 반드시 1등을 해야 한다. 그렇지 않으면 내 인생은 망한 것이다."와 같이 강박적으로 ~해야 한다는 생각을 가지고 있는 것이다.

Beck은 이와 같은 부정적 사고를 많이 하게 되면 그 결과 우울증상이 나타날 수 있다고 보았다.

② Seligmann의 학습된 무력감

Seligmann은 학습된 무력감을 우울의 기본 모델로 강조하였다. 학습된 무력감이란 피할 수 없거나 극복할 수 없는 환경에 반복적으로 노출된 경험으로 인하여 실제로 자신의 능력으로 피할 수 있거나 극복할 수 있음에도 스스로 그러한 상황에서 자포자기하는 것이다. 학습된 무력감은 Seligmann과 동료 연구자들이 동물을 대상으로 회피학습을 통하여 공포의 조건형성을 연구하던 중 발견한 현상이다. 이 실험에서 24마리의 개를 세 집단으로 나누어 상자에 넣고 전기충격을 주었는데, 1집단의 개에게는 코로 조작기를 누르면 전기충격을 스스로 멈출 수 있는 환경을 제공하였다. 2집단은 코로 조작기를 눌러도 전기충격을 피할 수 없고, 몸이 묶여 있어 어떠한 대처도 할 수 없는 환경을 제공받았으며, 3집단은 비교집단으로 상자 안에 있었으나 전기충격을 주지 않았다. 24시간 이후 이들 세 집단 모두를 다른 상자에 옮겨 놓고 전기충격을 주었다. 세 집단 모두 상자 중앙에 있는 담을 넘으면 전기충격을 피할 수 있었지만 1집단과 3집단은 중앙의 담을 넘어 전기충격을 피했으나, 2집단은 전기충격이 주어지자 피하려 하지 않고 구석에 웅크리고 앉아 전기충격을 받아들이고 있었다. 즉, 2집단은 자신이 어떤 일을 해도 그 상황을 극복할 수 없을 것이라는 무력감이 학습된 것이다.

학교현장에서 학습된 무력감은 학교 및 가정에서 학습이나 적응행동에서 실패의 경험이 지나치게 누적되는 경우, 연습에 의해서 향상할 수 있음에도 어떠한 시도조차 하지 않는 것으로 나타난다. 따라서 교사는 이들이 적절한 성취감을 맛볼 수 있도록 과제를 분석하여 제시하여야 한다.

(3) 행동이론

행동이론가들은 대인관계에서 나타나는 비효율적인 대처방식으로 인해 우울증이 나타난다고 보았다. 즉, 학교에서 청소년들이 친구들과의 관계에서 의사소통 방식을 잘 모르거나, 갈등이 생겼을 때 합리적으로 해결하는 방식을 모르고, 사람들과 어울리는 연습이 되어 있지 않은 경우에 우울증이 발생할 수 있다고 보는 것이다. 한편, 적절한 칭찬과 같은 긍정적인 사회적 강화가 부족한 데서 우울증이 나타난다고 보기도 한다. 따라서 행동이론가들은 이러한 우울증의 문제를 보이는 학생에게는 적절한 긍정적 강화를 해 주면서, 사회기술 훈련을 하는 것이 필요하다고 본다.

4. 우울장애의 결과

청소년기 우울은 여러 문제를 일으킨다. 특히 학교생활에서의 부적응을 일으킨다는 연구결과(안인영, 2005; 이은숙, 2002)가 많이 제시되고 있다. 우울증이 있는 청소년은 학교 안에서의 관계에도 많은 어려움을 겪는다. 친구들과 잘 어울리지 못하고, 친구들과의 관계에서 여러 갈등이 생겼을 때 모든 문제를 자신을 비난하는 방식으로 생각하기 때문에 관계가 더 진전되기 어렵다. 이러한 문제가 지속되는 경우 자살시도로까지 이어지기도 한다.

청소년기의 우울은 외적인 비행문제로 이어지기도 한다. 우울증이 가출, 도둑질, 무단결석 등의 문제행동을 일으키기도 하므로 비행의 원인이 되기도 한다(장휘숙, 1999). 이는 비행청소년을 상담할 때 많이 발견할 수 있는 현상이다. 처음에는 폭력이나 절도 등의 문제로 상담실에 찾아오지만, 상담을 지속하면서 이러한 청소년이 사실은 우울증상이 있다는 것을 발견할 때가 많다. 우울증상을 제대로 다루지 못할 경우 이렇게 외적인 문제로 이어지게 된다는 것도 심각한 부분이다.

5. 진단 및 평가

우울증 진단에 가장 대표적으로 활용되는 것은 DSM-5의 진단기준이다. 그러나 이러한 진단기준은 임상적 우울장애를 진단하는 것이므로, MMPI나 BDI 등을 활용하여 우울감을 측정하는 경우도 있다.

1) DSM-5 진단기준

DSM-5(APA, 2013)에서는 우울장애를 주요우울장애, 기분부전장애, 월경전불쾌장애의 세 가지로 설명하고 있다. 그중 주요우울장애의 진단기준은 다음과 같다.

A. 다음의 증상 가운데 5가지(또는 그 이상)의 증상이 2주 연속으로 지속되며 이전의 기능 상태와 비교할 때 변화를 보이는 경우, 증상 가운데 적어도 하나는 (1) 우울 기분이거나 (2) 흥미나 즐거움의 상실이어야 한다.

주의점: 명백한 다른 의학적 상태로 인한 증상은 포함되지 않아야 한다.

1. 하루 중 대부분 그리고 거의 매일 지속되는 우울한 기분에 대해 주관적으로 보고(예, 슬픔, 공허감 또는 절망감)하거나 객관적으로 관찰됨(예, 눈물 흘림) (**주의점**: 소아·청소년의 경우는 과민한 기분으로 나타나기도 함)
2. 거의 매일, 하루 중 대부분, 거의 또는 모든 일상 활동에 대해 흥미나 즐거움이 뚜렷하게 저하됨
3. 체중 조절을 하고 있지 않은 상태에서 의미 있는 체중의 감소(예, 1개월 동안 5% 이상의 체중 변화)나 체중의 증가, 거의 매일 나타나는 식욕의 감소나 증가가 있음(**주의점**: 아동에서는 체중 증가가 기대치에 미달되는 경우)
4. 거의 매일 나타나는 불면이나 과다수면
5. 거의 매일 나타나는 정신운동 초조나 지연(객관적으로 관찰 가능함, 단지 주관적인 좌불안석 또는 처지는 느낌뿐만이 아님)
6. 거의 매일 나타나는 피로나 활력의 상실
7. 거의 매일 무가치감 또는 과도하거나 부적절한 죄책감(망상적일 수도 있는)을 느낌

(단순히 병이 있다는 데 대한 자책이나 죄책감이 아님).

   8. 거의 매일 나타나는 사고력이나 집중력의 감소 또는 우유부단함(주관적인 호소나 객관적인 관찰 가능함)

   9. 반복적인 죽음에 대한 생각(단지 죽음에 대한 두려움이 아닌), 구체적인 계획 없이 반복되는 자살 사고, 또는 자살 시도나 자살 수행에 대한 구체적인 계획

B. 증상이 사회적, 직업적, 또는 다른 중요한 기능 영역에서 임상적으로 현저한 고통이나 손상을 초래한다.

C. 삽화가 물질의 생리적 효과나 다른 의학적 상태로 인한 것이 아니다.

주의점: 진단기준 A부터 C까지는 주요우울 삽화를 구성하고 있다.

주의점: 중요한 상실(예, 사별, 재정적 파탄, 자연재해로 인한 상실, 심각한 질병이나 장애)에 대한 반응으로 극도의 슬픔, 상실에 대한 반추, 불면, 식욕 저하, 그리고 체중의 감소가 나타날 수 있고 이는 우울 삽화와 유사하다. 비록 그러한 증상이 이해될 만하고 상실에 대해 적절하다고 판단된다 할지라도 정상적인 상실 반응 동안에 주요우울 삽화가 존재한다면 이는 주의 깊게 다루어져야 한다. 이러한 결정을 하기 위해서는 개인의 과거력과 상실의 고통을 표현하는 각 문화적 특징을 근거로 한 임상적인 판단이 필요하다.

D. 주요우울 삽화가 조현정동장애, 조현병, 조현양상장애, 망상장애, 달리 분류된 또는 분류되지 않은 조현병스펙트럼 및 기타 정신병적 장애로 더 잘 설명되지 않는다.

E. 조증 삽화 혹은 경조증 삽화가 존재한 적이 없다.

주의점: 조증 유사 혹은 경조증 유사 삽화가 물질로 인한 것이거나 다른 의학적 상태의 직접적인 생리적 효과로 인한 경우라면 이 제외 기준을 적용하지 않는다.

2) 심리검사

(1) MMPI-2, MMPI-A

MMPI-2는 상담심리 분야에서 가장 많이 활용되는 검사 중 하나다. 보통 MMPI-2는 성인에게 실시되며, 청소년의 경우 MMPI-A를 실시한다. 이 검사는 타당도척도와 임상척도로 구성되는데, 임상척도는 Hs, D, Hy, Pd, Mf, Pa, Pt, Sc, Ma, Si로 나뉜다. 우울증상이 있는 경우에는 보통 2번 척도라고 불리는 D의 점수가 65점 이상으로 나타나며, 그 안의 소척도인 주관적 우울감, 정신운동지체, 신체적 기능장애, 둔감성, 깊은 근심 등이 높게 나타난다. 또한 에너지 수준을 나타내는 9번 척도 Ma가 낮게 나타나며, 사회적 내향성을 나타내는 Si가 높게 나타나기도 한다.

(2) BDI

BDI(Beck Depression Inventory)는 전 세계적으로 널리 쓰이고 있는 성인용 우울 측정
도구로, 인지적·정서적·동기적 신체 증상 영역을 포함하는 21문항으로 구성되어 있
다. 0~9점은 우울하지 않은 상태, 10~15점은 경미한 우울상태, 16~23점은 중증 우울
상태, 24~63점은 심한 우울상태로 구분한다(Beck, 1976).

(3) CDI(Children's Depression Inventory)

아동의 우울증을 측정하는 데 많이 사용되고 있는 검사로 27개 문항으로 구성된 자
기보고식 검사다. 각 문항마다 우울 증상의 정도를 기술하는 3문항으로 구성되어, 0점,
1점, 2점을 부여할 수 있다. 0~54점의 범위를 가지며 점수가 높을수록 우울이 심한 것
으로 해석한다.

(4) K-YSR(Koeran Youth Self-Report)

청소년이 스스로 자신의 문제행동을 재는 평가도구로, 우울을 재는 항목을 포함하고
있다.

6. 우울장애의 개입

우울장애의 개입방법에는 여러 종류가 있으나 가장 많이 사용되고 있는 것은 인지행
동치료와 인지치료다. 인지행동치료가 우울증에 효과적이라는 점은 국내외의 많은 연
구를 통해 입증되었다. 최근에는 대인관계의 패턴을 찾아내서 그 문제를 해결하고자
하는 대인관계치료나 가족 전체에게 치료적 접근을 실시하는 가족치료도 많이 시행되
고 있다. 우울증의 약물치료는 도움이 되기도 하지만, 청소년에게 약물치료를 실시하
는 것은 제한이 있다.

1) 인지행동치료

우울증의 치료방법으로 가장 많이 알려져 있는 것이 인지행동치료다. 인지행동치료

는 크게 Ellis의 인지정서행동치료와 Beck의 인지치료로 나눌 수 있다. 우울증에 걸린 청소년에게 이 두 가지 심리치료는 도움을 줄 수 있을 것이다. 지금부터 이 두 가지 인지행동치료에 대해서 살펴보겠다.

(1) Ellis의 인지정서행동치료

Albert Ellis는 그의 이론에서 인간이 가진 감정, 사고, 행동 중 사고에 초점을 두었다. 사람이 정서적인 문제를 가지게 되는 것은 자신의 비합리적 사고방법으로 사건을 해석, 경험하기 때문이라고 보았다.

- 인간관: Ellis의 인간관은 인간은 합리적일 뿐만 아니라 비합리적인 왜곡된 사고도 할 수 있는 존재라는 것이다. 그리고 이러한 인간의 왜곡된 사고는 어린 시절 부모의 양육태도에 의해 획득된 비논리적 학습 때문일 수 있다고 본다. 따라서 왜곡된 사고, 비합리적 신념, 행동을 합리적으로 변화시켜 성숙한 사람이 될 수 있다고 바라본다. 그는 이와 같이 인간이 가지고 있는 비합리적 신념을 강조하였다.
- 비합리적 신념: 정서적 문제는 일상생활에서의 사건을 합리적이지 못한 방식으로 지각하고 받아들이기 때문에 생기는 것이라고 보았다.
- 비합리적 신념의 예
  - '내가 알고 있는 의미 있는 모든 사람에게 인정받고 사랑받아야 한다.'
  - '일이 자기가 원하는 대로 되지 않는 것은 내 인생에서 실패를 의미한다.'
  - '불행은 내가 통제할 수 없는 상황에 의해 발생한다.'
- 비합리적 신념이 생기는 과정

  Ellis는 ABCDEF이론을 내세웠다([그림 8-1] 참고). A는 activating events로 인간에게 영향을 미치는 어떠한 선행사건이 일어난 것을 의미한다. 이 사건은 사람들에게 긍정적 · 부정적 영향을 미치기는 하지만, Ellis는 사건의 내용 그 자체가 중요하기보다는 이것을 바라보는 B, 즉 belief가 더 중요하다고 보았다. 사건을 바라보는 시각인 신념에 따라 C, 즉 consequences(결과)가 다르게 나온다고 보았다. 따라서 B에 대한 D, 즉 dispute(논박)를 해 나가면 E, 즉 effect(새로운 효과)가 나타나고, 그에 대한 F, 즉 feeeling(새로운 감정)이 나타날 수 있다고 보았다.
- 상담목표: 앞에서 살펴본 비합리적 신념의 순서도에서 알 수 있듯이 Ellis가 강조한

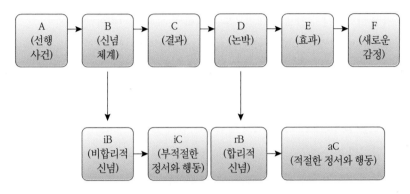

[그림 8-1] 인지행동치료의 ABCDEF

상담의 목표는 비합리적 신념을 변화시켜 나가는 것이다.

• **상담과정**: Ellis가 말한 상담의 과정에는 다음의 내용이 들어갈 수 있다.

　－비합리적 신념이 있음을 구체적으로 보여 주기

　－비합리적 신념으로 자신의 정서장애를 지속시킴을 보여 주기

　－비합리적 신념을 수정하고 포기하도록 돕기

　－비합리적 신념의 희생자가 되지 않고 합리적 신념 발전시키기

• **상담자 역할**

　－내담자의 현재 문제를 일으킨 인지적 가설 가르치기

　－비합리적 신념의 부정적 결과 초래방식 보여 주기

　－신념의 변화

(2) Beck의 인지치료

Beck은 Ellis와 마찬가지로 사람의 인지적 변화에 대해서 강조하였다. 이를 역기능적 인지도식(dysfunctional cognitive schema)이라고 불렀는데, 그 의미는 스트레스 상황에서 활성화된 인지적 오류를 유발하는 인지도식이다. Beck은 사람들이 자동적 사고(어떤 환경에 대해 자기도 모르는 사이 떠오르는 생각과 심상)를 가지고 있기 때문에 문제가 생겨난다고 보았다.

• **인지적 오류**(cognitive error): Beck이 강조한 사람들이 경험하는 인지적 오류는 다음과 같다.

－어떤 사건이나 상황을 체계적으로 왜곡하여 정보를 처리하는 과정

－흑백논리, 평가절하, 과장/축소, 넘겨짚기, 과잉일반화 등

- **상담목표:** Beck은 상담의 목표를 자동적 사고변화, 인지오류 제거, 인지도식 재구성화라고 하였다.

- **상담진행:** Beck의 인지치료에서 상담은 다음과 같이 진행된다.

  －내담자의 자동적 사고에 주의를 기울임

  －자동적 사고가 행동과 정서에 미치는 영향력을 살핌

  －자동적 사고로 인한 현실적 고통을 객관적으로 검토

  －자동적 사고를 합리적 사고로 변화시키도록 격려

  －인지적 오류를 확인하고 역기능적 가정을 재구성화

  －행동과제 부여도 병행

- **인지 삼제**

    Beck은 인지 삼제라는 개념을 제시하여, 내담자가 독특한 방식으로 자기 자신과 자신의 미래 그리고 자신의 경험을 바라보는 세 가지 주요 인지패턴을 설명하였다. 이는 다음과 같다.

  －자기 자신에 대한 부정적 견해: 자기 자신을 결점이 많고 부적절하며 연약하고 아무것도 할 수 없는 존재로 여긴다. 또한 불유쾌한 경험을 자신의 심리적 · 도덕적 · 신체적 결함 때문에 발생한 것으로 생각하고, 자신을 평가절하하며 비난하는 경향이 있고, 결점이 많기 때문에 바람직하지 못하고 쓸모없는 존재라 생각한다.

  －자신의 경험을 부정적으로 해석: 세상을 삶의 목표 달성을 방해하는 극복 불가능한 장애물로 생각하거나 자신에게 과도한 요구를 가해 오는 존재로 생각한다. 모든 환경과의 상호작용은 결국 패배와 박탈로 귀결된다고 잘못 해석한다.

  －미래에 대한 부정적 견해: 미래를 보면서 자신의 현재 어려움이나 고통이 무한히 계속될 것이라고 예상한다. 곤경과 좌절, 박탈이 쉽게 사그라들지 않을 것으로 내다보고, 조만간 착수하게 될 어떤 과제를 떠올리면 실패를 먼저 예상한다.

2) 대인관계치료

우울증은 친구들 사이의 상호작용에서 긍정적 사회적 강화가 없어서 나타나는 것일 수 있다는 이론이 대인관계치료다. 이 치료이론에 따르면 우울증에 걸려서 위축되어 있는 아동 및 청소년에게는 친구들과 잘 지낼 수 있는 상호작용 방법을 가르치고, 긍정적 강화를 받을 수 있도록 이끌어 주는 것이다. 대인관계치료에서는 직접적인 지시, 역할놀이, 모델링 등을 진행하면서 사회적 학습을 할 수 있도록 이끌어 준다.

3) 가족치료

가족치료 전문가들은 아동 및 청소년의 우울증이 대상의 문제라고 보기보다는 한 가족의 체계 속에서 일어나는 문제라고 본다. 따라서 우울증에 걸린 아동이나 청소년만을 상담해서는 변화가 일어날 수 없다고 생각한다. 특히 우울증은 가족의 갈등 속에서 나타나는 것이며, 부모가 우울증상이 있을 경우 자녀에게도 나타날 수 있다고 본다. 따라서 가족치료에서는 가족체계를 바꾸어 주는 치료, 가족들 간의 심리적 경계선을 다루는 치료, 가족 내의 갈등에 접근하는 치료 등을 통해 우울증을 해결하고자 한다.

4) 약물치료

청소년이 우울증상으로 힘들어하고 있을 때 사용할 수 있는 방법 중 한 가지는 약물치료다. 그러나 식약처에서는 18세 이하의 청소년에게는 약물 투약을 금지하였다. 이는 대부분의 약물이 성인에게서만 효과가 있다고 검증되었으며, 아동·청소년을 대상으로 한 약물투여 효과에 대한 검증은 아직 부족하기 때문이다. 그럼에도 아동·청소년의 항우울제 복용자 수는 급격히 증가하고 있다. 이는 우리나라에서 심리증상마저도 의사만이 해결해야 한다는 믿음이 있기 때문인 것으로 볼 수 있다. 그러나 아동이나 청소년에게 약물을 투여했을 때 신체발달과 심리적 적응에 대한 장기간의 효과에 대한 안정성 여부는 알려진 바가 거의 없으므로 정신과에 무조건 데리고 가는 것은 주의해야 한다.

성인의 경우에도 많은 연구자가 약물투여와 함께 심리치료를 병행해야 한다는 데 의견을 모으고 있다. 약물투여는 일시적으로 증상을 완화시키는 데는 효과적이지만 평생 약물에 의존해서 살아야 한다는 점에서 장기적으로 권장할 만한 치료라고 보기는 어렵기 때문이다. 따라서 심리치료에 좀 더 집중할 필요가 있다. 또한 항우울제 복용은 여러 부작용이 있으므로 이에 대해 잘 살펴본 후 복용하는 것이 좋다.

　　Copeland(2002)에 따르면, 우울증을 치료하기 위해 사용되는 약물은 크게 세 부류다. 첫째는 1950년대부터 1970년대까지 개발된 제1세대 항우울제로, 삼환계 항우울제로도 불린다. 이 약물은 세로토닌, 노르에피네프린의 재흡수를 방지하여 이러한 신경전달물질을 늘리는 역할을 한다. 둘째는 모노아민 산화효소 반응 억제제로, 모노아민 산화효소 억제를 통해 시냅스에 신경전달물질이 많이 남아 있도록 도와준다. 셋째는 제2세대 항우울제로 삼환계 항우울제나 모노아민 산화효소 반응 억제제보다 부작용이 적고 안전한 약물이다. 이 약물들은 대표적으로 선택적 세로토닌 재흡수 억제제, 선택적 노르에피네프린 재흡수 억제제 등이며, 노르에피네프린, 세로토닌, 도파민 등에 혼합하여 영향을 줄 수 있는 약물도 있다.

🍃 참고문헌

권정연(2005). 부모-자녀 의사소통 및 정서 상태와 청소년 문제행동간의 관계연구. 서울여자대학교 특수치료전문대학원 석사학위논문.

김교헌(2004). 한국 청소년의 우울과 자살. 한국심리학회지: 사회문제, 10(특집호), 55-68.

김기정(2009). 고등학생의 우울에 미치는 요인: 위험요인, 취약요인, 보호요인을 중심으로. 청주대학교 대학원 박사학위논문.

김동일 역(2011). 우울증 상담 워크북[The Depression Workbook, 2nd ed.]. Copeland, M. E. 저. 서울: 교육과학사. (원저는 2002년에 출판).

김동일, 이윤희, 강민철, 정여주(2013). 정신건강 문제와 인터넷 중독: 다층메타분석을 통한 효과 검증. 상담학연구, 14(1), 285-303.

김선희(2008). 부모-자녀 의사소통이 우울감에 미치는 영향: 정서인식의 명확성과 정서조절 양식을 매개로. 이화여자대학교 대학원 석사학위논문.

남윤주, 이숙(2008). 아동이 지각한 애착과 자아개념, 일상적 스트레스가 우울에 미치는 영향. 놀이치료연구, 12, 1-16.

안인영(2005). 청소년의 자기효능감, 가족건강성, 학교생활적응과 우울과의 상관연구. 경희대학교 교육대학원 석사학위논문.

오경자, 정경미, 송현주, 양윤란, 송원영, 김현수 역(2014). 이상심리학[*Fundamentals of Abnormal Psychology*, 7th ed.]. Comer, R. J. 저. 서울: 시그마프레스. (원저는 2013년에 출판).

우채영, 박아청, 정현희(2010). 성별 및 학교 급별에 따른 청소년의 인간관계, 스트레스, 우울과 자살생각 간의 구조적 관계. 교육심리연구, 24(1), 19–88.

원호택 역(2005). 우울증의 인지치료[*Cognitive therapy of depression*]. Beck, A. T., Rush, A. J., Shaw, B. F., & Emery, G. 저. 서울: 학지사. (원저는 1987년에 출판).

이은숙(2002). 청소년의 소외감, 우울과 자살생각에 관한 구조모형. 경희대학교 대학원 박사학위논문.

장휘숙(1999). 청년심리학. 서울: 학지사.

허묘연(2004). 청소년이 지각한 부모양육 행동척도의 개발 및 타당화 연구. 청소년상담연구, 12(2), 170–189.

American Psychiatric Association(2013). *Diagnostic and statistical manual of mental disorders* (5th ed.). Arlington, VA: APA.

Beck, A. T. (1967). *Depression: Clinical, experimental, and theoretical aspects*. New York: Harper & Row.

Beck, A. T. (1976). *Cognitive therapy and the emotional disorders*. New York: International Universities Press.

Davis, N. M. (2005). Depression in children and adolescents. *Journal of School Nursing, 21*(6), 311–317.

Hammen, C. (2009). Children of depressed parents. In I. H. Gotlib & C. Hammen (Eds.), *Handbook of depression* (pp.275–297). New York: Guilford Press.

Hankin, B. L., Abramson, L. Y., Moffitt, T. E., Silva, P. A., McGee, R., & Angell, K. E. (1998). Development of depression from preadolescence to young adulthood: Emerging gender differences in a 10-year longitudinal study. *Journal of Abnormal Psychology, 107*, 128–140.

Kamali, M., & McInnis, M. G. (2011). Genetics of mood disorders: General principles and otential applications for treatment resistant depression. In J. E. Greden, M. B. Riba, & M. G. McInnis (Eds.), *Treatment resistant depression: a roadmap for effective care* (pp. 293–308). Arlington, VA: American Psychiatric Publishing.

King, C. A., Naylor, M. W., Segal, H. G., Evans, T., & Shain, B. N. (1993). Global self-worth, specific self-perceptions of competence, and depression in adolsecents. *Journal of the American Academy of Child and Adolescent Psychiatry, 32*, 745-752.

McGuffin, P., Katz, R., Watkins, S., & Rutherford, J. (1996). A hospital-based twin register of the heritability of DSM-IV unipolar depression. *Archives of General Psychiatry, 53*, 129-136.

Reinherz, H. Z., Giaconia, M. S., Hauf, R. M., Wasserman, A. M., & Paradis, A. D. (2000). General and specific childhood risk factors for depression and drug disorders by early adulthood. *Journal of American Academy of Child & Adolescent Psychiatry, 39*(2), 223-231.

Renouf, A. G., & Harter, S. (1990). Low self-worth and anger as components of the depressive experience in young adolescents. *Development and Psychopathology, 2*, 293-310.

Rudolph, K. D. (2009). Adolescent depression. In I. H. Gotlib & C. I. Hammen (Eds.), *Handbook of depression* (pp. 444-466). New York: Guilford Press.

Schraedley, P. K., Gotlib, I. H., & Hayward, C. (1999). Gender differences in correlates of depressive symptoms in adolescents. *Journal of Adolescent Health, 25*, 98-108.

Symonds, P. H. (1949). *The dynamics of parent-child relationships*. New York: Columbia University Publication.

Young, K. S., & Rodgers, R. (1997). The relationship between depression and internet addiction. *Cyber Psychology and Behavior, 1*(1), 25-28.

제9장

불안 관련 장애 상담

이 장에서는 DSM-5의 분류체계에 따라 '불안장애' 범주의 하위 장애인 분리불안장애와 선택적 함구증, '외상 및 스트레스 관련 심리장애' 범주의 하위 장애인 외상후 스트레스장애 그리고 '운동장애'의 하위 장애인 틱장애를 다루고 있다.

틱장애(Tic Disorder)

틱장애(Tic Disorder)는 불수의적으로 갑작스럽게 빠르며 반복적이고 비율동적인 동작이나 음성 증상이 몸의 어느 부위에서나 발현하는 운동장애의 한 유형이다. 틱장애는 크게 투렛장애, 만성 운동 또는 음성 틱장애, 잠재적 틱장애로 분류할 수 있다. 틱장애는 주로 만 4~6세에 시작되며, 10~12세 사이에 가장 많이 나타난다. 일시적인 틱은 대개 저절로 사라지지만 일부는 만성 틱장애나 투렛장애로 발전한다.

학교 장면 사례

지용이는 어릴 적부터 시력이 나빴으나 3년여 정도 안경으로 교정하지 못했다. 잘 보려는 노력으로 얼굴을 찌푸렸으나, 부모님은 그저 기분이 나빠서 짓는 얼굴표정으로만 여겼다. 그런데 올해부터는 눈 깜빡임과 함께 이상한 소리를 자주 내기 시작했다. 수업시간에도 선생님의 질문에 답변하기보다는 눈을 깜빡이는 동작을 반복하는 등의 행동을 보였다.

🍃 **학습목표**

1. 틱장애의 개념 및 하위유형별 행동 특성을 이해한다.
2. 틱장애의 원인을 이해하고 원인에 따른 개입법을 구분한다.
3. 틱장애 진단기준을 이해하고 진단절차 및 도구를 알 수 있다.

1. 틱장애의 특성

틱장애는 뚜렷한 목적 없이 특정한 근육에 일어나는 불수의적(不隨意的)인 운동이다. 시간이 경과하면서 한 가지 증상이 없어지고 다른 증상이 새로 나타나는 식으로 증상의 종류가 변하는 것이 특징이다. 팔을 움찔 움직이고 얼굴을 찡그린다든가 하는 두 가지 이상의 증상이 동시에 출현하는 일도 있고 연이어 옮겨 가는 경우도 있다. 대체로 눈을 깜박거리는 증상부터 시작하는 경우가 가장 흔하다.

틱증상은 시간의 경과에 따라 정도가 변한다. 어떤 날은 증상이 심해졌다가 며칠 뒤에는 잠잠해지는 식으로 증상의 변화가 크다. 또한 피곤/흥분/긴장/스트레스 상태에서 증상이 심해지며 잠을 잘 때나 한 가지 행동에 몰두할 때 증상이 완화되기도 한다. 틱장애는 대체로 수면 중에는 없는 것으로 알려졌지만 소수의 투렛장애 환자는 수면 중에도 틱이 나타난다는 연구 보고가 있다.

〈학습상황에서 주로 발견되는 틱〉

- 머리를 흔든다.
- 얼굴을 찡그린다.
- 눈을 깜박거린다.
- 코를 킁킁거린다.
- 헛기침을 한다.
- 어깨나 팔·다리 등을 움찔거린다.
- 한숨을 쉰다.
- 이상한 소리를 낸다.

틱의 증상은 크게 운동 틱과 음성 틱이 있으며 각각 단순형과 복합형으로 나뉜다.

1) 운동 틱

단순 운동 틱은 눈 깜박거림, 얼굴 찡그림, 머리 흔들기, 입 내밀기, 어깨 들썩이기와 같은 증상을 나타낸다. 이러한 틱은 수백 분의 1초 동안 나타난다. 복합 운동 틱은 자신을 때리는 행동, 제자리에서 뛰어오르기, 다른 사람이나 물건 만지기, 물건을 던지는 행동, 손의 냄새 맡기, 남의 행동을 그대로 따라하기, 자신의 성기 부위 만지기, 외설적인 행동 등을 포함하며 의도적 행동으로 오인되기도 한다. 이러한 틱은 오랫동안 지속되고 수 초 이상 나타난다.

2) 음성 틱

단순 음성 틱의 증상은 코를 킁킁거리기, 가래 뱉는 소리, 기침소리, 빠는 소리, 쉬 소리, 침 뱉는 소리 등과 같이 의미 없는 소리 내기다. 복합 음성 틱은 말·언어와 연루되어 있는데, 사회적인 상황과 관계없이 단어를 말하기, 남의 말을 따라하기, 외설스러운 욕하기 등을 포함한다.

2. 유병률과 성차

틱장애는 연구마다 유병률 차이가 큰 신경정신의학적 질환으로 유아기에 발병하기 쉬우며 스트레스 때문에 청소년기와 성인기에 나타나기도 한다. 발병률은 아동의 1% 정도이며 남성이 여성보다 3~5배 많다. 만성적 틱은 투렛보다 2~4배 많고 일과성 틱은 5~18%의 발생률을 보인다(홍강의 외, 1996).

3. 틱장애의 원안

틱장애는 처음에는 목적을 가진 반사적 동작이었으나 후에는 불수의적으로 반복하게 된다. 예를 들어, 눈병으로 눈을 깜박거리던 것이 눈병치료 후에도 습관이 된다든지, 시력이 나빠서 얼굴을 찡그리던 것이 후에까지 지속된다는 것이다. 그러나 기질적 요인(예: 뇌염의 후유증 등)도 있으며 틱장애의 원인은 분명하지 않다.

1) 유전적 · 생리적 원인

(1) 유전적 원인

일란성 쌍생아 연구에서 틱장애아의 일치율은 77~100%이며, 이란성 쌍생아에서는 일치율이 23%다. 투렛장애의 경우, 일란성 쌍생아의 53~56%, 이란성 쌍생아의 8%가 일치율을 보인다. 만성 틱장애의 경우, 일란성 쌍생아의 77~94%, 이란성 쌍생아의 23%가 일치율을 나타낸다. 투렛/만성 틱의 생물학적 직계가족 틱의 유병률은 15~53%다. 이는 일반인구가 1~1.8%인 것에 비해 10~50배 높은 수치다.

(2) 뇌의 구조적 · 기능적 이상

틱장애는 중추신경계 중 전두엽과 대뇌기저핵에 병변이 있다. 최근 CSTC(피질-선조체-시상-피질)회로의 기능이상에 의한 발생가설에 대한 많은 연구가 이루어지고 있다. CSTC회로 내의 이상은 운동증상, 전조충동, 감정적 이상반응을 일으키는 것으로 알려져 있다(Bloch et al., 2006).

(3) 뇌의 신경생리학적 이상

1970년에 할로페리돌이라는 약물이 틱증상을 억제한다고 알려지면서 신경전달물질(도파민, 노아드레날린, 세로토닌)의 이상이 원인이 된다고 알려졌다(Schrock et al., 2015).

(4) 남성호르몬

남자아이에게서 많이 발생한다는 점에서 남성호르몬과 틱의 연관설에 주목하고 있다.

2) 심리적·환경적 요인

심리적·환경적 요인의 측면에서 보면, 부정적/긍정적 스트레스(긴장/흥분) 상태가 지속되고, 부모가 아이에 대한 기대수준이 지나치게 높거나 강압적인 훈육체제에서 틱장애의 발생률이 높다. 또한 임신 및 주산기 문제, 약물사용, 일반의학적 요인, 자가면역체계 이상 등 면역학적 요인과 일상생활관련 요인들이 있다(정용우, 박태원, 2010).

3) 유형별 원인

(1) 잠정적 틱장애

잠정적 틱장애는 기질적 원인, 심리적 원인 또는 복합적 원인으로 발생하는데, 기질적 틱은 대부분 투렛장애로 발전되고 가족력이 중요하며 심인성 틱은 자연소실되는 경향이 있다.

(2) 만성 운동 또는 만성 음성 틱장애

만성 운동 또는 만성 음성 틱장애는 가족 내에서 흔히 발생하며, 투렛장애와 같이 일란성 쌍둥이에게서 일치율이 높다. 따라서 유전적 요인이 중요 원인으로 추정된다.

(3) 투렛장애

유전적 원인과 생물학적 원인으로 오는 경우가 많다. 도파민 길항제 할로페리돌, 피모자이드, 플루페나진은 틱증상을 억제하는 반면, 도파민을 증가시키는 약물 메틸페니데이트, 암페타민, 페노민, 코카인 등은 틱증상을 악화시킨다. 이러한 사실은 투렛장애가 도파민체계의 이상, 즉 도파민의 과다활동과 관련이 있음을 시사한다.

4. 진단 및 평가

틱장애는 신경발달장애로서 중추신경계(뇌)의 발달 지연 또는 뇌손상과 관련된 정신장애로 분류된다.

1) DSM-5 진단기준

DSM-IV의 '유아기 및 아동기에 흔히 처음으로 진단되는 장애' 범주에서 DSM-5의 '운동장애 > 틱장애 > 투렛장애, 운동 또는 음성 틱장애, 잠정적 틱장애'로 변화되었다. 틱장애로 진단받기 위해서는 18세 이전에 발병하고, 일정기간 동안 지속되어야 하며, 운동 틱이나 음성 틱이 존재해야 한다.

〈표 9-1〉 DSM-5의 틱장애 진단 분류체계

> 틱장애(Tic Disorders)
> 1) 투렛장애(Tourett's Disorder)
> 2) 지속성(만성) 운동 또는 음성 틱장애
> 3) 잠정적 틱장애

2) 한국어판 예일 틱증상 평가척도[1]

투렛장애 및 기타 틱장애에서 나타나는 운동 틱과 음성 틱 각각의 증상의 수, 빈도, 심한 정도, 복합성, 방해정도 및 장애도를 포괄적으로 평가하도록 고안하였고, 특히 부모용 YGTSS[2]가 유용하다. 6점의 리커트(Likert) 척도로, 채점은 운동 및 음성 틱 점수와 장애도를 합한 값을 전체 점수로 합산하며 증상이 심할수록 점수가 높다. 틱증상 평가척도는 다음과 같다.

이제부터 작성하실 문항은 여러분 자녀의 틱증상에 대해 보다 자세하게 평가하기 위한 것으로, 작성하시는 데 다소 불편이 있으시더라도 끝까지 작성하여 주십시오.

다음 질문들은 아동에 대한 기본적인 정보를 얻기 위한 것입니다. 잘 읽으시고 각 질문에 답해 주십시오.

---

1) 이 부분은 정선주 외(1998)를 참고함.
2) Yale Global Tic Severity Scale: YGTSS(Leckman, 1989).

1. 아동에 대하여

1) 위 증상이 처음으로 발생한 나이는 언제입니까?　　세 (　　　개월)

2) 현재 아동의 틱증상으로 인해 약물을 복용하고 있습니까? (예, 아니요)

2. 가족에 대하여

아동의 형제나 부모, 친척 중에 틱증상을 보이는 사람이 있습니까? (예, 아니요)

3. 설문지 작성자 : (참가하는 사람은 모두 ∨ 표시를 하십시오.)

　　　　☐ 자신　☐ 어머니　☐ 아버지　☐ 기타(　　　　　　　　)

4. 설문지 작성일 : _____년 ____월 ____일

근육 틱에 대한 설명

근육 틱이란 근육운동을 포함하는 틱을 말합니다. 이는 대개 아동기에 시작되는데 눈 깜박거림이나 한쪽으로 빠르게 머리를 젖히는 등의 갑작스러운 동작이나 운동으로 나타납니다. 동일한 틱이 하루 중 갑자기 나타나고, 피곤하거나 스트레스를 받는 상황에서 악화되기도 합니다. 어떤 틱의 경우 틱을 할 것 같다는 느낌이나 충동이 선행합니다. 수 주 혹은 수개월 동안 근육 틱은 증상이 악화되거나 호전될 수 있고 오래된 틱증상이 완전히 새로운 틱증상으로 대치될 수도 있습니다. 대부분의 근육 틱은 **단순성**(갑작스럽고 짧은 시간 동안의 의미 없는 동작)이지만 어떤 틱은 **복합성**을 가지고 있어서 마치 의도했던 행동이나 '의미 있는' 행동─예를 들면, 특정 얼굴표정을 짓거나 어깨를 으쓱거리는 행동─처럼 나타나 다른 사람에게 잘못 이해될 수도 있습니다(마치 우리가 '잘 모르겠는데요' 하는 뜻으로 어깨를 으쓱거리는 것처럼). 가끔 사람들은 자신의 틱증상을 어떤 설명이나 변명으로 둘러대기도 합니다(예를 들면, 감기가 유행할 계절이 아닌데도 '나는 잘 낫지 않는 감기가 있어요.'라고 말합니다).

근육 틱 평가항목

당신이 지난 일주일 동안 경험한(관찰한) 근육 틱을 다음과 같이 구분하여 ∨ 표시하십시오.

① **단순성 근육 틱** : 갑작스럽고 짧고 '의미 없는' 동작

② **복합성 근육 틱** : 갑작스럽고 동작으로 마치 의미 있는 행동처럼 보이지만 대개 자기도 모르게 일어나고 적절한 시기가 아닌 때에 나타나는 것입니다. 이러한 틱은 항상 동일한 방식으로 나타나고, 하나 이상의 근육이 동작을 일으킵니다. 복합성 틱은 가끔 연결된 동작의 형태로 나타나는데, 예를 들면, 얼굴을 찡그리면서 몸을 동시에 움직인다든지 하는 것입니다. 복합성 틱의 항목은 다음 항목 중 밑줄 쳐 있는 부분입니다.

③ 또는 **둘 다** 나타나는 경우

당신이 경험한(또는 관찰한) 특정 틱증상의 항목에 모두 ∨ 표시하십시오.

1) 눈 동작

단순성 : 예를 들면, 눈을 깜박거리거나, 곁눈질하거나, 빠르게 눈알을 돌리거나 눈알을 굴리거나, 갑자기 매우 짧은 순간동안 눈을 크게 뜨는 동작 □

복합성 : 예를 들면, 놀라거나 당황한 듯한 눈의 동작이나, 시끄러운 소리를 들은 것처럼 잠깐 동안 옆을 보는 동작 □

2) 코, 입 또는 혀의 동작이나 얼굴을 찡그림

단순성: 예를 들면, 코를 실룩거리거나, 혀를 내밀거나, 입술을 핥거나, 이를 꽉 다무는 동작 □

복합성: 예를 들면, 어떤 냄새를 맡는 것처럼 콧구멍을 벌렁거리거나, 미소 짓거나, 기타 다른 종류의 입의 동작 또는 우스꽝스러운 표정 □

3) 머리의 갑작스러운 동작/움직임

단순성: 예를 들면, 빠르게 머리를 젖히거나, 갑자기 턱을 위아래로 움직이는 동작 □

복합성: 예를 들면, 머리카락을 올리기 위한 것처럼 머리를 한쪽으로 휙 돌리는 동작 □

4) 어깨를 으쓱거림

단순성: 예를 들면, 어깨를 위나 앞쪽으로 갑작스럽게 움직이는 동작 □

복합성: 예를 들면, 마치 '잘 모르겠는데요.'라고 말하는 것처럼 어깨를 으쓱거리는 동작 □

5) 팔이나 손의 동작

단순성: 예를 들면, 빠르게 팔을 굽히거나 펴거나, 손가락으로 찌르거나, 손마디를 꺾어 소리나게 하는 동작 □

복합성: 예를 들면, 마치 머리를 빗듯이 손가락으로 머리를 가르는 행동이나 어떤 물건이나 다른 것들을 만지거나, 집거나, 또는 이유 없이 손가락으로 세는 동작 □

6) 다리나 발, 발가락의 동작

단순성: 예를 들면, 차거나, 깡충거리거나, 무릎을 굽히거나, 발목을 굽히거나 펴거나, 다리를 흔들거나, 발을 구르거나 바닥을 치는 동작 □

복합성: 예를 들면, 앞으로 한 발짝 간 후 뒤로 두 발짝 가는 동작이나, 쭈그리거나 무릎을 깊이 굽히는 동작 □

7) 배의 동작

단순성: 예를 들면, 배에 팽팽하게 힘을 주는 행동　☐

8) 기타 복합성 틱

글씨 틱: 똑같은 글자나 단어를 계속해서 <u>쓰거나</u>, 글씨를 쓰면서 연필을 잡아<u>끄는 동작</u>　☐

<u>틱과 관련된 강박적인 행동</u>: (만지기, 치기, 옷을 매만지거나, 모서리를 맞추는 동작)　☐

<u>무례하거나 음란한 동작</u>: 예를 들면, 가운데 손가락을 내미는 동작　☐

<u>몸을 굽히거나 꼬기</u>: 예를 들면, 허리를 구부리는 동작　☐

<u>이상한 자세</u>: 다음을 자세히 설명해 보십시오.　☐

→

<u>돌거나 회전하기</u> (도는 방향을 적어 보십시오. : ＿＿＿＿＿＿＿＿＿＿)　☐

<u>자신에게 상처를 입히는 행동</u>: 다음에 자세히 설명해 보십시오.

→

<u>기타</u>: 자신도 모르게 일어나며 분명히 목적 없는 근육 틱: 다음에 복합성 근육의 틱의 형태와 순서를 설명해 보십시오.　☐

→

음성 틱에 대한 설명

음성 틱은 소리나 말을 포함하는 틱증상입니다. 이는 대개 아동기에 시작되고, 근육 틱이 이미 생긴 후에 시작되는 경우가 많지만 최초의 틱증상으로 나타나기도 합니다. 처음에는 갑작스럽게 소리를 내는 것으로 나타나는데, 예를 들면, 헛기침 소리나 코를 훌쩍거리는 소리 등으로 시작됩니다. 동일한 틱이 하루 중 갑자기 나타나고 피곤하거나 스트레스를 받는 상황에서 악화되기도 합니다. 음성 틱에서 때때로 목에서 느껴지는 이상한 느낌이나 소리를 내고 싶은 충동이 선행하는 경우도 있습니다. 수주 또는 수개월 동안 음성 틱의 악화되거나 호전될 수 있고 오래된 음성 틱은 완전히 새로운 틱증상으로 대치되기도 합니다. 대개의 음성 틱은 단순성(갑자기 짧은 소리를 내는 것)이지만 어떤 음성 틱은 복합성이어서 예를 들면, 음란한 내용을 말하거나(외설증) 다른 사람이 말한 것을 반복해서 따라서 말하기(반향어)도 합니다. 대개 사람들은 자신의 틱증상을 어떤 설명이나 변명으로 둘러대곤 합니다(예를 들면, 감기가 유행할 계절이 아닌데도 '나는 잘 낫지 않는 감기가 있어요.'라고 말합니다).

음성 틱 평가항목: <u>지난 일주일 동안 경험한(관찰한) 음성 틱에 ∨ 표시하십시오.</u>

① 단순성 음성 틱증상(빠르고, '의미 없는' 소리를 내는 것)

나는 자신도 모르게 일어나며 분명히 목적 없는, 다음과 같은 소리를 경험했거나 관찰했다.

— 기침소리 ☐

— 헛기침소리 ☐

— 코를 훌쩍거리는 소리 ☐

— 휘파람 부는 소리 ☐

— 동물 또는 새소리 ☐

— 기타 단순성 음성틱 ☐

(자세히 설명해 보십시오.)

→

② 복합성 음성 틱증상(자신도 모르게 일어나며, 반복적이고, 목적 없는 낱말, 문구 또는 상황에 맞지 않는 말로 짧은 동안만 자발적으로 억제할 수 있는 것)

나는 자신도 모르게 일어나며 분명히 목적 없는 다음과 같은 소리를 경험했거나 관찰했다.

— 음절(자세히 설명해 보십시오.) ☐

→

— 낱말(자세히 설명해 보십시오.) ☐

→

— 무례하거나 음란한 낱말이나 문구(자세히 설명해 보십시오.) ☐

→

— 반향어(다른 사람이 말한 것–한 낱말이나 문구를 따라하는 행동) ☐

— 동어반복증(자신이 말한 것을 계속해서 반복하는 행동) ☐

— 기타 다른 언어의 문제(자세히 설명해 보십시오.) ☐

→

음성 틱증상의 형태나 순서를 자세히 설명해 보십시오. ☐

→

여러 가지 틱증상의 혼합(근육, 음성 그리고 근육과 음성 틱)

어떤 틱은 동시에 어떤 혼합이나 형태 또는 순서를 가지고 나타날 수 있습니다. 때때로 근육 틱이나 음성 틱의 혼합이 함께 나타날 수도 있습니다. 예를 들면, 갑자기 눈을 깜박거리면서 동시에 머리를 젖힐 수도 있고, 헛기침소리를 낸 다음 휘파람 소리를 낸다든지 하는 것인데, 이러한 배합은 언제나 함께 그리고 비슷한 방식으로 일어납니다. 또는 근육 틱과 음성 틱이 어떤 형태를 가지고 함께 일어날 수도 있습니다. 예를 들면, 눈을 깜박거리면서 손을 흔든 후 헛기침을 하는 것입니다. 이런 틱은 언제나 같은 순서로 함께 일어납니다.

지난 일주일간 당신은 여러 가지 틱증상의 혼합을 경험(관찰)하였습니까?　□ 예　□ 아니요

만약 '예'라고 하셨다면 당신이 가진 여러 가지 틱 혼합에 대해 각각 설명해 주십시오.
→

당신은 적어도 세 개의 서로 다른 여러 가지 틱증상 혼합을 지난 일주일간 경험(관찰)하셨습니까?
□ 예　□ 아니요

〈현재의 틱증상의 심한 정도〉 지난 일주일 동안의 근육 틱 및 음성 틱에 대한 설명 중 가장 맞는 항목에 ∨ 표시하십시오.

1. 지난 일주일 동안 당신은 얼마나 많은 종류의 틱증상을 경험(관찰)하셨습니까? (틱증상 평가항목과 여러 가지 틱증상 혼합에 대한 질문을 참조하십시오.)	근육 틱	음성 틱	
나는 어떤 틱증상도 경험(관찰)하지 않았다.	□	□	0
나는 오직 하나의 틱증상만을 경험(관찰)하였다.	□	□	1
나는 두 개에서 다섯 개 사이의 틱증상을 경험(관찰)하였다.	□	□	2
나는 다섯 개 이상의 틱증상을 경험(관찰)하였다.	□	□	3
나는 적어도 세 개의 틱증상과 하나 또는 두 종류의 여러 가지 틱증상 혼합을 경험(관찰)하였다.	□	□	4
나는 적어도 세 개의 틱증상과 적어도 세 종류의 여러 가지 틱증상 혼합을 경험(관찰)하였다.	□	□	5

2. 지난 일주일 동안 틱증상 없이 지낸 가장 긴 기간은 어느 정도입니까?(자고 있는 시간은 계산하지 마십시오.)	근육 틱	음성 틱	
나는 어떤 틱도 경험(관찰)하지 않았다.	□	□	0
나는 거의 언제나 틱을 경험(관찰)하지 않는다(틱은 드물게 나타나고, 매일 일어나지 않는 경우가 많다. 틱이 없는 기간이 며칠 동안 지속된다).	□	□	1

	근육 틱	음성 틱	
나는 자주 틱을 경험(관찰)하지 않고 지낸다(틱이 대개 매일 일어난다. 때때로 틱이 갑자기 발작적으로 일어나나, 한 번에 수분 이상 지속되지는 않는다. 틱이 없는 기간이 하루 중 거의 대부분이다).	☐	☐	2
나는 가끔 틱을 경험(관찰)하지 않고 지낸다(틱이 매일 일어난다. 틱이 없는 기간이 3시간 이상 될 때가 많다).	☐	☐	3
나는 틱을 경험(관찰)하지 않고 지낼 때가 거의 없다(틱은 사실상 깨어 있는 매시간 일어나고, 지속적인 틱증상이 정기적으로 일어난다. 틱이 없는 기간이 빈번하지 않지만, 있다면 30분 정도 된다).	☐	☐	4
나는 틱을 경험(관찰)하지 않고 지낼 때가 전혀 없다(틱이 사실상 언제나 나타난다. 틱이 없는 기간을 찾기 어렵고, 기껏해야 5~10분 정도다).	☐	☐	5

	근육 틱	음성 틱	
3. 지난 일주일 동안 당신이 경험(관찰)한 틱은 얼마나 심했었습니까? (예를 들면, 가벼운 틱은 보이거나 들리지 않을 수도 있고, 그 정도가 미약해서 다른 사람이 눈치 채지 못할 수도 있습니다. 한편, 심한 틱은 매우 심하여 다른 사람들의 관심을 끌고 그 강한 표현 때문에 신체적인 외상을 입을 위험도 있습니다. 틱은 가볍거나, 중간 정도, 심한 정도의 사이에 있습니다.)			
나는 어떤 틱도 경험(관찰)하지 않았다.	☐	☐	0
내가 경험(관찰)한 틱은 아주 가벼운 정도다(틱이 그 정도가 아주 미약하여 다른 사람에게 눈치채이거나 들리지 않는다).	☐	☐	1
내가 경험(관찰)한 틱은 조금 심한 정도다(틱이 비슷한 자발적인 행동이나 말보다 더 심하거나 큰소리가 아니고, 그 정도가 미약해서 다른 사람들에게 눈치채이거나 들리지 않을 때가 흔하게 있다).	☐	☐	2
내가 경험(관찰)한 틱은 중간 정도로 심하다(틱은 비슷한 자발적인 행동이나 말보다 더 심하거나 큰소리이며, 그 심한 정도 때문에 다른 사람들에게 눈치채이거나 들릴 수 있다).	☐	☐	3
내가 경험(관찰)한 틱은 매우 심하다(틱은 비슷한 자발적인 행동이나 말보다 더 심하거나 큰소리이며 자주 '과장된' 성격을 띤다. 이와 같은 틱은 심하고, 시끄럽고, 과장된 성격 때문에 자주 다른 사람들에게 눈치채이거나 들릴 수 있다).	☐	☐	4
내가 경험(관찰)한 틱은 극도로 심하다(틱은 극도로 심하고, 시끄럽고 과장되어 있다. 이러한 틱은 언제나 다른 사람들에 의해 눈치채이거나 들리며 심한 표현 때문에 신체적인 외상(사고나, 남을 자극하거나 또는 자신을 처벌하기 위해서)을 입을 위험이 있다).	☐	☐	5

4. 지난 일주일 동안 당신이 경험(관찰)한 틱은 얼마나 쉽게 정상적인 행동으로 위장될 수 있었습니까? 당신의 틱은 얼마나 단순 또는 복합성입니까? (앞의 틱 평가 항목 중 당신이 복합성 틱으로 표시한, 밑줄로 표시된 부분을 다시 읽어 보고 가장 적당한 항목을 선택하십시오.)	근육 틱	음성 틱	
나는 어떤 틱도 경험(관찰)하지 않았다. 만약 있더라도 모두 분명히 단순성이다.	☐	☐	0
어떤 틱은 분명히 단순성은 아니다. 틱은 쉽게 위장된다.	☐	☐	1
어떤 틱은 분명히 복합성이고 옷을 매만지거나 '아하!' 또는 '야.' 등의 말과 같은, 짧은 시간 동안의 '자동적으로 반복되는 행동'이나 의미 있는 말과 유사하여 쉽게 위장된다.	☐	☐	2
어떤 틱은 보다 복합성이어서 위장될 수 없으나 '정상적인' 행동이나 말로 설명될 수 있는 갑작스러운 여러 차례의 발작으로 나타날 수 있다(잡거나, 치거나 '맞다' '여보'하는 말이나, 다른 사람의 말을 짧게 따라하는 행동).	☐	☐	3
어떤 틱은 매우 복합적이고 지속적으로 여러 차례의 발작으로 나타나고, 특이하고 부적절하며, 이상하고 무례한 성격 때문에 위장되기 힘들고 정상적인 행동이나 말로 쉽게 설명될 수 없다(오랫동안 얼굴의 표정을 짓고 있거나, 음부를 만지거나, 다른 사람들의 말을 따라하거나, 말을 특이한 방식으로 하거나 오랫동안 '그래서 어쨌다는 거야.'라고 반복적으로 말하거나, '후' '쉬'하고 말하는 경우)	☐	☐	4
어떤 틱은 오랫동안 여러 차례의 발작으로 나타나는데, 심하게 특이하고 부적절하며, 이상하거나 무례한 성격 때문에 위장될 수 없고 정상적인 행동으로 설명될 수 없다(오랫동안 신체부위를 노출하거나, 자해하는 행동이나, 무례하거나 음란한 말을 오랫동안 하는 경우).	☐	☐	5

5. 지난 일주일동안 당신이 경험(관찰)한 틱은 당신이 하고자 하는 일이나 말을 얼마나 자주 방해하였습니까?	근육 틱	음성 틱	
나는 어떤 틱도 경험(관찰)하지 않았다.	☐	☐	0
틱이 있더라도 나의 행동이나 말을 방해하지 않는다.	☐	☐	1
틱이 있을 때 가끔 나의 행동이나 말을 방해한다.	☐	☐	2
틱이 있을 때 자주 나의 행동이나 말을 방해한다.	☐	☐	3
틱이 있을 때 자주 나의 행동이나 말을 방해하고 가끔 내가 하고자 하는 행동이나 말을 중단시킨다.	☐	☐	4
틱이 있을 때 자주 그리고 완전히 내가 하고자 하는 말이나 행동을 중단시킨다.	☐	☐	5

〈틱 장애척도〉 지난주에 있었던 틱과 관련되어 가장 적당한 항목에 ∨ 표시하십시오.

당신의 틱이 얼마나 심한가와는 무관하게, 지난 일주일 동안의 틱증상이 얼마나 당신을 괴롭혔습니까?		
전혀 괴롭히지 않았다.	☐	0
아주 조금 괴로움. 틱이 자신감이나 가족들과의 생활, 사회적인 인정, 학교나 직업적인 기능의 미약한 어려움과 연관된다(드물게 틱과 관련되어 당면한 미래에 대해 걱정이 되거나 화가 난다. 가족 내의 긴장이 틱으로 인해 주기적으로 조금 올라간다. 친구나 친지들이 가끔 틱에 대해서 눈치채거나 좋지 않게 언급한다).	☐	10
조금 괴로움. 틱이 자신감이나 가족들과의 생활, 사회적 인정 또는 학교나 직업적인 기능의 조금의 어려움과 연관된다.	☐	20
중간 정도로 괴로움. 틱이 자신감이나 가족들과의 생활, 사회적 인정 또는 학교나 직업적인 기능의 분명한 문제와 연관된다(불행감을 느낌, 주기적인 가족의 고통과 갈등, 또래에 의해 자주 놀림을 당하고 주기적으로 사회적인 교제를 기피함, 틱으로 인해 주기적으로 학교나 직업적인 활동에 지장이 있음).	☐	30
심하게 괴로움. 틱은 자신감이나 가족들과의 생활, 사회적 인정 또는 학교나 직업적 기능의 중요한 문제와 연관된다.	☐	40
극심하게 괴로움. 틱이 자신감이나 가족들과의 생활, 사회적 인정 또는 학교나 직업적 기능의 극심한 어려움과 연관된다(자살에 대한 생각을 유발하는 심한 우울감, 가족의 붕괴(별거/이혼, 수용소에 거주), 사회적 유대의 붕괴−사회적 문제 때문에 심하게 위축되어 있거나 학교를 그만두거나 직업을 잃음].	☐	50

〈전반적인 인상〉 지난주의 틱과 관련하여 가장 적당한 항목에 ∨ 표시하십시오.

다음 중 지난 일주일간의 틱증상이 당신의 인생에 전반적으로 어떤 영향을 주었는지를 가장 잘 설명한 항목은 어떤 것입니까?

없음: 나는 틱을 경험(관찰)하지 않았다.	☐	1
가벼움: 나는 아주 약한, 미심쩍은 틱증상을 경험(관찰)하였다.	☐	2
약함: 나의 틱은 전혀 방해가 되지 않고 대부분의 사람이 눈치채지 못한다.	☐	3
중간 정도임: 나의 틱은 나의 일상생활에 약간의 문제를 일으키고, 때때로 몇몇 사람이 눈치를 챈다.	☐	4
심함: 나의 틱은 일상생활의 한 가지 이상의 영역에서 분명한 문제를 일으키고, 거의 대부분의 상황에서 거의 항상 사람들이 눈치를 챈다.	☐	5
극심함: 나의 틱은 주요한 일상활동에 큰 문제를 일으켜서 '평상적인' 생활이 불가능하게 하거나, 심각한 곤경에 빠지게 한다.	☐	6
매우 극심함: 나의 틱은 나를 무능력하게 하고/또는 심한 상처를 입게 한다.	☐	7

5. 틱장애의 개입

틱장애는 만성적으로 완화와 악화를 반복하여 결과적으로 학습 및 교우관계에도 악
영향을 미친다. 틱장애에 대한 개입은 크게 부모교육 및 가족상담, 심리상담 및 교육,
인지행동수정치료, 약물치료 등으로 접근할 수 있다.

1) 부모교육 및 가족상담

부모들은 아동이 일부러 틱증상을 만들어 내는 것으로 오해하는 경우가 많다. 따라
서 자녀의 틱증상에 대해 과도한 관심을 보이고 매번 지적하려고 하는데, 이와 같은 행
동은 또 다른 스트레스를 유발하여 틱증상을 악화시킬 수 있다. 따라서 자녀가 틱행동
을 보일 때 그 행동에 대해 언급하지 말고 무반응하는 것이 바람직하며, 자녀를 힘들게
하는 것이 무엇인지를 파악해서 제거해 주어야 한다. 일과성 틱장애의 초기에는 틱이
발생할 때 가족이 무반응하는 것이 좋다.

틱행동에서 생긴 자녀의 위축, 열등감, 학습부진, 낮은 자아개념은 자녀의 정상적인
일상생활 적응을 어렵게 한다. 그러므로 아동의 사소한 장점이라도 찾아내어 인정해
주고 성취감을 느낄 수 있도록 격려해 주며 칭찬을 아끼지 않아야 한다. 틱장애에 대한
환경적 요인을 탐색하여, 이를 개선함으로써 환경에 보다 잘 적응할 수 있도록 지원해
주는 일이 중요하다.

2) 심리상담 및 교육

틱장애는 증상에 대한 오해와 편견, 주위에서의 압력 때문에 심리적 문제로 확대되
는 경우가 많다. 따라서 우울, 불안, 자신감의 결여 등에 대한 지지적 상담이 필요하다.
투렛장애는 치료받지 않을 경우, 예후는 만성적이며 평생 동안 호전과 악화를 반복하기
도 한다. 장기화되면 심한 적응문제와 우울장애 등의 정서장애가 나타나며, 심하면 자
살시도로 이어지기도 한다. 따라서 이차적인 심리장애에 대한 예방 및 심리상담도 필
요하다.

3) 인지행동수정치료

일과성 틱이나 만성운동 또는 만성 음성 틱장애의 경우, 증상이 심해지면 행동수정
치료를 실시할 수 있다.

- 집중실행(Massed negative practice): 틱장애아동으로 하여금 의도적으로 가능한 한
  빨리 틱증상을 지속, 반복하도록 하는 방법
- 연관사건처리(contingency management): 조작학습이론(행동은 그 행동에 따르는 결과
  에 의해 유지 또는 변화될 수 있다)에 근거를 두고, 정적 또는 부적 강화 모두 사용할
  수 있으나 정적 강화법이 더 뚜렷한 효과가 있다.
- 이완훈련법: 근육의 긴장과 이완법, 심호흡, 시각상 등의 방법들을 적용하는 것으
  로 가장 효과적이라고 알려져 있다.
- 자기관찰(self-monitoring): 틱증상에 대해 스스로 평가하도록 일기를 쓰는 등 자신
  의 틱에 대한 통제능력을 길러 주는 방법이다.

4) 약물치료

투렛장애의 가장 효과적인 치료방법은 약물치료다. 그러나 증상이 심하지 않을 때는
약물을 사용하지 않는다. 증세가 심한 틱장애, 잠정적 틱장애가 아닌 만성 틱장애, 투렛
장애의 경우에 약물치료가 실시된다.

가장 강한 약물 중 하나인 할로페리돌(haloperidol)은 부작용이 흔하므로 심한 투렛
장애일 때만 사용한다. 증상이 약한 경우, 알파 아드레날린 길항제(alpha-adrenergic
antagonist)인 클로니딘(clonidine)을 사용하는 편이 안전하다. 충분한 효과가 나타나기까
지 8~12주 정도가 소요된다.

분리불안장애(Separation Anxiety Disorder)

분리불안은 정상적인 소아기 발달과정으로서, 생후 8개월에서 12개월 사이에 발생하여 2세 전후에 사라진다. 그러나 일부 아동은 초등학교 및 십대에 분리불안 증상을 겪으며, 이를 분리불안장애 또는 SAD라고 한다. 분리불안장애아동은 어머니와 같은 주 양육자, 즉 애착대상과 떨어지는 데 심한 불안을 보인다. 대부분 밀착된 가족관계패턴을 가지고 있고 분리에 대한 심리적 불편감이 일정 연령이 지나도 지속되기도 한다.

학교 장면 사례

지용이는 죽음이나 죽는 것에 대한 염려감이 심하고 학교 가기를 싫어하며 학교에 가서도 공부에 집중하지 못하고 친구들과 어울리지 못한다. 특히 밤이나 혼자 있을 때, '누가 훔쳐본다' '무서운 형체가 다가온다' 등 일상적이지 않은 지각경험을 이야기하며 힘들어해서 방과후활동 등에 참여할 수가 없다. 주말에 놀이공원에 갔다가 가벼운 차량 접촉사고 후 크게 다치지는 않았으나 며칠 동안 악몽을 꾸고 여기저기 아프다면서 일주일에 2~3번씩 결석했다. 강제로 등교시키려 하면 얼굴이 창백해지면서 두통을 호소하는 것이 3개월째다. 병원에서 받은 각종 검사는 정상으로 나왔으며, 일단 학교를 안 가면 두통도 가라앉고 집에서 혼자 잘 지낸다.

학습목표

1. 분리불안의 개념 및 하위유형별 행동 특성을 이해한다.
2. 분리불안의 원인을 이해하고 원인에 따른 개입법을 구분한다.
3. 분리불안 진단기준을 이해하고 진단절차 및 도구를 안다.

1. 분리불안장애의 특성

집이나 애착대상과의 분리에 대한 불안이 부적절하게 과장된 수준으로 나타나는 심리장애다. 집을 떠나거나 애착대상과 분리되거나 분리가 예상될 때, 반복적으로 심한 불안을 느끼고 주된 애착대상이 죽거나 해로운 일이 일어날 것이라고 계속적으로 심한 걱정을 하며 애착대상과 분리될 것이라는 비현실적인 걱정을 지속적으로 한다. 이러한 불안 때문에 등교를 거부하거나 집을 나가기를 싫어하며 이를 거부한다. 이별과 연관되는 반복적 악몽을 꾸기도 하며 이별이 예상될 때 반복적인 신체증상(두통, 복통, 오심, 구토 등)을 호소한다.

〈학교상황에서 주로 발견되는 분리불안 행동〉
- 부모에 대한 집착
- 극도의 심한 울음
- 떨어져야 하는 일의 시행 거부
- 두통이나 구토와 같은 신체적 병
- 폭력적이고 감정적인 분노발작
- 학교 등교 거부
- 저조한 학교성적
- 건전한 태도로 다른 아이들과 상호작용하기 어려움
- 혼자 잠자기 거부
- 악몽

〈가족생활에 미치는 영향〉
- 아동의 부정적 행동으로 인하여 제한된 가족활동
- 부모가 자신 또는 서로를 위한 시간을 거의 갖지 못하거나 전혀 갖지 못해 좌절감을 초래
- 분리불안장애가 있는 자녀에게 더 많이 관심을 두는 것을 질투하는 형제

2. 유병률과 성차

아동의 3~4%는 분리불안장애가 있고 대부분 회복된다. 이후 정서장애로 발견되기도 하는데 우울이 가장 빈번하다. 소아기 정신건강 진료의뢰의 약 절반은 분리불안장애 의심 사례로 볼 수 있다(Pincus, Santucci, Ehrenreich, & Eyberg, 2008).

3. 분리불안장애의 원인

1) 아동 및 가족 요인

어머니와 불안정한 애착이 형성된 아동, 기질적으로 낯선 이/상황에 대한 저항이나 회피의 특성을 가진 아동, 수줍고 소심한 성격의 아동인 경우, 분리불안장애의 발생 위험이 높아진다. 또한 가족력에 불안증이나 우울증이 있거나 밀착형 가족구조/과잉보호적 부모의 경우 아동은 의존적이고 고지식하며 부모의 사랑을 갈구하는 유형으로 성장하게 되며 분리불안장애에 취약하게 된다. 분리불안장애는 이사, 전학, 이혼, 가까운 가족/애완동물의 사망, 부모나 자신의 병치레/입원과 같은 일상의 스트레스사건 후에도 발생하며, 사회경제적으로 취약한 계층에서 더 높게 발병한다.

2) 정신역동적 관점

정신역동적인 관점에서는 어머니에 대한 아동의 강한 애착이 아동으로 하여금 분리되어 있는 동안 자신이나 어머니에게 무슨 일이 일어날지 모른다는 불안을 갖도록 만든다고 본다. 어머니에게 어떤 일이 일어날지도 모른다는 불안을 갖고 있는 것은 아동이 부모를 향한 공격적 소망을 갖고 있는 것이며 이 소망이 이루어질까 봐 불안해한다는 것이다. 불안의 보상으로 애착경험을 하게 되면 분리불안이 더욱 강화되기도 한다.

4. 진단 및 평가

분리불안장애의 증상은 일반적인 기분 및 정신건강 문제를 나타내는 경향이 있어서 분리불안장애아동의 약 1/3은 성인이 되면 심리장애로 진단될 수 있다(Pincus et al., 2008). 어느 정도의 분리불안 증세는 정상적인 발달과정에 속하지만 이런 불안이 일상생활에 지장을 줄 정도라면 분리불안장애라고 할 수 있다. 분리불안장애 평가는 부모/자녀 간의 상호작용하는 모습을 관찰하여 얻을 수도 있다. 이를 통해 자녀를 다루는 부모의 스타일이 자녀가 불안에 대처하는 방법에 영향을 미치는지의 여부를 평가할 수 있다.

1) DSM-5 진단기준

DSM-5의 분리불안장애 진단기준은 다음과 같다.

A. 애착 대상과의 분리에 대한 공포나 불안이 발달 수준에 비추어 볼 때 부적절하고 지나친 정도로 발생한다. 다음 중 3가지 이상이 나타나야 한다.
  1. 집 또는 주 애착 대상과 떨어져야 할 때 심한 고통을 반복적으로 겪음
  2. 주 애착 대상을 잃거나 질병이나 부상, 재앙 혹은 죽음 같은 해로운 일들이 그에게 일어날 것이라고 지속적으로 과도하게 걱정함
  3. 곤란한 일(예, 길을 잃거나, 납치당하거나, 사고를 당하거나, 아프게 되는 것)이 발생하여 주 애착 대상과 떨어지게 될 것이라고 지속적으로 과도하게 걱정함
  4. 분리에 대한 공포 때문에 집을 떠나 학교, 직장 혹은 다른 장소로 외출하는 것에 대해 지속적으로 거부하거나 거절함
  5. 집이나 다른 장소에서 주 애착 대상 없이 있거나 혼자 있는 것에 대해 지속적으로 과도하게 두려워하거나 거부함
  6. 집에서 떠나 잠을 자는 것이나 주 애착 대상 곁이 아닌 곳에서 자는 것을 지속적으로 과도하게 거부하거나 거절함
  7. 분리 주제와 연관된 반복적인 악몽을 꿈
  8. 주 애착 대상과 떨어져야 할 때 반복적인 신체 증상을 호소함(예, 두통, 복통, 오심, 구토)
B. 공포, 불안, 회피 반응이 아동·청소년에서는 최소한 4주 이상, 성인에서는 전형적으로 6개월 이상 지속되어야 한다.
C. 장애가 사회적, 직업적, 또는 다른 중요한 기능 영역에서 임상적으로 현저한 고통이나 손상을 초래한다.
D. 장애가 다른 정신질환으로 더 잘 설명되지 않는다. 예를 들어, 자폐증에서 변화에 대한 저항으로 인해 집 밖에 나가는 것을 회피하는 것, 정신병적 장애에서 분리에 대한 망상이나 환각이 있는 경우, 광장공포증으로 인해 믿을 만한 동반자 없이는 밖에 나가기를 거부하는 경우, 범불안장애에서 건강 문제나 다른 해로운 일이 중요한 대상에게 생길까 봐 걱정하는 것, 질병불안장애에서 질병이 발생할까 봐 걱정하는 것

5. 분리불안장애의 개입

분리불안장애의 치료에는 심리상담치료와 약물 및 입원 치료가 병용된다.

1) 심리상담치료

기간이 짧고 증상이 약할 때에는 가족치료와 행동치료를 적용한다. 부모의 불안을 함께 조절할 수 있도록 가족치료가 필요하며 분리를 시도하고 훈련하는 행동치료가 효과적이다. 가장 효과적인 치료법은 인지행동요법(Cognitive Behavioral Therapy: CBT)으로 아동은 불안에 대처하는 기술(심호흡과 이완)을 배운다.

부모-자녀 상호작용 요법은 세 가지 주요 치료단계로 구분될 수 있다. 1단계인 자녀-중심 상호작용(CDI)은 부모/자녀관계의 질 향상을 목표로 포근하게 하기, 주의 기울이기 및 칭찬하기 등의 기법이 활용되고 이 단계는 자녀의 안전감을 강화시킨다. 2단계 용기-중심 상호작용(DBI)은 왜 자녀가 불안을 느끼는지에 대해 부모교육을 한다. 불안감을 일으키는 상황과 관련하여 능동적인 반응에 대한 보상체계를 수립한다. 3단계 부모-중심 상호작용(PDI)은 자녀와 명확하게 소통하는 방법을 부모교육한다. 이는 부모가 아동의 불량한 행동을 관리하는 데 도움이 된다.

학교 환경은 성공적인 치료에 필요한 또 다른 열쇠다. 분리불안장애아동이 불안하다고 느끼는 경우, 갈 수 있는 안전한 장소가 필요하다. 이 아동이 수업 시간 중 또는 집에서 떠나 있는 경우, 응급시 부모와 소통할 수 있는 방법이 있어야 한다. 또한 다른 급우들과 상호작용하는 것이 좋으며, 이를 위해 교사, 교장 또는 상담 교사의 지원과 지지체계를 구축하는 것이 도움이 된다.

한편, 놀이치료를 통해서 아동이 양육자에 대한 신뢰감과 안정감을 가지도록 하는 것도 효과적이다. 부모는 아동이 스스로 성장할 수 있도록 과보호적인 태도를 취하지 않도록 하며, 불안을 자극시키는 말이나 행동을 하지 않도록 한다. 밀착된 가족관계에 대한 가족치료적인 개입도 필요하다.

2) 약물 및 입원치료

특별한 치료약은 없으나 경우에 따라 항우울제가 사용된다. 그러나 부작용에 대해 면밀한 모니터링이 필요하다. 증상이 아주 심하여 등교거부가 지속되는 경우, 정신과 적 응급으로 입원하여 부모와 분리를 시도하고 헤어지고 만나는 과정을 점진적으로 수 행하면서 증세 호전을 기대할 수 있다.

선택적 함구증(Selective Mutism)

선택적 함구증(무언증)은 불안, 위축, 반항심 때문에 특정한 상황에서 말을 하지 않는 심리장애를 말한다. 불안장애(Anxiety Disorder)의 일종으로, 발달장애(자폐증), 정신분열증, 언어발달장애와는 다르다.

학교장면 사례

초등학교 2학년 지영이는 학교에서 말을 하지 않는다. 집에서는 수다스러울 정도로 말을 많이 하는데, 밖에서는 선생님이나 친구들과 말을 하지 않으려 한다. 말하지 않는 것 외에는 학교생활을 그럭저럭 잘 따라서 선생님에게 양해를 구하고 학교는 잘 다니고 있으나, 말을 안 하는 문제는 나아지지 않고 있다. 전문상담교사의 묻는 말을 다 알아듣고 눈치도 빨라 보였으나, 엄마 곁에서 떨어지지 않고 상담교사의 눈치만 보면서 묻는 말에 전혀 대꾸를 하지 않는다.

🍃 학습목표

1. 선택적 함구증의 개념 및 하위유형별 행동 특성을 이해한다.
2. 선택적 함구증의 원인을 이해하고 원인에 따른 개입법을 구분한다.
3. 선택적 함구증 진단기준을 이해하고 진단절차 및 도구를 알 수 있다.

1. 선택적 함구증의 특성

언어장애가 아니므로 말을 하는 데 문제는 없지만 어떤 장소나 상황에서는 전혀 말을 하지 못한다. 주로 집에서는 말하나, 학교에서는 말을 하지 않거나 읽기 시간에 소리 내어 읽지 않으며 그 반대의 경우도 있다. 어떤 아동은 밖에서 전혀 말을 하지 못하다가 집에 와서 엄마에게 하루 중 못했던 말을 몰아서 하는 경우도 있고, 마주보고 말을 못하는 상대와 전화로는 자유롭게 대화를 하기도 한다. 언어장애가 없기 때문에 많은 경우, 선택적 함구증을 자녀의 대화 거부 신호로 보고 반항적 행동으로 해석하는 경우가 많다.

선택적 함구 아동은 수줍고, 불안해하고, 고집이 세고, 아기 같고, 의존적이고, 화를 잘 내고, 타인을 조종하려 하는 특성을 많이 보인다. 이사나 이민, 심리적인 충격을 줄 수 있는 사건 이후에 우울증을 동반하는 경우도 있다. 간혹 '내 목소리가 남이 들을 때 이상하다고 느낄 것 같다'는 생각에 불안과 공포심을 갖는 경우도 있으므로 아이가 선택적 함구증이 의심될 때에는 원인이 되는 심리적인 상태를 잘 파악해 접근하는 것이 필요하다.

2. 유병률과 성차

남아보다 여아에게 선택적 함구증이 생길 확률이 더 높고 유병률은 1% 미만으로 아주 낮은 편이며 발병하는 나이는 보통 3~4세이지만, 입학 후 문제가 가시화되면서 진단과 치료를 시작하게 되는 경우가 많다(Bergman, Piacentini, & McCracken, 2002).

3. 선택적 함구증의 원인

선택적 함구증은 유전적인 원인 외에 정신적인 충격, 가족 내 갈등의 결과, 불안증 때문에 생기는 것으로, 대체로 자녀가 성장하면서 자연스럽게 없어지기도 한다. 언어발달 시작 시기의 충격적 경험(형제출생, 가족의 죽음, 엄마와의 분리)과 관련이 있을 수 있는데, 한번 증상이 나타나면 학습된 행동패턴으로 사회적 강화에 의해 유지된다. 때로는 언어의 비유창성으로 인해 놀림받으면서 증상이 강화될 수도 있다(Cunningham, McHolm, Boyle, & Patel, 2004).

발달 초기에 낯선 사람에 대한 반응이 고착 또는 퇴행되어 선택적 함구증으로 나타날 수도 있다. 아동은 낯선 사람에 의해 고통받고 불안정한 엄마는 아동을 과보호하게 되면서 부모와 아동 사이에 강한 밀착관계가 형성되고 아동은 이를 유지하기 위해 침묵을 이용한다. 이러한 역동은 아동의 건강한 자아발달을 방해하며 더욱 회피적으로 만든다. 일종의 사회불안 증상으로 발전하기도 한다.

4. 진단 및 평가

선택적 함구증은 자폐증과는 별개의 증상으로 불안증의 범주에 속한다. 진단기준은 증상이 학업 및 직업에 지장을 주고 사회적인 의사소통을 저해하며 그 기간이 한 달을 넘어야 한다. 언어장애나 발달장애 또는 다른 심각한 정신질환으로 인한 증상이 아니어야 하고 특정한 상황에 한한 지속적인 함구증이 이어져야 한다. 가족이 볼 때는 말하는 데 아무런 문제가 없기 때문에 아이가 일부러 얘기를 안 하는 것으로 생각되어 아이를 윽박지르거나 혼내는 경우가 많다. 그러나 선택적 함구증은 일부러 말을 안 하는 것이라기보다는 가족 이외의 사람에게 말을 못하는 심리적인 질환이므로 치료가 필요한 질병으로 보는 것이 적절하다. 때로는 강박장애의 연장선으로 보기도 한다.

1) DSM-5 진단기준

DSM-5에 나타난 선택적 함구증의 진단기준은 다음과 같다.

A. 다른 상황에서는 말을 할 수 있음에도 불구하고 말을 해야 하는 특정 사회적 상황(예, 학교)에서 일관되게 말을 하지 않는다.

B. 장애가 학습이나 직업상의 성취 혹은 사회적 소통을 방해한다.

C. 이러한 증상이 최소 1개월 이상 지속된다(학교생활의 첫 1개월에만 국한되지 않는 경우).

D. 사회적 상황에서 필요한 말에 대한 지식이 부족하거나, 언어가 익숙하지 않은 것으로 인해 말을 하지 않는 것이 아니다.

E. 장애가 의사소통장애(예, 아동기 발병 유창성장애)로 더 잘 설명되지 않고, 자폐스펙트럼장애, 조현병 또는 다른 정신병적 장애의 경과 중에만 발생되지는 않는다.

5. 선택적 함구증의 개입

연령이 증가하면서 없어질 수도 있는 증상이지만, 장기간 증상이 이어질 경우 학교 부적응이나 학습장애가 올 수 있다. 1개월 정도는 아이를 따뜻하게 격려하면서 지켜보는 것이 좋고, 6개월 이상 증상이 나타나는 경우에는 학교 부적응이나 사회성 발달의 문제, 학습장애 등을 예방하기 위해 전문가의 치료적 개입이 필요하다.

치료방법으로는 행동치료, 놀이치료, 가족치료, 약물치료 등이 있으며 몇 가지의 방법을 병행하는 치료가 가장 효과적이다. 항우울제나 안정제 등을 통해 우울증과 불안증 등을 치료할 수 있지만 흔히 올 수 있는 부작용 때문에 약물치료는 필요한 경우가 아니면 권하지 않는다.

1) 부모교육/가족치료

부모의 답답함 때문에 함구증이 있는 자녀에게 일방적으로 강요하거나 심한 체벌을 가하는 경우가 있는데, 이것은 올바른 성격 형성을 파괴하고 정신적인 스트레스를 가중함으로써 더욱 심한 정신질환을 유발할 수 있다. 선택적 함구증 아동은 낯선 치료과정을 처음에는 싫어하거나 거부하므로 치료 기간이 오래 걸릴 수 있다. 하지만 인내심을 가지고 꾸준하게 치료에 임하는 것이 좋은 예후를 결정짓는다는 것을 기억하고 성급하게 중단하지 않는 것이 좋다.

가족상담치료와 행동치료의 병행적 접근에 대한 효과가 보고되고 있으나 최대변인은 아동의 지능수준과 치료기간이다. 호전을 보인 아동은 대개 10세 이전에 좋아지므로 조기치료가 중요하다.

〈가정과 학교에서의 전략〉
- 벌을 주거나 말하도록 하여 보상을 주는 것은 오히려 침묵을 유지시키므로 가급적 피한다.
- 아동을 모든 규칙적인 집단활동에 참여시킨다.
- 아동이 편하게 느끼는 상황에서 독서, 이야기 꾸미기 등의 활동을 격려한다.

- 부모는 집에 아는 사람을 많이 데려오도록 하며, 아동이 위협적이라고 느끼지 않는 상황에서 타인과 대화하는 것을 돕는다.
- 집과 학교에서 성인과의 비언어적 활동이 점진적으로 증가되도록 격려해야 한다. 말할 기회가 주어져야 하나 강요해서는 안 된다. 교사나 부모는 아동에게 정상적으로 대화방식을 유지한다.
- 교사와 아동 간에 좋은 관계가 성립되면 교사는 조심스럽게 아동이 사적으로 말하도록 격려할 수 있다. 처음에는 한 단어의 답으로 충분하며 교사가 말하도록 재촉하지 않아야 한다. 아동이 불안해하면 비언어적 활동을 계속하면서, 이후 아동이 흥미를 느끼고 안전감을 느끼도록 녹음기나 카드, 책 등을 활용할 수 있다. 사적인 관계에서 언어가 늘어나면 이 과정을 교실로 옮기거나, 교실의 소집단 활동을 상담치료장면에서 시도할 수 있다. 가장 중요한 것은 지지해 주고 압력을 주지 않으면서 언어적 참여를 격려하는 것이다.

2) 놀이치료

놀이치료를 통해 다양한 간접적 대화패턴을 활용하여 점점 규칙적이고 반복적인 노력을 할 수 있도록 유도하는 것이 도움이 된다. 말을 하라는 압력이나 기대가 없어 선택적 함구증 아동이 놀이치료에 대해 편안해한다. 이런 측면에서 놀이치료가 유용하다는 보고가 많기는 하나 치료기간이 너무 길다는 단점이 있다. 아동에게 말하도록 강요하지 말고 놀이에 표현된 의미에 주목한다. 놀이를 통해 수용될 수 없다고 느낀 자신에 대한 느낌을 안전하게 표현하며 이런 느낌을 치료자가 수용함으로써 아동은 자신을 좀 더 긍정적으로 경험하게 된다. 자신을 수용할 수 있게 되면서 자신의 감정을 방어했던 침묵을 스스로 포기하게 된다.

말하기 놀이를 통해 자연스럽게 말할 수 있도록 하거나 점차 말하기 대상을 확대시킨다. 가족 간에 감정적 갈등, 아동의 정신적 스트레스를 놀이주제로 활용하는 것이 좋다. 또한 정기적이고 규칙적인 집단활동에 참여시키는 것도 도움이 된다.

3) 행동치료

행동치료에서는 선택적 함구증이 사회적 강화에 의해 발생하는 것으로 보고 아동의 말하는 행동과 관련된 불안을 줄여 주거나 말하는 행동에 긍정적 강화를 준다. 그러나 시간과 노력이 많이 들고 효과가 장기적으로 유지되기 어렵다.

선택적 함구증이 있는 아동을 치료할 때에는 일대일 상황에서 제스처 등을 통한 비언어적 방법으로 반응을 이끌어 내고 아동의 어려움을 이해하는 모습이 필요하다. 점진적인 발전을 이룰 수 있도록 쉬운 숙제로 자신감을 불어넣어 주고 녹음기와 전화 등을 통한 간접적인 대화를 통해 상대와의 대화를 익숙해지도록 지원한다.

4) 약물치료

선택적 함구증이 말하기를 거부하는 것이라기보다 말을 하고 싶어도 못한다는 말하기 실패의 개념으로 정의하는 학자나 임상가는 선택적 함구증을 사회공포증의 하위유형으로 보기도 한다. 이런 경우 심리상담치료와 사회공포증치료약물(phenelzine, fluoxetine)을 병행할 수 있다.

외상후 스트레스장애(PTSD)

혼하지 않은 스트레스 사건을 압도적이라고 받아들이는 경우, 높은 각성과 불안, 우울을 생존반응(외상반응)으로 경험하게 된다. 대부분은 외상사건이 소거됨과 동시에 자연치유되고 회복되지만, 외상반응이 지속되는 경우 이를 급성 스트레스장애나 외상후 스트레스장애(Post-Traumatic Stress Disorder: PTSD)로 진단할 수 있다.

학교장면 사례

지용이는 초등학교 때 학교화장실에서 폭행을 당한 경험이 있는 14세의 소년이다. 폭력사건 후 1년간 학교에서 소변을 누는 것이 불가능했으나, 중학교에 입학하고 새로운 환경에 접하면서 소변을 누는 것이 가능해졌다. 그러던 어느 날, 학교화장실에서 한 친구가 폭행을 당하는 장면을 목격하고 자신의 외상사건이 떠올랐다. 지용이는 극도의 불안감과 폭행의 기억이 물밀듯이 밀려왔다. 지용이는 어디로 어떻게 걸어갔는지 기억하지 못했다. 나중에 지용이의 친구들은 지용이가 아무 반응도 하지 않고 체육관창고 안에서 웅크리고 떨고 있는 것을 발견하였다.

🍃 학습목표

1. 외상후 스트레스장애의 개념 및 하위 유형별 행동 특성을 이해한다.
2. 외상후 스트레스장애의 원인을 이해하고 원인에 따른 개입법을 구분할 수 있다.
3. 외상후 스트레스장애의 진단기준을 이해하고 진단절차 및 도구를 알 수 있다.

1. PTSD의 특성

1) 침습/재경험

침습(intrusion)이란 외상사건 관련 촉발제(trigger)를 우연히 맞닥뜨리게 될 때, 외상 관련 기억과 반응이 자동적으로 떠올라서 일상생활을 방해하는 것으로, 플래시백(flashback)이나 재경험(re-experiencing), 꿈, 악몽 등의 형태로 경험하게 된다. 과거의 외상사건이 너무 생생하여 마치 그 사건이 실제로 지금 다시 일어나고 있다고 우리의 뇌가 생각하게 된다. 이로 인해, 몸이 떨리거나(굳거나), 호흡이 불규칙해지는 등 신경생리적 반응이 나타나게 된다.

2) 회피

회피(avoidance)란 외상반응을 촉발할 만한 외상사건 관련 촉발제(trigger)나 상황을 의도적·무의식적으로 회피하려고 노력하는 것을 말한다. 외상반응 촉발상황에서는 관련 생각·감정·신체감각을 회피함으로써 고립감을 느끼거나 좋아했던 주요 활동에 대한 흥미·참여가 감소하고 대인관계에 대한 무관심 등이 나타날 수 있다. 부정적 정서를 회피하는 노력의 부작용으로 긍정적 정서(행복감, 사랑, 만족감 등)에 대한 둔감화도 같이 발생할 수 있다. 만성적이 될 경우 해리(dissociation)적 경험이 나타나기도 한다. 현실도피로서 인터넷중독, 물질중독, 관계중독 등이 나타나기도 한다.

3) 인지와 기분의 부정적 변화

인지와 기분의 부정적 변화(negative changes in cognition and mood)로 외상사건의 서술적 기억(구체적인 사실과 사건)에 대한 기억력이 감퇴되고(해리성 기억상실증: dissociative amnesia), 자기/타인/세상에 대한 불신과 부정적 인식이 자동적 사고의 형태로 나타날 수 있다. 외상사건이나 반응을 이해하려는 인지적 노력으로 인해, 자신/타인/세상을 비난하는 등의 도식이 만성적으로 진행되면서 자동적 반응화(automatic thought, self talk) 반응이 나타날 수 있다.

부정적 정서(예: 두려움, 공포, 불안, 분노, 죄책감, 수치심)가 지속되어 고착화(fixation)될 수 있다. 또한 성폭력과 같은 심각한 관계의 외상사건 후, 외상자들은 '나는 더럽혀졌다, 이전의 나는 이미 죽고 없다'는 자기정체성의 극심한 변화를 겪으며, '사람은 믿을수 없다'와 같이 세상에 대한 신뢰와 도식체계가 깨져 버리고 '미래는 존재하지 않는다/무의미하다'와 같이 미래계획에 대한 자율성 및 의미가 사라져 버린다.

4) 과각성

과각성(hyper-arousal)이란 쉽게 짜증내거나 화를 내고 이를 통제하는 것에 어려움을 겪는 것을 말한다. 침습이 언제 일어날지 모르므로 '늘 망보고 있는(hyper-vigilance)' 상황이다. 세상이 더 이상 안전하지 않다고 믿기 때문에 친밀관계에 있는 사람들에 대한 과보호나 과다한 통제를 하기도 하며 강박적으로 확인하는 생활방식이 생길 수 있다. 침습기억과 과다경계로 많은 에너지를 소모하게 되므로 학업이나 일상생활 업무에 있어 주의집중과 기억력이 저하되고 아동은 ADHD로 오인되기 쉽다. 또한 갑작스러운 등장이나 소리, 감촉 등에 대한 과도한 반응을 보이기도 한다.

5) 충동적 행동/자기파괴적 행동

청소년의 경우, 공공 기물을 파손(vandalism)하거나 학교폭력에 가담하거나, 가출 등의 비행에 빠지는 등 지위비행을 하기도 한다. 만성적으로 반복되는 외상반응과 벗어날 수 없다는 무기력감으로 인한 자포자기나 좌절감 때문에 자살이나 자해 등을 시도할 수 있다.

6) 수면장애/식습관장애

악몽을 계속 꾸고, 잠이 들거나 계속 자기가 어려워서 밤중에 자주 깨어나는 등 수면장애을 겪을 수 있다. 폭식, 금식 등 식습관장애를 일으키기도 한다.

2. 유병률과 성차

외상사건의 종류에 따라 유병률에 차이가 있으며, 강간, 전투, 학대 · 사고 · 재해, 폭력의 순으로 높게 나타난다. PTSD는 공존병리가 높은 심리장애에 속하며, 이 중 알코올 중독이 52%이며 여성보다 남성에게 더 높게 발생한다. 우울증의 공존병리비율은 50%로, 남성보다 여성에게서 더 높게 나타난다. 약물중독은 약물중독 30%, 사회불안장애

28%의 공존병리를 보이며, 최근에는 인터넷중독과 같은 행위중독에서도 공존병리를 보이고 있다. 만성적 PTSD의 경우, 경계선성격장애와의 관련성도 보고되고 있다.

3. PTSD의 원인

1) 외상사건

일반적으로 외상사건(trauma event)을 Big T(trauma)와 Small T(trauma)로 분류한다. Big T는 전쟁, 가정·사회의 폭력, 강간, 재난, 각종 사고(예: 대구지하철, 세월호, 천안함, 교통사고 등)와 이혼 등을 포함하고, Small T는 대인관계(예: 왕따, 은따, 스트레스 질병 등) 관련 외상사건으로 크게 분류한다.

Terr(1991)의 분류법은 Type I과 Type II로 분류한다(〈표 9-2〉 참조). Type II의 외상 사건의 경우 치료기간이 길고 예후가 나쁜 편이다. 그러나 PTSD는 매우 주관적인 심리 장애로 내담자가 느끼는 강도에 따라 정신적인 외상이 신체적인 죽음을 이끌 정도로 심각하고 치명적일 수도 있다.

〈표 9-2〉 외상사건 분류체계

Type I	Type II
• 1회성(강도, 자연재해, 자동차 사고) • 강간 • 전형적인 PTSD 발달을 일으키는 외상사건	• 장기간/만성적 • 정서/신체/영적 손상 • 가정폭력 생존자, 성매매, 전쟁포로 • 애착외상: 아동학대, 방임, 가정폭력 목격 • 관계외상

출처: Terr, 1991.

2) 신경생리학적 생존반응

삼중뇌((McLean, 1967)이론을 기반으로 하여 설명하자면, PTSD 증상은 변연계와 대뇌 피질 사이의 연결성이 끊어지고 변연계(특히 편도체)가 과다 활성화되어 일어나는 반응이다. 스트레스 상황에서 교감신경계는 비상사태와 위협에 대비하여 각성상태를 유지하는 데 이것이 과각성반응을 이끌어 낸다. 브로카영역(말의 발화)과 베로니카영역(말의 이해)의 활성화 수준이 떨어지면서, 외상사건에 대한 언어적 이해와 표현력이 떨어진다.

3) 기타 요인

외상반응 수준에 영향을 미치는 요인으로는 회복탄력성(resilience), 발달단계(나이), 외상사건의 종류(Type I과 Type II) 및 심각성, 사건의 반복성·지속성 여부, 사회적 지지체제의 유무, 애착유형(예민/불안정기질), 외상경험 중에 느낀 통제감(마비 vs 싸움 또 회피반응) 등이 있다.

PTSD에 취약한 환경적 요인으로는 사건의 물리적 근접성, 외상반응의 심각수준, 사건후 받은 외부의 도움과 지지, 여성, 낮은 교육수준, 낮은 연령층, 이전의 충격적 사건 경험 유무, 정신의학적 문제(자신과 가족력), 가족/친구의 지지, 일상생활에서의 스트레스 유무 등이 있다.

4. 진단 및 평가

1) DSM-5 진단기준

DSM-5에 따르면, 외상 및 스트레스 관련 심리장애(Trauma and Stressor Related)로 범주가 변화하였고 2가지 하위유형(dissociative subtype, preschool subtype)이 추가되었다(〈표 9-3〉 참조).

〈표 9-3〉 DSM-IV-TR와 DSM-5에 기초한 PTSD의 비교

	불안장애 DSM-IV-TR(APA, 2000)	외상 및 스트레스 관련 심리장애 DSM-5(APA, 2013)
하위 분류	일반적인 불안장애 공포증 공황장애와 광장공포증 강박장애	충격적인 외상사건이나 스트레스사건을 경험한 후 부적응증상을 나타내는 다양한 장애 외상후 스트레스장애 급성 스트레스장애

		반응성 애착장애
	외상후 스트레스장애	탈억제 사회관여장애
		적응장애
증상	B. 재경험 C. 회피 및 마비 D. 과각성	B. Intrusion(침습) C. Avoidance(회피) D. Negative Changes in Cognition and Mood(인지와 기분의 부정적 변화) E. Hyper-Arousal(과각성) dissociative subtype preschool subtype

외상사건의 심리장애는 시간에 따라 진단 및 분류할 수 있는데, 생명을 위협하는 신체/정신적 충격을 겪은 후 심리적 장애가 1개월 이내 지속되는 경우 급성 스트레스장애로 진단할 수 있다. 멍함, 극심한 공포, 막연한 불안감, 회피, 과잉반응, 우울감 등의 증상이 나타나며 대체로 4주 이내 자연치유 · 회복된다. 반면, PTSD는 1개월 이상 지속되면서 일상생활에 장애를 일으키는 경우 진단된다.

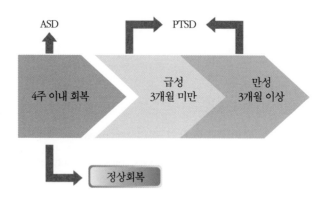

[그림 9-1] 시간에 따른 외상후 스트레스장애의 진단

2) 심리검사

외상후 진단척도(Posttraumatic Diagnostic Scale: PDS)는 Foa 등(1997)에 의해 만들어졌으며, 남보라 등이 번안하였다. 총 4개의 장으로 구성되어 있으며, 1장에는 외상사건 12가지를 제시하여 자신이 겪은 외상사건을 표시하고 간략하게 기술하도록 되어 있고,

2장은 1장에 응답한 사건 중 현재 증상에 가장 영향을 미치는 사건을 표시하는 부분이다. 3장에서는 지난 1개월 동안 증상을 경험한 빈도를 보고하고, 4장에서는 증상으로 인한 장해 정도를 측정한다. 3장만 부분 척도로 사용할 경우, 절단점은 20점 이하 정상, 21~25점은 중등도, 36점 이상 심한 수준으로 평가한다.

외상후 진단 척도(Posttraumatic Diagnostic Scale: PDS)

※ 아래에는 충격적인 사건이나 경험을 한 이후에 사람들에게 나타날 수 있는 현상입니다. 지난 한 달 동안에, 나타난 것을 생각해 보십시오. 그 각각에 대하여 아래 중(0에서 3까지) 하나를 골라서 ∨ 표시를 하십시오.

항목	전혀 없음/ 단1번	1주일 1번 / 가끔	1주일 2~4 번	1주일 5번 이상
1. 그 일에 대해 생각하고 싶지도 않을 때 불쑥 생각나거나 머릿속에 그려진다.	0	1	2	3
2. 그 일과 관련된 악몽을 꾼다.	0	1	2	3
3. 그 일이 마치 재현되듯 생생하게 느껴지고 그때 당시처럼 행동하게 된다.	0	1	2	3
4. 그 일을 떠올리면 괴로운 감정이 든다(예: 두렵다, 분노가 치밀어 오른다, 슬프다, 죄책감이 느껴진다 등).	0	1	2	3
5. 그 일을 떠올리면 신체적 반응이 느껴진다(예: 진땀이 난다, 심장이 뛴다 등).	0	1	2	3
6. 그 일에 대해서는 생각하거나, 말하지 않으려 하고, 당시의 느낌조차 떠올리지 않으려고 애를 쓴다.	0	1	2	3
7. 그 일을 생각나게 하는 활동이나 사람들, 장소들을 가급적 피하려 한다.	0	1	2	3
8. 그 일과 관련된 중요한 기억의 한 부분이 도무지 생각나지 않는다.	0	1	2	3
9. 지금 내 생활에서 중요한 것들에 대해 흥미가 떨어지거나 의욕이 낮아졌다.	0	1	2	3
10. 주위 사람들과 멀어지거나 단절된 느낌이다.	0	1	2	3
11. 정서가 메마른 것처럼 무감각하다(예: 눈물이 나지 않는다, 애정 어린 기분을 느낄 수 없다 등).	0	1	2	3
12. 내 미래의 계획이 뜻대로 이루어질 것 같지 않고 희망이 없이 느껴진다(예: 제대로 된 직장이나 가족을 가지지 못할 것이다, 오래 살지 못할 것이다 등).	0	1	2	3
13. 잠이 잘 오지 않고 자더라도 자주 깬다.	0	1	2	3
14. 짜증이 잘 나고 신경질을 종종 부린다.	0	1	2	3
15. 집중하기가 어렵다(예: 대화중에 다른 생각을 한다, TV드라마를 보다가 줄거리를 놓친다, 방금 읽은 내용을 기억하지 못한다 등).	0	1	2	3
16. 지나친 긴장상태에 있다(예: 누가 있는지 자꾸 확인한다, 문 쪽으로 등을 돌리고 있으면 불안하다 등).	0	1	2	3
17. 작은 일에도 쉽게 놀란다(예: 누가 뒤에서 걸어오는 것을 느낄 때 등).	0	1	2	3

5. PTSD의 개입

1) 안전단계

안전(safety)단계에서는 정확한 정보 제공과 심리교육을 통해 안전과 치료동맹을 구축하는 것이 핵심이다. 신체적ㆍ환경적ㆍ경제적ㆍ법적ㆍ심리적 안전을 구축하는 것이 중요하며, 이를 위해 전문가와 의뢰ㆍ협업하는 것이 필요하다. 안전단계에서는 정서적 안전감을 스스로 획득하고 통제하는 기초적인 방법을 가르치는 것이 중요한데, 호흡과 이완훈련, 그라운딩(grounding; Najavits, 2002) 등이 적합하다.

심리교육을 통해, 외상의 신경생리학적 기초 지식을 이해하고 외상자 자신에게 적용하여 외상사건과 외상반응을 구분할 수 있도록 돕는다. 외상반응은 생존회로(LeDoux, 2002)에 기초한 정상반응이나, 반응이 오래가면 급성스트레스반응(Acute Stress Response)과 PTSD로 발전한다는 '정상화' 교육을 제공한다.

2) 기억과 애도작업 단계

(1) 신체자각과 마음챙김

암묵적 기억 처리 및 분리된(dissociated) 외상사건과 반응을 치유하기 위해서 인지보다는 신체에서 보내는 다양한 신호를 상담자가 관찰하여 외상자가 자각할 수 있을 만큼 반영하는 것이 필요하다. MBSR, MBCT는 전형적인 심리장애치료의 재발방지 주요기법으로 상담후반부에 마음챙김을 주로 다루지만, 외상치료에서는 상담초반부터 치료의 기제로 마음챙김이 활용된다.

(2) 안정화 각성상태의 조절

외상자의 상담초기 각성수준이 안전한 수준 안에서 유지되어야 한다. 너무 많이 각성되어 과각성으로 재외상화가 일어나지 않도록 하며, 너무 많이 저각성으로 떨어져서 해리적 반응이 일어나지 않도록 상담자가 휴식, 중단, 회복을 조절하는 역할을 해야 한다.

안정화(stabilization)단계 정서조절을 위해, 변증법적 행동 치료(Dialectical Behavioral

Therapy: DBT, Linehan, 1993), 안전기반치료(Seeking Safety; Najavits, 2002), 정서 및 대인관계 조절치료(Skills Training in Affect and Interpersonal Regulation: STAIR, Cloitre, Koenen, Cohen, & Han, 2002), 내러티브 스토리텔링(Narrative Story Telling: NST, Cloitre et al., 2011)에서 제안하는 기법들을 활용할 수 있다.

(3) 인지재구조화

대표적인 인지행동주의치료법으로 노출치료(Prolonged Exposure: PE, Foa, 1997)가 있다. 노출치료에서는 실제나 상상노출, 점진적 노출을 사용하며, 소크라테스기법을 활용하여 바라보는 수준으로 인지 재구성을 다루게 된다. 미국 임상심리학회에서 인정한 인지처리 치료(Cognitive Processing Therapy: CPT, Resick & Schnicke, 1993)도 기억노출 및 처리에 유용하다. 제3세대 인지행동요법에는 MBCT(Mindfulness-Based Cognitive Therapy, Segal, Williams, & Teasdale, 2002), 수용전념치료(Acceptance Commitment Therapy: ACT, Hayes, Strosahl, & Wilson, 2011), 변증법적 행동요법이 있다.

또 다른 인지행동접근법으로 Brainspotting(Grand, 2013), OEI(Observed and Experiential Integration, Bradshaw, Cook, & McDonald, 2011), EMDR(Eye Movement Desensitization and Reprocessing, Shapiro, 1995)이 효과적이라고 보고되고 있다.

(4) 애도반응

슬픔은 트라우마치료의 가장 마지막 단계에 와 있다는 신호로 여겨진다. 내담자의 공포와 기억처리, 욕구표현, 분노, 죄책감, 수치심의 감정이 허용되고 인정받은 후, 자신이 겪은 사건과 상실감에 대한 애도적인 슬픔이 올라오는 것을 마지막 3단계로 진입할 수 있는 신호로 볼 수 있다.

3) 일상으로의 복귀단계

(1) 조언 및 과제 주기: 창의적 복귀

Frankl(1962)은 외상경험을 극복하고 삶에서 의미를 발견하는 방법 중 하나로, 무언가를 창조하기를 제안했다. 외상자는 축소된 미래에 대한 감각을 가지고 있고, 어떻게 꿈을 꾸고 상상해야 하는지 제한된 상황 속에서 무기력감과 무망감에 빠지기 쉽다

272

(Herman, 1997). 일상으로의 복귀와 연결뿐만 아니라, 일상생활에서의 주체적인 문제해결 및 기술 습득에도 외상심리 치료자의 창의적인 조언과 지지가 필요하다.

(2) 사회적 의식

사회적으로 함께하는 장례식이나 추모행사에 참여하는 것만으로도 외상반응이 완화된다. 사회적 의식(ritual)에 참여함으로써 외상자는 이 사건과 반응이 자신만 경험하는 사건이 아니며 일어난 재난사건에 대해 많은 사람이 안타까워한다는 것을 알게 된다. 그리고 재난사건을 만든 사람과 집단이 함께 추모행사에 참여하는 것을 시각적으로 느끼며, 그들과 물리적으로 같은 공간에 함께하는 것만으로도 외상반응이 병리화되는 것을 예방할 수 있다.

(3) 의미체계 구축과 외상후 성장

외상사건 이후 기존 세상에 대한 외상자의 기본 가정, 신념, 세상이 작동하는 방식, 세상에 대한 신뢰가 바뀌게 된다. 2단계 후에도 자기 안의 의미체계들은 악화될 수 있다. 때로는 실존적 · 영적 차원에서 외상경험을 정의하는 것이 도움이 될 수도 있다. 상담회기 내에 외상후 성장이 일어나지 않았더라도, 개인의 일상적인 삶을 지속하면서 꾸준히 외상후 성장을 추구할 동기가 지속되도록 의미체계에 대한 강화가 필요하다.

4) PTSD 취약군: 애착외상

Saxe 등(2005)의 연구에 따르면, 아동기 외상사건을 외상반응으로 이끄는 요인은 분리불안과 아동기 애착유형이다. 즉, 이러한 유형의 성인들이 외상사건에 노출되었을 때, 적응유연성(resilience)이 떨어져서 PTSD에 취약해진다는 것이다. 따라서 상담자와의 치료관계는 매우 결정적이며, PTSD발달요인으로 아동청소년기 발달 및 애착외상의 유무를 살펴보고 2단계 상담 작업의 주제와 속도를 조절하는 것이 중요하다. 애착외상과 관련하여 AEDP(Accelerated Experiential Dynamic Psychotherapy)(Fosha, 2002), Primal Therapy(Karle, Corriere, & Hart, 1973), Imago Therapy(Hendrix et al., 2005)의 기법들이 유용하다.

참고문헌

정선주, 이정섭, 유태익, 구영진, 전성일, 김봉석, 홍강의(1998). 한국어판 예일 틱 증상 평가척도: 신뢰도 및 타당도 연구. 신경정신의학회지, 37(5), 942-944.

정용우, 박태원(2010). 틱장애의 환경적 요인. 소아청소년정신의학, 21(3), 133-140.

홍강의, 이정섭, 김백성(1996). 틱장애 아동의 동반 정신병리와 부모양육태도에 관한 연구. 소아청소년정신의학, 5, 150-161.

American Psychiatric Association(2000). *Diagnostic and Statistical Manual of Mental Disorders* (4th ed.). Washington, D.C.: American Psychiatric Association.

American Psychiatric Association(2013). *Diagnostic and Statistical Manual of Mental Disorders* (5th ed.). Arlington, VA: APA.

Axline, V. M. (2012). *Play therapy*. New York: Ballantine Books.

Bergman, R. L., Piacentini, J., & McCracken, J. T. (2002). Prevalence and description of selective mutism in a school-based sample. *Journal of the American Academy of Child & Adolescent Psychiatry, 41*(8), 938-946.

Bloch, M. H., Peterson, B. S., Scahill, L., Otka, J., Katsovich, L., Zhang, H., & Leckman, J. F. (2006). Adulthood outcome of tic and obsessive-compulsive symptom severity in children with Tourette syndrome. *Archives of pediatrics & adolescent medicine, 160*(1), 65-69.

Bradshaw, R. A., Cook, A., & McDonald, M. J. (2011). Observed & experiential integration (OEI): Discovery and development of a new set of trauma therapy techniques. *Journal of Psychotherapy Integration, 21*(2), 104.

Cloitre, M., Cohen, L. R., & Koenen, K. C. (2011). *Treating survivors of childhood abuse: Psychotherapy for the interrupted life*. New York: Guilford Press.

Cloitre, M., Koenen, K. C., Cohen, L. R., & Han, H. (2002). Skills training in affective and interpersonal regulation followed by exposure: a phase-based treatment for PTSD related to childhood abuse. *Journal of consulting and clinical psychology, 70*(5), 1067.

Cunningham, C. E., McHolm, A., Boyle, M. H., & Patel, S. (2004). Behavioral and emotional adjustment, family functioning, academic performance, and social relationships in children with selective mutism. *Journal of Child Psychology and Psychiatry, 45*(8), 1363-1372.

Foa, E. B., Cashman, L., Jaycox, L., & Perry, K. (1997). The validation of a self-report measure of posttraumatic stress disorder: the Posttraumatic Diagnostic Scale. *Psychological assessment, 9*(4), 445.

Fosha, D. (2002). The activation of affective change processes in accelerated experiential–dynamic psychotherapy (AEDP). *Comprehensive handbook of psychotherapy, 1,* 309–344.

Frankl, V. E. (1962). *Man's Search for Meaning: An Introduction to Logotheraphy.* New York: Beacon Press.

Grand, D. (2013). *Brainspotting: The revolutionary new therapy for rapid and effective change.* Sounds True.

Hayes, S. C., Strosahl, K. D., & Wilson, K. G. (2011). *Acceptance and commitment therapy: The process and practice of mindful change.* New York: Guilford Press.

Hendrix, H., Hannah, M. T., Luquet, W., Hunt, H. L., & Mason, R. C. (2005). *Imago relationship therapy: Perspectives on theory* (Vol. 1). New York: Jossey–Bass Inc Pub.

Herman, J. L. (1992). Complex PTSD: A syndrome in survivors of prolonged and repeated trauma. *Journal of Traumatic Stress, 5,* 377–391.

Herman, J. L. (1997). *Trauma and Recovery: The Aftermath of Violence from Domestic Abuse to Political Terror.* New York: Basic Books.

Karle, W., Corriere, R., & Hart, J. (1973). Psychophysiological changes in abreactive therapy: I. Primal therapy. *Psychotherapy: Theory, Research & Practice, 10*(2), 117.

MacLean, P. D. (1967). The Brain in Relation to Empathy and Medical Education. *Journal of Nervous and Mental Disease, 144*(5), 374–382.

Najavits, L. M. (2002). *Seeking Safety: A Treatment Manual for PTSD and Substance Abuse.* New York: Guilford Press.

Pincus, D. B., Santucci, L. C., Ehrenreich, J. T., & Eyberg, S. M. (2008). The implementation of modified parent–child interaction therapy for youth with separation anxiety disorder. *Cognitive and Behavioral Practice, 15*(2), 118–125.

Resick, P. A., & Schnicke, M. K. (1993). *Cognitive processing therapy for sexual assault victims: A treatment manual.* Newbury Park, CA: Sage Publications.

Saxe, G. N., Stoddard, F., Hall, E., Chawla, N., Lopez, C., Sheridan, R., & Yehuda, R. (2005). Pathways to PTSD, part I: children with burns. *American Journal of Psychiatry, 162*(7), 1299–1304.

Schrock, L. E., Mink, J. W., Woods, D. W., Porta, M., Servello, D., Visser-Vandewalle, V., ... & Okun, M. S. (2015). Tourette syndrome deep brain stimulation: a review and updated recommendations. *Movement Disorders, 30*(4), 448–471.

Segal, Z. V., Williams, J. M. G., & Teasdale, J. D. (2002). *Mindfulness–based cognitive therapy for depression: A new approach to relapse prevention.* New York: Guilford Press.

Shapiro, F. (1995). *Eye Movement Desensitization and Reprocessing: Basic Principles, Protocols, and Procedures.* New York: Guilford Press.

Terr, L. (1991). Childhood traumas: an outline and overview. *American Journal of Psychiatry, 148,* 10–20.

제10장

영재아동 상담

영재아동은 한 가지 분야 이상의 뛰어난 능력을 가진 아동을 지칭하는 용어다. 영재
아동을 정의하는 방법은 다양하며, 인지적·정의적 측면에서 독특한 교육적인 필요를
가진다. 만약 이러한 독특한 교육적인 필요를 충족하지 못하거나, 교육적인 지원이 없
다면 영재성은 사장될 것이다. 이러한 문제를 방지하기 위해서는 영재아동에 대한 정확
한 이해를 바탕으로 교육적인 중재를 해야 한다. 따라서 이 장에서는 영재아동의 정의,
특징, 판별, 상담 시 주의사항 등에 대해 다룰 것이다.

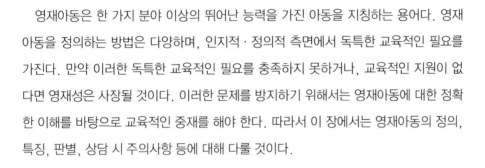

학교 장면 사례

경희는 또래보다 일찍 말을 시작하였고, 블록, 레고 등을 이용하여 독특한 구조물을
만드는 것에 대한 흥미를 가졌다. 그러나 또래 친구들과 어울리기보다는 상급의 다른 아이들
과 어울리려 해서 친구관계 형성에 어려움이 있다. 이러한 어려움 때문에 사회관계 형성 훈
련도 받았지만, 좀처럼 나아지지 않았다. 좋아하는 활동은 과도하게 하려고 하고, 싫은 활동
은 하지 않으려는 특성이 담임교사에 의해 문제로 지적되고 있다. 이러한 특성이 나타나면
교사는 흔히 경희의 문제행동에 주의를 주지만, 그것이 경희의 영재성에 기인한 행동인지를
파악하여야 한다. 언어수준이 맞는 상급학년과 어울리고, 자신의 인지구조와 맞는 활동을
하려는 경향은 영재성에 기인하기 때문이다.

🍃 **학습목표**

1. 영재성의 정의 및 특성을 이해한다.
2. 영재성과 문제행동이 동시에 발생할 수 있음을 안다.
3. 특수영재의 개념을 이해한다.
4. 영재상담에 대해 알고 그 특성을 이해한다.

1. 영재의 정의

영재성(giftedness)이란 영재가 지닌 인지 · 정의 · 사회적 특성을 포함한 심리적 특성을 의미한다. 영재교육에서 어떤 특성을 지닌 사람을 영재라 할 것이며, 영재성을 어떻게 정의할 것인가는 우선 해결하여야 할 중요한 문제다. 영재학생의 특별한 심리적 특성과 교육적 요구를 정확히 인식해야만 이들의 요구를 충족시켜 줄 수 있는 법적 · 제도적 기반 위에 교육적 · 상담적 처치가 이루어질 수 있다. 따라서 영재와 영재성에 대한 개념과 정의를 먼저 확인해야 한다.

영재아동(gifted children)은 한 가지 분야 이상에서 매우 뛰어난 잠재력을 지닌 아동을 의미한다. 그런데 잠재력을 측정하는 일은 매우 어려운 작업이므로 다양한 방법이 존재하며 따라서 영재성의 정의도 매우 다양하다. 여기서는 흔히 언급되는 영재성의 정의를 다룰 것인데, 여기에 제시되지 않은 영재성의 정의가 더 많다는 점에 유의해야 한다. 다만, 여기에서 제시하는 영재성의 정의는 우리나라에서 가장 많이 활용되는 정의들이다.

1) 우리나라 「영재교육진흥법」의 영재성 정의

2000년에 국회에서 통과된 영재교육의 기본법인 「영재교육진흥법」에 의해 2003년부터 국가적으로 체계화된 영재교육을 실시하고 있는 우리나라 영재성의 법적 정의는 다음과 같다.

제2조 (정의) 이 법에서 사용하는 용어의 정의는 다음과 같다.

1. '영재'란 재능이 뛰어난 사람으로서 타고난 잠재력을 계발하기 위하여 특별한 교육이 필요한 사람을 말한다.
2. '영재교육'이란 영재를 대상으로 각 개인의 능력과 소질에 맞는 내용과 방법으로 실시하는 교육을 말한다.

제5조 (영재교육대상자의 선정) 영재교육기관의 장은 다음 각 호의 어느 하나의 사항에 대하여 뛰어나거나 잠재력이 우수한 사람 중 해당 교육기관의 교육 영역 및 목적 등에 적합하다고 인정하는 사람을 영재교육대상자로 선발한다.

1. 일반지능
2. 특수 학문 적성
3. 창의적 사고 능력
4. 예술적 재능
5. 신체적 재능
6. 그 밖의 특별한 재능

2) 미국「영재교육법」의 영재성 정의

미국에서는 1988년에 「영재교육법(Gifted and Talented Student Education Act, P.L.100-297)」이 제정·공포되었고, 2005년 미국 의회의 재승인을 받아 영재교육을 확대하고 있으며, 미국의 대부분의 주에서도 이 정의를 수용하거나 일부 개정하여 영재교육을 하고 있다.「영재교육법」의 취지에 따라 개정된 영재의 정의는 다음과 같다.

영재와 재능아는 지능, 창의성, 예술성, 리더십이나 특수한 학문영역에서 뛰어난 능력을 입증하였거나, 그러한 능력을 최대한 계발하기 위해서 일반 학교교육 이상의 교육적 서비스나 활동을 필요로 하는 아동이나 청소년을 말한다.

다음의 분야 중 한 가지 또는 여러 분야에서, 검증된 성취 및 잠재력을 비롯하여 높은 수행력을 갖는 아동을 말한다.

1. 일반적인 지적 능력
2. 특수 학문의 적성
3. 창의적 또는 생산적 사고력
4. 리더십 능력
5. 시각 및 공연 예술
6. 정신운동 능력

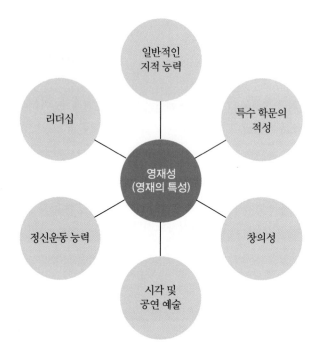

[그림 10-1] 미국「영재교육법」의 영재성 정의

3) Renzulli의 영재성 정의

Renzulli는 '무엇이 영재성을 만드는가?'라는 질문을 제기하면서 사회에 기여하는 '창의적이고 생산적인' 사람이나 인간 노력의 다양한 영역에서 뛰어난 성취를 이룬 사람들에 대한 탐색적인 변인을 자세히 기술한 연구를 기초로 영재성을 정의하였다. 또한 영재아동의 특성에 대한 연구를 고찰하고 학교현장에서도 유용하게 사용할 수 있는, 즉 영재학생을 판별하거나 선발하고자 할 때 유용하게 사용할 수 있는 '세 고리(three-ring) 요소'라는 새로운 영재성의 정의를 제기하였다.

Renzulli는 사회적 유용성을 준거로 자신의 영역에서 창의적인 공헌을 하는 사람들 모두에게서 발견된 세 가지 심리적 특성의 상호작용을 영재성으로 정의하였다. 영재성의 첫 번째 요소는 극단적으로 높을 필요가 없는 '평균 이상의 능력(above-average ability)'이다. 두 번째 요소는 집중적 동기형태를 갖춘 창의적 혹은 생산적인 개인에게 지속적으로 나타나는 '과제집착력(task commitment)'으로, 이는 특정문제(과제)나 특정 성취분야에 수반되는 에너지를 나타낸다. 세 번째 요소는 창의성(creativity)이다.

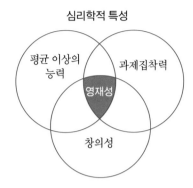

[그림 10-2] Renzulli의 영재성 정의

영재성을 보다 명백히 하기 위해서는 이 세 요소가 동시에 나타나고 어떤 수행영역이 매우 높은 수행 능력을 보여야 한다. 보다 자세히 살펴보면, 세 가지 특성 요소가 모두 상위 15% 이내에 들면서 그중 한 가지 요소는 상위 2% 안에 들면 영재로 볼 수 있으며 세 요소 간의 공통부분이 클수록(그림 10-2 참조) 영재성도 크다고 하였다. 영재성이 나타나는 수행영역은 일반적이고 특수한 영역 모두에서 나타난다고 하였다.

4) 기타 영재성 정의

영재교육 태동기에는 지능으로 영재를 정의하였으나, 이후 여러 가지 능력수준을 영재로 고려하면서 영재의 정의는 변화와 발전을 거듭하였다. 지능이론의 발달과정은 영재교육의 발달에 지대한 영향을 미쳤으므로 지능이론의 변천사와 영재 정의의 변천사는 그 맥을 같이한다고 볼 수 있다. 예를 들어, Terman의 지능검사는 영재교육에 대한 최초의 접근이 되었으며, Guilford의 지능구조 모형(structure-of-intellect)은 180개의 요소로 된 인간지능을 주장하였고, 이에 바탕을 두고 Meeker와 Meeker(1996)는 Guilford의 지능이론으로부터 중요한 학습요소를 분리하여 교육 프로그램을 개발하였다. 다중지능이론의 대두와 함께 이 지능이론에 따라 영재교육 프로그램 및 선별방안인 DISCOVER가 개발되었다(Maker et al., 1994). Sternberg는 그가 집필한 『성공지능 가르치기(*Successful Intelligent in School*)』라는 책을 통하여 영재성이란 실생활 적응력이며, 따라서 프로그램도 실생활 적응에서의 성공경험을 중심으로 구성해야 한다고 하였다. 이와 같이 영재성 정의는 일련의 변화와 함께 지능이론의 변화 발전과정과 그 맥을 같이하고 있다.

따라서 지능의 정의는 곧 영재성의 정의가 된다. 이 점은 영재에 대한 개념적인 접근에서도 지능의 정의와 마찬가지로 다양하게 정의할 수 있음을 의미한다. 즉, 영재성이란 뛰어난 지능을 기반으로 하되, 다중지능이론에서 주장하는 것처럼 음악, 미술, 체육 등의 분야에서 뛰어난 잠재력을 가진 경우도 일컫는다. 영재성을 발굴하기 위해 흔히 사용되는 지능검사로는 웩슬러 지능검사, K-ABC 검사, 스텐포드-비네 검사 등의 개인검사가 있으며 레이븐 검사와 같은 집단검사가 있다.

이상의 정의들을 종합해 보면, 영재성이란 한 가지 분야 이상에서의 뛰어난 잠재성을 보일 때, 인지적·정의적 특성을 가질 때, 성취결과를 입증할 때 등으로 정의할 수 있다.

2. 영재의 특성

1) 영재의 인지적 특성

(1) 높은 지능

일반적으로 영재들은 보통 이상의 지적 능력을 소유하고 있다. 그러나 모든 영재가 지능지수가 높은 것은 아니다. 예술영역과 같이 영역별 또는 개인별로 차이가 나타날 수 있으며, 오히려 지능지수가 평균보다 낮을지라도 노력과 열정으로 지능의 한계를 충분히 극복하여 자기 영역에서 성공한 영재도 많다.

(2) 창의적 특성

일반적으로 영재는 높은 창의성을 지닌 것으로 알려져 있다. Renzulli의 영재성 정의에서는 창의성이 중요한 요인이며, 실제 영재들을 대상으로 한 연구는 공통적으로 영재 집단이 그렇지 않은 집단에 비해 창의성이 높다는 점을 보고하고 있다.

(3) 메타인지

메타인지(meta cognition)는 영재에게 나타나는 인지적 특성 중 하나다. 메타인지가 학습증진 전략과 정신적 활동 전반을 통제하는 것이라는 점에서 보면, 학습전략과 능력에 대한 지식이 많은 영재학생일수록 새로운 지식과 기법을 보다 쉽게 터득할 수 있을 것이다.

(4) 기타 인지적 특성

영재아는 언어와 사고력에서 일반아와 달리 조숙하다(Davis & Rimm, 2004). 영재아는 나이에 비하여 더 발달된 말과 어휘를 알고 있으며 이를 정확하게 사용한다. 그리고 영재아는 글을 명확하게 쓰며, 자기 또래의 아동보다도 더 긴 문장을 쓰고 명확하고 논리적으로 사고한다. 또한 의미를 이해하고, 자기행동을 설명할 수 있으며, 문제에 대한 선택적인 해결책을 찾는다.

영재아의 지적 학습 특성의 예를 들면 다음과 같다(이신동, 이정규, 박춘성, 2015).

- 지적 탐구에 대한 호기심이 높다. 즉, 삼라만상의 변화나 다양성에서 규칙성이나 통일성을 찾아보고 일반화시키고자 노력한다.
- 반성적 사고와 합리적 사고를 하며, 특히 탐구의 과정에서 원인, 이유, 근거, 배경, 절차, 결과 등에 대하여 명확히 알고자 '왜'라는 질문을 계속하고, 그 답변을 찾고자 노력한다.
- 여러 면에서 문제를 파악하는 능력이 뛰어나며, 새로운 아이디어를 산출하고 평가할 수 있는 능력이 있고, 간단한 과제보다 복잡한 과제를 선호하며, 통찰력과 직관력이 뛰어나 문제를 구성하고 있는 요소 간의 관계를 분석적으로 파악한다.
- 고정관념에서 벗어나 개방적이고 융통성이 있는 사고를 한다.

2) 영재의 정의적 · 사회적 특성

(1) 높은 동기

일반적으로 영재는 관심분야에 대한 높은 동기를 지닌 것으로 알려졌다. 지능의 상위 1%를 대상으로 연구한 Terman의 종단 연구결과에서 연구대상자 중 일부는 성공적이었으나, 일부는 그렇지 못했다. 이는 동기(과제에 대한 열정)의 차이 때문이다.

(2) 자아개념

영재들의 자아개념은 긍정적 자아개념의 성향이 강하다는 특징이 있다. 영재는 자신의 높은 지적 능력과 높은 수준의 포부수준을 인지하고, 사회적으로 영재라는 인정과 판별을 받으면 보통 능력의 아동보다 긍정적인 자아개념을 가진다. 한편으로는 자신의 높은 기대로 인하여 실패를 경험하거나, 자신의 능력에 대한 비판적 태도를 가지며, 우수한 아이들끼리 비교하여 자신을 낮게 평가한다면 부정적인 자아개념과 낮은 자아존중감을 가질 수도 있다.

(3) 기타 정의적 · 사회적 특성

- 다른 사람의 기대에 민감하게 반응한다.
- 간섭 없이 혼자 해결하는 것을 좋아한다.
- 반복적인 것을 싫어하고 새로운 것을 시도해 보려고 한다.
- 도덕성이 높아 보다 이상적인 가치를 추구하려 한다.
- 사회적인 문제에 대해 수준 높은 도덕적 사고를 하고, 토론하려 한다.
- 자신이 하는 일에 관심이 많고 과제집착력이 높다.
- 학습속도가 빠르기 때문에 정규학교 수업에 흥미를 잃고, 공부를 하지 않거나 문제행동을 일으키는 경우도 있다.
- 과제를 완벽하게 수행하려고 하기 때문에 스트레스에 시달리기도 한다.
- 자아개념이 높고 자신감과 자기주장이 강하다.

3) 영재의 인지적 · 정의적 · 사회적 특성 간의 상호작용

영재는 인지적으로 매우 뛰어나고 정의적으로 잘 성숙하였으며, 사회적으로 바람직하다고 묘사할 수 있으나, 실제로 영재의 긍정적 특성이 긍정적으로 받아들여지는 경우와 부정적으로 받아들여지는 경우로 나누어 살펴볼 수 있다. 하나의 특성이 이를 바라보는 부모, 교사에 의해 각기 다른 모습으로 나타날 수 있는데, 이를 정리하면 〈표 10-1〉과 같다.

〈표 10-1〉 영재의 인지적·정의적·사회적 특성의 긍정적·부정적 측면

영재의 인지적·정의적·사회적 특성	긍정적인 행동 특성	발생 가능한 부정적인 행동 특성
1. 높은 지적 호기심	정보습득이 빠름, 호기심과 궁금함 많음, 진지함, 질문이 많음, 풍부한 양의 정보를 보유함, 다양한 책을 읽음, 내재적 동기	과다한 질문과 의욕이 넘쳐 지시 따르기를 거부함, 인내심 부족, 정규학교 생활을 지루해함
2. 발달된 언어 능력	어휘력 풍부, 앞선 정보력, 유머감각, 앞선 언어발달, 높은 어휘수준, 책을 많이 읽음, 유머감각, 언어로 비판함	학교나 또래와 맞지 않는 언어 사용으로 의사소통이나 대인관계 어려움, 잘난 체, 따지거나 논쟁함, 장황한 핑계
3. 높은 창의성	상상력 풍부, 창의력, 새로운 발명과 방식 추구, 독특함, 자기 해석과 스타일 추구, 아이디어나 해결책 내기를 즐김, 심리적이고 예술적 감각 풍부	복잡한 규칙 설정으로 친구들 기피, 파괴적이거나 보조를 깨뜨리는 것으로 보임, 반복학습과 연습 기피, 동조하지 않음
4. 우수한 사고 능력	사고력 우수, 사고과정이 빠르고 판단력과 문제해결 즐김, 추상화 및 종합능력 우수, 원인-결과 관계 파악, 사물과 사람을 조직화시킴, 도전적, 논리적	단순연습 기피, 전통적 교수 학습방법 거부, 자세하거나 세부적인 것 놓침, 지나치게 복잡하게 생각하는 경향, 불분명하거나 비논리적인 것 따짐, 논쟁적임
5. 높은 주의집중력	흥미영역 지속, 복잡함 속에서도 자기 일에 몰두, 선택적 주의집중 우수, 목표지향 행동	하던 일을 멈추지 못함, 타인에 대한 관심 부족, 일상생활의 일들에 무관심, 제한된 시간을 넘김, 자기 일에만 편중됨
6. 정서적 민감함과 열정	정서적 예민함, 공감성, 타인으로부터 사랑과 수용받기를 열망함, 타인의 기대에 부응하려 함, 높은 에너지, 열심	과잉욕심, 과잉행동, 과민반응, 활동을 하지 않는 것을 견디지 못함, 현실적인 목표를 맞추기 어려워함, 주지화 해석
7. 완벽주의와 자기비판	자신에 대해 기대가 높음, 최선을 다함, 성공과 인정에 대한 욕구가 강함, 목표 지향적 행동, 에너지와 열정	우울, 자기비판과 자기비하로 무기력해지거나 용기를 잃음, 타인의 평가나 비판에 예민해짐, 우수아 신드롬, 일중독(공부벌레), 미성취
8. 자아개념과 자기통제력	자신과 타인에 대한 높은 기대, 남과 다르다는 자의식과 자신감이 강함, 자신의 것을 명확히 주장함, 자기 일에 책임감을 갖고 처리함, 과제집착력, 인내심	고집스럽고 의지가 강한 사람으로 보임, 타인에 대한 배려 부족, 비판이나 또래 거부에 예민, 자기가 설정한 기준에 타인이 따르기 힘들어함, 목표달성하지 못했을 때에는 좌절
9. 뛰어난 유머감각	날카로운 유머감각을 지님, 자기유머로 타인에게 영향력을 행사하려 함, 자기 일에 몰두, 책임감	또래의 유머 이해 부족으로 '웃기는 아이'로 인식됨, 적대적인 유머로 공격하기도 함, 대인관계에 영향

10. 내향성과 독립성	진실 · 평등 · 공평의 추구, 인류애에 대한 관심 · 근심, 자기가치를 실현하고자 함, 도덕행동	고집, 타협이 어려움, 자기주장, 지시를 거부, 타인에게 무관심, 부모나 교사에게 동조 안함, 스스로 고립하여 외톨이가 됨, 사회성 결여, 책에 몰두, 비동시성
11. 도덕발달과 정의감	이상에 어울리는 도덕적 정의감 추구	비현실적 목표를 설정하여 개혁을 시도하다가 좌절에 빠짐, 우울
12. 도전성과 회피성	일상생활의 틀을 싫어함, 평범한 것보다는 새로운 것, 도전적인 일을 선호함, 적극성, 노력, 위험 피하기	전통과 권위에 도전하는 것으로 비춰짐, 실패 가능한 일은 시도조차 안 하려 함
13. 다재다능함	다방면에 흥미, 열심, 열정, 의욕이 넘침	과잉욕심, 일을 벌임, 시간 부족에 따른 좌절, 신체적 · 정신적 피곤함

이상의 특성들은 보는 시각에 따라서 달리 보인다는 점에서 영재의 특성으로 볼 것인가, 문제행동으로 볼 것인가를 판단해야 한다. 부정적으로 인식되는 특성들이 영재성에 기인한 것인지 아닌지를 판단하는 것은 아동의 영재성을 기를 수 있는 기초가 된다는 점에서 매우 중요하다.

3. 장애영재

1) 장애영재의 의미

장애영재를 가리키는 용어는 매우 다양하다. 일반적으로 통용되는 용어는 양면특수아(twice exceptional), 교차특수아(crossover), 장애영재(gifted and disability)인데, 이들 집단은 이중의 예외성을 보이는 모든 경우를 지칭하며 일반적으로 영재성을 지니면서 동시에 장애를 지닌 경우를 의미한다. 다만 양면특수아, 교차특수아 집단은 신체적 · 정서적 장애를 동반하는 영재를 포함할 때 주로 사용되는 용어임에 비하여 장애영재는 그보다 포괄적인 의미로 사용된다.

1970년대까지는 장애와 영재를 서로 배타적인 것으로 간주하였지만, 1995년 이후 장애와 영재성에 교차 영역이 있는 것으로 알려지면서 관련 연구가 촉발되었다(Davis & Rimm, 2004). 양면특수아라는 용어는 Gallagher가 처음으로 사용하였으며, 미국의 경우

법 개정을 통하여 이 집단을 특별한 도움이 필요한 집단에 포함시켰고 그 연구가 점차 증가하는 추세다(Coleman, Harradine, & King, 2005).

장애영재들은 심각한 발달장애를 지닌 장애학생을 제외하고 시각장애, 청각장애, 학습장애, 행동장애 등의 모든 장애영역에서 나타날 수 있다. 하지만 장애영재의 대부분은 학습장애영재인 것으로 알려졌다(강승희, 2004; Minner, 1990).

장애영재는 학습장애영재, ADHD영재, 이디엇 서번트(백치천재), 아스퍼거 영재 등 다양한 장애의 영역과 교차되어 나타나고 있다.

2) 장애영재의 특징

장애영재들은 다양한 특성을 보이는데, 그중에는 긍정적인 면도 있고 부정적인 면도 있다. 긍정적인 특성은 대체로 영재성과 관련이 있다. 이런 특성으로는 탁월한 기억력과 일반 지식, 학습에 대한 높은 욕구, 높은 이해력, 유머감각, 지적인 과제에 대한 집착력, 자신의 장점을 이용하는 능력 등이 있다(Whitmore, 1981; Whitmore & Maker, 1985).

성공적인 장애영재들은 그들의 목표달성에 대한 강한 동기를 가지고 있었다. 그들은 목표를 달성하기 위해 창의적인 전략을 구상하고 적용하는 능력이 대단히 높았다. 이런 전략은 그들이 자신의 장애를 극복하는 데 많은 도움을 주었다(Whitmore & Maker, 1985). 장애영재들은 일반적으로 자신의 잠재력에 대해 긍정적인 의식을 가지고 있었고 자신의 장점을 잘 이해하고 있었다.

장애영재들은 부정적인 특성도 가지고 있다(Whitmore & Maker, 1985). 즉, 그들은 ① 자기부정적이고, ② 자아개념이 불안정하며, ③ 사회적 불안과 당황, 부끄러움이 많고, ④ 좌절과 분노가 강하며, ⑤ 억제된 에너지를 발산하려는 욕구가 높고, ⑥ 친구, 교사, 가족과의 불화가 심하며, ⑦ 교과영역에서 학업곤란을 겪는다. 이런 부정적인 특성은 정서적 · 행동적 어려움으로 발전할 수 있으며, 사회적으로 고립되고 공격적이거나 위축되게 한다. 나아가 이는 학업적 · 사회적 참여를 피하게 하는 결과를 낳는다. 장애영재들이 지닌 영재성과 장애의 상호작용 결과를 정리하면 〈표 10-2〉와 같다.

〈표 10-2〉에서처럼 영재의 특성과 장애의 특성이 상호작용하여 새로운 특성이 도출된다. 일반적으로 장애영재는 긍정적인 정서 특성에 대해서는 영재를 닮고, 부정적인 학업 특성에 대해서는 장애아를 닮는 경향이 높다. 학습장애영재들은 영재들과 유사하

〈표 10-2〉 영재성과 장애의 상호작용

영재 특성	장애 특성	상호작용 결과
다양한 영역의 장점	다양한 결함과 장애	특수한 프로파일 구조
완벽주의	낮은 성취	좌절
높은 포부와 기대	낮은 기대	내적 갈등
강한 동기와 욕구	제한된 동기	억제된 에너지
독립성이 강함	비독립성	창의적 문제해결
민감성	자기비판적	불안정한 자아개념
높은 직업의식	낮은 직업의식	배척감

게 내적으로 동기화되고 성공과 실패에 대해서 노력에 귀인하며 독립성을 보인다(Vespi & Yewchuk, 1992). 그러나 수행과 잠재능력 간의 심한 불일치, 과제에 대한 좌절과 불안, 주의집중 곤란, 낮은 사회성, 나쁜 공부습관 등의 학습장애 특성을 가지고 있다.

장애영재의 학습과 동기 특성은 다음의 TOI(Teacher Observation Items) 체크리스트에 의해 확인할 수 있다(Pledgie, 1982).

- 어렵고 정교한 어휘를 사용하며 초등학교 입학 전에 책을 읽을 수 있다.
- 정보를 쉽게 기억하고 회상할 수 있다.
- 원인과 결과를 인식하고 사실을 묻고 적용할 수 있다.
- 확산적 사고를 하며 다양한 대답을 산출할 수 있다.
- 주의력 집중시간이 길고 지속적이다.
- 호기심이 많고 다방면에 흥미를 가지고 있으며 모험심이 강하다.
- 유머감각이 있다.

4. 영재상담

1) 영재에게 나타나는 문제

영재는 근본적으로 지능이 우수하기 때문에 사회·정서적 발달도 우수하고 스스로 살아갈 수 있다고 생각하는 경향이 있지만, 영재의 높은 인지적인 요소와 사회정서적·신체적 발달의 불균형, 즉 비동시적 발달(Silverman, 1993; Terrassier, 1985)에서 오는 어려움은 여러 형태의 부적응을 일으킬 수 있다. Webb 등(1982)은 모든 영재아는 상당한 정도의 스트레스를 받게 된다고 하였다.

그런데 영재들의 특수성을 고려하지 못하는 심리학과 정신의학 분야의 임상가나 전문가들은 오진단을 하기 때문에 결과적으로 영재성보다는 심리사회적인 통상적인 문제로 다루는 경향이 있다.

영재가 현실에서 좌절을 겪는 경우도 의외로 많다. 진부한 수업내용 때문에 지적 욕구가 충족되지 못하거나, 다른 사람들이 영재의 특성을 전혀 이해하지 못하거나, 학교에 적응하지 못하기도 한다. 그러나 그들은 좌절감을 극복할 방법을 특별히 배우거나 터득할 기회가 적어 부적응 문제를 일으킬 수 있다. 이러한 부적응을 줄이고 정서적으로 안정을 찾아야만 영재가 지닌 잠재성이 최대한 발휘될 수 있을 것이다.

영재의 특성이 교사나 부모에 의해 잘못 이해되거나 수용될 경우 결과적으로 영재성의 상실로 이어지며, 이는 크나큰 손실이다. 따라서 영재에게 흔히 나타나는 문제에 대한 이해가 있어야 한다. 이러한 문제로는 과도한 완벽주의, 과흥분성, 지나친 민감성, 예민한 지각능력, 과도한 동기와 집착, 주의력결핍 및 과잉행동장애, 우울증 등이 있다.

(1) 과도한 완벽주의

미국의 경우 7~8학년 영재 중 87.5%가 완벽주의적 성향을 강하게 갖고 있는 것으로 나타났다. 영재들의 완벽주의는 그들이 어린 시절부터 우수한 성적만 받아 왔다는 것과 교사나 부모로부터 뛰어나야 한다는 피드백을 끊임없이 받는 것에서 기인한다(Davis & Rimm, 2004; Silverman, 1993).

완벽주의는 나타나는 양태에 따라 세 가지로 구분할 수 있다(Hewitt & Flett, 1993). 첫째는 자기지향 완벽주의(self-oriented perfectionism)로, 자신을 위해서 개인적 표준을 높게 설정하고 그에 비추어 자신의 수행을 평가한다. 둘째는 타인지향 완벽주의(other-oriented perfectionism)로, 자신의 삶에서 타인을 위해 매우 높은 준거를 설정한다. 셋째는 사회적으로 규정된 완벽주의(socially prescribed perfectionism)로, 중요한 타인이 자신을 위해 과도하게 높은 표준을 설정하고 자신은 타인의 기쁨을 위해 그에 도달해야 한다고 생각한다.

완벽주의와 관련하여 특별히 알아야 할 것은 부분적 혹은 특정한 영역에서 완벽주의 성향을 보이는 학생은 건전한 완벽주의자라는 점이다. 문제는 과도한 완벽주의적 성향이 성장·발달과 더불어 영재성의 상실로 이어질 수 있다는 것이다. 예를 들어, 초등학교까지는 완벽주의에 의하여 모든 과목에서 높은 성취를 유지할 수 있지만, 중등학교 이후에는 모든 과목에서의 높은 성취가 어려울 수도 있기 때문에 영재학생이 자포자기하는 상태가 될 수 있다. 따라서 이런 경우 완벽주의에 대한 대처가 필요할 것이다.

Buffington(1987)은 건강하지 못한 완벽주의는 덜 생산적일 뿐더러 고독, 인간관계 문제, 제한된 자기수용 그리고 우울증을 야기한다는 점을 강조하고 있다. 그래서 과도한 완벽주의에 대하여 다음의 기회를 제공할 것을 주문한다.

- 정신적으로 사고를 여과하는 방법, 즉 실수 대신에 성공에 초점을 맞추는 방법을 학습하게 한다.
- 자신의 현재 표준을 타인의 표준에 비추어 재평가하게 한다.
- 자신의 성공을 스스로 축하하게 한다.
- 실수에서 배우게 한다.
- 자신의 감정을 인식하고 감정에 대처하는 방법을 학습하게 한다.
- 완벽주의자의 장점과 단점을 알게 한다.
- 현재의 자기수용 수준을 세심하게 관찰하게 한다.

Schuler(1999)에 따르면 상담자와 교사가 완벽주의 학생을 도울 수 있는 방법은 다음과 같다.

- 학생이 자신의 장단점을 인정하고 모든 영역에서 우수한 사람은 아무도 없다는 것을 깨닫도록 하라.
- 개인적 문제를 분석해 주어라.
- 창의적 기술과 문제해결력을 계발시켜 주어라.
- 자신과 타인에 대한 유머감각을 발달시키도록 하라.

(2) 과흥분성

과흥분성을 가진 영재는 오랫동안 자신이 관심을 가지고 있는 분야에 대해 주의를 기울일 수도 있고, 관심사를 매우 다양하게 넓힐 수도 있으며, 또 그러면서 그 많은 것을 다 잘해 낼 수도 있다. 에너지 수준이 높기 때문에 스스로 관심이 가는 것을 엄청나게 많이 만들어 내기도 하고, 자신의 혁신적인 생각을 보다 세련되게 만들어 다른 사람이 잘 따라올 수 있도록 하기도 한다(Pichowiski, 1991).

과흥분성이 있는 영재아동은 그런 특성을 가지고 살아가면서 종종 어려움을 경험한다(Webb & Latimer, 1993). 경우에 따라 에너지 수준이 너무 높아서 지나치게 활동적으로 보인다. 그럼에도 도전적인 과제를 만나면 집중을 잘할 수도 있고 조직적이 될 수도 있다. 이런 영재아들은 환경을 탐색해 보고 싶어 하는 욕구가 매우 강하며 새로운 경험을 열정적으로 찾는다. 그들은 흥미 있는 자료나 탐험할 공간이 주어지지 않으면 지루해하고 과잉활동적이 된다.

과흥분적인 영재들이 부딪히는 문제 중 하나는 자기조절과 자기통제가 어렵다는 것이다. 해결방법으로는 다른 사람들도 편안한 정도로 흥분의 수준을 유지하는 것, 신기한 일이나 불필요한 자극을 찾기보다는 창조적인 노력과 지적인 추구를 하는 데서 만족을 얻도록 하는 것 등을 들 수 있다.

주의력결핍장애가 있는 아동에게 사용되었던 많은 전략(긍정적 강화체계, 인지적 방법 및 자기통제 방법, 심상법, 문제해결전략 및 이완전략)이 영재아동에게 도움이 될 수 있지만, 구조화 정도가 높은 방법이나 성인이 설정한 보상을 주는 방법은 효과가 없다는 것을 알아 둘 필요가 있다(Neihart, 2004). 그들은 자기통제 기법에 대한 적절한 지원과 가르침이 주어진다면 자신에게 적절한 구조를 발견하게 될 것이다. 일정한 수준의 자극과 지적인 도전을 필요로 하는 독특한 필요성 그리고 새로운 것을 추구하고자 하는 충동으로 인해 많은 학교에서 시행하고 있거나 부모들이 사용하고 있는 행동 프로그램에 대해서 반항하는 아동도 있을 것이다. 활동성이 높은 아동은 낮은 수준의 구조화 활동이 도움이 되기도 한다. 예를 들면, 정해진 시간에 과제를 끝내도록 하고 그다음에 아동이 선택한 과제를 하도록 하는 것이다.

(3) 지나친 민감성

영재의 일반적인 특징으로 지적되는 것은 높은 민감성(sensitivity)이다(Clark, 2002;

Pichowiski, 1991; Silverman, 1993). 민감성은 특히 열정이나 동정과 관련되는데, 다른 대상 (사람, 동물, 자연, 우주)에 대한 동일시가 특징이다(Lovecky, 1990). 열정은 삶의 경험에 색깔을 덧입히며, 영재 개인의 정서적인 삶의 강도를 높이고 복잡하게 해 줄 수 있는 감정이다. 열정은 창조적인 노력의 일부이기도 하다. 열정적인 사람은 깊은 애착관계를 형성하며 같은 상황에서도 감정적인 색채를 가지고 반응한다. 민감성의 또 다른 측면은 동정과 관련된다. 모든 영재가 동정심을 보이는 것은 아니지만, 다른 사람을 돌보거나 다른 사람의 아픔을 줄이기 위해 다른 사람들이나 사회에 헌신을 하는 영재가 있다.

민감한 영재아동은 국가적인 문제에서 개인적인 문제에 이르기까지 다양하게 열정을 쏟을 수 있다. 그들은 성공할 것이라는 단순한 믿음을 가지고 있다. 한 가지 목적에 대한 헌신으로 인해 어른들과 갈등을 빚기도 한다. 그러나 그들은 목적에 대한 열망이 높다. 이것은 강력한 보상이다. 그리고 그 목적이 달성되기 전에 발생하는 갈등의 아픔에 대해서는 오히려 더 가치를 부여한다. 민감하고 열정적인 영재아동은 매우 공감적이다(Clark, 2002). 그들은 다른 사람이 무엇을 느끼는지를 알 뿐 아니라 다른 사람들 안에 있는 감정을 실제로 경험하기도 한다. 특히 강하고 부정적인 감정일 경우 더욱 뚜렷하게 나타난다.

민감한 영재아를 대할 때에는 영재아의 필요를 주의 깊게 고려해야 하며, 다른 사람을 받아들임으로써 자신을 공유하는 기쁨을 그들 스스로 얻을 수 있도록 해야 한다. 동시에 너무 많이 주는 것이 대인관계에 미치는 영향도 알도록 할 필요가 있다.

(4) 예민한 지각능력

영재성의 중요한 특징으로 지적되는 것이 예민한 지각능력이다(Davis & Rimm, 2004). 동시에 여러 관점에서 보면서 다른 사람 안에도 자신에 대한 여러 모습이 있다는 것을 이해하고 또 문제의 핵심에 재빨리 도달하는 것이 예민한 지각능력을 가진 영재들의 특징이다. 이러한 직관력이 개인적인 상징의 의미를 이해하고 피상적인 이해 수준을 넘어서 그 이면의 세계를 볼 수 있도록 해 준다(Lovecky, 1990; Silverman, 1993).

진실에 대한 인식은 예민한 지각능력을 지닌 영재에게 가장 중요하다. 정의와 공정성 또한 중요한 문제다. 삶이 때로는 공정하지 않다는 것을 인식하고 있음에도 그들은 자신의 삶에서 공정하고 정당한 방식으로 다른 사람을 대하려고 한다. 예민한 지각능력을 지닌 아동에게 가장 중요한 문제는 언제 그리고 어떻게 자기 자신의 지각을 믿을 수 있는지 그리고 다른 사람들이 자기 자신에 대해 이야기하는 것을 어떤 식으로 진단해 낼 수 있는지를 배우는 것이다.

(5) 과도한 동기와 집착

동기는 자기결단을 필요로 하며, 삶을 이끌어 가고 자신의 가능한 잠재력을 모두 발휘할 수 있도록 해 주는 내적인 힘과 힘찬 에너지다(Lovecky, 1990). 이런 특성을 지닌 영재들은 다른 사람들을 그들의 개방성과 꿈 또는 비전으로 이끌어 주기 때문에 매력적으로 보이는 경우가 많다. 이런 특성을 지닌 사람 옆에 있으면 자아실현을 성취해야겠다는 희망과 결심을 하게 된다(Tassi & Schineider, 1997). 이러한 측면에서 과도한 동기 특성을 지닌 영재아동은 동기수준이 매우 높고, 자신의 목적을 향하여 성실하게 나아가며, 믿을 수 없을 정도로 의지가 강하다. 그러나 과도한 동기의 영재는 친구가 별로 없을 수 있다. 그들이 다른 사람에게서 특별한 것을 끌어내기 때문에, 그들은 자신을 뭔가 다른 내적인 힘이 있는 존재로 볼 수 있다.

이러한 영재는 의지력이 매우 강하기 때문에 이런 행동의 자기패배적 측면을 직접 다루어 주면 매우 효과가 있을 것이다. 의지력이 강하기 때문에 다른 사람들과의 부정적인 상호작용을 할 때 가끔씩은 공격을 피할 수 있도록 하고, 보다 긍정적으로 의지력을 사용하는 방법을 배울 수 있도록 도움을 주어야 한다. 의지력이 강한 사람은 세상을 이렇게 보아야 한다는 당위가 매우 강하다. 그렇기에 자기가 결단한 방향으로 지나치게 힘 있게 끌고 간다.

이러한 영재에게 주어지는 또 다른 부정적인 인상은 반항적이고 고집이 세 보인다는 것이다. 부정적인 측면은 전체 그림의 일부분일 뿐이라는 것을 인식하는 것이 중요하다. 의지가 강한 점 때문에 그들은 헌신할 수 있으며, 자신을 주장할 수 있고, 자신이 옳다는 느낌을 가질 수 있는 것이다. 영재들이 한 가지 주제에 대해 왜 그토록 강하게 느끼며 그것이 그들에게 무엇을 의미하는지 이해하기 위해서는 공감을 통하여 그들의 세계를 경험해 보아야 한다. 이런 방식으로 나갈 때 영재아동은 다른 사람의 추론에 대해 타협하고 귀 기울일 수 있는 방법을 배울 수 있다. 또한 그들이 긍정적인 측면을 볼 수 있도록 그리고 다른 사람과 상호작용할 때 긍정적인 영향을 줄 수 있는 방법을 알 수 있도록 하여야 한다. 마지막으로 변화될 수 없는 어른도 있다는 것을 알게 하는 것이 필요하다. 약자의 위치에 처했을 때 상황을 다루는 전략에 대해 아는 것도 도움이 될 것이다.

(6) 주의력결핍 및 과잉행동장애

주의력결핍 및 과잉행동장애(Attention Deficit Hyperactivity Disorder: ADHD) 영재란 영재의 특성과 ADHD의 특성을 동시에 가진 집단을 의미한다.

ADHD 영재에 대한 교육에서는 성취한 다음 만족(예: 신기함)을 주는 활동을 할 필요가 있을 것이다. 이런 아동은 최소한 어떤 과제를 끝내는 것을 배울 필요가 있는 것이다. 구체적인 자기통제 방법, 예를 들면 주의력이 요구되지 않는 상황에서 개인적으로 작업을 해 보는 것, 이완전략을 사용하는 것, 스트레스를 줄이기 위해 혼잣말을 하는 것, 갈등 상황을 진정시키기 위해 유머를 사용하는 것, 과제를 완성하는 것과 아울러 보다 정확하게 과제의 질을 판단하는 방법을 배우는 것 등은 하나의 신기한 과제에서 또 다른 과제로 넘어가는 과정을 잘 다룰 수 있도록 하는 데 도움이 될 것이다.

자극을 피하는 영재아동은 높은 수준의 흥분을 관리할 수 있도록 치료적인 도움이 필요하다. 그들은 외부자극을 제거하고 일정한 유형의 자극경험을 피할 수 있도록 환경을 관리하는 방법을 배워야 한다. 예를 들어, 그들은 자신이 보거나 들을 수 있는 TV 프로그램, 영화, 책, 음악 등을 선택하는 방법을 배울 수 있다. 또 다른 적응전략으로는 주어진 시간 안에 뭔가를 끝낼 수 있도록 자신을 조절하는 방법, 자기 모니터 기법, 체계적 감감법 등의 사용을 배우도록 하는 것이 도움이 될 것이다.

(7) 우울증

영재가 일반인에 비하여 우울증에 시달린다는 경험적인 증거는 없지만(Webb & Latimer, 1993), 일반적으로 영재는 우울증 증상에 시달린다고 알려져 있다(Deslie, 2006).

영재들의 우울증은 일반인의 증상과는 약간 다른 양상을 띤다. 영재들은 '실존적 우울증'에 빠지는 경우가 많다. 그것은 자신의 실존에 관해 깊이 생각하는 개인의 능력에서 비롯되는 마음상태를 말한다. 몇몇 연구자는 영재아와 일반아 사이에 우울증적 경향에 있어 질적인 차이가 있다고 결론지었다. 비록 실험적으로 검증되지는 않았지만, 청년기의 영재는 발달한 인식능력, 진전된 도덕성, 높아진 민감성 등의 결과로 실존적 우울증(삶의 의미에 관한 의문으로 고심하는)을 경험할 가능성이 동료보다 크다. 우울증에 빠진 영재를 대할 때는 다음을 알아두는 것이 좋다(Deslie, 2006).

- 학생이 관심을 끌기 위하여 이야기를 하지 않는 것을 알아야 한다.
- 문제해결자는 이야기를 들어줄 준비가 되어 있어야 한다.
- 문제해결자가 가지고 있는 비슷한 고민을 공유한다.
- 학생이 스스로 제안한 해결책을 허용한다.

영재아가 감정적으로 행복하게 느끼는 것은 우울증이나 자살의 위험성을 개선시키는 보호요소로서 중요하다. 위험과 쾌활함 연구의 증거에서 보듯이 위험을 높이는 영재아의 특성이 있는 것처럼 스트레스를 감소시키는 특성도 있음을 알아야 할 것이다.

2) 영재상담의 역사적 배경

영재상담의 발전과정에 대하여 St. Clair(1989)는 1900년부터 1980년까지의 80년간을 5단계로 구분하였고, Colangelo(2004)는 여기에 2단계를 추가하여 총 7단계의 영재상담 발전과정을 제시하였다.

1900년대 초기에는 Terman과 Hollingworth의 연구에 초점을 맞추어 영재상담이 필요하다는 인식이 생겼으며, 1950년대에는 Carl Rogers의 영향으로 비지시적 접근으로 영재상담이 시작되었다.

1960년대에는 학교에서 영재상담이 시작되었는데, 학교상담가의 주된 역할은 전체 학생에 대한 것이었으며, 영재학생에게도 약간의 특별한 관심이 생겼다.

1970년대에는 상담 자체만이 아니라 상담 프로그램, 평가, 학교상담 관련 연구까지 강조하는 완전히 성숙된 상담 프로그램이 영재상담을 위해 개발되었다.

1980년대에는 미성취, 여성, 소수민족 등이 특별한 주제로 부각되어 영재상담의 다양화가 이루어졌기에 이 시기는 상담모형과 접근의 다양화로 특징지어진다.

1990년대에는 특별한 요구를 가진 영재를 매우 강조하는 상담이 제시되었다. 그리고 2000년대와 그 이후에는 '정서지능'이 계속 각광을 받으면서 영재의 윤리나 도덕성이 부각되었다.

영재상담의 발달은 주로 서구사회에서의 발달을 중심으로 기술되었고, 특히 미국에 한정되었다. 우리나라의 경우는 영재상담에 대해 초보적인 관심만이 있을 뿐이다(박성익 외, 2003).

3) 영재상담의 필요성

영재들은 지적으로 탁월한 특성 때문에 나름대로 독특한 도전과 곤란을 겪을 수 있다. 그들은 우수한 문제해결력을 지니고 높은 학업성취와 결과를 보이기 때문에 교사나 상담자들은 영재의 학습, 정서, 진로 등의 영역에서 다양한 요구가 있다는 것을 간과할 수 있다. 예를 들어, 높은 학업성취를 보이는 영재학생이라도 그 수준에 알맞은 정서적 안정성과 대처능력을 지니지 못하여, 주위로부터 또는 스스로 설정한 목표와 기대에서 비롯되는 엄청난 압력을 견디지 못하고 결국 학업에서 부적응을 보이는 경우도 많다. 영재들이 느끼는 심적 고통에 대해 조사한 연구에서는 다음과 같은 구체적인 영재의 부담을 제시하였다(Radford, 1987).

- 누구도 영재라는 것이 무엇인지에 대하여 확실히 알려 주지 않는다. 나 혼자만의 문제다.
- 학교수업이 너무 쉽거나 너무 지겹다.
- 부모, 교사, 심지어 친구들까지 모든 면에서 내가 완벽하기를 기대한다.
- 이해해 주고 이야기를 나눌 수 있는 친구는 거의 없다.
- 반에서나 학교에서 가끔 놀림감이 되기도 한다.
- 앞으로 해야 할 일이 너무 많은 것 같아 당혹스럽다.
- 다른 사람들과 다르다는 느낌이 있고 소외될 때도 있다.
- 주위와 세상에서 일어나는 여러 문제에 대하여 걱정을 많이 하지만 실제로 무엇을 해야 할지 몰라서 무력감이 들 때도 있다.

이러한 특수한 상황으로 인하여 지적으로 우수한 영재는 학교에서 제대로 적응하지 못할 수 있다. 학교에 입학하는 시기에 정서적·행동적 성숙이 뒤떨어져 과잉행동장애로 분류되거나 미성숙아로 낙인찍혀 어려움을 겪을 수 있다. 또한 입학 후에도 학교의 교육과정이 적절하지 못하여 공부에 흥미를 잃게 될 수도 있다. 이러한 어려움을 이기고 학교에서 탁월한 성취를 보이는 영재도 학년이 올라갈수록 더욱 치열한 경쟁과 높은 기대감(완벽주의) 때문에 엄청난 압력을 받게 된다.

영재 중에는 자신에게 주어진 모든 문제를 혼자 해결해야 하는 것으로 착각하거나, 다른 사람에게 도움을 청하는 것에 익숙지 않아서 큰 어려움에 직면하더라도 효과적으로 도움을 받지 못하는 경우도 있다(Mallis & Heinemann, 1979).

효과적인 의사소통 기술, 적절한 대처전략, 다른 사람의 정서적 반응을 공감하고 이해하는 것은 생산적이고 건설적인 삶을 영위하는 데 필수적인 기능이다. 영재를 위한 상담에서는 특히 그들이 지닌 인과관계의 문제를 효과적으로 다루어야 한다. 적절히 인정받지 못한다고 여기거나 '영재'라는 딱지 때문에 다른 사람과 다르다고 느끼거나, 성취할 수 없는 기대감 때문에 어려움을 지니는 영재를 위하여 상담은 필수적이다.

영재상담은 다양한 방법으로 그들의 특수한 요구를 충족시킬 수 있도록 하여야 한다. 물론 교사와 상담자가 영재의 특수한 기능과 요구에 대한 지식을 지니는 것은 중요한 출발점이다.

4) 영재상담의 기본원리

영재상담은 일반상담과 비교하여 공통점과 차이점이 있다. 여기서 차이가 발생하는 근본적인 이유는 영재의 독특함에 기인한다. 영재아동에게는 잠재적인 대인 간의 그리고 개인 내적인 갈등을 일으키는 여러 특성이 존재한다(Whitmore, 1981).

이런 특성들은 개인 안에 공존한다. 그중 우세한 특성이 있거나 혹은 개인에 따라 징후가 더 긍정적이거나 부정적일 수는 있지만, 그 특성 자체는 중립적인 것이다. 그러나 행동적 징후들로 인해 그 특성에 사회적·정서적 의미가 부여된다. 강점이나 약점으로 여겨지는 것은 이런 특성들에 대한 다른 사람의 인식 때문이다. 예를 들어, 영재성과 ADHD가 개인 내에 공존할 경우, ADHD만 부각되어 보이거나 영재성만 부각되어 보일 수 있다. 강점이든 약점이든 더 부각되어 보이는 것이 문제를 일으킬 수 있는 가능성이 있기 때문에 영재에 대한 상담은 꼭 필요하다.

영재들은 하나 또는 그 이상의 이런 특정 때문에 어려움을 경험하고 있다. 상담에서 고려하여야 할 것은 행동의 강도와 구체적인 징후이며, 특히 이를 자존감 및 다른 사람들과의 관계와 함께 보아야 할 것이다. 각 특성에서 나온 문제를 명확하게 하기 위해 한 가지 특성이 지배적인 것처럼 기술되기는 하지만, 각 특성들은 어느 정도는 중첩되어 있다. Landrum(1987)은 영재상담 프로그램의 분야를 개인-사회적 분야(영재 자신이 타인과의 유사점과 차이점을 평가할 수 있도록 하며, 사회에 적응할 수 있는 기술을 개발함), 직업적 분야, 학업적 분야로 구분하였다.

Landrum(1987)은 영재학생이 균형과 만족을 제공해 주는 교육활동이나 특별 활동을 경험하며 지적 욕구를 자극해 줄 수 있는 학업 프로그램에 참여하도록 하는 것이 중요함을 지적하였다.

한편, VanTassel-Baska 교수는 영재상담을 위한 실제적 지침을 제시하였는데, 영재상담자는 영재의 지적 · 정의적 특성을 잘 이해해야 하며, 영재가 이질감, 열등감, 사회적 고립 등을 느끼지 않고 자신의 특성을 이해하도록 도움을 주어야 한다는 것이다.

영재는 의미를 찾고자 하는 열망이 강한 경우가 많다. 삶의 의미, 내면세계의 의미, 대인관계에서의 의미 등에서 강한 열망이 나타날 수 있다. 이런 자신에 대한 탐구는 영재학생이 자신의 독특성을 발견하고 소중히 다루는 방법을 알고 다른 사람과의 관계 속에서 어떤 의미를 찾을 수 있다면 정체감과 높은 자존감을 개발할 수 있는 기초가 될 것이다. 이런 영재아를 상담하는 상담자는 영재의 특별한 문제를 인식하고, 그들이 자신의 특성들을 긍정적인 방향으로 그리고 성장을 촉진하는 방향으로 이끌어 가는 방법을 배울 수 있도록 도와주어야 한다.

5) 영재상담자의 특성

영재상담자는 영재가 안고 있는 문제들을 잘 인식하고 해결하기 위하여 함께 노력하여야 할 것이다. 따라서 상담의 기법을 잘 알고 있어야 할 뿐만 아니라 영재와 영재의 특성을 알고 영재를 이해하고 도와줄 수 있는 사람이어야 한다.

박성익 등(2003)은 영재상담자에게 다음과 같은 자질과 자세, 태도 특성이 필요함을 지적하였다. 첫째, 전문성 자질이 필요하다. 전문성은 영재학생 및 상담에 관한 전문지식을 의미한다. 자질은 기본적으로 상담자로서의 성격과 영재학생에 대한 긍정적인 자세를 의미한다. 둘째, 자세와 태도다. 영재상담자는 영재에 대해 긍정적으로 이해하려고 노력해야 하며, 융통적이고 개방적인 사고방식을 갖고 있어야 한다. 스스로 역할모델이 되려고 노력해야 하며, 평가에 있어 결과보다는 과정을 중심에 두어야 한다. 그리고 영재를 이해하고 격려하고 수용하는 태도를 지녀야 하며, 영재에 대하여 긍정적인 가치를 갖고 있어야 한다.

요 약

영재집단은 여타의 특수아집단처럼 특수한 교육적 요구를 지닌 집단으로, 영재성의 특성에 따라 각기 다르게 개입하여야 한다. 이러한 개입을 위해서는 먼저 영재성의 정의와 특성을 이해하여야 하며, 이에 근거하여 영재성을 볼 수 있는 시각을 지녀야 한다. 이러한 개입의 방법을 제시하기 위하여 영재의 정의, 특성, 특수영재, 영재의 문제, 영재상담에 대해 살펴보았다.

생각해 볼 문제

1. 다음의 영재 정의와 관련 있는 것은?

> 영재와 재능아는 지능, 창의성, 예술성, 리더십이나 특수한 학문영역에서 뛰어난 능력을 입증하였거나, 그러한 능력을 최대한 계발하기 위해서 일반 학교교육 이상의 교육적 서비스나 활동을 필요로 하는 아동이나 청소년을 말한다.
>
> 다음의 분야 중 한 가지 또는 여러 분야에서 검증된 성취 및 잠재력을 비롯하여 높은 수행력을 갖는 아동을 말한다.
>
> 1. 일반적인 지적 능력　　　　　　 2. 특수 학문의 적성
> 3. 창의적 또는 생산적 사고력　　　 4. 리더십 능력
> 5. 시각 및 공연 예술　　　　　　　 6. 정신운동 능력

① 홍콩　　　　　　　 ② Terman　　　　　　 ③ Renzulli

④ 이스라엘　　　　　 ⑤ Tannenbaum　　　　 ⑥ 미국「영재교육법」

2. 다음 중 영재성을 측정하는 지능검사가 <u>아닌</u> 것은?

① 웩슬러 검사　　　　　 ② TTCT 검사　　　　 ③ K-ABC 검사

④ 레이븐 검사　　　　　 ⑤ 스탠포드-비네 검사

3. 다음 중 영재 특성과 장애 특성이 동시에 나타날 때의 현상을 바르게 표현한 것은?

①	완벽주의	낮은 성취	창의적 문제해결
②	높은 포부와 기대	낮은 기대	내적 갈등
③	강한 동기와 욕구	제한된 동기	좌절
④	독립성이 강함	비독립성	억제된 에너지

4. 영재의 긍정적인 행동 특성과 발생 가능한 부정적인 행동 특성을 바르게 정리하지 못한 것은?

	영재의 인지적·정의적·사회적 특성	긍정적인 행동 특성	발생 가능한 부정적인 행동 특성
①	정서적 민감함과 열정	정서적 예민함, 공감성, 타인으로부터 사랑과 수용받기를 열망함, 타인의 기대에 부응하려 함, 높은 에너지, 열심	과잉욕심, 과잉행동, 과민반응, 활동을 하지 않는 것을 견디지 못함, 현실적인 목표를 맞추기 어려워함, 주지화 해석
②	높은 지적 호기심	정보습득이 빠름, 호기심과 궁금함 많음, 진지함, 질문이 많음, 풍부한 양의 정보를 보유함, 다양한 책을 읽음, 내재적 동기	과다한 질문과 의욕이 넘쳐 지시 따르기를 거부함, 인내심 부족, 정규학교 생활을 지루해함
③	우수한 사고능력	사고력 우수, 사고과정이 빠르고 판단력과 문제해결 즐김, 추상화 및 종합능력 우수, 원인-결과 관계 파악, 사물과 사람을 조직화시킴, 도전적, 논리적	단순연습 기피, 전통적 교수학습방법 거부, 자세하거나 세부적인 것 놓침, 지나치게 복잡하게 생각하는 경향, 불분명하거나 비논리적인 것 따짐, 논쟁적임
④	높은 창의성	상상력 풍부, 창의력, 새로운 발명과 방식 추구, 독특함, 자기 해석과 스타일 추구, 아이디어나 해결책 내기를 즐김, 심리적이고 예술적 감각 풍부	하던 일을 멈추지 못함, 타인에 대한 관심 부족, 일상생활의 일들에 무관심, 제한된 시간을 넘김, 자기 일에만 편중됨

참고문헌

강승희(2004). 학습장애 영재의 연구 동향과 연구 내용 분석. 특수아동교육연구, 6(2), 355-375.

박성익(1999). 영재교육과정의 모형과 운영방식에 관한 고찰. 영재교육연구, 9(1), 1-36.

박성익, 조석희, 김홍원, 이지현, 윤여홍, 진석언, 한기순(2003). **영재교육학 원론**. 서울: 교육과학사.

이신동, 이정규, 박춘성(2015). **최신영재교육학개론(2판)**. 서울: 학지사.

Buffington, P. (1987). Perfection: Impossible Dream? *Sky, 16*(8), 31-34.

Clark, B. (2002). *Growing Up Gifted*. NJ: Pearson Education Inc.

Colangelo, N. (2004). Counseling gifted students: Issues and practices. In N. Colangelo., & G. A. Davis (Eds.), *Handbook of gifted education*. Boston, MA: Allyn & Bacon

Coleman, M. R., Harradine, C., & King, E. W.(2005). Meeting the need of students who are twice exceptional. *Teaching Exceptional Children, 38*(1), 5-7.

Davis, G. A., & Rimm, S. A. (2004). *Education of the gifted and talented* (5th ed.). Boston: Allyn & Bacon.

Deslie, J. (2006). *Parenting Gifted Kids*. Sourcebooks Inc.

Hewitt, P. L., & Flett, G. L. (1993). Dimention of perfectionism, dairy stress, and depression: A test of specific vulnerability hyperthesis. *Journal of Abnormal Psychology, 102*, 58-65.

Landrum, M. S. (1987). Guidline for implementing a guidance/counseling program for gifted and talented students. *Roeper Review, 10*, 103-107.

Lovecky, D. V. (1990). Psychotherapy with gifted children. In P. A. Keller & S. R. Heyman (Eds.), *Innovations in clinical practice: A source book* (Vol. 9, pp. 119-130). Sarasota, FL: Professional Resource Exchange, Inc.

Maker, C. J., Nielson, A. B., & Rogers, J. A. (1994). Giftedness, diversity, and Problem-Solving. *Teaching Exceptional Children, 27*, 4-19.

Mallis, J., & Heinemann, A. (1979). *Reaching the stars: A minicourse for education of gifted students*. Austine, Texas: Multi Media Arts.

Meeker, M., & Meeker, R. (1996). The Soi System for Gifted Education. In J. S. Renzulli (Ed.), *Systems and Models For Developing program for the Gifted and talented*. NY: Creative Learning Press Inc.

Minner, S. (1990). Teacher evaluation of case descriptions of learning disables gifted children. *Gifted Child Quaterly, 34*(1), 37-39.

Neihart, M.(2004). *Gifted Children with Attention Deficit Hyperactivity Disorder*. http://www.ldonline.org/article/5631

Pichowiski, M. M. (1991). Emotional development and emotional giftedness. In N. Colangelo & G. A. Davis (Eds.), *Handbook of gifted education*. Boston: Ally & Bacon.

Pledgie, T. K. (1982). Giftedness among handicapped children: Identification and programming development. *Journal of Special Education, 16*(2), 211–227.

Radford, J. (1987). *Gifted/Talented education counseling guide*. Indianapolis: Indiana Department of Education.

Schuler, P. A. (1999). Voice of perfectionism: Perfectionistic gifted adolescents in a rural middle school. Storrs. CT: National Research Center on the Gifted and Talented.

Silverman, L. K. (1993). Counseling needs and programs for the gifted. In K. A. Heller., F. J. Monks., & A. H. Passow. (Eds.), *Internationl Handbook of Research and Development of Gifted and Talent* (pp. 631–647). Pergamon Press.

St. Clair, K. L. (1989). Counseling gifted students: A historical review. *Roeper Review, 12*, 98–102.

Tassi, F., & Schneider, B. H. (1997). Task-oriented versus other–referenced competition: Differential implications for children's peer relations. *Journal of Applied Social Psychology, 27*, 1557–1578.

Terrassier, J. C. (1985). Dassynchrony– uneven development. In J. Freeman (Ed.), *The Psychology of Gifted Children* (pp. 265–274). New York: John Wiley & Sons.

Vespi, L., & Yewchuk, C. (1992). A phenomenological study of the social/emotional characteristics of gifted learning disabled children. *Journal for the Education of the Gifted, 16*, 55–72.

Webb, J. T., Meckstroth, E. A., & Tolan, S. S. (1982). *Guiding the Gifted Child: A practical source for parents and teachers*. Ohio Psychology Publication Company.

Webb, J. T., & Latimer, D. (1993). *ADHD and Children who are gifted* (Eric Document No. EDO–EC–93–5). Reston, VA: Council for Exceptional Children.

Whitmore, J. R. (1981). *Giftedness, Conflict and Underachievement*. Boston: Allan & Bacon.

Whitmore, J. R., & Maker, C. T. (1985). *Intellictual giftedness in disabed persons*. Rockville, MD: Aspen.

제11장

다문화아동 상담

　최근 국내 다문화 인구의 급격한 증가와 함께 다문화아동에 대한 상담적 개입에 관심이 높아지고 있다. 다문화적 배경을 가졌다는 것만으로 특수교육의 대상이 되는 것은 아니지만, 긴 세월 동안 '단일민족국가'라는 신념에 익숙했던 우리 사회에서는 다문화 아동에 대한 전반적 이해와 개입을 특수한 영역으로 여기는 경향이 있다. 향후 다문화 배경을 우리 사회의 한 부분으로 자연스럽게 받아들이는 인식의 전환은 꼭 필요하지만, 국내 다문화아동의 상담자료가 절대적으로 부족한 현 상황에서는 이들에 대한 전반적 이해와 접근을 특수아 상담영역에서 다뤄 보는 것도 충분히 의미가 있을 것이다.

　이 장에서는 특수교육대상자 및 잠재적 위험군에 해당하는 다문화아동은 물론, 국내 다문화아동 전반에 대한 상담적 이해와 효과적 개입방안을 특수아 상담의 한 영역으로 설정하여 다루고자 한다. 이를 위해 국내의 다문화아동 및 다문화가족에 대한 개념과 현황, 다문화아동이 자주 겪는 어려움에 대한 개입방안 등에 대해 다룰 것이다. 또한 다 문화 특수아동, 즉 다문화적 배경을 가진 특수아동에 대한 이해와 상담적 개입의 방향을 모색해 보고자 한다.

학교 장면 사례

> 지원이는 한국인 아버지와 필리핀 어머니 사이에서 출생한 다문화아동이다. 지원이는 언어능력이 매우 뛰어나 한국어 외에도 영어와 필리핀 어로 의사소통이 가능한 수준이지만 아버지와 친척들은 지원이가 필리핀 어로 말하는 것을 보면 화를 내고 싫어하기 때문에 어머니와 둘이 있을 때에만 필리핀 어로 대화를 하곤 한다. 학업성적이 우수하며 특히 국어능력이 좋지만, 까무잡잡한 외모 때문인지 지원이가 또박또박 책을 읽는 모습을 보면 선생님과 친구들은 언제나 신기해한다. 얼마 전 학교에서 '독도는 우리 땅' 노래를 부를 때였다. 지원이가 큰소리로 함께 부르자 일부 아이가 '넌 우리나라 사람도 아닌데 왜 노래를 부르냐'며 면박을 주었고 다른 아이들도 동조하였다. 지원이는 속으로 '그럼 나는 어느 나라 사람이지?'라고 생각하며 고개를 숙여야 했다. 가끔 친구들이 아무 생각 없이 "너희 엄마는 왜 필리핀 사람이야?"라고 물을 때도 지원이는 할 말을 찾을 수가 없다. 요즘 지원이는 점점 말수가 줄고 내성적인 성격으로 변해 가고 있다.

학습목표

1. 다문화아동 및 다문화가족의 개념과 현황을 이해한다.
2. 다문화아동의 상담 호소 유형과 이에 대한 올바른 개입방안을 안다.
3. 특수성을 가진 다문화아동의 현황을 이해하고, 상담적 개입의 방향을 설명한다.

1. 다문화아동의 개념과 유형

다문화아동이란 초등학교 학령기에 해당하는 만 6세에서 12세의 다문화가족 자녀를 이르는 말이다. 그렇다면 '다문화가족'이란 어떤 의미를 가지는가?

「다문화가족지원법」(법률 제12079호)에 따르면, 다문화가족이란 결혼이민자 혹은 「국적법」에 따라 인지·귀화로 대한민국 국적을 취득한 자와 대한민국 국민으로 이루어진 가족을 의미하는 등 최소한 한 사람 이상의 가족 구성원이 대한민국 국민으로 이루어진 가족에 한정된다. 이러한 개념은 외국인 근로자 및 유학생, 체류자 및 난민자, 북한이탈주민 가족과 재혼 및 입양으로 이루어진 가족 등이 모두 제외된다는 한계가 있어 개선의 필요성이 제기되고 있다(박복순, 박선영, 송효진, 선보영, 강기정, 2013; 양계민, 신현옥, 박주희, 2014). 실제로 우리 사회에서 다문화가족은 법적인 의미보다 더 넓은 범위를 포함하여 다른 민족이나 문화적 배경을 가진 사람들이 속한 가족으로 여겨지며, 인종과 문화, 가치, 종교, 생활양식 등의 다양성을 강조하는 개념으로 쓰인다.

따라서 상담장면에서는 가급적 넓은 범위의 의미를 중심으로 이해할 필요성이 있으며, 다문화아동이라는 범주에 동일하게 속해 있다 하더라도 아동이 처한 세부환경에 따라 특성이 매우 다를 수 있으므로 개별적 특성을 존중하려는 태도가 요구된다.

국내 다문화아동을 가족배경 조건(혼인, 근로/유학, 탈북, 체류/난민 등)과 국내 출생 여부(국내 출생, 중도입국)에 따라 구분해 보면 〈표 11-1〉과 같이 정리할 수 있다.

〈표 11-1〉 국내 다문화아동의 유형

배경 조건 출생지	혼인	근로/유학	탈북	체류/난민
국내	국제결혼(재혼) 가족의 국내 출생 자녀	외국인 근로자/유학생 가족의 국내 출생 자녀	북한 이탈주민 가족의 국내 출생 자녀	체류/난민가족의 국내 출생 자녀
해외	국제결혼(재혼) 가족의 중도입국 자녀	외국인 근로자/유학생 가족의 중도입국 자녀	북한 이탈주민 가족의 중도입국 자녀	체류/난민가족의 중도입국 자녀

2. 다문화아동 현황

국내 다문화가족 자녀현황은 행정자치부(2015)의 '지방자치단체 외국인 주민 현황조사'와 교육부(2015a)의 '교육통계연보'를 통해 파악할 수 있는데, 두 조사결과 간에는 상당한 차이가 있다. 2015년 4월을 기준으로 교육부에서는 다문화 학생 수를 82,536명으로 집계한 데 반해, 행정자치부는 2015년 1월 기준으로 다문화가족 자녀를 207,693명으로 보고했다(〈표 11-2〉 참조).

이러한 차이는 교육부가 '현재 학교에 재학 중인 다문화가족 자녀'로 조사대상을 제

〈표 11-2〉 연도별 다문화가족 자녀의 수 비교   단위: 명

부처＼연도	2009	2010	2011	2012	2013	2014	2015
행정자치부	107,689	121,935	151,154	168,583	191,328	204,204	207,693
교육부(초·중·고 재학생)	26,015	31,788	38,678	46,954	55,780	67,809	82,536

〈표 11-3〉다문화가족 자녀의 연령별 비율 비교   단위: 명(%)

부처 연도 연령	행정자치부			교육부		
	2013	2014	2015	2013	2014	2015
6세 이하	116,696(61.0)	121,370(59.4)	117,877(56.8)	–	–	–
7~12세 (초등학교)	45,156(23.6)	49,929(24.4)	56,108(27.0)	39,430(72.0	48,298(71.2)	60,283(73.0)
13~15세 (중학교)	18,395(9.6)	19,929(9.6)	18,827(9.0)	11,294(20.2)	12,523(18.5)	13,865(16.8)
16~18세 (고등학교)	11,081(5.8)	13,466(6.6)	14,881(7.2)	5,056(9.1)	6,981(10.3)	8,388(10.2)
전체	191,328(100)	204,204(100)	207,693(100)	55,780(100)	67,802(100)	82,536(100)

한한 반면, 행정자치부는 미취학 자녀를 모두 포함한 '외국인 주민 자녀'를 대상으로 하였기 때문에 나타난 것이다. 즉, 교육부가 「다문화가족지원법」에 명시된 다문화가족 자녀 중 학교에 소속되어 있는 경우만을 조사했다면, 행정자치부는 더 넓은 범위, 즉 부모 중 한쪽 이상이 외국계 주민인 경우와, 생물학적 부모는 모두 한국인이지만 이혼이나 사별의 이유로 부모가 헤어지고 외국계 주민과 결혼하여 현재 한쪽 부모가 외국계인 경우를 모두 포함하였다.

2015년의 조사결과를 구체적으로 살펴보면, 행정자치부의 7~12세 아동의 수보다 교육부의 초등생 숫자가 4,175명 더 많은 것으로 나타났으며, 중학교와 고등학교 학령기 청소년의 경우 각각 4,962명과 6,493명이 행정자치부 통계에서 더 많은 것으로 보고되어 이러한 차이의 원인을 탐색해 볼 필요가 있다.

한편, 6세 이하의 취학 전 연령층이 117,877명이라는 행정자치부 통계결과는 2015년 교육부에서 제시한 전체 다문화학생 82,536명의 약 1.4배에 이르고 있으며, 2015년 현재 국내 출생 다문화가족 자녀 출생비율이 전체의 8.3%에 이른다는 점을 감안하면, 향후 국내 다문화아동 비율이 폭발적으로 증가할 것을 쉽게 예측할 수 있다.

이를 통해 두 가지 시사점을 찾아낼 수 있다. 첫째, 현재 학령기 다문화가족 자녀 중 가장 많은 비율을 차지하고 있으며 앞으로 더욱 큰 폭으로 증가할 것으로 예상되는 국내 다문화아동에 대한 연구와 적절한 상담 및 교육적 개입이 필요하다는 것이다. 둘째,

이들의 상급학교 진학과 군입대, 취업 및 결혼 등 발달단계에 따른 주요 과업이 향후 5~15년 사이에 급속히 이루어질 것이며, 이때 발생할 수 있는 학업 중도탈락, 부적응, 진로결정 및 유지의 어려움 등 다양한 문제에 대한 효과적인 개입방안을 마련하기 위해 노력해야 한다는 점이다.

이러한 두 가지 이슈에 대한 가장 효과적인 대응방안은 국내 다문화아동이 호소하는 어려움을 이해하고 우리 현실에 맞는 상담과 교육적 개입에서 찾을 수 있을 것이다.

3. 국내 다문화아동의 상담호소 유형과 개입방향

본격적인 다문화사회로의 변화가 2000년대 중반부터 시작된 만큼 국내 다문화상담 은 아직 확실한 기틀이 잡히지 않은 상태다. 특히 한국말이 서툰 중도입국 자녀나 법적 으로 신분이 보장되지 못하는 다문화가족 자녀의 경우 원활한 상담이 어렵고, 다문화적 배경에 대한 상담자의 인식 부족 등의 한계가 있다.

그럼에도 한국청소년상담복지개발원을 중심으로 한 전국의 청소년상담복지센터 (2015년 현재 208개소)와 건강가정지원센터(2015년 현재 151개소) 등의 기관을 통한 아 동·청소년 및 가족대상의 상담서비스 시스템 구축과 활성화를 위한 노력은 향후 다문 화가족 자녀를 위한 원활한 상담 서비스 제공에 디딤돌이 될 것이다.

시스템 구축과 더불어 관심을 가져야 할 또 다른 과제는 국내 다문화아동이 호소하 는 상담유형을 정확히 파악하고 이에 대한 상담방향을 설정하는 것이다. 우리나라는 다문화인구를 구성하는 출신국가의 비중이 중국과 베트남, 필리핀 등의 아시아권에 집 중되어 있고, 다문화사회로의 급격한 변화 속에서 사회구성원들이 '다문화'에 대한 인 식의 합의를 이루지 못했다는 특징을 가지고 있다. 이처럼 국내 다문화 구성원들의 고 유한 문화적 특성과 우리 사회의 인식 및 환경을 감안할 때, 외국의 다문화 관련 상담 내용을 그대로 받아들이기보다는 국내의 다문화 상황에 대한 보다 정확한 탐색이 선행 되어야 한다.

이를 위해 이 절에서는 2012 전국다문화가족 실태조사(여성가족부, 2013)와 다문화 청 소년 종단조사(양계민 외, 2014), 2014 청소년백서에 제시된 청소년상담복지센터 이용실 적 통계(여성가족부, 2014) 등의 결과를 활용하여 다문화아동의 상담호소 유형을 정리해 보고 일반 아동과의 공통점 및 차이점을 생각해 본다.

1) 학업에 대한 어려움

다문화아동 및 청소년과 관련한 가장 큰 관심주제 중 하나는 단연 학업이다. 많은 연구에서는 다문화학생과 일반학생들의 전반적 학업성취 수준(남부현, 김연이, 2011)이나 국어·수학 등의 특정 교과목 학업성취 수준 등을 비교(김영란, 2013; 이영주, 2013; 이정우, 2013)한 바 있으며, 이들의 학업성취에 영향을 미치는 요인(박인숙, 2011; 정양화, 2012)을 탐색하고, 낮은 학업성취 수준에 영향을 미치는 환경적 요인(김광혁, 2012) 등을 분석하기도 하였다.

이러한 연구는 다문화학생들의 학업성취 수준을 높일 수 있는 방안을 탐색할 수 있다는 점에서 상당한 의미가 있으나, 애초부터 다문화학생들의 학업수준이 낮을 것이라는 가정을 가지거나, 부정적 측면에만 초점을 맞추는 것이 잘못된 고정관념을 강화시킬수 있다는 점도 간과해서는 안 될 것이다. 앞에서 언급된 상당수의 선행연구에서도 학업에 대한 어려움을 느끼는 것은 다문화적 배경에 기인하기보다는 성장과정에서 발생할 수 있는 자연스러운 발달과업에 가깝다는 인식을 찾아볼 수 있었다.

국내 다문화학생들의 학습에 대한 실태조사 결과를 바탕으로 이러한 논의를 좀 더확실히 뒷받침할 수 있는 근거를 찾아보면 다음과 같다. 다문화청소년에 대한 종단조사 결과, 학습에 대한 어려움을 느끼는 다문화아동의 비율은 전체의 21.2%에서 32.5%에 이르는 것으로 나타났다(양계민 외, 2014). 이는 전국 다문화가족 실태조사 결과에서 학습에 어려움을 느끼는 다문화가족 자녀가 25.3%라는 결과(여성가족부, 2013)나 우리나라 청소년들이 호소하는 가장 큰 문제가 학업 및 진로(26.3%)라는 보고(여성가족부, 2014)와 유사한 결과다. 또 다문화청소년과 일반청소년들의 패널조사 데이터 비교 분석에서도 학습에 대한 인식이 고학년으로 갈수록 매우 비슷해지는 것으로 나타났다(양계민 외, 2014). 이를 토대로 생각해 볼 때 이들이 겪는 학업적 어려움을 특수한 상황으로 규정하거나 '다문화학생은 학업에 더 큰 어려움을 가질 것이다.'와 같은 불필요한 고정관념을 경계해야 한다는 결론에 이를 수 있다.

그런데 다문화학생이 겪는 학업의 어려움을 일반화하여 자연스럽게 바라보는 것과는 별개로, 학업에 어려움을 유발하는 원인에 특수성이 있는지 확인하는 것은 꼭 필요

〈표 11-4〉 다문화패널과 일반패널의 학습활동에 대한 비교

단위: 평균(표준편차)

학년	다문화패널	일반패널
초4	2.93(.50)a	3.04(.50)a
초5	2.93(.49)a	2.98(.53)b
초6	2.96(.49)a	2.93(.52)c
중1	2.88(.52)b	2.87(.56)d

시기 $F=43.46^{***}$ $\Delta\eta^2 = .013$

집단 $F=4.52^{*}$ $\Delta\eta^2 = .001$

시기×집단 $F=19.14^{***}$ $\Delta\eta^2 = .006$

$*p<.05$

$***p<.001$, Bonferroni: a>b>c>d

출처: 양계민 외, 2014.

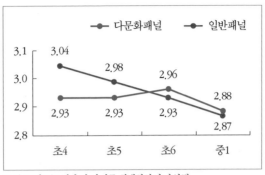

※ 본 그래프는 집단 간 차이를 최대화하여 작성됨

하다. 이는 병원에서 기침이라는 동일한 증상을 보이는 환자를 진료할 때, 그 증상이 감기나 결핵, 폐렴 등 다양한 원인에서 기인할 수 있으므로 각각의 상황에 알맞게 처치를 하는 것과 같은 원리다. 즉, 학생들이 학습에 대한 어려움을 경험하는 것은 동일할지라도 원인은 다를 수 있으며, 다문화아동의 경우 이러한 어려움의 원인에는 다문화적 요인이 개입되었을 소지가 다분하다.

이를 감안하고 〈표 11-4〉의 결과를 다시 한 번 살펴보도록 하자. 다문화아동이 겪는 학습에 대한 어려움은 첫 조사 시기인 초등학교 4학년 시기에 비해 고학년으로 갈수록 급격히 완화되어 일반아동 집단과 거의 차이가 나지 않았다. 그런데 이를 반대로 생각해 보면, 저학년일수록 두 집단 간 차이가 크다는 것을 의미하며, 그 원인으로 가장 먼저 떠올릴 수 있는 것은 언어능력이다. 실제로 학업에 대한 어려움을 호소하는 다문화아동의 대부분은 언어적 요소를 주요 원인으로 꼽았으며(양계민 외, 2014), 초등학교 4학년 패널에서 글을 읽고 쓰는 부분이 어렵다는 응답이 많았다는 조사결과에서도 저학년일수록 언어, 특히 문자학습을 어려워한다는 것을 알려 준다(〈표 11-5〉 참조).

다문화가족 자녀를 유형별로 구분하여 살펴보면 중도입국 자녀가 국내 출생 자녀에 비해 약 20% 더 많이 학습에 대한 어려움을 호소하는 것으로 나타났으며, 그 원인으로 책의 내용을 이해하기 어렵고(11.9%), 선생님 말씀을 이해하기 어렵다(9.8%)는 언어적 요인을 꼽았다. 다문화학생들이 개인변인(성별, 체류기간, 출생지, 언어능력)에 따라 학업성취도에 유의미한 차이가 나타났다는 선행연구 결과(남부현, 김연이, 2011; 이정우, 2013)

〈표 11-5〉 다문화 청소년 종단조사 결과에 나타난 학습의 어려움   단위: 명(%)

내용	초4	초5	초6	중1
	2011년	2012년	2013년	2014년
학업에 대한 어려움	532(32.5)	381(25.4)	307(21.1)	348(32.4)
책 내용 이해가 어려움	125(7.6)	109(7.3)	105(7.3)	77(5.6)
공부시간에 자신의 의견을 말하기 어려움	102(6.2)	62(4.1)	74(5.1)	64(4.6)
생각을 글로 나타내기 어려움	154(9.4)	97(6.5)	54(3.7)	47(3.4)
선생님 말씀을 이해하기 어려움	94(5.7)	50(3.3)	33(2.3)	82(5.9)
공부할 내용에 대해 물어볼 사람이 없음	47(2.9)	48(3.2)	32(2.2)	58(4.2)
숙제나 과제의 어려움	–	–	–	97(7.0)
기타	10(.6)	15(1.0)	9(.6)	23(1.7)

출처: 양계민 외, 2014.

도 다문화적 배경이 이들의 학업적 어려움의 원인과 밀접한 관련이 있음을 보여 준다.

■ 개입방향

다문화아동에 대한 효과적 학업상담을 위해 상담자는 다문화적 배경에 대해 입체적으로 인식하고 접근해야 한다. 다시 말해, 학업에 대한 어려움을 경험하는 것 자체에 대해서는 '다문화아동이라서 그런 것'이라는 편견을 철저히 경계하되, 그 원인에 언어능력 등 다문화적 배경이 영향을 미치고 있는 것은 아닌지 검증하려는 자세를 가져야 한다.

이러한 태도를 가진 상담자는 학업에 대한 어려움이 누구나 경험할 수 있는 것이며, 다문화적 배경으로 인해 유발되는 독특한 문제가 아니라는 것을 내담자와 보호자에게 이해시키고자 노력할 것이다. 이와 함께 학업에 대한 어려움이 언어적 요인 등의 다문화적 배경에서 기인한 것은 아닌지 확인하기 위해 아동의 인지능력과 언어능력 간 불일치 여부를 면밀히 살펴볼 것이다. 이처럼 원인과 결과를 분명히 구분하여 접근하는 상담자의 태도는 내담자의 어려움에 대한 올바른 개입방향을 설계하는 데 실질적인 도움이 될 뿐 아니라, 학업에 어려움을 경험하는 다문화아동과 부모가 '애초부터 학업 능력이 부족할 수밖에 없다'는 부정적 인식에 빠지는 것을 방지하는 등 좋은 모델이 될 수 있다.

학업에 어려움을 겪는 다문화아동과의 상담에서 필요한 또 다른 요인은 상담자의 적극성이다. 대부분의 상담자는 내담자의 말을 경청하고, 내담자가 스스로 어려움을 해결해 나갈 수 있도록 충분한 공감과 지지를 보이는 상담형태에 익숙하다. 하지만 다문화아동을 상담할 때에는 이러한 태도와 함께 내담자에게 실질적인 도움을 줄 수 있는 방안을 찾아보고 실행에 옮기는 적극성도 필요하다.

인지능력과 언어능력 간의 불일치가 의심되지만 상담자가 이를 직접 확인하기 어려운 경우에는 학교나 지역의 청소년상담복지센터, 건강가정지원센터 등의 기관과 적극적으로 연계하여 정확히 진단을 받을 수 있도록 한다. 설령 상담장면에서 대화를 나눌 때에 다문화아동의 듣고 말하기 능력이 좋아 보인다 하더라도, 읽고 쓰는 영역에서는 다른 결과가 나올 수 있다는 것도 잊지 말고 다양한 방향에서 점검해 보도록 한다. 또 저학년의 경우 자신의 생각을 글이나 말로 유창하게 표현하는 데 더 큰 어려움을 가지고 있기도 하므로, 이들이 갖고 있는 인지능력에 못 미치는 부진한 결과를 보일 수도 있음을 명심해야 한다.

학업에 대한 어려움의 원인을 파악하는 것과 함께 이를 해결하는 과정에서도 상담자의 적극성은 매우 중요하다. 학업을 도와줄 수 있는 인적 자원의 연계도 고려해야 하기 때문이다. 앞서 살펴보았던 〈표 11-5〉의 조사 내용에서 과제에 대한 어려움과 공부할 내용에 대해 물어볼 사람이 없다는 응답비율이 상당히 높았던 것을 감안할 때, 방과 후 학교나 사회복지시설 등을 통해 꾸준히 지원해 줄 수 있는 조력체계를 구축하고 의뢰함으로써 학업에 대한 실질적 도움을 제공할 수 있도록 노력하는 자세가 필요하다.

2) 학업중단

국내 다문화가족 자녀의 학업중단율은 해마다 꾸준히 증가하여 2014년에는 전체 다문화학생 중 학업을 중단한 학생의 비율이 1%를 넘어선 것으로 집계되었다(교육부, 2015b). 청소년의 학업중단은 흡연이나 음주 등 지위비행뿐 아니라 폭행, 기물파손 및 돈이나 물건의 갈취 등의 비행수준이 높아지는 것과 관련이 있으며(윤철경, 서정아, 유성렬, 조아미, 2014), 사회 안전망 밖의 각종 위험에 대한 노출이 사회적 부적응으로 이어지고 이로 인해 발생되는 또 다른 문제가 심각한 사회문제로 확대될 가능성이 있다(채명수, 2014)는 점에서 매우 큰 관심이 요구된다.

다문화가족 자녀의 학업중단은 다음의 세 가지 측면에서 더욱 우려를 자아낸다. 상

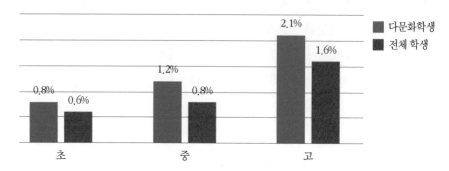

[그림 11-1] 2014년 다문화-전체 학생 학업중단율 비교

출처: 교육부, 2015b.

급학교로 진학할수록 중단율이 높아지고, 일반학생들과의 학업중단율 격차가 점점 커지며, 통계에 집계되지 않은 학교 밖 다문화가족 자녀의 수가 더욱 많다는 것이다. 국내 전체 다문화학생 수의 약 2배에 이르는 12만 명 이상의 다문화유아의 학령기 진입이 목전에 다가왔음을 감안하면, 향후 이들의 학업중단 예방과 학업중단 이후의 효과적 개입 방안을 설계하기 위한 노력이 매우 필요하다는 데에는 의심의 여지가 없다.

교육통계연보(교육부, 2014)와 전국다문화가족 실태조사(여성가족부, 2013) 등의 조사결과를 바탕으로 국내 다문화학생의 학업중단 원인을 분석하고, 이들을 위한 상담적 개입방안을 모색해 보자.

2014년 교육통계연보에 따르면 유예 및 면제 등으로 학업을 중단하고 있는 국내 초등학생은 모두 15,908명이었는데, 이 중 약 83%(13,270명)가 미인정 유학이나 해외출국을 이유로 보고하였다. 중학교도 전체 학업중단 학생 14,278명 중 약 47%(6,705명)가 이에 해당되어, 해외체류가 국내 초·중학생 학업중단의 가장 큰 원인으로 나타났다. 고등학교의 경우 학업중단 형태가 자퇴나 퇴학, 제적, 유예, 면제 등으로 복잡해지고, 부적응이 약 52%(15,672명)로 가장 큰 비율을 차지했으나 약 13%(3,923명)의 학생들은 해외출국을 이유로 들어 단일사유로는 여전히 가장 높은 비율을 나타냈다.

이처럼 국내 초·중·고 학생 학업중단의 주된 이유가 미인정 유학이나 해외출국인데 반해, 다문화학생의 학업중단 원인은 친구나 교사와의 관계(23.8%), 어려운 가정형편(18.6%) 등으로 나타나 큰 차이를 보였다. 국내 고등학교 학업중단자들이 밝힌 학업중단 이유 중 대인관계(1.2%)나 가정사(5.2%)의 비율을 모두 합쳐도 7%도 되지 않는 것

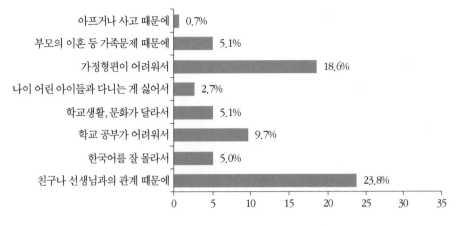

[그림 11-2]　다문화가족 자녀의 학업중단 이유

출처: 여성가족부, 2013.

과는 사뭇 다르다. 아동의 경우 학업중단 사유가 자세히 집계되지 않으나, 질병을 제외한 장기결석(486명)과 기타 사유(1,920명)를 모두 합쳐도 전체의 1.5%에 불과하여 일반학생과 다문화학생의 학업중단 요인이 분명히 다름을 알 수 있다.

　다문화가족 자녀 중에서도 국내 출생 여부와 거주지에 따라 학업중단 요인이 다르게 나타났다. 중도입국 자녀의 경우 가정형편의 어려움(29.2%), 학교생활이나 문화 차이(12.1%)가 주된 요인으로 보고되어 학업중단 다문화학생의 전체 집계와는 차이가 나타났다. 관계의 어려움으로 인한 학업중단이 도시지역(27.1%)에서 농촌지역(10.7%)보다 약 3배 가까이 높게 나타나 거주지역에 따라 학업중단에 영향을 미치는 요인이 다름 또한 확인할 수 있었다.

　이러한 내용을 종합해 보면, 다문화학생의 학업중단율이 일반학생에 비해 단순히 높기만 한 것이 아니라 원인이 일반학생들과 매우 다르며, 다문화학생들 사이에서도 매우 다른 원인이 영향을 미칠 수 있다는 결론에 이를 수 있다.

■ 개입방향

　아동의 학업중단 비율은 청소년에 비해 매우 낮기 때문에, 상담장면에서는 이미 학업을 중단한 아동보다는 향후 상급학교로의 진학을 포기하거나 학업중단 고위험군에 속하는 아동을 만날 가능성이 높다. 따라서 학업중단 위험에 처한 다문화아동을 상담할 때에는 내담자의 학업중단 위험 정도 평가와 그 원인을 파악하기 위한 노력과 함께 예방적 상담을 기본방향으로 설정할 필요가 있다.

앞서 살펴본 다문화가족 자녀의 학업중단 이유를 감안할 때, 아동들은 교사나 친구와의 관계에서 어려움을 겪을 가능성이 높다. 학교요인이 아닌 개인 및 또래요인으로 학업을 중단할 경우에는 그렇지 않은 청소년에 비해 추후 부적응적 생활을 할 가능성이 높기에(김영희, 최보영, 이인회, 2013), 관계 개선을 돕기 위한 각별한 노력도 요구된다. 이를 위해 교사나 친구와의 관계에 어려움을 겪는 아동은 사회기술 발달 및 갈등관계 해소 역량을 증진하기 위한 집단상담 프로그램에 참여시키거나, 지속적으로 상담을 제공하여 도움을 주는 것이 좋다.

다문화학생에 대한 일반아동 및 교사의 부정적 편견을 감소시키고 수용적 태도를 갖도록 돕는 예방적 개입에 대해서도 관심이 필요하다. 특히 학년이 올라갈수록 친구나 부모보다는 교사와의 관계가 학업중단에 더 큰 영향을 미치고 있다는 연구결과(김영신, 신철균, 김현진, 2012)도 있으므로 다문화아동에 대해 교사가 부정적 인식이나 낮은 기대를 갖고 있는지 확인해 보고, 이를 긍정적으로 변화하도록 돕는 것도 매우 중요하다.

또한 아동이 학업을 중단하게 되는 데에는 부모의 가치관과 판단이 큰 영향을 미칠 수 있다. 이러한 아동을 상담할 때에는 학업지속이 어떤 의미를 가지며, 왜 학업을 지속해야 하는지 내담자 스스로 마음에 새길 수 있도록 돕고, 부모가 아동의 학업지속을 위해 조력할 수 있게 부모와의 의사소통도 활발히 할 필요가 있다.

이처럼 학업중단 위험이 있는 다문화아동의 상담장면에서는 정서문제에 집중하는 통상적 개인상담 형태를 고수하기보다는 아동이 처한 상황을 고려하여 개인 및 집단 교육이나 상담, 실질적 생활 개선을 위한 방안 탐색, 기관 및 서비스와의 연계 등 다양한 형태로 유연하게 접근하고자 노력해야 한다.

3) 사회적 차별과 학교폭력 피해

학교폭력의 피해를 견디다 못한 중학생과 여고생의 자살사건이 2011년 12월에 잇달아 발생한 것을 계기로, 학교폭력을 줄이고 효과적으로 대처하기 위한 노력이 우리 사회의 가장 중요한 목표가 되었다. 이후 학교폭력 예방 및 대책에 관한 법률을 제정하고 학교폭력 피해에 대한 전수조사의 실시, 학교폭력 예방교육 및 학교 내 학교폭력위원회 운영 등의 강도 높은 노력이 뒤따르고 있다. 교육부의 학교폭력 실태조사에 따르면, 2012년 최대 12.3%에 이르던 피해 응답률은 2014년 1.2%로 급격히 낮아졌다(교육부, 2015c).

그러나 다문화학생들의 경우, 학교폭력 피해와 관련한 최근 조사자료가 부족하여 이들의 피해경험 비율에 어느 정도의 변화가 있는지 알 수 없어 관련 연구가 시급하다. 2012년 전국다문화가족실태조사에서 보고된 내용에 따르면, 연령이 낮을수록 피해율이 높아 초등학교 2학년 시기에 가장 많은 피해를 경험하는 것으로 나타났으며, 15세를 기점으로 그 이전과 이후의 피해 차이가 2배 이상 벌어져 15세 이하의 학생들을 대상으로 다문화학생에 대한 존중과 차별 방지를 위한 예방적 개입이 시급한 것으로 판단된다. 더불어 최근 3년 내에 급격히 변화한 국내 학교폭력 발생비율 및 폭력유형의 변화가 다문화학생들에게는 어떻게 일어나고 있는지 연구가 이루어져야 할 것이다.

여성가족부의 조사결과를 좀 더 살펴보면, 다문화학생들은 단지 다문화가족 자녀라는 이유만으로 학교폭력 피해를 당하는 경우가 많으며, 사회적 차별을 경험하거나 교우관계에서 어려움을 겪기도 한다. 다문화가족 자녀라는 이유만으로 사회적 차별을 당한 경우는 전체의 13.8%로 보고되었으며, 파키스탄 출신 부모의 자녀가 29.4%로 가장 높고, 필리핀 17.1%, 일본과 태국이 각각 15.9%로 그 뒤를 이었다. 이들을 차별하는 대상으로는 친구(36.5%)가 가장 많고, 모르는 사람의 비율이 20.8%로 나타나 불특정 다수로부터의 피해경험도 상당한 것을 알 수 있다. 그 밖에도 이웃(11.7%)과 선생님(9.5%), 친척들(5.5%)로부터도 차별을 받아 다문화학생을 둘러싼 주요 대상들로부터 정서적 상처

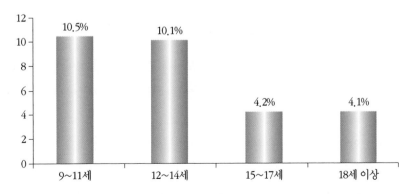

[그림 11-3] 다문화가족 자녀의 연령별 학교폭력 피해 경험률

출처: 여성가족부, 2013.

를 받았다. 또한 10명 중 7명은 피해를 입었을 때에도 참거나 그냥 넘어간다고 응답하는 등 소극적 대처를 하는 것으로 나타났다.

이러한 부정적 경험은 다문화가족 자녀들의 정체성 확립에도 부정적 영향을 끼칠 가능성이 높다. 실제로 다문화가족 자녀들이 자신의 다문화적 배경에 대해 자랑스럽게 여기는 비율은 9~11세가 43.6%인 데 비해, 18세 이상에서 26.8%에 그쳤으며, 13.9%는 자신이 다문화가족이라는 사실을 숨기고 싶어 하는 것으로 나타났다(여성가족부, 2013).

■ 개입방향

편견 및 학교폭력 등으로 고통받는 다문화아동을 위한 상담에서는 크게 두 가지 접근을 고려해야 한다.

첫 번째는 다문화아동이 차별이나 학교폭력 등의 피해를 경험하였을 때에 적절히 대응할 수 있도록 그 방법을 안내하고 지도하는 것이다. 이 과정에서 상담자는 피해아동이 겪었을 막막함과 두려움을 알아주고 충분히 공감해 주도록 노력해야 한다. 또한 부득이하게 이러한 상황에 노출될 경우 취해야 할 행동을 구체적으로 떠올려보고, 이를 실행에 옮길 수 있도록 격려해 주도록 한다.

이 과정에서 부모와의 협력도 매우 중요하다. 흔히 다문화아동의 이러한 어려움을 부모가 잘 알고 있을 것이라고 생각하지만 대부분의 부모는 '다문화아동'으로서의 경험을 갖고 있지 못하다. 즉, 다문화가족을 구성하고 있는 부모들은 단일한 민족적 특성을 갖고 있는 경우가 많고, 성장기에 타국에서 생활한 경우도 그리 많지 않다. 따라서 다문화자녀를 두고 있는 부모라 할지라도 자녀의 정체성 혼란과 사회적 관계에서의 편견으로 인한 어려움, 학교폭력 등에 대해서는 잘 알지 못하는 경우가 많고 이러한 일에 대해 어떻게 대처해야 할지 몰라 당황하는 모습을 보이게 된다. 상담자는 이러한 상황을 고려하여 내담자에 대한 지지와 함께 부모와의 충분한 의사소통을 이끌어 내어 충실한 조력체계를 구축할 수 있도록 노력해야 한다.

두 번째로 일반학생과 교사, 나아가 전체 사회 구성원들의 비합리적 편견을 감소시키는 예방적 상담 및 교육적 개입이 요구된다. 다문화학생과 관련하여 대부분의 문제가 이들에 대한 일반인의 잘못된 고정관념이나 편견에서 기인하곤 한다는 점을 감안할 때, 편견 감소와 다문화수용성 증가를 위한 공감적 개입(김은향, 2012), 국제이해교육 등을 통한 정확한 정보 학습 등의 노력이 필요하다. 이를 통해 비합리적인 편견으로 인해 발생할 수 있는 악순환의 고리를 개선하도록 해야 할 것이다.

4. 다문화 특수아에 대한 상담적 개입과 교육

1) 다문화 특수아에 대한 편견의 위험성

　다문화자녀의 수가 우리나라 9~24세 청소년의 2%를 넘어서고, 향후 이들이 차지하는 비율이 더욱 증가할 것이라는 점은 누구나 알고 있다. 하지만 다문화 특수교육대상자에 대해서는 기초적인 집계조차 원활히 이루어지지 못하고 있는 실정이다. 이처럼 정확한 정보조차 없는 상황에서 '다문화적 배경으로 인해 다문화자녀의 장애비율이 일반자녀에 비해 높을 것이다'는 편견이 우리 사회에 공공연히 존재하는 것은 매우 염려스러운 일이다.

　교사 중에도 이와 비슷한 인식을 갖고 있는 경우가 종종 있다. 다문화아동의 특수교육과 관련된 한 연구(강혜진, 2012)에서는 "국제결혼 아이들의 학습부진은 100에 99는 일어난다고 생각해요. 추상적인 능력이라든지 독해든지 사고력이라는 게 현저히 떨어져요. 그래서 이 아이들을 위한 조치는 필요해요. 국제결혼아동의 경우 어느 정도 지도를 받으면 정규 3학년 과정은 통과할 수 있어요."라고 언급한 교사의 인터뷰 내용을 찾을 수 있다.

　다문화아동과 관련된 연구(심우엽, 2015)에 나타난 예비교사의 인식조사 결과도 크게 다르지 않다. 전국 5개 교대의 3학년 학생 451명을 대상으로 한 조사에서, 교대생은 다문화아동의 능력과 성격, 장래성의 세 가지 영역에 대해 중간 이하(5점 척도에서 2.49~2.90)로 평가하였는데, 그중에서도 특히 다문화아동의 장래성에 대해 가장 낮게 응답하였다.

　이는 일반 초등학생의 다문화친구에 대한 인식(5점 척도에서 3.18~3.40; 심우엽, 2010)보다도 더 낮은 결과로, 교사들의 부정적 인식에 대해 우려하게 한다. 즉, 다문화아동에 대해 낮은 기대와 부정적 인식을 갖고 있는 교사의 경우, 낮은 학업성취를 보이는 다문화아동에 대해 원인을 알아보기 위해 노력하기보다는 이를 당연하게 여기고 학

[다문화] 다문화가정에 유독 장애아가 많은 이유?

↳ 한국에 다문화가정은 전체 인구의 극소수에 불과한데

장애아 출생비율은 높은 듯한데요.

사랑의리퀘스트나 다문화 방송에서 다문화가정의 장애아들이 심심찮게 나오네요.

사랑의리퀘스트를 자주 보는데 이상하게 두 달에 한 번씩 다문화가정이 나오는군요.

현장르포동행이나 러브인아시아에서도 장애아가 나오는 적도 있고 이상하군요.

- -

↳ 장애아만 나오니까 장애아만 많게 보이는거.

- -

↳ 기사로도 나왔습니다. 장애아 비율이 매우 높습니다. 여기도 펴왔던 것 같은데……

유전자 문제인지도…… 동남아와 우리가 잘 안 맞는다는 얘기도 있던데……

- -

↳ 유전자가 안 맞아서 그런가벼요.

[그림 11-4] 다문화아동의 장애에 대한 일반인의 편견 사례

생의 발전에 대한 기대를 갖지 않음으로써 악순환이 계속 될 가능성이 높아지는 것이다. 교사의 부정적 인식과 낮은 기대는 다문화아동의 학업성취와 정서발달에 부정적 영향을 미치며, 특히 열악한 환경의 학생에게 더 큰 영향을 미친다(심우엽, 2015). 따라서 '다문화아동 중에는 장애를 가졌거나 능력이 낮은 아이가 많을 것이다.'라는 편견이나 부정적 인식에 사로잡히기보다 다문화 특수아의 현황을 정확히 파악하고 효과적 대처방안을 모색하는 데 더 많은 관심을 가질 필요가 있다.

2) 국내 다문화 특수아 현황

다문화가족의 장애인가구 비율은 일반가구에 비해 정말 높을까?

2014년 장애인실태조사 결과(김성희 외, 2014)에 따르면, 국내 장애인가구 비율은 전체의 15.6%이며, 2005년의 12.3%, 2011년의 13.9%에 이어 그 비율이 지속적으로 증가하는 경향을 보이고 있다. 이에 비해 2012년 전국다문화가족실태조사(여성가족부, 2013)의 '다문화가족 장애인 현황'에 따르면(〈표 11-6〉 참조), 가족 구성원 중 1명 이상의 등록 장애인이 있는 가구의 비율은 전체 다문화가구의 8.6%인 것으로 나타나 오히려 다문화가족의 장애인가구 비율이 일반가구에 비해 절반 정도의 수준으로 낮게 나타났다. 뿐만 아니라 다문화 장애인가구의 약 83%는 배우자(60.4%)나 배우자의 부모(22.8%)로 인한 것이었고, 자녀가 장애를 가진 경우는 전체 다문화장애인가구 중 11.2%에 불과한 것으로 나타났다.

그런데 이 조사는 국내 다문화가족 자녀의 장애와 관련한 유일한 조사결과이며, 특수교육대상자의 장애유형에 따른 비율 등을 세부적으로 조사하는 특수교육 통계(국립특수교육원, 2015)에는 다문화 특수아에 대한 항목이 빠져 있어 이들을 대상으로 하는 정확한 연구가 시급히 이루어질 필요가 있다.

〈표 11-6〉 2012년 다문화가족의 장애인 현황

구분		전체 장애인 가구 비율	장애가족 구성원										
			본인	배우자	자녀	자녀의 배우자	부모	배우자 부모	손자녀	조부모	배우자 조부모	형제 자매	형제 자매 배우자
전체		8.6	9.7	60.4	11.2	0.1	1.5	22.8	0.2	0.2	0.4	2.6	0.4
거주지	도시	7.6	13.5	59.8	11.9	0.1	2.2	17.4	0.1	0.1	0.2	2.5	0.5
	읍면	10.6	3.9	61.2	10.3	0	0.4	31.2	0.2	0.2	0.6	2.9	0.2

출처: 여성가족부, 2012.

3) 미국과의 비교를 통해 생각해 본 국내 다문화 특수아의 상담 방향

대부분의 교사나 상담자는 임상전문가가 아니기 때문에 특수아 판별과 진단에 대한 경험이 부족하고, 다문화 특수아에 대한 경험은 더 적을 수밖에 없다. 참고할 만한 판단기준이나 정보조차 부족한 상태에서, 아이들을 위한 교육 및 상담적 개입을 실시해야만 하는 현 상황은 이들의 과중한 책임을 더욱 무겁게 하고 있다.

이러한 어려움을 해결하기 위해 다음에서는 미국과 한국의 특수교육대상자 현황을 비교하여 다문화적 배경을 가진 특수교육대상자의 특성과 이들을 위한 교육 및 상담적 개입 방안에 대한 시사점을 간략하게나마 도출하고자 한다. 미국과 우리나라는 특수교육 대상자의 현황이 무척 달라 무비판적으로 그 결과를 받아들일 수는 없으나, 국내 다문화 특수아에 대한 자료가 거의 없는 상황에서는 오래전부터 이 분야에 대한 논의가 활발히 이루어지고 있는 미국과의 비교를 바탕으로 향후 중요하게 생각해야 할 이슈들를 정리해 보는 것도 의미 있는 차선책이라 여겨지기 때문이다.

(1) 미국과 한국의 특수교육대상자 비율의 차이는 어디서 오는가

미국은 6세에서 21세 사이 아동 및 청소년 특수교육대상자가 전체의 8.4%로 보고되었으며, 세부항목별로는 특정학습장애(40.1%)와 의사소통장애(18.2%), 기타 건강장애(13.2%) 등이 높은 비율로 나타났다(U.S. Department of Education, 2014). 놀랍게도 이는 국내 특수교육대상자 현황과 매우 다른 결과다. 우리나라의 특수교육대상자는 전체의 약 1.3%에 이르며 그중 정신지체(54.2%)의 비율이 압도적으로 높고, 지체장애(12.6%)와 자폐성장애(11.4%), 청각장애(4.0%), 발달지체(4.9%) 등 겉으로 분명히 드러나는 지능 및 신체장애를 가진 경우가 전체의 약 90%를 차지하고 있다. 미국에서 가장 많은 비율을 차지하는 학습장애는 국내 특수교육대상자 중 3.1%에 불과한 점도 눈길을 끈다(국립특수교육원, 2015).

이러한 양국의 특수교육대상자 비율 차이는 어디에서 기인하는 것일까? 우리나라에는 정신지체장애를 가진 학생이, 미국에는 학습장애를 가진 학생이 많이 존재한다는 사실을 의미하는 것일까? 정신지체와 특정 학습장애의 비율을 가지고 좀 더 자세히 생각해 보자.

먼저, 주목할 것은 정신지체 장애비율에 대한 두 국가의 차이다. 한국의 54.2%와 미국의 7.3%는 얼핏 보면 절대적으로 큰 차이가 있을 것이라는 생각을 갖게 한다. 하지만

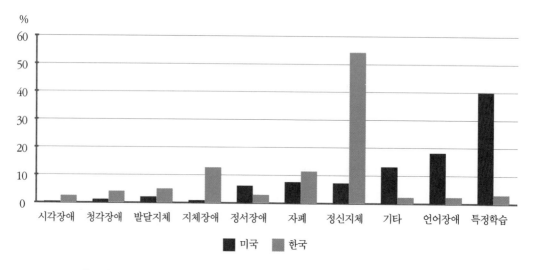

[그림 11-5] 한국과 미국의 장애영역별 특수교육대상자 현황 비교

두 나라의 정신지체 장애비율을 특수교육대상자집단이 아닌 전체집단을 기준으로 산출해 보면 한국 0.7%, 미국 0.6%로 나타난다. 즉, 두 국가 모두 정신지체장애의 출현율은 전체 아동·청소년의 0.6~7%로 비슷한 수준이다.

다음으로 생각해 볼 것은 특정학습장애 비율이다. 정신지체장애와 동일한 방법으로 전체집단을 기준으로 하는 학습장애의 출현율을 추산해 보면, 한국의 3.1%와 미국의 40.1%라는 비율은 0.04%(한국)와 3.4%(미국)로 무려 85배 차이가 난다는 결론에 이르게 된다. 결국 미국과 한국의 특수교육대상자 비율 차이는 특정학습장애(SLD)에서 비롯되었다 해도 과언이 아닌 것이다.

(2) 특정학습장애에 대한 시각 변화의 필요성

미국과의 특정학습장애 출현율 격차에 관해 한 연구에서는 학습장애에 대한 법적 기준과 제외준거, 판별과정에서의 차이를 그 원인으로 언급한 바 있다(조은미, 변찬석, 최나리, 2011). 우리나라에서는 학습장애에 대해 일치된 정의를 바탕으로 한 알맞은 진단과 평가, 이에 대한 제도적·법적 체제가 아직 부족하기 때문에 특정학습장애를 가지고 있는 학생들이 적합한 교육적 개입을 받지 못하고 있다는 것이다. 이와 더불어 한국 학부모들의 학습장애에 대한 부정적인 견해(이대식, 2009)도 학습장애 진단을 저해하고 특수교육을 제공하는 데 걸림돌이 되는 것으로 볼 수 있다. 미국에서 특정학습장애의 과잉판별을 경계해야 한다는 목소리가 커지는 것(김동일, 2012)과는 무척이나 상반된 현상이다.

이처럼 특정학습장애에 대한 정보 부족과 진단의 어려움, 효과적 개입방안의 부재는 학습장애를 가지고 있는 학생이 단순히 '학습 부진아'나 '학습 지진아'로 여겨지며 결국 어려움을 개선할 수 있는 기회를 놓치게 되는 악순환의 고리를 공고하게 한다. 이에 최근 국내에서는 학습장애에 대한 정의를 일원화하고(김애화, 김의정, 2012), 한국형 학습장애의 진단 및 판별모델을 개발(김애화, 김의정, 유현실, 2011; 이대식, 2009; 조은미 외, 2011; 홍성두 외, 2009)하고자 하는 노력이 활발히 이루어지고 있다.

(3) 특정학습장애의 사례를 통해 생각해 본 다문화 특수아에 대한 접근방안

지금까지 살펴본 내용을 바탕으로 다문화 특수아동에 대해 생각해 보면 다음과 같다. 먼저, 다문화아동은 다문화적 배경을 가졌다는 것만으로 이미 수많은 편견에 노출되어 있다. 특히 이들이 장애에 취약하고, 장래성이나 능력 등이 부족할 것이라는 우리 사회 구성원들의 인식은 다문화아동이 성장해 나가는 과정에서 난관에 부딪힐 확률을 높이고, 그 난관을 성공적으로 해결해 나가도록 하는 원동력은 낮추는 부정적 효과를 갖는다.

다음으로 우리나라는 학습장애 진단이 6~21세 사이 아동·청소년 중 불과 0.04%에 그치는 등 학습장애에 대한 개념이나 진단, 이에 대한 적절한 개입이 이루어지지 못하는 실정이다. 학습장애의 과잉진단을 경계해야 하는 미국과는 상황이 전혀 다르며, 이는 언어장애나 기타 건강장애, 정서장애 등에서도 비슷한 결과를 나타낼 것이다.

이러한 상황에서는 장애를 가진 아동이 우수한 역량을 가지고 있음에도 '부족한 아이'로 낙인찍히며 부모와 교사, 친구, 심지어 자신조차도 성취에 대한 낮은 기대를 갖고 결국에는 이를 '실현'하게 된다. 그런데 만약 다문화아동이 장애를 갖고 있다면 어떤 일이 벌어질까? 교사나 상담자가 다문화아동의 낮은 학업성취의 원인을 언어적 어려움에서 찾지 못한다면 이들은 아동의 학습역량 자체가 낮아서 그런 것으로 판단해 버릴 가능성이 높아질 것이다. 앞서 언급한 편견이나 부정적 인식과 결합이 된다면 결국 다문화아동의 부정적 발달을 더욱 부추기게 될 것이다.

상담장면에서 다문화 특수아에 대한 최소한의 접근방향을 정리해 보면 다음과 같다.

첫째, 다문화아동에 대해 섣부른 추측이나 편견을 갖지 않도록 최선을 다해야 한다.

둘째, 다문화아동이 보이는 특수한 증상에 대한 원인을 정확히 파악하고 진단 내리기 위해 노력해야 한다. 예를 들어, 낮은 학업성취를 보이는 다문화아동이 있다면, 그 원인이 낮은 지능, 절대적인 공부시간의 부족, 공부를 도와주는 조력자의 부재, 언어의 서투름, 특정 학습장애 중 무엇인지 확인해야 한다. 만약 학습장애로 인한 것이 확인되었다면, 그때부터는 학습장애에 알맞은 개입을 실시하여 학업손실을 최소화하도록 한다.

셋째, 다문화아동을 단일한 집단으로 생각하지 않아야 한다. 이들은 인종이나 언어, 성별, 종교, 문화, 사회경제적 수준 등이 모두 다르다. 따라서 '다문화'라는 것이 어떤 결과에 대한 무조건적인 이유가 될 수는 없다. 다만 국내의 다문화가족이 경제적인 어려움을 호소하는 경우가 많고(여성가족부, 2013), 어려운 가정환경은 학교에서의 수행에 악영향을 미칠 수 있다는 점은 고려할 만하다.

넷째, 다문화아동의 특수성을 평가할 때에는 신중해야 하며, 언어 및 문화적 요소를 고려해야 한다. 학습장애에 해당하는 아동이 있다면, 모국어로 평가할 때에도 같은 결과가 나타나는지 확인하는 것이 바람직하다.

다섯째, 통상적인 상담은 주 1회 약 50분씩 운영되지만 다문화 특수아를 상담할 때에는 상황에 따른 유연성이 필요하다. 특히 학교 내에서 이루어지는 상담이라면 주 3회 점심식사 시간에 10분씩 만나는 등 교사와 학생의 상황을 고려하는 것이 좋다.

여섯째, 한 번에는 한 가지의 문제행동에만 집중해야 할 필요가 있다. 흔히 문제를 가진 아동에 대해 교육 및 상담적 개입을 실시하는 경우 아동이 완전히 딴사람이 되길 기대하는 경우가 많다. 이와 같은 비합리적 기대는 아동과 상담자를 지치게 할 뿐이다. 초점을 명확히 하여 집중하도록 한다.

일곱째, 협력관계 구축이 매우 중요하다. 외부에서 이루어지는 상담이라면, 부모와 가족, 학교 교사, 전문가 등과 원활한 소통을 통해 협력관계를 구축해야 한다. 협력하는 것은 혼자 나서는 것에 비해 당연히 더 좋은 결과를 이끌어 내는 경우가 많다.

🍃 요 약

이 장에서 우리는 다문화아동 및 다문화가족의 개념과 현황을 살펴보고, 국내 다문화아동의 주요 상담 호소 유형과 이에 대한 개입방향을 생각해 보았다. 또한 특수성을 가진 다문화아동의 국내 현황과 함께 이들을 위한 상담적 개입의 방향을 모색해 보고자 하였다. 국내 다문화아동의 증가 추세를 감안해 보면 효과적인 다문화아동 상담을 위한 지속적 관심과 노력이 요구된다. 특히 국내 다문화 구성원의 특성과 일반인들의 인식은 해외 사례와는 분명한 차이가 있으므로 한국적 다문화에 대한 이해를 바탕으로 적합한 방향을 설정하는 것이 무엇보다 중요하다. 다문화아동을 대하는 상담자는 '다문화'라는 특성에 대한 고정관념이나 편견으로부터 자유로워질 필요가 있다. 또한 정서적 상담뿐 아니라 전문기관과의 협력을 통해 실질적 문제해결 및 개선을 위한 노력을 기울이는 등 적극적인 노력을 해야 한다.

🍃 생각해 볼 문제

1. 국내 다문화학생에 대한 설명으로 옳은 것은?

①다문화학생은 일반 학생에 비해 낮은 학업 중단율을 보인다.

② 다문화학생의 학업 중단 원인은 일반 학생과 크게 다르지 않다.

③ 다문화학생은 일반 학생에 비해 더 높은 학교폭력 피해 경험률을 보인다.

④ 다문화학생은 일반 학생에 비해 학업에 있어서 더 큰 어려움을 가지고 있다.

⑤ 다문화학생이 학업에 대해 어려움을 느끼는 원인은 일반 학생과 별다른 차이가 없다.

2. 다문화 특수아에 대한 설명으로 옳은 것은?

① 일반 아동에 비해 다문화아동의 특수아 판정 비율이 높다.

② 국내 다문화 장애인가구의 대부분은 자녀가 특수아인 경우다.

③ 미국 특수교육 대상자 중 가장 많은 비율을 차지하는 것은 정신지체다.

④ 교사나 상담가의 편견은 다문화아동의 성취에 부정적 영향을 미칠 수 있다.

⑤ 국내 특수교육 대상자 중 가장 많은 비율을 차지하는 것은 SLD(특정학습장애)다.

3. 다문화 특수아에 대한 상담적 접근으로 옳지 <u>않은</u> 것은?

① 다문화아동을 단일한 집단으로 생각하지 않도록 해야 한다.

② 부모와 가족, 교사, 전문가 등과 효과적 협력관계를 구축해야 한다.

③ 다문화아동에 대해 섣부른 추측이나 편견을 갖지 않도록 최선을 다해야 한다.

④ 심각한 수준의 문제를 여러 가지 갖고 있는 다문화아동에 대해 통합적 접근을 통한 완벽한 개선을 목표로 삼아야 한다.

⑤ 학습장애 중상을 보이는 다문화아동이 있다면, 모국어로 평가할 때에도 같은 결과가 나타나는지 확인할 필요가 있다.

1. ③   2. ④   3. ④

(정답)

🌿 **참고문헌**

강혜진(2012). 다문화가정 아동의 특수교육 지원에 대한 학부모와 교사의 요구 분석. 단국대학교 대학원 석사학위논문.

교육부(2014). 교육통계연보 2014.

교육부(2015a). 교육통계연보 2015.

교육부(2015b). 2015년 다문화학생 교육지원계획.

교육부(2015c). 제3차 학교폭력 예방 및 대책 기본계획(2015~2019).

국립특수교육원(2015). 2015 특수교육통계.

김광혁(2012). 가족빈곤과 가족구조가 청소년의 학업태도에 미치는 영향-가족빈곤의 시간과 다양한 가족 구조를 중심으로. 사회과학논총, 27, 41-55.

김동일(2012). 다문화특수교육. 서울: 학지사.

김동일, 고은영, 정소라, 이유리, 이기정, 박중규, 김이내, 김은향(2009). 국내 학습장애 연구의 동향 분석. 아시아교육연구, 10(2), 283-347.

김동일, 고혜정, 박유정, 최나리(2013). 다양한 문화 언어적 배경을 지닌 장애위험아동을 위한 교육적 지원 방향 및 교사 역할 탐색. 특수교육재활과학연구, 52(1), 317-335.

김성희, 이연희, 황주희, 오미애, 이민경, 이난희, 강동욱, 권선진, 오혜경, 윤상용, 이선우(2014). 2014년 장애인 실태조사. 보건복지부.

김애화, 김의정(2012). 한국형 학습장애 개념에 대한 고찰. 학습장애연구, 9(1), 41-65.

김애화, 김의정, 유현실(2011). 한국형 학습장애 진단 모형 탐색: 읽기 성취와 읽기 심리처리를 통한 읽기장애 진단 모형. 학습장애연구, 8(2), 47-64.

김영란(2013). 국가수준 학업성취도 평가 결과에 나타난 초6 다문화가정 학생의 국어과 학업성취도 -국내 출생, 중도입국, 외국인 가정 학생을 중심으로. 국어교육학연구, 48, 125-151.

김영신, 신철균, 김현진(2012). 다문화가정 학생의 학교적응에 관한 연구. 초등교육연구, 25(2), 161-185.

김영희, 최보영, 이인회(2013). 학교밖 청소년의 생활실태 및 욕구분석. 청소년복지연구, 15(4), 1-29.

김은향(2012). The effects of empathic perspective-taking in reducing prejudice against cultural diversity in elementary schools. 서울대학교 대학원 박사학위논문.

김이선, 정혜숙, 손현민, 신현옥(2014). 다문화가족지원서비스 강화방안. 여성가족부.

김이선, 황정임, 주유선(2011). 다문화가족지원정책의 중장기발전방향 및 실행계획 연구안. 여성가족부.

남부현, 김연이(2011). 다문화가정 학생과 일반학생의 학업성취도 격차 연구. 다문화교육, 2(3), 19-58.

박복순, 박선영, 송효진, 선보영, 강기정(2013). 다문화가족 관련 법제도 개선방안 연구. 한국여성정책연구원.

박인숙(2011). 다문화가정 초등학생의 학업성취에 영향을 미치는 요인 연구. 경성대학교 대학원 박사학위논문.

박혜성, 박현숙(2014). 국내 특수교육학술지에 나타난 다문화 관련 연구의 동향. 특수교육저널: 이론과 실천, 15(3), 339-274.

법무부(2014). 출입국 · 외국인정책 통계월보 2014년 12월호.

신현옥, 양계민(2013). 중도입국청소년실태조사. 무지개청소년센터.

신현옥, 윤상석, 이슬기, 김도혜, 이향규, 오수연(2012). 이주배경청소년의 유형별 실태와정책과제. 국회여성가족위원회.

심우엽(2010). 초등학생의 다문화아동에 대한 인식과 태도. 초등교육연구, 23(4), 43-63.

심우엽(2015). 교대생의 다문화아동에 대한 인식과 태도. 초등교육연구, 28(1), 93-112.

양계민, 신현옥, 박주희(2014). 다문화 청소년 종단조사 및 정책방안 연구 II. 한국청소년정책연구원.

여성가족부(2013). 2012년 전국 다문화가족 실태조사.

여성가족부(2014). 2014 청소년백서.

윤철경, 서정아, 유성렬, 조아미(2014). 학업중단 청소년의 특성과 중단 후 경로. 한국청소년정책연구원.

윤철경, 유성렬, 김신영, 임지연(2013). 학업중단 청소년 패널조사 및 지원방안 연구 I. 한국청소년정책연구원.

이대식(2009). 한국형 중재-반응 (RTI) 접근법의 조건. 특수교육학연구, 44(2), 341-367.

이영주(2013). 중 · 고등학교 다문화가정 학생의 영어 학업성취 특성 분석. 외국어교육, 20(2), 57-78.

이정우(2013). 국가수준 학업성취도 평가 결과를 통해 본 다문화가정 학생의 사회과 학업성취도 특성. 시민교육연구, 45(2), 257-291.

정양화(2012). 다문화가족 아동의 학업성취도 결정요인 분석. 전북대학교 대학원 박사학위논문.

조은미, 변찬석, 최나리(2011). 한국과 미국의 학습장애 현황 비교를 통해 본 한국형 중재반응모델 제언. 특수교육저널: 이론과 실천, 12(3), 587-611.

채명수(2014). 학업 중도탈락 예방을 위한 학교상담 교육과정. 상담과 지도, 49, 385-400.

통계청(2015). 국가통계포털(KOSIS).

하혜숙, 김태호, 김인규, 이호준, 임은미(2011). 다문화 상담: 이론과 실제. 서울: 학지사.

행정자치부(2015). 2014년 지방자치단체 외국인 주민 현황.

홍성두, 이기정, 김이내, 강옥려, 김동일(2009). 학습장애 진단 평가를 위한 특수교육지원센터의 역할과 운영방안 탐색. 학습장애연구, 6(1), 105-127.

U.S. Department of Education(2014). *35th Annual report to Congress on the Implementation of the Individuals with Disabilities Education Act, 2013.* Washington, D.C.: Author.

추천문헌

김동일(2012). 다문화특수교육. 서울: 학지사.

김영희, 최보영, 이인회(2013). 학교밖 청소년의 생활실태 및 욕구분석. 청소년복지연구, 15(4), 1–29.

하혜숙, 김태호, 김인규, 이호준, 임은미(2011). 다문화 상담: 이론과 실제. 서울: 학지사.

제3부

특수아상담을 위한
환경과의 공조

제12장

특수아 가족을 위한 상담

　특수아를 이해하고 돕기 위한 교사와 상담자의 노력은 특수아 자체에만 국한되지 않는다. 아동 자체만이 아니라 그 아동을 둘러싼 환경의 변화도 함께 일어날 수 있도록 동시에 접근할 때 변화의 효율성이 높아진다는 것은 어떤 아동이든 마찬가지다. 특수아동은 아동 스스로 변화를 위해 노력할 수 있는 범위에 한계가 좀 더 많거나 주변으로부터 보다 특수한 도움이 필요하기 때문에 환경의 변화를 위한 노력이 더욱 중요하다. 따라서 특수아의 가장 중요한 환경이라 할 수 있는 가족을 위한 상담은 특수아상담과 교육에서 매우 중요한 영역으로 포함된다. 이 장에서는 가족상담의 기본적인 개념 및 기법을 간단히 소개하고 그러한 개념과 기법이 특수아 가족의 특수성과 보편성에 어떻게 적용될 수 있는지를 살펴볼 것이다.

🍃 학습목표

1. 가족의 체제적 특성을 이해하고 특수아 가족 이해를 위해 적용한다.
2. 가계도·가족발달단계·가족 상호작용 및 신념체계 평가 등을 활용하여 특수아 가족을 이해한다.
3. 가족의 변화를 돕기 위한 기본적 방법과 과정을 익혀서 특수아 가족에 적용한다.

1. 특수아 가족의 이해

1) 가족체제 내의 특수아동

가족상담에는 다양한 관점과 접근방식이 있지만 공통적으로 가지고 있는 개념과 가정이 있다. 그중 가장 대표적인 공통점은, 가족을 가족구성원들이 자체의 상호작용에 의해서 만들어 내는 하나의 체제로 보는 것이다. Bertalanffy에 따르면, 체제(system)란 부분 간의 상호작용에 의해 유지되며, 작은 하나의 체제는 보다 큰 체제의 부분으로 작용하게 된다(Nichols & Schwartz, 2004). 특수아동 가족은 특수아동이 체제의 한 부분이므로 정상아동의 가족체제와 다른 체제의 모습을 보이게 된다. 특수아동이 가진 특성 및 다른 가족구성원들이 가진 특성에 따라서, 그리고 가족구성원들 간의 상호작용에 따라서 다양한 형태와 기능을 가진 체제로 작용하는 것이다. 따라서 특수아동이 포함된 가족을 돕고자 하는 상담자는 가족체제의 보편적 속성에 비추어 특수아동 가족을 이해하는 한편, 대상 가족체제의 독특성을 파악할 수 있는 눈이 필요하다. 특수아동 가족의 특성을 체제의 속성에 따라 살펴보면 〈표 12-1〉과 같다.

〈표 12-1〉 체제의 속성과 특수아동 가족

체제의 속성	내용	특수아동 가족
체제는 하위체제들로 이루어진다.	• 가족체제는 가족을 이루는 구성원들로 이루어진다. • 각 가족구성원은 각기 다양한 성격 특성과 능력과 배경을 가진 존재들이며 이들 가족구성원이 가진 특성들은 바로 그 가족체제의 특성을 이루는 근간이 된다.	• 특수아동이 포함된 가족체제는 특수아동과 그 부모 및 형제 등으로 구성된다. • 따라서 동일한 문제를 가진 특수아동이라 하더라도 아버지와 어머니 및 형제들 각각이 어떤 특성을 가졌는가에 따라서 매우 다른 가족체제를 이룰 수 있다.
체제는 부분들의 합 이상이다.	• 가족체제는 그 체제를 이루는 부분의 합으로 이루어지지만 그 합 이상이다. • 가족체제의 부분은 나름대로 속성을 가진 살아 있는 존재로서 다른 가족구성원들과 상호작용을 하므로, 가족체제는 부분들의 단순하고 정지해 있는 합이 아니라 상호작용까지 포함하는 전체다.	• 특수아동이 포함된 가족체제를 이해하려면 그 가족체제를 이루는 가족구성원들이 누구이며 어떤 특성을 가진 존재인지뿐만 아니라 가족구성원들이 서로 어떻게 상호작용을 하는지도 함께 이해하여야 한다.
체제 내의 상호작용은 순환적 인과관계로 이루어진다.	• 체제 내의 구성원들은 서로 상호작용을 주고받는데, 이러한 상호작용은 순환적 인과관계(circular causality)로 이해할 필요가 있다. • 한 구성원의 행동은 다른 구성원 행동의 원인이 되기도 하면서 결과도 된다. • 이러한 상호작용은 일정한 형태를 띠게 되면서 구성원 간의 관계를 규정하는 하나의 원리로 작용하게 된다.	• 특수아동의 행동 특성은 다른 가족구성원의 행동 및 태도를 가져오는 원인이 될 수 있다. • 또한 특수아동 행동 특성의 적어도 일부는 가족구성원의 행동과 태도에 따른 결과일 수 있다.
체제를 이루는 하위체제들 간에는 경계와 위계가 있다.	• 체제를 이루는 부분들은 각각의 속성과 상호작용 유형에 따라 여러 단위(즉, 하위체제)로 나누어지며, 이러한 단위들은 각각 또 하나의 체제로서 작용하게 된다. • 하위체제들은 다른 하위체제들과 구분되는 경계를 가지고 있다. • 어떤 하위체제는 다른 하위체제보다 상위의 규칙과 질서를 가지고 있어서 다른 하위체제들을 통제하고 조정하는 역할을 하는 위계를 이루고 있다.	• 부부 하위체제는 자녀 하위체제와 분명히 구분되는 경계를 가지고 위계상 자녀 하위체제보다 우선순위를 가지는 것이 건강한 가족체제를 이루는 중요한 요건이다. • 특수아동이 포함된 가족의 경우 특수아동과 어느 한쪽의 부모가 지나치게 밀접한 관계를 형성하면 부부 하위체제와 자녀 하위체제 간의 경계가 모호해지면서 독특한 경계를 이룰 수 있으며 위계가 흐트러지는 경우가 생길 수 있다.

닫힌 체제는 건강하지 못한 체제다.	• 열린 체제(open system): 체제 내의 각 구성원들이 다른 구성원들 및 환경(다른 체제들)과 상호작용을 활발하게 하는 체제 • 닫힌 체제(closed system): 체제 내의 구성원들이 체제 안에서는 서로 상호작용을 하나 체제 밖의 환경이나 다른 체제들과는 상호작용을 하지 않는 체제 • 체제가 가진 특성에 따라서 열린 체제와 닫힌 체제의 연속선상에서 기능성과 유동성을 발휘하여 체제의 특성을 유지하면서 동시에 상호작용을 원활하게 하는 체제가 건강한 체제	• 특수한 문제를 가진 아동이 포함된 가족체제는 정상아동을 가진 체제보다 닫힌 체제 쪽으로 기울어질 가능성이 더 높은 경우가 많다. • 예컨대, 특수아동의 문제나 특성을 가족구성원들이 부인하거나 수치심을 느끼는 경우 가족체제가 지나치게 닫힌 체제의 형태를 띠게 되어 오히려 특수아동이 적절한 도움을 받기 어려워질 수 있다.
체제는 항상성과 변형성의 원리가 있다.	• 항상성(homeostasis): 체제가 외부의 영향을 통제함으로써 체제의 일관성을 유지하려는 속성 • 변형성(morphogenesis): 체제가 외부 영향에 따라 스스로 자신을 변화시키는 속성 • 외부에서 어떤 영향이 주어지면 체제는 항상 먼저 기존체제를 유지하려는 경향(항상성)이 있다. 이는 외부로부터의 영향이 긍정적이든 부정적이든 상관없이 일어난다. • 그러나 기존체제를 유지하려는 움직임이 실패할 정도로 외부의 영향이 강하거나 지속적이면 체제는 변화를 위한 노력을 기울이게 된다(변형성).	• 상담자가 특수아동의 가족을 돕기 위해 어떤 노력을 하건 이는 외부의 영향이므로 처음에는 가족이 기존체제를 유지하려는 움직임이 일어나게 된다. • 기존체제를 유지하려는 특수아동 가족의 움직임에도 불구하고 변화가 지속적으로 초래되도록 상담자가 도우면 결국 특수아동의 가족체제가 새로운 체제로 변화할 수 있다.
가족체제는 시간이 감에 따라 분화되고 발달한다.	• 시간이 감에 따라 개인이 발달하는 것과 마찬가지로 가족체제도 시간이 감에 따라 발달한다. • 두 사람의 성인이 만나서 가족을 이루고 자녀들이 출생하고 자라고 부모로부터 떠나고 부부가 재적응하는 가족발달의 긴 과정은 각 시기마다 중요한 발달과업이 있다. • 한 가족발달단계에서 다음 단계로 이행되는 과정에 가족이 제대로 적응하지 못하면 위기에 빠질 수 있다.	• 특수아동이 포함된 가족체제는 특수아동의 특수한 필요에 따라 가족발달의 단계와 위기도 특수한 형태로 경험하게 될 수 있다. • 특수아동과 정상아동이 함께 포함된 가족의 경우 가족체제 발달의 과업과 위기가 독특한 형태로 일어날 수 있다.

2) 특수아 가족의 이해를 위한 평가방법

가족상담의 관점에 따라 가족을 이해하고자 할 때 중요시하는 측면도 달라지는 것이 사실이다. 예컨대, 가족체제 내의 의사소통에 주 관심을 두는 접근에서는 가족구성원들 간의 의사소통 양식이 어떠한지를 집중적으로 이해·평가하고자 하며, 가족체제의 구조에 주 관심을 두는 접근에서는 하위체제 간의 경계 및 위계를 집중적으로 평가하고자 한다. 따라서 특수아동의 가족을 이해하고자 할 때도 상담자의 이론적 선호도에 따라서 중점적으로 평가하고자 하는 점이 달라질 수 있다(Grotevant & Carlson, 1989). 여기에서는 특수아동 가족을 이해하고자 할 때 활용할 수 있는 평가방법을 몇 가지 소개한다.

(1) 가계도 작성

가계도(genogram)는 가족에 대한 여러 가지 사실적 정보를 매우 효과적으로 드러내 줄 뿐만 아니라, 가족의 구조와 역할 및 생활주기, 세대를 통하여 반복되는 상호작용 패턴, 가족관계의 유형 등을 알 수 있는 매우 유용한 방법이다. 또한 가계도를 작성하는 과정에서, 가족의 모든 구성원이 중요하고 구성원 중 한 사람 혹은 일부가 문제를 보이거나 장애를 가지고 있더라도 그 문제에 모든 구성원이 연관되며 문제를 해결하고 장애를 극복하기 위해서는 모든 구성원이 참여하여야 한다는 인식을 가족들이 가지도록 상담자가 도울 수 있다는 이점이 있다.

① 가계도에 포함될 사항
- 현재의 가족을 중심으로 적어도 삼대의 가족들의 성별, 이름, 별명, 나이
- 출생, 사망, 질병, 결혼, 이사, 승진, 졸업 등 주요 사건의 시기
- 사망한 가족의 경우 사망할 때의 나이, 사망 일시 및 원인
- 장애 및 심각한 질병이나 의학적인 문제의 내용 및 시기
- 확대가족과의 접촉 빈도와 접촉방법
- 약물 및 마약 중독 여부 및 기간
- 가족들의 문제(예컨대, 아동학대, 성 학대, 지속적인 부부 갈등, 위법행위, 돌발적 행동문제 등)(유성경, 2000)

- 가족 역할(예컨대, 희생자, 수동적 역할, 전제군주, 화내는 사람, 완벽주의자, 비판자, 성인 군자, 동떨어져 있는 사람, 늘 피곤한 사람, 책임지는 사람 등)
- 가족관계의 질과 패턴(밀착된 관계, 친밀한 관계, 소원한 관계, 단절관계, 갈등관계, 융해된 갈등관계 등)

② 가계도 작성을 위한 기호

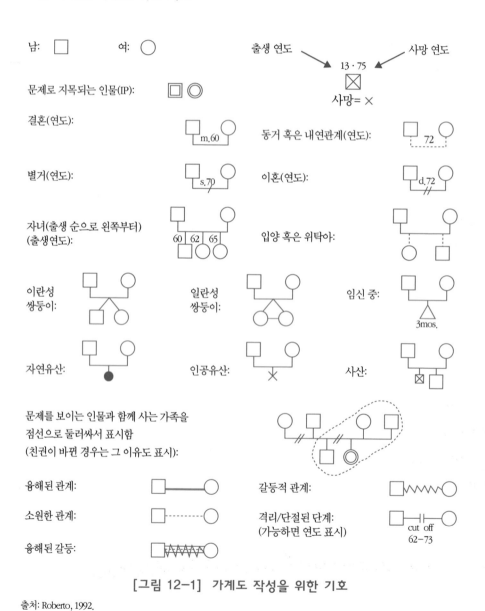

[그림 12-1] 가계도 작성을 위한 기호

출처: Roberto, 1992.

③ 가계도 작성을 통해 파악할 수 있는 사항

- 가족의 구조
- 가족생활주기 및 발달단계
- 세대를 통해 반복되는 유형(가족역할의 유형, 관계의 유형, 구조의 유형 등)
- 인생의 중대사(이혼·실직·진학 실패·전학 등 생활의 변화나 수난에 의한 충격, 각종 상실(특수아동의 문제 포함)에 대한 반응, 기념일에 대한 반응, 사회·경제·정치 등의 영향)
- 삼각관계의 유형(1차적 삼각관계 및 2차적 삼각관계의 유형 및 관련 구성원)
- 가족 내의 균형(가족의 구조, 역할, 기능수준, 자원의 유무 등에 있어서의 균형도)

④ 가계도 작성과정 및 작성 후 도움이 되는 질문

- 가계도 작성과정 및 후의 감정: "가계도를 그리는 과정에서 혹은 후에 어떤 것을 느꼈나?"
- 가족 규칙: "당신 가족 내에 어떤 규칙이 있는가(있었는가?)" "가족 내에 결정할 일이 있을 때 어떤 일이 일어나는가?" "가족 내에 문제가 있다고 인식될 때 무슨 일이 일어나는가?" "누가 먼저 그 문제를 드러내는가?" "누가 결정하는가?" "그 결정에 동의하지 않는 가족이 있으면 어떻게 되는가?"
- 감정표현의 양식: "감정이 어떻게 다루어졌는가?" "화나는 감정은? 슬픔은 어떻게 다루어졌는가? 표현할 수 있었나?" "친밀한 감정, 사랑의 감정은? 이런 감정이 어떻게 얼마나 표현되었는가?"
- 가족의 비밀: "당신 가족 내의 비밀은 무엇이었는가?" "그 비밀이 어떻게 다루어졌는가?" "그 비밀에 대한 당신의 느낌은?"
- 성 역할: "남자라는 것에 대해 어떤 것을 알게 되었는가?" "여자라는 것에 대해 무엇을 알게 되었는가?" "그렇게 알게 되거나 배운 것이 현재 당신 생활에 어떻게 관련되는가?"
- 가족 내의 관계: "당신이 보기에 가족 중 서로 가장 가까운 두 사람은 누구인가?" "당신이 보기에 가족 중 서로 거리감을 가장 많이 느끼는 두 사람은 누구인가?" "당신이 가장 가깝게 느꼈던 가족은 누구였으며, 왜 그렇게 되었는가?" "현재 당신이 가장 가깝게 느끼는 가족은 누구이며, 왜?" "당신이 가장 거리감을 느꼈던 가족은

누구였는가, 왜 그렇게 거리감을 느끼게 되었는가?" "당신이 현재 가장 거리감을 느끼는 가족은 누구이며, 왜?"

- **가족 외의 관계:** "가족 외 사람과의 관계에 대해서 무엇을 알게 되었는가?" "그러한 관계에 대한 가족의 반응은 어떠했는가? 당신의 반응은 무엇이었는가?"
- **가족에 대한 기대:** "가족에 대해 당신은 어떤 기대를 가지게 되었는가?" "가족들 간의 관계에 대해서는 어떤 기대를 가지게 되었는가?" "그런 기대가 현재의 당신 생활에 어떻게 관련되는가?" "당신 자신에 대해서는 어떤 기대를 하게 되었는가?"
- **가족의 가치:** "가족이 어떤 것을 가치롭게 여겼는가?" "당신 가족이 나누는 이야기나 생활 속에서 어떤 것이 중요하게 담겨 있는가?"
- **현재의 평가:** "가족의 삶을 이렇게 되돌아보고 나서 현재 떠나보내고 싶은 것은 무엇인가?" "되살리거나 간직하고 싶은 것은 무엇인가?"

(2) 가족발달단계의 평가

가계도와 더불어 현재 가족이 가족생활주기상의 어떤 발달단계에 있는지를 파악하는 것도 가족을 이해하는 데 있어서 중요하다. McGoldrick과 Carter(2003)는 가족생활주기의 단계를 〈표 12-2〉와 같이 제시하고 있다.

특수아동 가족은 특수아동의 독특한 필요와 문제로 인하여 가족생활주기의 이행과 관련된 원리가 보다 복합적인 양태로 적용될 수 있다. 예를 들어, 특수아동이 청소년기의 연령에 이르더라도 여전히 부모의 많은 돌봄과 관여가 필요하거나, 또래와의 관계가 성숙하지 못해 어린 자녀를 둔 가족과 유사한 상태에 더욱 오래 머무를 수 있다. 그러한 경우 부모는 가족 내 정상아동과의 관계에서는 일반적 가족발달단계에 따라 진행하면서 특수아동인 자녀와의 관계에서는 이전 단계에 머무르기도 한다. 혹은 정상아동인 형제자매가 특수아동의 돌봄과 지원을 위한 역할을 상당부분 감당해야 함으로써 청소년기의 정상적 또래관계를 추구하기 어려워지기도 한다.

⟨표 12-2⟩ 가족생활주기의 단계

가족생활주기	이행에 동반된 특징적 원리	발달과정에 의해 일어나는 가족 내 이차적 변화
1. 가족과 가족 사이의 중간적 존재-젊은 성인	부모로부터의 독립	• 가족과의 관계에서 자기 확립 • 친밀한 또래관계의 발달 • 직업적 정체감의 확립
2. 결혼에 의한 가족결합-새로운 부부의 탄생 및 새로운 가족체제의 출발	새로운 가족체제의 출발	• 부부체제의 형성 • 확대가족 및 친구들이 배우자를 수용
3. 어린 자녀를 둔 가족	가족체제 내 새로운 구성원의 수용	• 자녀를 포함한 부부체제의 재구성 • 부모 역할의 수행 • 부모 또는 조부모의 역할을 포함하는 확대가족의 관계 조정
4. 청소년기 자녀를 둔 가족	자녀의 독립을 인정하는 가족 경계선의 확립	• 청소년기 자녀가 가족체제 안팎을 자유롭게 넘나드는 것을 허용하는 형태로 부모자녀 관계가 변화 • 중년의 부부문제 및 직업 등의 발달과업에 대한 재인식 • 노년세대에 배려하는 방향으로 관심의 이행
5. 자립한 자녀를 둔 가족	가족체제 밖에서 생활하거나 가족체제에 새롭게 참여하는 가족의 다양화	• 둘만의 부부체제의 새로운 협력 • 장성한 자녀와 부모, 성인 간 관계로 이행 • 자녀의 배우자와 손자를 포함한 형태의 가족관계 조정 • 부모 혹은 조부모의 신체적 · 정신적 장애나 죽음에 대처
6. 노년기의 가족	세대에 따른 역할 변화의 수용	• 자신 혹은 부부의 기능 유지와 신체적 쇠약에 대한 적응 • 새로운 가족관계 및 사회적 역할 탐색 • 중년세대가 보다 핵심 역할을 하도록 지지

출처: McGoldrick & Carter, 2003.

(3) 가족 상호작용과 신념체계의 평가

Griffin(1993)은 가족을 이해하고자 할 때 가족구성원 간의 상호작용 패턴 및 신념체계의 두 가지 영역을 각각 평가할 필요가 있다고 제안한다.

① 상호작용 패턴의 평가

가족의 상호작용 패턴이란, 행동적인 측면에서 보면 누가 언제 무엇을 하는가 그리고 누가 누구에게 반응하는가, 언제 어떻게 반응하는가를 뜻한다. 가족상담은 가족이 현재의 문제를 해결하고 보다 잘 적응할 수 있게 변화하도록 돕고자 하는데, 이를 위해

가족의 상호작용 패턴 속에 존재하는 문제를 파악하고자 한다. 따라서 상담자는 상담 과정에서 다음과 같은 질문들에 대한 답을 찾아 나간다.

- 특수아동 가족 내의 어떤 상호작용 패턴이 변화될 필요가 있는가?
- 변화를 위해 누가 상담에 참여할 필요가 있는가?
- 특수아동의 문제해결 및 특수아동 가족의 적응향상을 위한 개입의 적절한 시기가 언제인가? 즉각적 반응으로 필요한 것은? 며칠 혹은 몇 주간의 지속적 기간 동안에 필요한 것은?
- 어떤 구조적 변화가 필요한가? 가족의 하위체제 중 결속을 강화할 필요가 있는 하위체제는 무엇인가? 어떤 하위체제 간의 경계를 강화할 필요가 있는가? 가족체제 전체의 변화를 위해서 어떤 부분에 초점을 맞추어 변화하도록 돕는 것이 가장 효과적인가?

② 가족의 신념체계 평가

가족들과 만나는 과정에서 상담자는 다음과 같은 질문을 머릿속에 담고 그 답을 찾아감으로써 가족의 신념체계를 이해하게 된다.

- 가족이 하나의 단위로서 어떻게 생각하는가? 어떤 주제들이 있는가? 특수아동의 장애 및 문제가 어떤 형태와 내용으로 그러한 주제들 속에 포함되는가?
- 이러한 신념에 가족 위계가 어떻게 관련되어 있는가?
- 이러한 생각에 있어서 가족의 연합과 동맹이 어떻게 이루어지는가?
- 가족들은 어떤 언어를 주로 사용하며, 그러한 언어는 어떤 신념체계를 반영하는가?
- 인과관계에 대하여 가족들은 어떤 신념이나 신화를 가지고 있는가? 예컨대, 문제가 나쁜 유전인자 때문에, 생화학적 불균형 때문에, 초자연적인 힘 때문에, 친구 때문에, 양육방법 때문에라고 믿는가?
- 문제해결에 관하여 가족들은 어떤 신념이나 신화를 가지고 있는가? 예컨대, 약물치료를 하면, 다른 누군가 변화하면 혹은 원인이 되는 어떤 것(친구 등)을 변화시키면 문제가 해결될 것이라고 믿는가?

2. 특수아 가족의 변화 돕기

특수아동의 가족이 문제를 해결하거나 문제에 대한 대처능력을 키울 수 있도록 변화하기 위해서 상담자가 돕는 과정은 특수아동의 가족에 대한 평가가 시작되는 것과 동시에 시작된다. 즉, 상담자와 가족구성원(일부 혹은 전체)이 처음 접하는 순간부터 상담의 과정은 시작되는 것이며, 특수아동 가족에 대한 평가와 변화 촉진의 노력은 상호연관되어 계속되는 과정으로 보아야 한다. 여기에서는 특수아동의 가족에 대한 평가와 연관되어 이루어지는 지속적 과정인 변화 촉진의 다양한 방법을 살펴보도록 한다.

1) 기존체제에 대한 의문 일으키기

상담자는 가족을 평가함과 동시에 가족의 현재 상호작용 패턴과 신념체계의 타당성에 대해 조금씩 의문을 일으키는 과정을 시작한다(김혜숙, 2000; Griffin, 1993). 자녀에게 문제가 있을 때 부부간 상호작용이나 가족 간 상호작용 패턴이 그 자녀의 문제와 밀접히 관련되어 있다고 인식하는 가족은 많지 않다. 심지어 자녀에게 문제가 보이지만 사실상의 문제는 그 자녀가 아닌 다른 곳에 존재한다는 것을 인식하는 가족도 많지 않다. 또한 특정 자녀의 문제가 가족 전체에 영향을 미치며 가족들도 그 자녀의 문제에 또 다시 영향을 미치는 상호연관성을 가지고 있다는 것을 인식하고 있는 가족도 드물다.

대체로 특수아동이 있는 가족은 그 아동이 문제라고 생각하며, 가족 전체가 어떤 방식으로든 그와 밀접히 연관되어 있다는 것은 인식하지 못하고 있는 경우가 많다. 예컨대, 학습장애가 있는 자녀의 가족들은 바로 그 자녀가 문제이며 다른 자녀나 부모는 정상(문제 없음)이라고 생각하기 쉽다. 그러나 특수아동의 장애가 어떤 연유로 최초에 발생했는지와 상관없이, 일단 장애가 있는 특수아동이 가족체제 내에 존재하게 되면 가족 전체가 특수아동과 상호작용하여 서로 영향을 주고받는다. 특수아동의 장애와 특성은 가족 전체에 영향을 미치고, 다른 가족구성원들 또한 특수아동에게 영향을 미칠 수밖에 없기 때문이다.

따라서 상담자는 특수아동의 문제를 둘러싼 상호작용적 역동과 맥락에 관심을 두고, 개인에게 문제의 초점을 두는 가족들의 시각에 의문을 일으켜 가족 전체의 변화를 돕고

자 한다. 질문과 재정의하기 및 상담회기 내 상호작용을 지시하기 등의 방법 등을 통해
상담자는 가족이 문제를 보는 시각과 상호작용 패턴에 대해 의문을 제기한다.

2) 변화의 동기를 높이기 위한 요소

상담자는 특수아동의 문제가 해결되고 가족이 보다 긍정적인 방향으로 변화할 수 있
도록 '돕는 자'이며, 변화의 주체는 항상 가족이다. 따라서 가족의 변화가 보다 효율적으
로 일어나도록 하기 위해서는 다음과 같은 요소들이 부가적으로 필요하다(김혜숙, 2000;
Griffin, 1993).

(1) 부모의 변화 의지 표명

가족은 전체가 하나의 체제로서 기능하지만, 부모는 가족체제의 핵심적 하위체제로
서 기능한다. 따라서 자녀에게 나타나는 문제가 해결되고 가족체제가 더욱 적응적으
로 변화하기 위해서는 부모라는 하위체제가 상담을 통해서 변화하고자 하는 동기가 강
해야 한다. 따라서 자녀에게 나타나는 현재의 문제를 해결하기 위하여 필요하다면 무
엇이든지 변화시키도록 노력하겠다는 부모의 의지를 분명히 말로 표명하게 할 필요가
있다.

(2) 변화를 위한 책임의 일부를 부모가 지도록 하기

현재의 문제를 해결하기 위한 변화의 책임을 부모가 많이 떠맡겠다는 동의를 받을
필요가 있다. 처음에는 질문이나 재정의하기를 통하여 이러한 동의가 간접적으로 이루
어져야 할 수도 있으나, 점차 동의가 분명히 표명되도록 한다. 이러한 부모의 동의는 상
담자가 기적을 일으키는 사람이 아니라, 가족체제와 함께 특히 부모와 함께 일하는 사
람이라는 인식을 자리 잡게 해 준다.

(3) 노력이 필요하다는 것을 분명히 하기

문제가 하루아침에 해결되지는 않는다는 것, 모든 가족구성원이 문제해결을 위해 함
께 노력해야 한다는 것, 또한 모든 가족구성원이 각자의 행동에 책임을 지게 된다는 것
을 분명히 할 필요가 있다. 모든 문제의 해결에는 노력이 필요하지만, 장애가 있는 특수

아동의 경우 문제해결을 위한 노력은 장기간에 걸쳐 지속적으로 이루어져야 하는 경우
가 대부분이기 때문이다.

(4) 변화하지 않을 경우의 결과를 분명하게 보여 주기

변화를 위한 노력을 상담자와 함께 가족 전체가 기울이지 않을 경우 문제가 다소 나
아질 수도 있지만 대체로 저절로 해결되지 않는다는 것, 더 악화될 수 있다는 것 그리고
변화하지 않고 두면 나타날 수 있는 다양한 문제를 분명히 보여 줄 필요가 있다.

3) 재정의

우리는 상황을 어떤 특정 관점으로 '보면' 계속 그 관점을 유지하려는 경향이 있고, 우
리의 행동은 그 '보는 방식'에 의해 결정된다. 재정의(reframing)는 어떤 문제·상황·사
건 등에 대한 가족의 관점을 수정하거나 재구성함으로써 다른 행동 반응의 가능성을
열 수 있는 방향으로 상황을 보는 다른 방식을 제공한다(Cormier & Cormier, 1985; Durrant,
1995). 즉, 재정의를 통해서 가족의 생각과 관점이 먼저 변화되도록 돕고, 이러한 인지변
화가 상호작용의 변화를 초래하도록 하는 것이 가족상담의 중요한 방법 중 하나다.

특수아동이 있는 가족이 어떤 문제로 힘들어했던 기간이 길수록 그 문제와 상황은
어떤 특정한 의미나 관점에 고착되어 있을 가능성이 높다. 재정의 기법은 상황이나 문
제에 대처하는 가족구성원들의 행동에 정면으로 도전하지 않으면서 그 상황과 대처행
동에 대한 대안적 시각을 열어 주어 변화의 가능성을 높인다. 일단 어떤 상황이나 행동
의 의미가 변화하면 그 상황과 행동에 대한 전형적인 반응도 달라지기 때문이다(김혜
숙, 1999; Patterson, Williams, Grauf-Grounds & Chamow, 1998).

(1) 개인의 문제를 가족 전체의 문제로 재정의하는 방법
- 의미: 문제를 보이는 특수아동 개인을 '문제 인물'로 지목하던 가족의 관점을, 모든
  가족구성원이 상호영향을 주고받는 가족체제 문제로 바꾸어 볼 수 있도록 하는
  것이다(Watzlawick, 1978).
- 효과: 정서장애나 행동장애를 가진 자녀가 보이는 문제를 그 자녀 개인 내에 존재
  하는 문제로 보던 가족들의 관점을 모든 가족구성원이 관련된 가족체제의 문제,

가족구성원들 간의 상호작용 문제로 재정의하도록 하는 것은, 가족상담을 가능하게 하는 기반이 되는 동시에 변화의 희망이 좀 더 구체화되도록 할 수 있다.

- 유의점: 물론 특수아동의 모든 문제가 가족 전체의 문제로 재정의될 수 있는 것은 아닐 것이다. 지체장애나 학습장애가 있는 경우 아동 개인의 문제로 여전히 남는 문제도 있을 것이다. 그러나 그럴 때에도 한 자녀의 장애는 그 자녀 개인만의 문제로 머무는 것이 아니라 가족 전체의 문제로 재정의될 수 있고 또 되어야 하는 부분이 상당히 많이 있다.

(2) 상황과 문제의 긍정적 의미를 찾아 재정의하는 방법

- 의미: 기존의 상황이나 행동에 부여되던 의미 대신 더욱 긍정적인 의미를 찾아 새 이름을 부여하는 것이다.
- 근거: 어떠한 상황도 긍정적인 의미를 지닐 수 있으며 어떠한 행동도 긍정적 의미가 포함될 수 있다. 또한 상황과 행동의 긍정적 측면이 부각되면 변화의 의지가 높아질 수 있다.
- 효과: 긍정적 의미를 찾아서 재정의를 하면 가족구성원들이 자신이나 다른 구성원에 대한 생각과 행동이 바뀌고, 가족관계가 보다 긍정적인 방향으로 변화될 수 있는 여지가 커진다.
- 유의점: 다른 방법과 마찬가지로, 재정의 기법도 가족이 수용할 수 있을 정도로 상황에 적합하게 활용될 때 가치가 있다. 실제로 어떤 상황이나 행동에 대해서 하나의 진실만 있는 것이 아니라 '여러 진실'이 있을 가능성이 매우 높으므로, 재정의를 통해서 제시되는 관점이 처음에는 다소 어색하거나 회의적으로 보일지라도 변화를 가져오는 중대한 전환점을 제공할 수 있다.

〈표 12-3〉 긍정적 의미를 찾아 재정의하기의 예

기존 관점	재정의된 관점의 예
부모로서의 능력이 부족하다.	자신의 부모 역할에 만족하지 않고 항상 보다 나은 부모가 되려고 노력한다.
특수아동인 자녀의 교육을 위해 무관심하다.	아이를 위해 어떻게 해야 할지 잘 모르고 당황스럽게 여기고 있다.
아이가 제멋대로다.	자기 의견을 추구하고 싶어 하고, 독립하고 싶어 한다.

(3) 문제의 외재화를 통한 재정의

- **의미**: 문제를 보이는 가족구성원 개인(혹은 가족 전체)으로부터 문제를 밖으로 분리하여 그 가족구성원이나 가족 전체와 별개로 존재하며 그 구성원(혹은 가족 전체)을 지배하려고 하는 하나의 실체인 것으로 개념화하는 것이다(White & Epston, 1990).

- **효과**: 문제에 빠져서 좌절감과 무기력감에 사로잡혀 있는 가족의 관점을 변화시킬 수 있다. 문제를 외재화(externalization)하는 것은 가족으로 하여금 문제의 소유자나 가족관계가 문제가 아니라 '문제 자체' 혹은 '문제와 구성원 일부(혹은 가족 전체)와의 관계'가 문제임을 깨닫게 한다. 문제를 분리하여 외재화하고 문제와 구성원 개인 및 가족 전체와의 관계를 점검하는 일련의 질문을 통해서, 구성원 개인 및 가족 전체가 문제에 항상 굴복했던 것이 아니라 문제를 좀 더 잘 통제하거나 극복했던 적이 있었음을 인식하게 하고 문제를 해결하기 위한 가족의 공동 노력을 강화하며 희망과 힘을 북돋울 수 있다.

- **예**: 아이에게 주의력결핍장애가 있을 때 주의력결핍장애 자체를 하나의 실체인 양 개념화하여 '산만이(아이를 산만하게 만들려고 애쓰고 많은 경우 아이를 산만하게 만드는 데 성공하는 고약한 외부의 실체)'로 이름할 수 있다. 즉, 아이 자체가 문제가 아니라 '산만이'가 문제이며 따라서 아이 자체는 비난받아야 할 존재가 아니고 오히려 아이가 '산만이'의 유혹을 잘 이겨 내도록 도움을 받아야 하며, 그 과정에서 가족도

함께 '산만이'의 훼방을 이겨 내고자 노력해야 함을 볼 수 있게 한다.

4) 인지적 재구조화

개인에게 부적응과 정서적 문제를 야기하는 것으로 알려진 비합리적 신념과 왜곡된 인지과정(Beck, 1976)은 특수아동이 포함된 가족구성원들의 상호작용 행동과 서로에 대한 느낌에도 지장을 주기 쉽다. 따라서 상담자는 가족구성원들의 비합리적 신념과 왜곡된 인지과정을 찾아서 보다 적응적이고 합리적인 대안으로 바꿀 수 있도록 도와야 한다. Robin과 Foster(1989)가 가족의 인지적 문제점을 수정하기 위해 제안한 여섯 단계를 중심으로 특수아동 가족의 인지적 재구조화 방안을 살펴보면 다음과 같다.

(1) 단계 1: 인지적 재구조화의 필요성에 대한 교육
• 생각 · 감정 · 행동 간의 연관성에 대하여 가르치는 단계다.
• 가족관계 내에서 서로에 대한 정서적 반응을 결정하는 데는 행동이나 사건 자체만큼 상대 구성원에 대한 기대와 그 사건이나 행동에 관련된 생각의 내용과 과정이

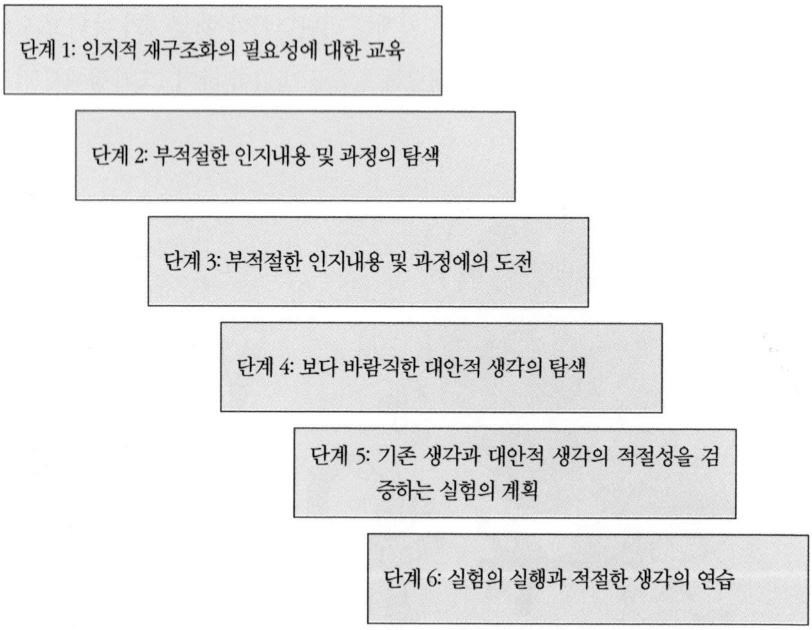

단계 1: 인지적 재구조화의 필요성에 대한 교육

단계 2: 부적절한 인지내용 및 과정의 탐색

단계 3: 부적절한 인지내용 및 과정에의 도전

단계 4: 보다 바람직한 대안적 생각의 탐색

단계 5: 기존 생각과 대안적 생각의 적절성을 검증하는 실험의 계획

단계 6: 실험의 실행과 적절한 생각의 연습

[그림 12-2] 인지적 재구조화의 단계

중요함을 강조한다.

- 절대적이거나 부정적인 사고경향이 초래하는 부정적 감정이 가족 간 의사소통과 문제해결에 미치는 부정적 영향을 가르친다.
- 가족의 이해수준과 배경에 알맞게 이루어져야 하며, 특수아동의 가족들이 부모-자녀관계 및 문제에 대하여 흔히 가지고 있는 비합리적인 생각의 내용이나 인지과정을 예로 들면서 설명하는 것이 효과적이다.

(2) 단계 2: 부적절한 인지내용 및 과정의 탐색

- 가족구성원들이 가지고 있는 비합리적인 신념 및 부적절한 인지과정을 탐색하고 파악하는 단계다.
- 비슷한 상황에 처한 다른 가족들보다 특수아동의 문제나 서로의 행동에 대해서 훨씬 격렬한 감정적 반응을 보이거나 경직된 행동반응을 보이는 가족의 경우 비합리적인 인지내용이나 왜곡된 인지과정이 개입되어 있을 가능성을 가정하고, 가족구성원들과 함께 그 생각의 내용 및 과정을 구체적으로 탐색할 필요가 있다.

〈표 12-4〉 부적절한 인지내용과 과정의 예

비합리적 신념의 예	부적절한 인지과정의 예
• '자녀가 어떤 장애를 가지고 있다는 것은 부모 자신의 부적절성을 의미하는 것' • '아이가 잘못된 행동을 하는 것은 의도적으로 부모에게 상처를 주기 위한 것' • '자녀가 어떤 잘못된 행동이나 장애를 나타내면 점점 더 악화되어 끔찍한 결과가 생길 것'	• 상황 속의 보다 중요한 다른 특성은 무시한 채 맥락 속의 어느 단편적인 부분에만 초점을 맞추어서 결론을 이끌어 내는 '선택적 추론' • 모든 경험을 극단적으로 부정적 혹은 긍정적인 부류로 양분하는 '흑백논리적 사고' • 사건의 중요성을 평가할 때 그 중요성을 확대하거나 축소하는 것

- 탐색과정에서 가족구성원들이 방어적이지 않도록 하는 것이 중요하다. 상담자는 유머, 과장법, 다른 비슷한 가족들 이야기, 소크라테스식 질문법 등을 활용하며, 수용적인 태도를 잘 견지하도록 유의하여야 한다.

(3) 단계 3: 부적절한 인지내용 및 과정에의 도전

- 인지내용 및 과정의 부적절성과 비합리성을 가족이 깨달을 수 있도록 상담자가 돕는 과정이다.
- 특수아동의 가족이 자신의 인지과정 및 내용을 한 걸음 뒤에 물러서서 객관적으로 검토할 수 있도록, 상담자는 조심스럽고 수용적인 태도를 견지하면서 유머와 과장법 등을 적절히 활용하여 이 과정을 진행한다.
- 현재 내담자인 가족의 구체적인 상황과 문제를 직접적으로 거론하지 않으면서 일반적인 형태로 인지내용과 과정을 과장하여 제시하여 가족이 그러한 과장된 점이 비합리적·부적절하다는 점에 쉽게 동의하도록 한 다음, 방금 제시되었던 생각에 내담자 가족이 지닌 생각을 능숙하게 연결시켜서 가족구성원들이 자신의 생각 가운데 비합리적이고 부적절한 점을 깨닫도록 도울 수도 있다.
- 가족구성원들로 하여금 어떤 생각을 지지하거나 반론하는 증거를 수집하도록 하는 것도 부적절한 생각에 도전하는 방법이 될 수 있다. 그 생각을 뒷받침하는 증거자료의 원천과 내용이 무엇이며, 그러한 자료에 근거하여 내린 결론의 타당성을 구체적으로 검토하고, 빠뜨리고 있던 증거자료는 없는지도 함께 살펴본다.

(4) 단계 4: 보다 바람직한 대안적 생각의 탐색

- 가족구성원들이 보다 바람직하고 적응적인 대안적 생각을 찾을 수 있도록 돕는 단계다.
- 가족구성원들이 예전의 생각이 비합리적이고 부적응적임을 깨달았기 때문에 그 생각을 버렸지만, 보다 적응적인 새로운 대안을 찾지 못한 채 바람직한 아이디어를 생각하지 못하거나 혹은 반대쪽 극단으로 가는 것이 유일한 대안인 양 생각할 수도 있기 때문에 대안적 생각을 탐색하는 과정이 필요하다.

〈표 12-5〉 대안적 생각의 예

비합리적·부정적 생각의 예	바람직한 대안적 생각의 예
'항상' '절대로' '반드시' '~해야 한다' 등 절대주의적이고 극단적인 생각	'가능하면 자주' '가능하면 많이' '~하면 좋겠다.' '~되기를 바란다.' '~되면 참 기쁘겠다.' 등 융통적이고 잠정적인 생각

- **활용할 수 있는 질문:** "이 상황에 대한 가장 적절하고 현실적인 생각은 무엇일까요?" "당신 친구의 가족이 이런 상황에 처했다면 무엇이라고 이야기해 줄 것 같으세요?" "이런 경우 대부분의 사람은 어떻게 생각할 것 같으세요?" "이 문제에 대한 중도적 입장은 무엇일까요?"

(5) 단계 5: 기존 생각과 대안적 생각의 적절성을 검증하는 실험의 계획

- 가족이 가지고 있던 기존의 비합리적 생각과 보다 적절한 대안적 생각의 적절성을 비교 · 검증해 볼 수 있는 실험을 계획하도록 상담자가 제안하는 단계다.
- 상담자의 논박이나 설득에 의해서가 아니라, 가족구성원들 스스로 대안적 생각의 우월성을 경험할 수 있는 기회를 가짐으로써 대안적 생각에 대한 확신을 키우도록 하려는 것이다.
- 이러한 실험은 주로 상담회기 사이의 과제로 계획된다.
- **실험계획의 예:** 실험 기간 동안 가족구성원들이 비합리적으로 두려워하던 일을 실행에 옮겨 보아서 예견했던 끔찍한 결과가 실제로 일어나는지를 알아본다.

(6) 단계 6: 실험의 실행과 적절한 생각의 연습

- 가족구성원들이 실험을 실행하고 보다 융통적인 생각을 일상생활에 적용하고 유지하는 단계다.
- 앞 단계에서 계획한 실험을 어느 구성원이 언제 어떻게 실행할지를 의논하고, 필요하다면 상담회기 내에서 연습을 한다. 또한 문제가 될 수 있는 상황에서 보다 합리적으로 생각할 수 있는 단서를 찾고 자기 지시적인 언어를 사용하는 방법도 연습한다.
- 사람이 가지고 있는 기본가정이나 신념은 '자동'으로 일어날 정도로 습관적이기 때문에, 대안적인 새로운 생각이 보다 적절하다는 것을 인식하고 난 후에도 기존의 생각이 다시 습관적으로 일어날 수 있다. 따라서 기존의 생각을 탈피하고 새로운 생각을 습관화하기 위해서는 의도적이고 반복적으로 시도하고 연습하는 과정이 필요하다.

5) 상호작용 행동의 변화

(1) 상호작용 행동연쇄의 재구성

- 의미: 문제행동을 둘러싼 전형적인 행동연쇄를 밝혀내고 그 연쇄를 수정하거나 다른 행동을 더하는 것이다(김혜숙, 2000).
- 근거: 특수아동의 가족구성원들이 어떤 문제와 관련하여 반복되는 상호작용의 연쇄 속에 묶여서 다른 해결책을 시도해 볼 수 있는 융통성이 없다면, 이러한 상호작용연쇄는 종종 문제를 지속시키는 역할을 하는 경향이 있다. 이럴 때 문제를 해결하려면 상호작용의 연쇄 속에 사로잡혀 있는 경직된 가정체계를 완화하거나 모순을 초래하는 다양한 시도를 통해 상호작용 행동연쇄를 재구성하기 위한 노력이 필요하다.
- 유의점: '예전과 다른 행동'을 하는 시도는 영구적인 행동변화에 대한 제안보다는 일정 기간 동안에만 이루어지는 하나의 '실험'으로 제안되면 가족이 실행할 가능성이 더 높아진다.

(2) 효과적 행동의 발견

- 의미: 어떤 부모, 자녀, 가족관계이건 나름대로 긍정적인 측면이 있으며 계속 유지되는 것이 바람직한 면도 반드시 있게 마련이므로, '잘 되고 있는 것' '바람직한 것'을 찾아서 변화의 초석으로 삼는 개입방법이다(de Shazer, 1988).
- 효과: 가족이 특수아동의 문제로 상담을 요청할 때에 이들의 관심은 자녀에 대한 불만족스러운 점과 가족이 변화해야 하는 점에 초점이 맞추어져 있다. 이러한 점을 상담자가 정확히 파악하는 것도 물론 중요하다. 그러나 '잘 되고 있는 것'을 찾게 하는 과제는 문제에만 빠져 있어서 비관적인 시각에 머물러 있는 가족들로 하여금 상황을 새로운 시각에서 보도록 방향을 전환시키고 긍정적인 단계로 나아가게 하는 효과가 있다.

(3) 예외적 성공경험이 더 일어나도록 하기

- 의미: 이미 존재하고 있었던 예외, 즉 성공적 경우(효과적 행동)를 발견하여 그 행동의 자세한 내용과 또 가족구성원들이 어떻게 그 행동이 일어나도록 할 수 있었는

지를 탐색하여 그 행동을 좀 더 하도록 제안하는 것이다(Berg & Miller, 1992).

- 근거: 내담자가 스스로 이룬 변화가 아무리 작은 것일지라도 단지 우연한 사건으로 간과해서는 안 되며, 분명히 성공으로 포함되어야 하고 자세히 탐색한 후 더 많이 하도록 함으로써 변화를 촉진할 수 있다. 작은 성공이라도 상담자가 의미를 부여하여 중요성을 인식하게 될 때 가족은 자신감을 가질 수 있다(김혜숙, 황매향, 2008).

6) 자녀의 연령과 특성에 적합한 가족관계 형성

(1) 가족구성원 각자의 개인적 발달이 최적으로 이루어지는 가족관계

- 일부 특수아동의 경우에는 장애의 특성에 따라서 정상적 발달을 보이는 자녀들과 다소 다른 속도와 양태로 개인적 발달을 이룰 수 있으며, 따라서 가족발달의 단계도 이와 관련하여 융통성 있게 이루어져야 할 수 있다.
- 가장 적응적인 가족관계 및 가족발달단계 이행은 가족체제의 특성에 따라서 달라질 수 있고 또 달라져야 하지만, 어떤 경우이든 가족구성원 각자의 개인적 발달이 최적의 상태로 이루어질 수 있도록 조절되어야 한다(김혜숙, 2013).

(2) 정상적 자녀를 위한 조력

- 특수아동의 가족은 부모가 장애를 지닌 자녀의 필요에 반응하기 위해 많은 시간과 관심을 기울인 나머지 장애가 없는 정상적인 자녀의 필요를 상대적으로 무시하거나 간과하는 경우가 생기기 쉽다. 이런 경우 정상적인 자녀들은 많은 경우 '과기능(overfunctioning)' 구성원으로서 실제 연령보다 훨씬 성숙한 역할을 요구받게 된다. 이들이 개인적으로 발달적 변화를 급격하게 겪는 시기에는 이전의 기능수준을 유지하지 못하고 다양한 문제를 보이는 경우가 종종 있다.
- 따라서 상담자는 특수아동의 형제가 현재 별 문제를 보이지 않더라도, 부모가 정상 자녀의 필요에도 민감하게 반응하고 연령에 적절한 역할을 할 수 있도록 가족관계를 조절하여 문제를 예방하고 건강한 발달을 이룰 수 있도록 도울 필요가 있다(김혜숙, 최동옥, 2013).

🍃 요 약

이 장에서는 특수아동의 변화를 돕기 위해 특수아동의 가족을 이해하고 돕는 방법을 소개하였다. 가계도, 가족발달단계, 가족상호작용패턴 및 신념체계 등을 평가하는 방법과 재정의, 인지적 재구조화, 상호작용연쇄 재구성 등을 통해 특수아동 가족의 변화를 돕는 방안도 제시하였다. 또한 특수아동뿐만 아니라 정상아동인 자녀도 건강한 발달을 이룰 수 있도록 도와야 할 필요성을 제기하였다.

🍃 생각해 볼 문제

1. 특수아동 가족의 상호작용 패턴변화를 위해서 상담자가 초점을 맞추어야 할 영역을 세 가지만 제시하시오.
2. 특수아동 가족에서 흔한 비합리적 신념의 예를 두 가지만 들고, 그 예의 바람직한 대안적 생각을 제시하시오.
3. 가족발달의 주기를 설명하시오.

🍃 참고문헌

김혜숙(1999). 청소년부모상담의 전개과정. 청소년부모상담과 교육, 61-118.

김혜숙(2000). 가족 이해와 변화를 위한 개입전략. 청소년 가족상담, 59-126.

김혜숙(2013). 한국 이혼가정 자녀의 성장: 위험과 자원–아산재단 연구총서 346집. 서울: 집문당.

김혜숙, 최동욱(2013). 교사를 위한 학부모상담 길잡이. 서울: 학지사.

김혜숙, 황매향(2008). 초등교사를 위한 문제행동 상담 길잡이. 서울: 교육과학사.

유성경(2000). 가족상담의 준비 및 시작. 청소년 가족상담, 3-58.

Beck, A. T. (1976). *Cognitive therapy and the emotional disorders*. New York: International Universities Press.

Berg, I. K., & Miller, S. (1992). *Working with the problem drinker: A solution-focused approach*. New York: W. W. Norton & Company.

Cormier, W. H., & Cormier, L. S. (1985). *Interviewing strategies for helpers: Fundamental skills and cognitive behavioral interventions* (2nd ed.). Monterey, CA: Brooks/Cole Publishing Company.

de Shazer, S. (1988). *Clues: Investigating solutions in brief therapy.* New York: W. W. Norton & Company.

Durrant, M. (1995). *Creative strategies for school problems: Solutions for psychologists and teachers.* New York: W. W. Norton & Company.

Freeman, D. (1992). *Family therapy with couples: The family-of-origin approach.* Northvale, NJ: Jason Aronson Inc.

Griffin, W. A. (1993). *Family therapy: Fundamentals of theory and practice.* New York: Brunner/ Mazel Publishers.

Grotevant, H. D., & Carlson, C. I. (1989). *Family assessment: A guide to methods and measures.* New York: The Guilford Press.

Haley, J. (1980). *Leaving home.* New York: McGraw-Hill Book Company.

McGoldrick, M., & Carter, E. A. (2003). The family life cycle. In F. Walsh (Ed.), *Normal family process* (3rd ed.). New York: The Guilford Press.

Nichols, M. P., & Schwartz, R. C. (2004). *Family therapy: Concepts and methods* (6th ed.). New York: Allyn and Bacon.

Patterson, J., Williams, L., Grauf-Grounds, C., & Chamow, L. (1998). *Essential skills in family therapy: From the first interview to termination.* New York: The Guilford Press.

Roberto, L. G. (1992). *Transgererational family therapies.* New York: The Guilford Press.

Robin, A. L., & Foster, S. L. (1989). *Negotiating parent-adolescent conflict.* New York: The Guilford Press.

Watzlawick, P. (1978). *The language of change: Elements of therapeutic communication.* New York: Basic Books.

Weiner-Davis, M., & de Shazer, S., & Gingerich, W. J. (1987). Building on pretreatment change to construct the therapeutic solution: An exploratory study. *Journal of Marital and Family Therapy, 13,* 359-363.

White, M., & Epston, D. (1990). *Narrative means to therapeutic ends.* New York: W. W. Norton & Company.

🍃 추천문헌

김혜숙, 최동옥(2013). 교사를 위한 학부모상담 길잡이. 서울: 학지사.

제13장

특수아 교사를 위한
컨설테이션

　이 장에서는 특수아동을 지도하는 교사를 상담자가 자문하는 관계의 특성들을 살펴보고, 특수아동의 이해와 지도, 특수아동과 교사의 관계, 특수아동의 부모와 교사의 관계 등 자문의 영역별로 중요한 고려사항을 구체적으로 검토한다.

　"저는 박찬호라는 초등학교 2학년 학생의 담임교사입니다. 저는 요즈음 찬호의 산만한 행동으로 수업진행에 어려움을 겪고 있습니다. 찬호는 자리에 엎드려 있거나, 의자를 흔들거나, 지우개나 연필을 끊임없이 떨어뜨리고, 이상한 소리를 내며 수업시간에 전혀 집중하지 못하고 있습니다. 찬호의 짝꿍 수지는 이러한 찬호에 대한 괴로움을 매번 저에게 이야기하였고, 찬호가 이상한 소리를 낼 때마다 반 아이들의 시선이 찬호에게로 쏠려 수업을 제대로 진행할 수 없었습니다. 결국 저는 찬호를 교탁 밑 맨 앞자리로 옮기게 하였으나, 더욱 집중하지 못하고 자리를 이탈하거나 산만한 행동을 보였습니다. 교사로서 찬호를 제대로 통제하지 못하는 것 같아 여간 괴로운 것이 아닙니다. 여러 방법을 써 보아도 좋아지지 않는 찬호의 행동 때문에 제 능력이 부족하여 찬호의 행동이 좋아지지 않는 것 같기도 하여 자책감과 부담감 역시 들고 있습니다.

　또한 문제의 심각성을 느낀 저는 찬호의 어머니에게 전화를 걸어 이 같은 상황을 알려드렸습니다. 찬호의 어머니는 직장생활을 하고 계셔서 찬호에게 신경 쓸 시간이 상대적으로 매우 부족하다고 하셨습니다. 찬호가 남자아이여서 조금 더 활발한 뿐이고, 어려서부터 보살핌을 잘 받지 못해서 그럴 것이라며 찬호를 너무 나쁘게만 보지 말아 달라고 하시며 다소 불쾌하다는 반응을 보이셨습니다. 찬호의 어머니는 찬호의 상태를 그리 심각하게 생각하지 않으시는 것 같아 앞으로 이런 일이 계속 발생할 때마다 저는 어떻게 해야 하는 것인지 너무 혼란스럽습니다. 찬호를 도와주고 싶기도 하고, 제 수업과 학급을 운영하기 위해서라도 어떠한 해결책이라도 찾고 싶은데요. 어떻게 하는 것이 좋을까요?"

🌱 학습목표

1. 특수아동을 지도하는 교사를 자문할 때 상담자가 유의해야 할 점을 이해하고 교사와 협조적 관계를 형성한다.
2. 특수아동의 교사, 부모 및 관련 전문가들이 특수아동을 가장 효율적으로 도울 수 있도록 상담자가 조정하는 역할을 이해하고 익힌다.
3. 특수아동의 이해와 지도, 특수아동과 교사관계 및 특수아동의 부모와 교사관계에 관해 교사를 자문할 수 있는 기본적 요소와 방법을 익힌다.

특수학급에서나 일반학급에서 특수아동을 지도하는 교사는 특수아동의 특성 및 문제와 관련하여 전문적인 지식과 기능을 갖추어야 하므로, 일반아동만을 지도하는 경우보다 상담자의 도움이 필요할 때가 더욱 많다. 실제로 특수아동을 지도하는 교사는 상담자의 도움을 요청하는 중요한 내담자가 되는 경우가 많아서, 상담자는 교사를 동료전문가로서 자문하는 역할을 통해서 교사를 도울 뿐만 아니라 특수아동을 간접적으로 도울 수 있다.

1. 자문관계의 특성

1) 동료전문가와의 협조적 관계

상담자와 교사는 각각 전문영역과 권위를 가지고 있는 동료로서, 서로 전문적(expert), 합법적(legitimate), 참조적(referent) 영향력을 주고받는 동등한 협조적 관계에 있다. 즉, 특수아동의 문제를 해결하고 발달을 돕는다는 목적하에 각각의 전문성과 독특한 역할에 기초하여 협조적 관계를 유지할 때 특수아동을 위한 최적의 조력체제의 일부가 될 수 있는 것이다.

상담자는 교사보다 전문성이나 권위 면에서 우위에 있거나 일방적인 소통을 전하는 것이 아니라 문제 및 상황의 특수성과 필요에 따라서, 상담자가 때로는 교사를 교육할 수도 있고 때로는 교사, 부모, 여타 전문가들과의 관계를 조정하는 역할을 할 수도 있으며, 조언이나 심리적 지지를 제공할 수도 있다. 그러나 아동의 학습지도와 생활지도에 있어서 교사가 지닌 고유한 전문성은 항상 중시되어야 하며, 교사가 그러한 존중감을 상담자와의 관계에서 충분히 느낄 수 있을 때 아동을 위한 진정한 협조체제로 기능할 수 있다.

Bowen(1998)은 상담자의 역할로 부모와 교사들과의 협력관계 유지, 이들에게 필요한 정보제공, 필요한 외부자원의 조력 파악, 협력적 자문팀 운영을 들었으며, 송현종과 조성은(2005)은 우리나라 특수교육 현장에서의 상담자의 역할을 장애학생을 발견하고 의뢰하는 일, 다학문팀이 각 장애학생에게 적절한 교육목표를 설정하도록 협력하고 조력하는 일, 장애학생에게 직접적인 상담과 생활지도 서비스를 제공하는 일, 장애학생 부모와 가족을 위한 상담서비스를 제공하는 일, 교직원을 위한 자문과 개발활동을 지원

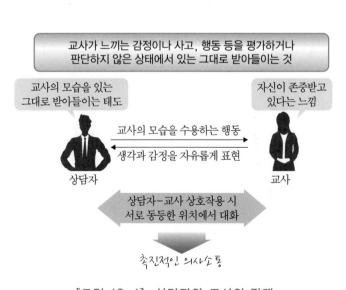

[그림 13-1] 상담자와 교사의 관계

하는 일, 지역사회의 이해와 협력을 이끌어 내는 일로 제시하였다. 대부분의 경우 교사는 특수아동을 집단 속에서 지도하면서 관찰하고, 상담자는 특수아동과 개별적 만남의 관계에 있거나 가족체제 속에서 특수아동을 관찰할 수 있는 입장에 있다. 따라서 특수아동에 대한 교사의 관점과 상담자의 관점은 서로 다를 수 있고 이러한 견해를 상호 비교하고 종합적인 견해를 도출해 낼 때, 특수아동에게 가장 크게 도움을 줄 수 있다. 또한 상담자는 내담자를 이해하고자 할 때 무조건적인 수용의 태도와 공감적 이해의 방식을 적용하기 때문에, 특수아동의 입장에서 특수아동의 어려움과 바람을 이해하여 교사에게 전달함으로써 교사를 도울 수 있다.

이러한 상담자와 교사의 자문관계는 대부분의 경우, 상담자-내담자 관계에 있는지 혹은 동료전문가로서의 협조관계에 있는지를 명확히 구분하기가 힘든 것이 보통이며 양쪽을 다 포함하는 경우도 많다. 따라서 상담자는 교사를 자문할 때 교사의 주된 관심이 어느 쪽에 있는지를 잘 파악하되 융통성 있는 자세를 유지하여 교사의 필요를 효율적으로 충족시킬 수 있도록 노력하여야 한다.

2) 상담자와 내담자로서의 관계

상담자가 교사를 자문할 때 그 초점은 대부분 특수아동에 관하여 맞추어진다. 특수아동의 특성 및 문제, 원인, 예방 및 해결방안 등에 대한 교사의 견해를 함께 탐색하고 대안적 가설을 제공하거나 구체적 방안을 논의하는 자문관계는, 두 전문가가 하나의 협조적 체제로 특수아동에게 초점을 맞추어 공동의 노력을 기울이는 관계다.

때로는 교사 자신이 내담자로서 상담자의 도움을 받는 관계가 형성되기도 한다. 예컨대, 특수아동과의 관계에서 좌절과 혼란을 겪는 당사자로서 교사가 자신의 감정과 행동을 탐색하고 조절하기 위하여 상담자의 도움을 구하기도 하며, 교사의 개인적·가족적 상황 및 타 교사와의 관계 등에서 발생하는 어려움에 관하여 상담을 요청하기도 한다.

실제로 특수아동을 지도하는 교사는 소진(burnout) 현상을 경험하기 쉬운 집단에 속한다. 장애를 지닌 특수아동을 지도하자면 특별한 열의와 보다 많은 정신적·신체적 에너지 및 시간적 투자가 요구되기 때문에 심리적으로나 신체적으로 지치고 고갈되어 소진 현상을 경험하기 쉬운 것이다. 김동일 등(2012)은 특수교사의 리질리언스(회복탄력

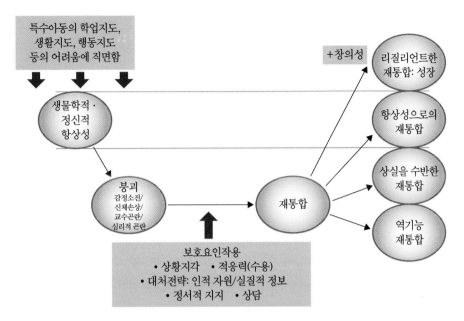

[그림 13-2] 특수교사의 리질리언스 형성과정

출처: 김동일, 고혜정, 이윤희, 2012.

성) 과정을 통해 이들이 실제로 겪는 심리적 소진이라는 위기상황과 이 위기상황에 영향을 주는 내적·외적 위험요인 및 이를 극복해 내는 데 작용하는 내적·외적 보호요인을 밝혀내었다([그림 13-2] 참조).

인지적·정서적·의사소통적 기술이 부족한 장애학생과 하루 일과 중 많은 시간을 함께 보내고 있는 특수교사는 학교라는 공간에서는 이러한 특수아동이 보이는 공격적 행동의 일차적인 피해자가 될 수 있으며, 잦은 상처를 입고 이에 대해 극심한 스트레스 상황을 겪게 되며, 특수아동으로 인한 다른 학생들의 피해를 학부모에게 설명하고 때로는 사과까지 해야 하는 심리적인 부당함과 부담감을 떠맡게 된다. 또한 특수아동의 학업능력이나 문제행동이 단기간에 드라마틱한 변화를 보여 주는 것이 아니며, 개별 학생마다 다양한 특성을 보이기 때문에 교사로서 교직생활 내내 겪어야 하는 일이고, 스스로 해결해 나가야 하는 과제이기도 하다. 특히 아동을 포함한 타인을 위해서 헌신적으로 노력하지만 자신을 위해서는 시간이나 에너지를 별로 사용하지 않는 교사일수록 소진 현상을 경험할 가능성이 높아진다. 그러므로 상담자는 리질리언스를 구성하고 있는 위험요인은 예방하고 보호요인은 생성될 수 있도록 리질리언스 과정 전반에 걸쳐 교사를 지지하고 지원하여야 한다.

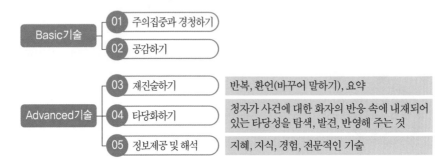

[그림 13-3] 상담자가 교사와 효율적으로 소통하는 다섯 가지 방법

[그림 13-3]에 제시되어 있듯이 상담자와 특수교사의 효율적 의사소통을 위해 상담자는 특수아동을 지도하는 교사가 개인적으로 상담을 요청할 때 적극적으로 응해야 한다. 교사의 고민에 주의집중하고 적극적으로 교사의 마음에 공감하여 교사로 하여금 상황을 지각하고 적극적으로 수용된다는 정서적 지지를 제공해 주어야 한다. 뿐만 아니라 문제를 재진술하고 타당화하여 대처전략으로 인적 자원과 실질적 정보를 제공함으로써 도움을 제공할 뿐 아니라, 특수아동을 지도하는 교사에게 각별한 관심을 두고 소진 현상의 가능성을 미리 감지하여 예방적 도움을 주는 것도 바람직하다.

3) 조정자로서의 상담자

상담자는 교사를 개인적으로 상담하거나 특수아동 지도를 위한 자문을 제공하는 역할 외에도, 교사, 부모, 타 전문가 등 특수아동교육에 관련된 다양한 집단 간의 조정자 역할도 수행하게 된다. 특수아동교육에 관련된 다양한 집단 간에 때로는 갈등이 생기기도 하며 실제로 현장에서는 이에 대한 문제점이 부각되고 있다. 충분한 대화와 조절이 부족하여 각 집단의 노력이 최선의 결과를 가져오지 못하는 경우도 생기기 때문에 조정이 필요한 것이다.

특수아동이 특수학급과 일반학급 양쪽에 속해서 하루 중 일부는 특수학급에서 교육을 받고 나머지는 일반학급에서 교육을 받는 경우, 특수학급 담당교사와 일반학급 담임교사 간에 아동에 대한 정보를 서로 나누고 일관된 방향으로 협조적 노력을 하는 것이 매우 중요하다. 이럴 때 특수학급 담당교사와 일반학급 담임교사의 협의가 가장 효율적으로 이루어지도록 연계하고 조정하는 역할을 상담자가 할 필요가 있다.

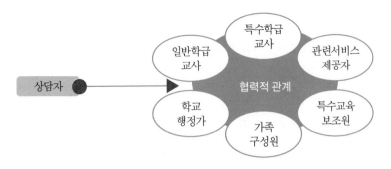

[그림 13-4] 상담자와 간학문 간 팀 조정

특수아동이 최상의 교육적 도움을 받을 수 있도록 특수아동의 부모와 교사, 교육행정가, 타 전문가들 간에 필요한 정보를 서로 교환하고 긴밀한 협조와 공동 노력이 이루어지도록 조정하는 것도 상담자의 중요한 역할이다. 때로는 일반아동의 부모들과 특수아동의 부모 및 교사 간에 조정이 필요한 경우도 발생하며, 특수아동의 부모들이 서로 정보를 교환하고 돕기 위해서 상담자의 조정 역할이 필요할 때도 있다.

2. 교사를 위한 자문의 영역

1) 특수아동의 이해와 지도를 위한 자문

(1) 특수아동에 대한 교사의 지식과 능력에 대한 조정

특수아동을 이해하고 지도하는 교사의 역량을 높이기 위한 자문은, 해당되는 특수아동이 가진 문제와 특성 및 지도방안에 대한 교사의 지식과 능력에 따라 다양한 형태로 이루어진다. 현재 학교에서 특수아동을 지도하는 교사의 유형을 특수아동에 대한 지식과 지도능력에 따라서 간단히 구분해 보자면, 다음과 같다. ① 특수교사 자격증을 가지고 있으며 특수아동의 문제와 특성 및 지도방안에 대해 상당한 전문지식을 가지고 있는 교사, ② 일반교사 자격증을 가지고 있으면서 특수교육 관련 연수를 받거나 기타 방법으로 특수아동 지도를 위해 필요한 지식과 능력을 개인적으로 쌓아 온 교사, ③ 예비교원 교육과정이나 현직교원 연수과정에서 특수아동지도에 관한 과목을 이수한 것 외에는 사실상 특수아동지도에 관해 지식이나 경험이 없는 교사 등으로 구분해 볼 수 있다.

이러한 유형별 차이에 따라 교사가 자문을 통해서 얻고자 하는 바도 달라질 것이므로, 상담자는 현재 교사가 특수아동에 대해 가지고 있는 이해 및 지도능력에 따라 그 필요를 다르게 평가할 수 있어야 하며 자문의 초점도 그에 따라 조정해 갈 수 있어야 한다.

첫 번째 유형의 교사를 위한 자문에서는 교사가 특수아동의 문제와 특성에 관해서 가지고 있는 기존 지식을 보다 효율적으로 해당 아동에게 적용시킬 수 있는 능력을 향상시키는 데 자문의 초점을 맞추되, 필요한 경우 새로운 지식과 능력을 기를 수 있도록 돕는다. 상담자는 교사가 해당 아동의 이해와 지도를 위해서 필요한 다양한 정보를 가진 인물들(부모, 이전 교사들 및 타 전문가들 등)로부터 적합한 정보를 얻고 논의할 수 있도록 조정하는 동시에, 얻은 정보 및 기존 경험과 지식을 토대로 해당 아동에게 가장 적절한 지도방안을 구체적으로 마련하는 과정에서 교사와 의견을 교환하고 대안을 제시하여 교사를 도울 수 있다.

두 번째 유형의 교사를 위한 자문에서는 특수교사 자격증을 소지한 교사와 일반교사 자격증을 소지한 교사의 출발점과 아동지도의 주된 상황이 다를 수 있다는 점을 고려하여 자문의 초점을 조절할 필요가 있다. 현재 특수교사 자격증을 소지한 교사들은 많은 경우 대학에서 특수교육을 전공하고 학교에서 특수학급을 지도하고 있으며, 일반교사자격증을 소지한 교사들은 일반학급(통합학급)에서 일반아동 등과 함께 특수아동을 지도하고 있다. 일반교사는 특수교사에 비해 특수아동의 문제 및 지도방안에 대한 지식이나 경험은 부족할 수 있지만, 보다 넓고 종합적인 안목에서 아동을 이해하고 교육의 방향을 잡아갈 수 있는 능력을 갖추고 있다는 것이 장점이 될 수 있다. 따라서 이러한 교사를 자문할 때 상담자는 그 교사가 가지고 있는 특수아동 교육에 대한 지식과 경험의 정도를 명확하게 파악하여 해당 특수아동의 이해와 지도를 위해서 부족한 부분을 직접 교육하거나 관련 서적 소개 등을 통해서 보충할 수 있도록 돕고, 해당 아동의 지도를 위한 구체적 방안의 수립 과정에 적극적으로 참여한다. 또한 교사가 그동안의 교육 경험을 통해서 나름대로 깨닫거나 개발한 지도방안 및 지식을 해당 특수아동을 위해서 적용하기 위해 적극 활용하도록 격려하고 지지한다.

세 번째 유형의 교사를 자문할 때에는 해당 특수아동이 가진 문제 및 특성에 관해서 직접 교육을 하거나 관련 서적을 소개함으로써 교사의 이해도를 높이는 것이 핵심이다. 교사가 아동의 장애가 가진 기본 특성을 명확히 이해하고 있으면, 적어도 아동에게 '고의성'이 있다는 부적절한 평가를 할 가능성이 줄어들 것이고 보다 효과적인 지도

방안을 마련할 수 있다. 해당 특수아동이 가진 문제 및 특성에 관해서 교육을 하는 것은 교사가 자기 자신을 불필요하게 비난하거나 자존감이 낮아지는 경우를 예방할 수도 있다. 교사들은 자신이 교육하는 아동의 변화와 발달과정을 지켜보면서 자신의 전문적 역할에 대한 자긍심과 자존감을 높일 수 있다. 특수한 장애를 지닌 아동은 일반아동보다 변화가 느리거나 어려운 경우가 대부분이므로 그 아동의 장애에 대한 정확한 이해가 없으면 교사가 지나치게 좌절하거나 자괴감을 가지게 된다.

(2) 특수아동의 문제 및 특성에 대한 대안적 개념 제공

상담자는 자문활동을 통해 교사가 특수아동을 좀 더 깊이 이해하고 교육하기 위한 보다 효과적인 가설을 가질 수 있도록 대안적 개념을 제공할 수 있다. 즉, 교사가 특수아동에 대해 가지고 있는 가설을 발전시키도록 촉진하는 역할을 하는 것이다.

특수아동도 일반아동과 마찬가지로 지속적인 변화와 발달의 과정 속에 있는 존재이며, 인지적 · 사회적 · 도덕적 · 정서적 · 신체적 · 진로 발달적 특성을 가지고 있다. 또한 가족환경, 또래환경, 학교환경, 지역사회환경이란 상황 속에서 상호작용하면서 발달해 나가는 존재다.

지금까지 특수교육대상자를 선별할 때 아동에게 내재해 있는 보편성보다는 장애로 인한 특수성에 초점을 두어, 장애를 병리적 결함으로 보는 시각에서 진단하고 분류하여 왔다. 그러나 모든 아동에게 내재해 있는 '보편성'은 특수아동에게도 마찬가지로 내재되어 있다. 특수교육은 일반교육에서 추구하는 인간상, 교육의 목적과 목표, 내용 등을 그대로 적용하지만, 특수아동에게 이를 위한 효율적인 교육을 실시하기 위하여 교육의 방법과 매체 등에서 일반교육과 차별화된 특수성을 가지고 있다. 즉, 특수교육은 학습자의 요구와 필요에 부응하는 질적 운영체제를 통해 개별성과 공통성을 동시에 추구한다(김동일, 이대식, 손승현, 고혜정, 2014). 다시 말해, 특수아동은 일반아동과 '다른 점'과 '문제점'이 눈에 띄는 존재이기 때문에 종종 '공통점'과 '장점'은 간과되기도 한다. 따라서 상담자는 한편으로는 교사가 특수아동의 문제점이나 일반아동과의 차이점에만 관심을 기울이지 않고 강점과 공통점에도 관심을 기울이도록, 다른 한편으로는 발달의 다양한 측면에 균형 잡힌 관심을 두고 환경의 다양성이 특수아동에게 미치는 영향에 대해서도 교사가 이해함으로써 특수아동에 대한 이해의 폭을 넓히도록 도울 필요가 있다.

상담자가 특수아동을 이해하는 대안적 개념을 제공하는 것은 교사의 관점 변화를 유도하여 특수아동의 교육을 돕는 중요한 기능을 할 수 있다. 더불어, 상담자가 제공하는 특수아동에 대한 대안적 개념은 다양한 원천에서 나올 수 있다. 우선 상담자와 교사가 특수아동에 관해 가진 배경지식이 다를 때, 상담자의 지식이 교사에게 대안적 시각을 제공할 수 있다. 특히 특수아동을 지도한 경험이 적은 교사일수록 상담자가 특수아동에 대해서 가지고 있는 이론적·기술적 지식이 큰 도움을 줄 수 있다.

(3) 특수아동 지도를 위한 효과적 방안 탐색과 적용과정의 촉진

상담자는 교사에게 특수아동을 지도할 때 어떤 방안을 사용하라고 지시하지 않는다. 특수아동 지도의 주체인 교사가 그 아동을 지도하는 전략과 방안을 창안하고 적용하는 과정을 촉진하는 것이 상담자의 역할이다. 교사의 창의성과 경험적·지식적 배경을 바탕으로 해당 특수아동에게 가장 적절한 지도방안을 구체적으로 구안하는 과정에서, 상담자는 교사가 보다 많은 아이디어를 내고 그러한 아이디어를 평가하고 수정함으로써 최선의 방안을 도출해 낼 수 있도록 돕는다.

교사는 상담자를 포함한 관련 전문가들의 도움을 필요로 한다. 가능한 한 많은 교육적 중재방안을 도출하고, 어떤 자원과 조건을 제공해야 하는지, 그러한 방안이 적용되면 아동에게 어떤 긍정적 혹은 부정적 변화가 생길 수 있는지, 현실적 가능성과 이상적 목표 간의 괴리를 어떻게 줄일 수 있는지, 유사한 장애를 가진 다른 특수아동에게 적용될 때는 어떤 결과를 초래하겠는지 등을 방안별로 구체적으로 검토하고 평가하는 과정에 상담자는 함께 참여하기도 하고 격려와 지지를 제공함으로써 교사가 이러한 작업을 해 낼 수 있도록 돕기도 한다.

교육적 중재방안을 적용하여 지속적인 피드백이 요구되는 과정을 통해, 효과가 나타나지 않아서 교육적 중재방안을 새로이 구안해야 할 필요가 생기기도 하고, 목표를 달성하였기 때문에 이제 새로운 교육목표를 설정하여 또 다시 새로운 교육적 중재방안을 구안해야 할 필요가 생기기도 한다. 이러한 과정에서 교사는 때로는 만족감과 보람을 느끼지만 때로는 좌절감과 실망감에 빠지기도 한다. 상담자는 교사가 느끼는 긍정적·부정적 느낌으로부터 자신의 성장과 아동의 발전을 위한 자원을 얻을 수 있도록 지지하고 조력한다.

2) 특수아동과 교사의 관계를 위한 자문

특수한 교육적 필요를 가진 아동과 지도교사와의 관계는 일반아동과 교사와의 관계에 비해 교사가 보다 세심하고 깊이 있는 관심을 기울여야 하는 경우가 많다. 일반아동과 교사의 관계와 마찬가지로, 특수아동과 교사의 관계도 서로 목표가 일치하고 협조적인 노력을 함께 기울일 때 가장 높은 교육적 효과가 나타날 것이다. 그러나 일반아동과 마찬가지로 상당히 많은 특수아동은 교사의 교육목표에 별 관심이 없거나 교사의 교육적 노력에 비협조적인 모습을 보인다. 이럴 때 특수아동과 교사의 관계를 긍정적인 방향으로 변화시키고 교육목표 달성을 위한 노력을 함께 기울일 수 있도록 이끄는 책임은 특수아동에게 있는 것이 아니라 바로 교사 자신에게 있으며, 교사가 그러한 책임을 훌륭히 달성할 수 있도록 돕는 것은 상담자의 중요한 자문활동이라고 할 수 있다.

(1) 교사의 기대와 한계 검토

교사는 특수아동교육과 관련해서 전문적으로나 인간적으로 자신의 현실적인 기준과 한계를 주의 깊게 설정해야 한다. 어떤 장애를 지닌 특수아동을 위해서 자신이 무엇을 할 수 있고 무엇은 할 수 없는지를 알아야 한다. 특수아동에 대한 교사의 기대가 아이의 현재 수준보다 높은 경우, 교사는 기대수준에 미치지 못하는 아이의 상태에 더욱 실망하게 되고, 더 깊은 한숨과 화가 아이에게 비난으로 쏟아진다면 아이는 엄청난 불안함을 겪게 된다. 이와는 반대로 교사의 기대가 아이의 현재 수준보다 낮을 경우, 아이는 자존감이 낮아져 자기 자신을 낮게 평가하게 되고, 이러한 경험이 반복되면 아이는 늘 의존하게 된다. 또한 다른 누군가가 대신 자신의 일을 해 주길 바라며 회피성향을 강하게 나타내게 될 수도 있다. 자기 자신이 무엇을 할 수 있는지, 무엇을 좋아하는지를 알 수 없으며, 스스로는 할 수 없다는 생각에 위축되고, 실패에 대한 강한 두려움은 이들을 고립적으로 성장하게 할 수 있다. 따라서 가장 이상적인 경우는 아이의 현재 수준에 교사가 적절한 기대를 하고 있는 경우다. 교사는 아이가 가지고 있는 잠재능력을 인정해 주며, 이를 믿고 아이가 스스로 할 수 있도록 충분한 기회를 제공해야 한다. 교사가 관심을 가지고 아이를 객관적으로 바라본다면, 아이의 수준에 맞는 기대감을 가질 수 있을 것이다.

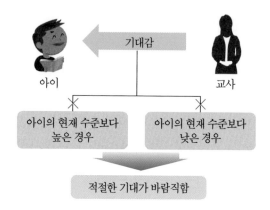

[그림 13-5] 아이 수준에 대한 교사의 기대

또한 특수학급에서 아동을 지도하는 교사이든 일반학급(통합학급)에서 아동을 지도하는 교사이든, 교사는 특수아동을 지도하는 교육적 팀의 구성원으로서 기능하게 된다. 교실에서 부적절한 기능을 보이는 아동을 관찰하고, 이러한 특수아동의 수행과 관련된 진단자료를 수집하며, 수집된 객관적인 자료를 토대로 구체적 교육목표와 교육 방안을 계획하고 실행하는 과정은, 그것이 교과학습에 관한 것이건 행동관리에 관한 것이건 교육적 팀의 노력을 전제로 한다. 상담자는 특수아동을 위한 교육적 팀이 최선의 형태를 갖출 수 있도록 조정하고 자문하는 역할도 해야 하지만, 또 다른 한편으로는 교사가 팀 내에서 기대를 조정하고 자신의 역할을 규정할 수 있도록 자문도 해야 한다.

교사가 하루 종일 한 사람의 특수아동만을 위해서 시간과 노력을 기울일 수 없는 것이 지금 우리의 교육 현실이다. 특수학급에도 다수의 아동이 교사의 시간과 관심을 필요로 하고, 일반학급에는 더욱 많은 수의 일반아동이 특수아동과 함께 교사를 필요로 하고 있다. 한 사람의 특수아동을 위해 교사가 시간과 에너지를 쏟는 것이 때로는 다수의 다른 아동에 대한 교육적 배려를 소홀히 하는 결과로 나타나기도 한다. 따라서 상담자는 교사가 이러한 상황적 요인을 검토하여 그 한계를 파악하고 자신의 특수아동교육을 위한 역할에 적정한 기대수준을 설정할 수 있도록 도울 필요가 있다.

(2) 교사-아동관계 내 불협화음의 근원 탐색과 개선

Cornier와 Cornier(1985)는 상담에서 나타나는 내담자의 저항을 내담자 변인, 환경적 변인 및 상담자 변인의 세 가지 근원에서 제시하고 있다. 여기에서는 교사와 아동관계를 파악하여 자문할 수 있는 사항들을 찾아본다.

① 특수아동 변인

- **아동에게 필요한 기술이나 지식이 부족할 때**: 일부 특수아동은 단지 어떤 과제나 활동을 어떻게 해야 하는지, 무엇을 해야 하는지를 이해하지 못하기 때문에 교사의 노력에 비협조적인 태도를 보일 수 있다. 교사가 아동의 능력수준과 특성에 알맞게 자세하고 친절하며 정확한 지시를 줌으로써 이는 개선될 수 있다. 아동이 할 수 있는 수준에 맞추어서 '무엇을 해야 하고' '어떻게 해야 하는지'를 구체적으로 또 간단하고 쉬운 용어로 전달하며, 친절하고 부드러운 태도로 전달하는 것이 효과적이다. 아동이 결여하고 있는 기술과 능력을 익히도록 직접적인 훈련 기회를 보강하는 것도 도움이 된다.
- **아동이 당면 문제나 교육 효과에 대해 비관적인 생각을 갖고 있을 때**: 아동이 자신이 당면한 문제의 단기적 해결 가능성이나 장기적 교육 효과에 대해서 기대가 아주 낮거나 심지어 부정적인 생각을 가지고 있는 경우다. 아동이 가진 비관적인 생각과 느낌의 구체적인 내용, 그런 생각을 가지게 된 연유 등에 대해 수용적인 태도로 잘 듣고 반영하는 것은 교사가 아동의 실망감과 좌절감을 인정하고 수용한다는 것을 보여 주며 아동을 억지로 끌고 가지 않을 것임을 전달하기 때문이다.

② 환경적 변인

- **환경적 변인이 교육목표에 상치될 때**: 목표로 하는 반응을 시작하게 하거나 뒤따르게 하는 자극 및 실마리가 눈에 띄지 않는 방식으로 환경이 이루어져 있으면 교육에서 목표로 하는 변화가 일어나기 어렵다. 주의력결핍장애가 있는 아동의 주변이 너무 어수선하거나 복잡하면 필요한 사항에 주의를 집중시키기 더욱 어려운 것과 마찬가지다. 또한 환경을 재조정할 필요가 있다. 특수아동이 목표로 하는 반응을 할 수 있게 하는 데 도움이 되는 방향을 물리적 환경(시각적 · 청각적 환경)뿐만 아니라, 가족환경, 또래환경, 학교환경 및 지역사회 환경까지 조정하려는 노력이 이루어질 필요가 있다.

③ 교사 변인

- 변화 추구의 속도, 시기, 방법이 부적절할 때: 아동이 미처 준비가 되기 이전에 너무 빨리 변화를 초래하고자 하거나, 어떤 방법이 좋다고 하여 아동의 특성과 상황을 고려하지 않고 무분별하게 적용하면, 아동과의 협력관계가 손상되기 쉽다. 아동의 특성과 상황에 가장 적절한 방법을 선정하고, 아동의 준비도에 맞게 속도를 적절히 조절하고 순서도 조절해야 한다. 작은 단계로 나누어 서서히 접근하고 새로운 단계로 나아가기 전에 반드시 아동의 준비도를 다시 점검하는 교사의 세심한 배려가 있어야 아동이 협조적으로 교육과정에 참여하게 되며 교육의 효과도 가장 커지게 된다.
- 교사가 자신의 능력이나 교육방법의 효과에 대해 자신감이 부족할 때: 상담자는 교사가 자신의 불안을 직면하고 인정하며 자신의 능력을 재점검하여 강점은 재확인하고 약점은 보완할 수 있도록 구체적인 도움을 주어야 한다. 이는 자문활동의 중요한 부분이다.

(3) 효과적 행동의 탐색과 지속

교사-아동관계에서도 '효과적인 점'이 있었다는 것을 인식하는 것은 교사에게 매우 큰 힘이 된다. 교사의 관점이 앞으로 구체적으로 무엇을 더 하는 것이 효과적일지를 찾아낼 수 있게 하여 긍정적인 방향으로 변화를 이룰 수 있게 하기 때문이다. 효과적인 행동의 탐색은 교사가 특수아동과의 관계에서 자신의 행동을 점검하는 데나 특수아동의 행동을 관찰하는 데, 교사-아동관계를 관찰하는 데 모두 활용할 수 있으며 특수한 문제나 상황에 맞도록 조정될 수 있다.

3) 부모와 교사관계를 위한 자문

특수아동의 부모와 교사는 일반아동의 부모와 교사보다 훨씬 더 긴밀하게 협조하며 함께 노력하는 관계여야 특수아동을 효과적으로 도울 수 있다. 그러나 특수아동의 긍정적 변화를 위해서 가장 중요한 이 두 성인집단의 대화와 협력이 항상 쉽게 이루어지는 것은 아니다. 따라서 상담자는 부모와 교사가 서로 이해하고 돕는 관계를 형성하여 특수아동의 발달에 도움이 될 수 있도록 조정하고 자문하는 역할을 신중하고 중요하게 수행해야 할 것이다.

(1) 특수아동 부모의 이해

특수한 문제나 장애를 지닌 아동의 부모는 심리적으로 불편한 상태에 있게 마련이다. 받아들이고 싶지 않은 자녀의 문제에 대한 분노와 부인하고 싶은 마음, 거듭되는 문제해결의 실패나 부모 기대만큼 빠르지 않은 자녀의 변화에 대한 실망과 좌절, 부모로서의 자신에 대한 회의와 수치감, 자녀에 대한 죄책감과 당혹감, 주변 인물에 대한 서운함과 원망 등 갖가지 감정으로 힘들고 불편한 상태에 있는 것이 보통이다.

특수아동 부모의 불편한 심기는 부모로 하여금 방어적 태도를 갖게 하여 교사와의 관계에서 부정적으로 작용할 가능성이 높다. 방어적 태도를 가진 사람일수록 상대방의 언행에 의해 공격받는다고 느낄 가능성이 높아진다(Freeman, 1992). 부모가 보일 수 있는 방어기제로는 억압, 부정, 투사, 전위, 합리화, 철회, 퇴행 등이 있다. 억압은 고통스럽고 불쾌한 관념, 사고, 기억을 무의식 속에 가두어 넣으려는 마음의 작용으로 무의식적·자동적으로 행해지는 것이며, 부정은 명백히 실재하는 본인이 자신을 존재하지 않는 것처럼 다루는 것을 의미한다. 즉, 불안을 둘러싸고 있는 사건이나 상황들을 사실이 아니라고 주장하며, 그렇게 믿기도 하는 것이다. 반면, 투사는 불안을 느낄 때 외부에서 원인을 찾아 방어하는 것으로 자신의 탓에 기인한 문제를 상대방 때문에 발생했다고 여겨 자신이 느끼게 되는 스트레스와 죄책감을 낮추는 것을 의미한다. 전위는 원래의 대

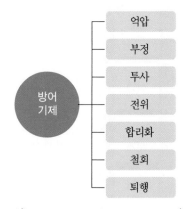

잘못된 방어기제 사용이 서로의 소통을 방해하기도 함

[그림 13-6] 방어기제의 유형

상이나 상황에 대한 분노감정을 다른 대상이나 상황으로 전치하는 것으로, 직장상사에게 꾸지람을 듣고 가족들에게 화를 내는 경우를 예로 들 수 있다. 합리화는 양심상 받아들일 수 없거나, 만약 받아들인다면 고통스러운 불안이나 죄가 될 때, 자신의 행동이나 태도를 사회적으로 용납 가능한 것으로 만드는 것이고, 철회는 위협을 주는 어떤 상황이나 사람들로부터 직접적으로 회피하거나 벗어나려고 하는 것이다. 끝으로 퇴행은 유아기나 아동기 때의 행동이 다시 나타나는 것이다.

상담자는 자문과정에서 교사에게 무조건적 수용, 공감적 이해, 일치된 태도를 보임으로써 교사가 그러한 상담자의 태도를 배워서 부모에게 동일하게 보일 수 있도록 한다. 부모가 교사에게 '충분히 이해받았다.'는 느낌을 가져야만, 부모의 방어적 태도가 누그러지고 교사와 정서적 연결감을 가질 수 있게 되어 진정한 협력관계를 형성할 수 있기 때문이다. 즉, 무조건적 수용과 적극적인 경청을 통해 언어적 · 비언어적 메시지 속에서 상대방의 기분과 숨은 의도까지 파악할 수 있으며, 이를 바탕으로 직접 경험하지 않았지만 상대방의 감정을 거의 같은 내용과 수준으로 느끼고 경험하는 공감적 이해를 할 수 있는 것이다.

대부분의 부모는 자녀에게 장애가 있다는 사실에 심각한 상실감을 느낀다. 상실에

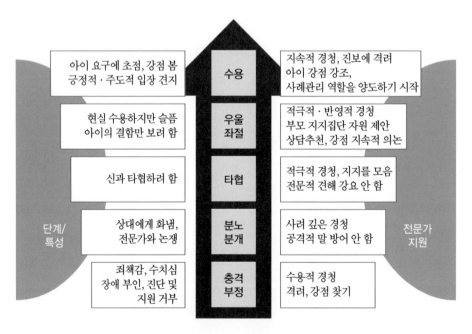

[그림 13-7] 장애부모의 심리적 단계 및 전문가 지원

대한 인간의 반응은 다음과 같다. ① 부인: 예컨대, 자녀에게 장애가 있다는 사실을 받아들이고 싶지 않고 부인하려 하는 단계, ② 분노: 자녀에게 장애가 있다는 사실을 더 이상 부인할 수 없고 받아들여야 할 것으로 여겨질 때, 왜 하필 내 자녀에게 그러한 장애가 있는지에 대한 심한 분노를 느끼는 단계, ③ 슬픔: 더 이상 분노를 느끼기보다 이제 자녀의 장애와 관련된 자신 및 상황에 대해서 슬픔을 주로 느끼는 단계, ④ 수용과 극복: 장애를 사실로 받아들이고 적응하며 상실을 극복하는 단계로 이루어진다. 교사는 특수아동의 장애와 관련하여 부모가 어떤 단계에 있는지를 세심하게 파악하여, 부모가 수용과 극복의 마지막 단계로 순조이 이행하여 자녀를 도울 수 있는 준비가 될 수 있게 배려하여야 한다.

(2) 부모의 교사에 대한 탐색과 의문

특수아동의 부모는 교사가 자기 자녀를 도울 수 있는 자격과 조건을 갖추고 있는지, 또 자기 자녀에 대해서 어떤 태도를 가지고 있는지, 자기 자녀를 이해하고 도울 수 있는지를 탐색하려 한다. 교사의 신뢰를 탐색하려는 부모의 의도는 많은 부분 부모의 불안에서 나오는 것이다. 상담자는 부모가 교사의 신뢰를 탐색하려 하는 행동을 불편해하거나 불쾌하게 여기기보다는 부모의 불안을 이해하고 부모와의 만남을 통해서 신뢰감을 키워 줄 수 있도록 자문할 필요가 있다. 교사는 부모와의 만남과정을 자신의 신뢰를 전달하고 높이는 좋은 기회로 삼을 필요가 있다. 이는 교사가 특수아동을 지도한 경험이 부족하더라도 마찬가지다. 성급히 '나는 당신의 자녀를 도울 수 있다.'고 증명하기보다는 교사의 신뢰에 의문을 가지는 부모의 마음까지 공감적으로 이해하는 여유 있는 자

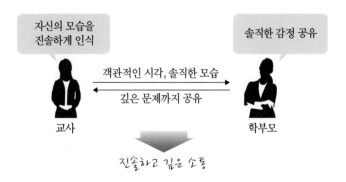

[그림 13-8] 교사와 학부모의 신뢰적 관계

세를 먼저 보이는 것이 중요하다.

의문을 가지는 부모의 마음까지 공감적으로 이해할 수 있을 만큼 교사가 여유 있고 자신감을 가질 수 있도록 하기 위해서, 상담자는 교사가 특수아동을 돕기 위한 자신의 자질과 강점을 구체적으로 인식할 수 있도록 도움으로써 기여한다.

요 약

이 장에서는 특수아동을 지도하는 교사를 상담자가 자문하는 관계의 특성을 살펴보았다. 상황에 따라 상담자는 교사에게 협조자, 상담자, 조정자로서의 역할을 한다. 교사를 위해 상담자는 특수아동의 이해와 지도방안, 효과적인 대안 등에 대해 자문할 수 있고, 특수아동과 교사의 효율적인 관계 형성에 대해서도 자문할 수 있다. 마지막으로, 특수아동의 부모와 교사의 관계 형성을 위해 부모의 심리적 변화단계와 방어기제 등 중요하게 고려해야 할 사항을 자문할 수도 있다.

생각해 볼 문제

1. 특수아동을 지도하는 교사를 한 명 이상 실제로 만나서 특수아동을 보다 효율적으로 도울 수 있도록 자문을 제공하는 활동을 해 보자. 그 과정에서 어떤 점이 본인에게 가장 어려우며 어떤 점이 비교적 효율적으로 이루어지는지를 살펴보자.
2. 특수아동을 직접 돕는 상담자로서의 역할과 특수아동을 지도하는 교사를 자문함으로써 간접적으로 특수아동을 돕는 역할에서 자신의 자질과 역량을 비교·분석해 보자.

참고문헌

김동일, 고혜정, 이윤희(2012). 정서행동장애학생의 폭력적 문제행동에 노출된 특수교사의 리질리언스 과정: 사례연구를 중심으로. 정서행동장애, 28(2), 97-119.
김동일, 이대식, 손승현, 고혜정(2014). 미래 학습장애교육 디자인: 한국적 과제와 전망. 2014년 한국학습장애학회 추계학술대회 자료집, 13-30.
송현종, 조성은(2005). 통합교육과 학교상담: 학교상담자의 태도와 역할. 특수교육저널: 이론과 실천, 6(4), 215-234.

Bowen, M. L. (1998). Counseling interventions for students who have mid disabilities. *Professional School Counseling, 2*(1), 16-25.

Cornier, W. H., & Cornier, L. S. (1985). *Interviewing strategies for helpers: Fundamental skills and cognitive behavioral interventions* (2nd ed.). Monterey, CA: Brooks/Cole Publishing Company.

Freeman, D. (1992). *Family therapy with couples: The family-of-origin approach.* Northvale, NJ: Jason Aronson Inc.

Richardson, G. E. (2002). The metatheory of resilience and resiliency. *Journal of Clinical Psychology, 58*(3), 307-321.

추천문헌

Fiedler, C. R., Simpson, R. L., & Clark, D. M. (2007). *Parents and families of children with disabilities: Effective school-based support services.* Upper Saddle River, NJ: Pearson.

제14장

특수아를 위한 직업교육 및 지역사회 연계

이 장에서는 특수아를 위한 직업교육의 필요성과 방향에 대해서 이해하고 이를 뒷받침하는 법적 근거 및 조항에 대해 살펴볼 것이다. 더불어 특수아 진로상담의 기초가 되는 원리와 본질이 무엇인지 그리고 특수아의 고유한 진로문제와 욕구를 바탕으로 진로상담에 어떻게 접근할 것인지 제시하고자 한다. 끝으로 특수아의 원활한 진로개발 및 직업수행을 위해서는 개인의 노력만이 아닌 학교 및 지역사회와 같은 관련 부처 및 공공기관의 협력체제를 갖추어 접근하는 것이 필요하다는 점에서 어떤 노력이 이루어지고 있는지 살펴보고자 한다.

🌿 학습목표

1. 특수아를 위한 직업교육의 필요성과 올바른 방향에 대해 설명할 수 있다.
2. 특수아 진로 및 직업교육에서 알아야 할 관련 규정 및 법규를 말할 수 있다.
3. 특수아 진로상담의 원리와 절차에 대해 말할 수 있다.
4. 특수아 진로상담에서 전환교육과 지역사회 연계가 갖는 중요성에 대해 설명할 수 있다.

1. 특수아 직업교육의 필요성과 방향

우리나라 특수교육대상자는 꾸준히 증가하고 있다. 다만, 최근 5년간 증가폭이 다소 줄어든 추세[1]이나(교육부, 2014a), 특수교육대상자는 여전히 진로 및 직업문제로 많은 어려움을 겪고 있다. 어떤 측면에서 특수아를 위한 진로 및 직업교육이 필수적인지 그리고 올바른 방향은 무엇인지 살펴보고자 한다.

1) 특수아 직업교육의 필요성

(1) 직업선택의 어려움

자신이 원하는 직업을 선택하여 윤택한 삶을 살아간다는 것은 누구나 바라는 꿈이라 할 수 있다. 즉, 장애 유무를 떠나 누구나 성인이 되면 자신의 능력, 흥미, 선호에 따라 사회의 일원으로 직업을 가지고 독립적으로 살아가기를 희망한다(국립특수교육원, 2007). 장애인에게 직업은 생계유지수단으로서, 사회적 역할수행의 도구로서, 사회적 지위의 지표로서, 자아실현의 도구로서의 의미를 가지며 사회통합을 이루는 가장 쉬운 방법이 될 수 있다(정신모, 2005). 그러나 장애를 가진 경우 대부분은 장애로 인해 수반되는 어려움 때문에 직업 선택의 폭이 좁을 뿐 아니라 미래를 준비하는 데 있어서도 더 많은 시간이 요구된다(국립특수교육원, 2007).

(2) 낮은 취업률

2010년 현재 고등학교를 졸업한 특수교육 대상학생의 취업률은 25.4%에 불과하며, 이마저도 복지관 등에 들어간 졸업생을 제외하면 실질적인 취업률은 13.3%밖에 되지 않는다. 그리고 졸업생 가운데 34.8%는 비진학·미취업인 실정이다(최동선, 윤형한, 전종호, 노선옥, 2010). 마찬가지로, 2012 특수교육통계(교육과학기술부, 2012)에 따르면, 장

---

1) 2014년 현재 특수교육대상자는 87,278명으로 2013년 86,633명보다 645명 증가하였다. 즉, 최근 5년간 12,091명 증가하였는데(평균 2,418명 증가), 2010년 79,711명(4,528명 증가), 2011년 82,655명(2,954명 증가), 2012년 85,012명(2,347명 증가), 2013년 86,633명(1,621명 증가), 2014년 87,278명(645명 증가)으로 최근 증가폭이 줄어든 추세다(교육부, 2014a).

애를 가진 고등학교 졸업생 중 27.2%의 학생이 진학이나 취업을 못한 것으로 나타났다. 그리고 진학자 중에서도 64.0%가 전공과로 진학하였으며, 전체 취업자 중 27.1%는 보호시설, 보호작업장 등에서 급여를 받는 직업재활 프로그램에 참여한 것으로 조사되어 졸업과 동시에 안정적인 취업을 하는 장애인의 비율이 극히 낮은 것으로 나타났다.

(3) 자립과 독립의 가능성

장애인은 우리가 흔히 생각하는 것보다 더 많은 자립 가능성이 있다는 것을 염두에 두어야 한다. 그리고 특수학급 인원의 다수를 차지하는 경도정신지체 학생 중 대다수는 성인으로서 독립생활을 할 수 있으며, 많은 정신지체 학생은 학교를 졸업한 후 더 이상 정신지체라는 말을 듣지 않을 수 있고, 정신지체로 인식되지도 않는다고 하였다(김승국, 1997). 이런 이유로 김승국(1994)은 경도 정신지체인을 위한 진로교육은 중도 정신지체인을 위한 진로교육과 구분할 필요가 있다고 하였다. 그러나 이것은 방법상의 차이를 주장한 것이지 중도 정신지체인과 같은 심각한 장애를 지닌 사람을 위한 진로교육을 포기해야 한다는 말은 아니다(김봉환, 정철영, 김병석, 2012).

장애학생(또는 특수교육 요구학생)에게는 생활의 자립을 위한 다양한 역량이 요구되며, 이는 체계적이고 적절한 진로 · 직업교육을 통해 달성될 수 있다. 이에 따라 진로 · 직업교육은 장애학생을 위한 특수교육의 중요한 구성요소로 간주되고 있다. 즉, 장애학생의 졸업 이후 고용에 필요한 지식과 기술 및 태도의 형성을 목표로 하는 직업교육은 중등학교 졸업 이후의 고용, 계속교육, 지역사회 참여, 독립생활 등의 성공적인 성인 생활로의 전환을 돕는 실질적인 프로그램이다(정동영, 2006: 최동선 외, 2010에서 재인용).

2) 특수아 직업교육의 방향

(1) 직업인으로서의 자질 함양 도모

최근의 정신지체인을 위한 직업교육에서는 일반적인 직업기능보다 직업인으로서의 자질을 함양하는 데 역점을 두고 있다. 직업생활에 잘 적응하기 위한 직업인으로서의 인성적 자질과 직업에 대한 보람, 직장의 규칙이나 지도자의 지시에 따르는 준법성, 책임감, 인내심, 협동성, 안전관리 등을 강조하는 인성적응 훈련 위주로 직업지도가 이루어지고 있다. 또한 정신지체 학생에게 직업준비 훈련과 사회적응 훈련을 병행 실시하는 추세다(박형진, 2007).

정동영(2006)은 장애학생을 위한 직업교육의 방향을 목적, 내용, 방법 측면에서 다음과 같이 제시하고 있다. 즉, ① 직업교육의 목적: 장애학생의 고용을 통한 자립생활과 자기실현을 지원하기 위하여 초등학교부터 고등학교까지 교양교육으로서의 직업교육의 목적을 더욱 강조하고, 고등학교에서는 진로준비 교육으로서의 직업교육 목적을 강화해야 한다. ② 특수학교의 직업교육 내용: 초등학교부터 고등학교까지 교양교육으로서의 직업교육의 목적을 위해 직업기초 능력에 필요한 내용을 확대하고, 고등학교에서는 진로준비 교육으로서의 직업교육의 목적을 위해 특정 직무수행 능력에 필요한 내용을 다양화하되, 노동시장의 변화를 반영하여 서비스업에서 요구하는 내용을 강조해야 한다. ③ 특수학교의 직업교육 방법: 장애학생의 전환을 지원하기 위하여 개별학생의 직업 잠재력과 직업 흥미, 능력 및 태도에 관한 정보를 수집하는 직업평가와 특정 직무의 구성요소를 분석하는 직무분석을 실시한 후에 직무를 재구성하고 직업환경을 조정하는 직무조정을 통하여 개인 중심 계획을 개발하고, 그 계획을 현장훈련 중심으로 시행하여야 한다. 특히 교양교육으로서의 직업기초 기술의 교육은 다른 교과와 내용을 통합한 통합교육과정으로 이루어져야 한다고 제안하고 있다.

이러한 논의는 장애학생을 위한 진로 · 직업교육이 특정한 기술이나 기능을 반복적으로 훈련하는 방식에서 벗어나 학교 졸업 이후의 경로(postschool paths)가 더욱 의미 있도록 하기 위한 노력으로 이루어져야 함을 강조한 것으로 이해할 수 있을 것이다. 특히 장애학생을 비롯한 특별한 요구를 지닌 사람을 위한 직업교육은 이들의 자기실현(self-fulfillment)과 역량개발(capacitation)이 가능하도록 공평한 기회를 제공하는 데 초점을 두어야 한다(최동선 외, 2010; Miller, 1987).

(2) 특수아 개인의 능력과 특성에 맞는 직업교육

학교교육은 의도를 가지고 차원을 투입하여 그에 대한 성과를 산출하는 과정이라 할 수 있다. 이러한 학교교육의 성과는 학생들의 학교 졸업 이후의 삶에 의해 평가된다. 특히 교육의 효용성을 평가하는 중요한 척도로 졸업생의 취업 정도를 들 수 있다. 하지만 장애학생은 습득 속도가 느리고 일반화가 어려우며, 소근육과 대근육 사용의 문제도 수반하는 등 여러 어려움을 가지고 있기 때문에 장기계획에 의거하여 좀 더 빠른 시기에 미래를 계획할 수 있도록 지원하고, 자신의 강점을 살려서 직업을 선택할 수 있도록 지도하여야 할 필요가 있다. 학교교육은 이러한 학생 개개인이 장기목표를 이룰 수 있도록 도와주고 지원해 주는 과정이며 학교교육의 성과는 학생들의 졸업 이후 성인생활에 의해 평가된다. 그리고 평가결과는 곧 교육에 다시 반영되어 성과중심 교육의 밑거름이 되어야만 하는 것이다(국립특수교육원, 2007).

특수교육 대상학생들의 자아실현은 진로 · 직업교육을 통해 그들의 잔존능력을 최대한 계발하여 직업상담, 평가, 훈련, 정치활동과 재활서비스를 제공함으로써 완전한 사회통합을 이루도록 지원하는 과정이라 할 수 있다. 그러나 일반적으로 장애학생은 특수학교의 고등학교 과정을 졸업하고 사회로 진출할 경우, 장애의 특성으로 인해 기술수준이 미흡하고 직업생활 준비기간이 부족해 직업생활의 적응이 곤란하다는 점이 지적되어 왔다. 따라서 그들의 능력에 맞는 직업교육을 통해 사회에서 인간적인 삶을 영위해 나갈 수 있는 최선의 방안이 마련되어야 한다(조인수, 2012).

정서 · 행동 · 자폐성 장애학생은 소통의 곤란, 사회적응력 부족 등으로 인하여 낯선 환경 및 사람들과의 원활한 적응이 어렵다. 따라서 정서적 안정과 소통능력을 기르고 사회로 원활하게 전환하기 위해서는 학생의 특성을 고려하여 진로교육 단계에 맞춘 맞춤형 직업교육 과정의 적용이 우선되어야 하며, 더불어 직업교육 과정의 유연한 시간운영이 필요하다. 또한 수요자 선택형 진로 및 직업교육과 지역사회와 연계한 진로탐색 및 경험의 기회가 제공되어야 할 것이다(최정옥, 김준희, 이경민, 황보영진, 2014).

(3) 지역사회 또는 직업현장과의 통합

장애학생을 위한 진로 · 직업교육은 단순하게 특정한 직무능력이나 기술 함양 및 학교 졸업 이후의 진로에 대한 의사결정에만 머무르는 것이 아니라, 장애학생이 학교를 졸업한 후 노동시장 및 지역사회 안에서 성인으로서 충분한 역할을 수행하고, 이를 통해 삶의 질을 제고하는 데 주된 기능을 발휘해야 한다. 무엇보다 장애인 고용과 관련한 사회적인 여건이 충분하게 형성되어 있지 않은 우리의 실정과 중증장애를 갖고 있는 경우 단순한 취업이 아닌 직장생활 적응이 오히려 중요한 문제로 대두되는 현실을 고려한다면, 장애학생들로 하여금 자립생활기술과 직업재활을 지역사회 또는 직업현장이라는 맥락 안에서 통합적으로 개발하도록 하는 것은 매우 중요한 과제라 할 수 있다(최동선 외, 2010).

3) 특수아 직업교육의 법적 근거 및 관련 규정

(1) 우리나라

① 장애학생 진로·직업교육의 법률적 근거

현행 법령체계에서 장애학생의 진로·직업교육은 「헌법」이 정한 행복추구권(제10조), 평등권(제11조), 균등하게 교육받을 권리(제31조), 「교육기본법」의 학습권(제3조), 교육의 기회균등(제4조) 등에 근거를 두고 있다. 직접적으로는 「교육기본법」이 정한 특수교육(제18조)에 관한 사항이 「장애인 등에 대한 특수교육법」을 비롯하여 「유아교육법」 「초·중등교육법」 「고등교육법」 등에서 특수교육을 위한 교육기관 및 학급의 운영을 정하고 있다. 이러한 교육 관련 법령 이외에도 「장애인복지법」에서는 장애학생을 위한 교육 실시에 관한 사항을, 「장애인 고용촉진 및 직업재활법」이나 「직업안정법」 등에서는 직업지도 및 직업재활, 장애학생을 위한 부처 간 연계에 관한 사항을 규정하고 있다. 이 외에도 「장애인 차별금지 및 권리구제 등에 관한 법률」 등에서는 학교 입학의 교육기회 등에서의 차별을 금지하는 규정이 명시되어 있다(최동선 외, 2010).

② 「장애인 등에 대한 특수교육법」

「장애인 등에 대한 특수교육법」은 2007년 제정·공포되었다. 이는 종전의 「특수교육진흥법」의 대체 입법으로서, 제정과정에서 장애 당사자 및 학부모 등의 적극적인 활동의 결과가 반영되었다(김원경, 한현민, 2007). 관련 규정 중 일부를 살펴보면 〈표 14-1〉과 같다.

〈표 14-1〉 「장애인 등에 대한 특수교육법」에서의 진로·직업교육 관련 조항

제2조(정의)	이 법에서 사용하는 용어의 정의는 다음과 같다. 9. "진로 및 직업교육"이란 특수교육대상자의 학교에서 사회 등으로의 원활한 이동을 위하여 관련 기관의 협력을 통하여 직업재활훈련·자립생활 훈련 등을 실시하는 것을 말한다.
제23조 (진로 및 직업교육의 지원)	① 중학교 과정 이상의 각급학교의 장은 특수교육대상자의 특성 및 요구에 따른 진로 및 직업교육을 지원하기 위하여 직업평가·직업교육·고용지원·사후관리 등의 직업재활 훈련 및 일상생활적응훈련·사회적응훈련 등의 자립생활훈련을 실시하고, 대통령령으로 정하는 자격이 있는 진로 및 직업교육을 담당하는 전문인력을 두어야 한다.

	② 중학교 과정 이상의 각급학교의 장은 대통령령으로 정하는 기준에 따라 진로 및 직업교육의 실시에 필요한 시설 · 설비를 마련하여야 한다. ③ 특수교육지원센터는 특수교육대상자에게 효과적인 진로 및 직업교육을 지원하기 위하여 대통령령으로 정하는 바에 따라 관련 기관과의 협의체를 구성하여야 한다.
제24조 (전공과의 설치 · 운영)	① 특수교육기관에는 고등학교 과정을 졸업한 특수교육대상자에게 진로 및 직업교육을 제공하기 위하여 수업연한 1년 이상의 전공과를 설치 · 운영할 수 있다. ② 교육과학기술부장관 및 교육감은 지역별 또는 장애유형별로 전공과를 설치할 교육기관을 지정할 수 있다. ③ 전공과를 설치한 각급학교는 「학점인정 등에 관한 법률」 제7조에 따라 학점인정을 받을 수 있다. ④ 제1항 및 제2항에 따른 전공과의 시설 · 설비 기준, 전공과의 운영 및 담당 인력의 배치 기준 등에 관하여 필요한 사항은 대통령령으로 정한다.

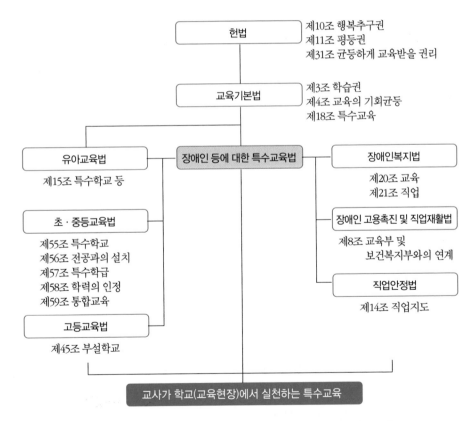

[그림 14-1] 장애학생 진로 · 직업교육의 법률적 근거

출처: 최동선 외, 2010.

(2) 미국

1984년에 개정된 미국의 「직업교육법(Vocational Education Act of 1984)」에서는 장애학생 및 취약계층 학생에게 모든 형태의 직업교육 프로그램 및 서비스에 대하여 비장애학생 또는 비취약계층학생과 동등하게 접근할 수 있도록 해야 한다고 규정하고 있다. 이와 함께 장애학생에게 제공되는 직업교육 프로그램은 최소 제한 환경(least restrictive environment)에서 제공되어야 하고, 장애학생을 위해 작성하는 개인교육 계획(individualized education plan)에 직업적인 요소가 포함되어야 한다고 규정한다. 더 나아가 1984년의 미국 「직업교육법」에서는 직업교육과 특수교육 사이의 긴밀한 연계를 강조한다(Senate Committee on Labor and Human Resources, 1984).

미국의 장애인 정책과 관련한 주요 법률로는 미국 장애인의 권리장전이라고 할 수 있는 「미국장애인법(the Americans with Disabilities Act: ADA)」 「발달장애인 지원 및 권리에 관한 법률(Developmental Disabilities Assistance Bill of Rights Act)」 「장애인교육법(Individuals with Disabilities Education Act: IDEA)」 「직업재활법(Rehabilitation Act)」 「재활보조기구법(Assistive Technology Act)」 등이 있다. 이러한 장애인 및 특수교육 관련 법령과 미국의 직업교육 관련 법령은 장애학생을 위한 진로 · 직업교육의 주된 근거로 오랫동안 활용되어 왔다. 특히 1975년에 제정된 「모든 장애아동의 교육법(Education of All Handicapped Children Act: EHA)」은 장애학생을 위한 교육법 중 가장 포괄적이며, 장애학생을 위한 전환 서비스(transition service)를 촉진하는 계기를 마련한 것으로 평가되고 있다. EHA는 이후 개정절차를 거치면서 장애학생을 위한 전환 서비스에 관련한 시범 프로젝트를 실시하고, 보편적인 적용을 위한 모델 프로그램을 개발하며, 궁극적으로는 모든 장애학생을 위한 중등단계의 전환 서비스를 의무화하는 기금을 제공하였다(Harvey, 2001). EHA는 1990년에 「장애인교육법(Individuals with Disabilities Education Act: IDEA)」으로 개칭되었는데, 이 법에서는 늦어도 16세까지 아동을 대상으로 직업훈련, 중등 이후의 교육, 독립적인 지역사회 생활에 적응할 수 있도록 준비하기 위하여 어떠한 전환 서비스가 이용될 수 있는지를 개별화교육 계획(Individualized Education Plan: IEP)에 첨부하도록 하고 있다. 이를 위해 개별화 사정 서비스(individualized assessment service), 평가 및 재평가 등을 통해 장애를 가진 아동의 선호도, 욕구, 흥미 등을 토대로 전환 서비스가 계획되도록 하고 있다(Kochhar-Bryant, Bassett & Webb, 2009). 특히 「IDEA법」에서는 학교에서 사회로의 전환과정을 촉진시키기 위한 결과 중심적인 전환 서비스를 조직할 것을 강조하고 있다. 이와 동시에 Carl D. Perkins 법제의 직업교육 법령에서도 장애학생을 비롯한 특수교육 요구학생을 위한 직업교육을 공평하게 함과 양질의 프로그램을 제공해야 함을 오랫동안 의무화하여 왔다. 즉, 「IDEA법」과 「Perkins법」을 통해 「미국장애인법(ADA)」에서 규정하는 장애인의 폭넓은 시민권이 실현되는 구조를 갖고 있는 것이다.

2. 특수아를 위한 진로상담의 기초

장애 각 영역의 교육목표 역시 일반교육의 목표와 마찬가지로 자아실현과 자립이다. 즉, 특수학생을 상담할 때 상담자는 이들의 자아실현 가능성과 자립의 가능성에 대한 믿음을 가지고 있어야 한다. 이들이 가진 장애에도 불구하고 이들을 한 사람의 온전한 인격체로 이해하고 받아들이는 능력이야말로 이들을 돕는 상담자들이 가장 먼저 길러야 하는 과제다(김봉환 외, 2012). 이 절에서는 특수아 진로상담의 기초가 되는 원리와 본질에 대해 살펴볼 것이다.

1) 특수아 진로상담의 원리와 본질

이정근(1988)은 일반상담의 원리를 장애인상담에 적용하는 방식으로 장애인상담에서 유념할 사항을 다음과 같이 설명하였다.

- 너무 지나치게 장애인을 이해하려고 애쓰지 말아야 한다. 장애인이 가지고 있는 문제를 해결하는 데 도움이 될 만한 정보 이외에는 지나치게 알려고 해서는 안 된다.
- 상담과정에서 장애인이 보이는 작은 반응이라도 놓치지 말고 관찰하여 그 의미를 찾아야 한다(예: 침묵).
- 서두르지 말고 장애인의 보조에 맞추어 상담을 진행해야 한다. 장애인이 정보를 문제해결에 이용할 준비가 되어 있지 않은 상태에서 정보를 제공하면 오히려 혼란에 빠질 수도 있다.
- 장애인의 욕구가 상담자의 상담과정을 결정하도록 조치해야 한다. 상담자가 장애

인 스스로 자기 문제를 인식하고 그 문제를 해결하고자 하는 의욕을 보일 때 상담에 임하도록 한다.

• 상담자는 자기 자신을 인지하고 있는 그대로 장애인에게 드러내 놓을 수 있어야 한다. 상담자가 자신의 한계를 솔직히 시인하고 그가 원하는 정보를 다른 전문가에게 받을 수 있도록 조치를 해야 한다.

특수아 진로상담을 이해하기 위해서는 무엇보다 상담에 대한 기본적 이해가 우선되어야 할 것이다. 보통 혹은 심한 정도로 적응하는 데 어려움을 지닌 학생을 위한 상담의 본질은 다음과 같이 설명될 수 있다(김봉환 외, 2012).

• 상담과정의 특징은 상담자와 학생 간의 독특한 조력관계다.
• 상담과정은 언어적 및 비언어적 의사소통으로 이루어진다.
• 상담은 경도에서 중도에 이르는 일반적인 적응문제와 최중도의 행동적 · 정서적 불안정을 보이는 학생들에 대한 서비스다.
• 상담은 합리적인 계획, 문제해결, 지지 활동을 강조한다.
• 상담은 무의식적 동기, 과거사건, 비현실적인 꿈이나 상징보다는 일상의 현실과 의식적 관찰에 초점을 둔다.
• 상담은 진단과 성격의 결함을 치유하는 것보다는 내담자 개인의 문제해결 능력이나 의사결정 능력을 더 소중하게 활용한다.
• 상담은 구체적인 문제가 확인되고 일정한 시간 내에 성과를 볼 수 있는 단기과정이다.

2) 특수아 진로문제와 욕구의 이해

상담자로서 내담자를 올바로 이해하는 것은 상담의 가장 기본이라 할 수 있다. 즉, 자신이 만나는 내담자 집단의 고유한 문제나 욕구를 제대로 이해하고 이에 필요한 개입을 하는 것은 상담의 효과는 물론 내담자의 만족도를 높이고 효율적 진로상담을 이끄는데 매우 중요하다고 할 수 있다. 따라서 장애인 특유의 문제와 욕구가 무엇인지에 대해 Zunker(2002)는 적응적 측면, 태도장벽, 모델의 부족, 장애의 시작 시기, 자기개념 등의 측면에서 설명하고 있다. 이를 중심으로 장애인 특유의 문제와 욕구를 살펴보면 다음과 같다.

(1) 적응

신체적 외상의 결과로 장애를 지니게 된 사람은 장애를 수용하고 적응하는 데 어려움을 갖고 있으며, 이것이 고용과 재훈련을 받고자 하는 동기를 방해할 수 있다. 장애로 인한 제약을 받아들이지 못하는 것은 상담에서도 방해가 될 수 있다. 즉, 개인은 재활기관이나 교육기관에서 제공하는 재훈련과 경험에 대해 마음을 열지 않을 것이다. 따라서 신체적 장애에 대한 반응방식과 그것에 적응하는 방식, 낮은 자기존중감의 근원에 대해 살펴볼 필요가 있으며, 상담자는 장애인에 대한 편견과 차별을 내담자가 이해하도록 돕고 그것이 어떻게 자기 이미지에 영향을 주는지에 대해 개입할 필요가 있다.

(2) 태도장벽

장애(disabled) 또는 핸디캡(handicapped)이란 딱지가 붙은 사람은 고용에서도 태도장벽에 부딪힌다. 고용주들은 그들이 아파서 결근하는 일이 많을 것이고, 직무의 안전성이 떨어질 것이며, 작업장의 변경이 필요할 것이라는 등의 가정을 한다. 특히 학습능력이 떨어질 것으로 지각한다(Daniels, 1981; Mackelprang & Salsgiver, 1999). Neff(1985)는 진로상담에서 지지자 역할의 중요성을 지적하였다. 그는 장애인이 사회의 부정적 태도와 편견 그리고 다양한 사회적 장벽에 직면하게 된다고 주장했다. Noble(1992)은 장애를 손상이 아니라 다양성으로 보아야 하며 내담자를 환자가 아닌 개인으로 보아야 한다고 제안하였다.

(3) 규준집단과 본보기의 부족

직업현장에서 성공적으로 일하고 있는 신체적 장애인을 보기란 어려운 일이다. 이는 장애인의 노동시장 잠재력에 관해 낮은 자기존중감과 부정적 태도를 강화한다. 장래의 작업환경에 대한 부정적 태도는 장애인을 면접할 때 불편한 감정을 표현하는 인사담당자들 때문에 강화되기도 한다(Bryan, 1996). 고용과 관련된 또 다른 문제는 신체장애인을 위한 규준이 없는 표준화된 검사도구와도 관련되어 있다. 이 문제는 고용가능성에 대한 잘못된 가정과 갈등을 야기한다(Bolles, 1991).

(4) 장애의 시작시기

진로상담에서 고려해야 할 중요한 요인 중의 하나는 장애가 발생한 나이다. Stone과 Gredd(1981)는 아동기의 장애발생은 부모나 사회의 과잉보호를 초래할 수 있다고 보았다. 이른 나이에 발생한 장애는 개인이 직업에 노출할 기회를 제한하며 진로발달을 지연시킨다. 장애유형 또한 고려해야 한다. 즉, 청력에 손상을 가진 청소년의 진로발달은 정상청소년보다 제한적이다. Smith와 Chemers(1981)는 만일 장애를 이른 시기에 경험하게 되면 주장성과 독립성이 부족해진다고 보았다. 성인기의 장애발달은 개인의 적응에 혼란을 가져오며, 교육과 직업적 열망이 낮아질 수 있고, 특히 앞으로 자신의 신체조건이 향상되어 안정될 것이라고 믿는 경우 진로선택에 우유부단함이 있을 수 있다(Roessler & Rubin, 1982).

(5) 자기개념

장애상태는 낮은 자기개념을 형성하게 할 가능성이 있다. 항상 거부당하고 다르게 명명되는 삶은 잠재적으로 낮은 자기이미지를 만들어 낸다. '내가 누군가' 하는 질문은 사실 긍정적으로 대답하기 어려운 질문이다. 이 맥락에서 우리의 목적은 개인의 자기지각을 수정할 수 있도록 자신의 장점과 단점을 정확히 사정하는 것이다. 긍정적 자기이미지를 개발할 수 있는 요소를 포함한 프로그램은 장애를 가진 사람의 욕구를 충족시키는 데 매우 중요하다.

3. 특수아 직업교육을 위한 지역사회 연계

1) 특수아 진로교육에서의 전환교육의 이해

전환교육은 특수교육의 중요한 목적 중 하나로, 장애학생 본인의 입장에서 보면 전환은 학교를 떠나 성인으로서 독립된 삶을 살아가는 일련의 과정이고, 특수교육에서 전환교육은 학령기에 있는 장애학생을 원만하게 성인기로 이어 주는 중요한 가교 역할을 한다(김형일, 2010). 전환교육은 시대의 변화에 따라 적용범위가 점차 확대되어 왔다. 초기 직업기술 자체만을 강조하던 시기에서 최근에는 학령기에 제한되었던 직업교육이 학령기에서 졸업 이후까지 포괄하게 되었고, 지원내용 면에서는 직업교육뿐만 아니라 주거 및 일상생활, 사회기술까지 강조하고 있다. 이러한 변화는 최근 장애학생의 졸업 이후 생애교육 또는 평생교육을 강조하는 흐름과 무관하지 않을 것이다(김형일, 2010).

전환교육이란 학교교육을 마치고 사회에서 잘 적응하도록 하기 위하여 직업교육, 성인서비스, 주거생활 훈련, 지역사회 훈련 등의 여러 필요한 활동을 적절히 조화하여 제공하는 것을 말한다(이소현, 박은혜, 2013). 미국의 「장애인교육법(IDEA)」(2004)에서 아동이 16세가 되기 전에 전환교육을 위한 내용을 IEP에 반드시 포함시키도록 규정하고 있는 것과는 달리 우리나라에서는 전환교육을 개별화교육 계획의 구성요소로 포함하지 않고 있다. 그러나 「특수교육법」을 통하여 '진로 및 직업교육'이라는 용어는 '특수교육 대상자의 학교에서 사회 등으로의 원활한 이동을 위하여 관련 기관의 협력을 통하여 직업재활 훈련·자립생활 훈련 등을 실시하는 것을 말한다.'고 명시하고 있다. 또한 국내에서도 학교와 복지관이 연계하여 장애학생 직업탐색을 지원하는 전환 프로그램을 운영하거나, 특수학교의 전공과 또는 장애학생을 위한 통합형 직업교육 거점학교를 지정하여 운영하는 등 전환교육을 지원하기 위한 노력이 이루어지고 있다(김형완, 2010; 심은정, 2010; 최경희, 2010: 이소현, 박은혜, 2013에서 재인용). 최근에는 전환교육 역시 종전의 졸업 시 취업을 위해 집중적으로 직업교육을 실시하던 모형에서 벗어나 학령기 초기부터 장차 성인생활을 독립적으로 영위하는 데 필요한 전반적인 기술과 능력을 준비할 수 있도록 하는 종합적이고 포괄적인 전환모형으로 변화하고 있다(국립특수교육원, 2003).

미국에서는 학령기 장애학생의 직업교육이 전환 서비스(Transition Service)라는 이름으로 이루어지고 있다. 미국의 「IDEA」(2004)의 정의에서는 전환 서비스를 세 가지 영역으로 나누어 설명하고 있다. 첫째, 결과중심 과정으로 장애학생의 학교졸업 이후의 진로를 촉진시키기 위해 학업적·기능적 성취(academic and functional achievement)에 중점을 둔 서비스다. 이 서비스는 고등교육, 직업교육, 통합고용(지원고용 포함), 평생교육, 성인서비스, 독립생활 그리고 지역사회 참여를 포함한다. 둘째, 학생의 강점과 선호도, 흥미를 고려한 학생중심의 서비스다. 셋째, 수업관련 서비스, 지역사회 경험, 직업개발 그리고 학교졸업 후 성인생활에 필요한 기술을 포함하며, 적합하다고 생각되면 일상생활기술과 직업평가 등을 포함한다(최동선 외, 2010).

2) 지역사회 및 유관기관 연계의 필요성

무엇보다 장애학생을 위한 진로·직업교육, 특히 효과적인 진로·직업교육을 위한 유관기관 및 산업체(또는 지역사회)와의 연계에 대한 구체적인 논의는 충분하지 못한 실정이다. 장애학생의 자립생활 기술과 직무능력을 함양하기 위해서는 무엇보다 여러 기관의 협력과 연계가 중요하다. 그리고 특수교육 기관에서의 유관기관 간 연계체계가 충분하게 구축되지 않았다는 문제제기에 대해서는 많은 선행연구에서 동의하고 있다. 아울러 여러 기간 동안 중앙정부에서도 부처 간 또는 지역사회에서의 연계체제 구축에 대한 정책과제(또는 구축의 의지)를 제안하기도 하였다. 하지만 아직까지 연계의 구체적인 내용이나 방법에 대한 논의는 충분하지 못하다. 게다가 장애학생의 지역사회 성인 생활로의 전환을 위해 유관기관 간 연계체계에 대한 요구가 높은 것에 비해, 아직까지 제도화 및 체계적인 지원구조는 마련되어 있지 않다(최동선 외, 2010).

유관기관 간 협력과 지원의 미흡과 이로 인한 지원의 지속성 및 연계성 부족, 산업현장과 연계된 현장실습의 약화, 장애학생의 장애유형·장애정도를 고려한 진로·직업교육 운영의 제약 등의 문제도 효과적인 진로·직업교육의 장애요인으로 지적되고 있다(교육과학기술부 특수교육지원과, 2009: 최동선 외, 2010에서 재인용).

3) 국내외 유관기관 연계체계 이해

(1) 위스콘신 전환교육 실행계획(Wisconsin Transition Action Plan)

위스콘신 주에서는 2010년 법적으로 전환교육을 담당해야 하는 교육부, 학교구(school district), 노동부, 보건부, 직업재활부 등 다양한 부서가 효과적인 서비스 전달을 위해서는 유관기관 간 협력이 필수적이라는 것을 통감하고, 관련 기관 간 협력을 촉진하기 위해서 각 부서의 장들이 모여서 동의안을 발의하였다. 이는 1998년 공표된 「재활법(Rehabilitation Act)」과 2004년에 공표된 장애인교육법인 「IDEA」에서 공통적으로 장애학생의 전환교육을 위하여 다른 기관과 연계를 해야 한다는 법조항을 실행하기 위한 노력이다. 이 문서에는 각 기관에서 전환교육과 관련해서 어떠한 역할을 담당할 것인지, 어떻게 의사소통을 할 것인지 그리고 의견충돌이 일어날 경우 어떠한 경로를 통하여 해결할 것인지에 대해 자세히 설명하고 있고, 이러한 내용을 성실히 이행할 것을 약속한 각 부서장의 친필 서명이 포함되었다. 이 합의서는 각 부서뿐만 아니라 각급 학교, 학부모, 학생에게도 전달되었다.

위스콘신 전환교육 실행계획에서는 각 부처의 역할뿐만 아니라 전환교육 서비스 제공을 위한 통합된 매뉴얼을 제공하여 모든 전환교육 서비스 관련자는 이 동일한 매뉴얼을 통해 자신의 역할을 명확히 할 뿐만 아니라, 어떤 특정한 영역에서 도움이 필요하면 어떤 부서의 누구에게 연락을 해야 하는지도 알 수 있다. [그림 14-2]는 위스콘신 전환교육 실행계획을 간략하게 도형화하여 설명한 것이다.

[그림 14-2]에서 볼 수 있듯이 전환교육 유관기관 간 협력체계에 직접적으로 참여하고 있는 부서는 크게 세 부서다. 인력개발부 산하의 직업재활국, 교육부 산하의 학습지원국 그리고 보건서비스부 산하의 장기보호국, 정신건강·약물중독국 등이다. 각 부서에서 전환교육에 직접적으로 관여하게 되는 역할은 직업재활 카운슬러 및 직업재활국 관계자, 교사 및 학교 관계자 그리고 요양기관 직원, 지역구 복지사, 지역구 정신질병 담당자 등이다. 이들 기관이 장애학생의 전환, 특히 경쟁고용 및 통합고용을 위하여 어

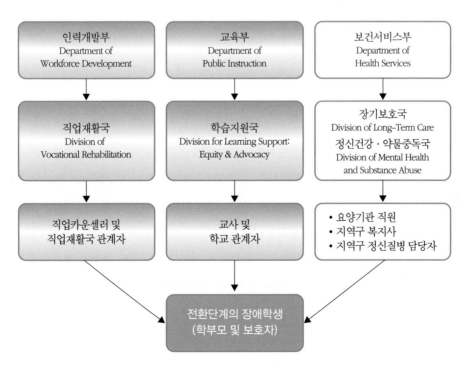

[그림 14-2] 2010 미국 위스콘신 주 전환교육 유관기관 간 협력자료

출처: Transition Action Guide for Post-School Planning, 2010.

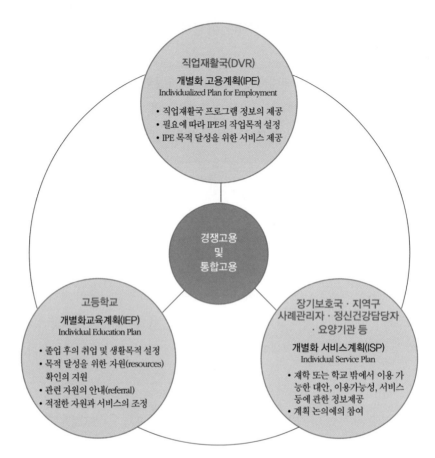

[그림 14-3] 장애학생의 경쟁고용 및 통합고용을 위한 유관기관 간 역할 분담

출처: Transition Action Guide Guide for Post-School Planning, 2010.

떠한 역할을 담당하게 되는지를 도식화하면 [그림 14-3]과 같다. 직업재활국에서는 개별화 고용계획(IPE)을, 단위학교에서는 개별화교육계획(IEP)을, 보건서비스부 산하 조직에서는 개별화 서비스계획(ISP)을 수립하고, 이에 따라 설정된 목적을 달성하기 위한 서비스 및 정보를 제공하고 조정하게 된다.

　위스콘신 전환교육 실행계획에서는 각 부서가 전환교육을 위해 어떻게 협력하고 지원해야 하는지도 체계적으로 문서화하여 서로의 역할을 정확하게 명시하고 있다. 이들이 체결한 문서는 법적 효력을 가지기 때문에 반드시 시행에 옮겨야 하는 것이다.

(2) 국내 유관기관 간 연계체계 구조

단위 특수교육기관을 중심으로 할 때 유관기관 간 연계체계는 교육부 중심의 장애학생 특수교육 체제(국립특수교육원, 시·도교육청 및 특수교육지원센터 등), 고용노동부 중심의 장애인 직업재활 체제(한국장애인고용공단 및 지사), 보건복지부 중심의 장애인 자립생활 체제(한국장애인개발원, 장애인복지관, 보호작업장 등) 등이 중추적 주체로 참여할 수 있다. 이들 세 부문의 연계체제를 토대로 또는 단위 특수교육기관 개별적으로 도서관이나 우체국 등의 공공기관, 민간사업체나 관련 협회 및 단체, 민간 직업교육훈련기관, 폴리텍대학 및 고등교육기관, 병원·보건소 등의 의료기관, 청소년시설 및 지역자활센터, 지방자치단체 등과의 연계체계도 구축할 수 있다(그림 14-4] 참조). Kohler(1996)는 전환 서비스의 유형(taxonomy)의 하나로 '기관 간 또는 분야 간 협력을 통한 서비스 전달(interagency and interdisciplinary teaming, collaboration & service delivery)'을 제시한 바 있다. 여기에서의 분야 간(interdisciplinary) 협력체계는 학교에서의 특수교

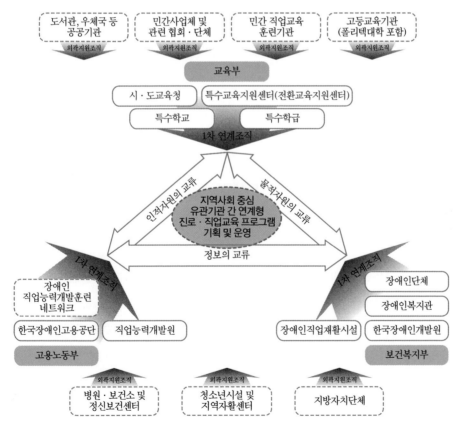

[그림 14-4] 장애학생 진로·직업교육 관련 유관기관 간 연계체계 구조

출처: 최동선 외, 2010

지역사회 중심 유관기관 간 연계형 진로직업 교육프로그램

- 유관기관 공동의 진로 · 직업교육 프로그램의 기획 · 실행
  - 특수교육기관 · 지자체 · 공공기관 연계형 복지일자리 사업 운영
  - 주 1~2회의 직업적응 훈련, 현장실습 및 직업기능 훈련 프로그램 공동 운영
  - 직업탐색 · 직업체험 프로그램의 공동 운영
  - 민간직업훈련기관으로의 위탁 직업교육
- 졸업 후 장애인복지관 직업재활 프로그램과의 연계
- 장애인고용공단에의 직업상담, 취업알선, 구직등록, 지원고용, 시험고용, 적용훈련 등 사례관리
- 장애학생의 직업상담 및 직업평가를 위한 유관기관과의 연계

인적 자원의 교류

- 장애학생의 의뢰 및 직업능력 평가
- 시 · 도 교육청, 직업교육연구회 및 특수교육지원센터(전환교육지원센터) 주관의 직무연수 운영
- 장애학생 진로 · 직업교육 관련 유관기관 협의회 운영
- 특수교사의 일반사업체 및 직업재활시설 현장실습 지도
- 장애인고용공단 및 장애인복지관에 직무지도원 협조
- 장애학생 진로 · 직업교육을 위한 외부강사의 초빙 및 협동수업 실시
- 비장애학생의 봉사활동 요원 활용

물적 자원의 교류

- 장애인 직업교육 훈련시설 및 보호작업장 공유(관련 기자재 포함)
- 민간사업체 및 직업교육 훈련시설의 기자재 및 물품의 공유 또는 공개
- 직업교육 훈련을 위한 외주 작업물품 및 모의작업 교구, 교재 등의 대여 · 공유
- 직업평가 도구 및 관련 자료의 공유
- 특수학교 직업교육실을 특수학급에 공개 및 편의 제공
- 장애학생 진로 · 직업교육을 위한 프로그램 공유
- 복지일자리 사업운영 관련 예산의 지원

정보의 교류

- 학생의 장애특성 및 행동특성, 학업상황, 사전직업 훈련내용, 일상생활 자립능력, 가족지원을 포함한 가정환경, 장단점 등의 기초 DB 공유
- 적절한 직업배치를 위한 직업능력 평가결과 및 행동 누가기록의 공유
- 정보공유를 위한 IEP 지원팀의 구성 및 협의
- 구인사업체, 현장실습처 및 관련 사업체, 외주작업 업체 등에 관한 정보의 공동활용(Work-Together 등의 관련 홈페이지 활용)
- 보호작업장 및 지원고용 등과 연계되는 사업체에 특수교육학생의 현장실습 및 취업지도 실시
- 장애인복지일자리 및 중증장애인직업재활시설 정보 공유
- 지역 직업재활시설, 장애인 생활시설 등의 현황 공유
- 지역사회의 특수교육기관 정보의 공유

[그림 14-5] 유관기관 간 연계체계를 통한 장애학생 진로 · 직업교육의 주요 활동 예시

육 및 일반교육 또는 직업교육과의 연계를, 기관 간(interagency) 협력체계는 직업재활기관 또는 성인대상 서비스기관 등과의 연계를 의미한다(Cobb & Alwell, 2010). 이렇게 볼 때, [그림 14-5]에서의 연계체계는 주로 직업재활기관과 특수교육 사이의 연계를 강조한 것이라 할 수 있다. 또한 Kohler의 시각에 비춰 볼 때, 단위학교 안에서 또는 지역사회의 학교교육 영역 안에서의 상호 연계를 위한 다양한 모델의 개발 또한 깊게 고려될 수 있다.

그리고 이들 사이에는 ① 장애학생, 특수교사 및 실천가 등의 인적자원 교류, ② 시설, 설비, 교구, 재정 등의 물적 자원의 교류, ③ 학생정보, 직업능력 평가 및 진로 · 직업교육훈련 정보, 사업체 및 유관기관 관련 정보 등의 정보의 교류 등의 활동이 이루어지고 있다. 이러한 기관 간 연계를 통한 활동을 토대로 ① 특수교육기관-지자체-공공기관 연계형 복지일자리 사업운영, 주 1~2회의 직업적응 훈련 · 현장실습 및 직업기능 훈련 프로그램 공동 운영, 직업탐색 · 직업체험 프로그램의 공동 운영, 민간기관으로의 위탁직업교육 등의 유관기관 공동의 진로 · 직업교육 프로그램의 기획 · 실행, ② 졸업 후 장애인복지관 직업재활 프로그램과의 연계, ③ 공단에의 직업상담, 취업알선, 구직등록, 지원고용, 시험고용, 적응훈련 등 사례관리, ④ 장애학생의 직업상담 및 직업평가를 위한 유관기관과의 연계 등의 유관기관 간 연계형 진로 · 직업교육 프로그램이 운영되고 있다([그림 14-5] 참조).

(3) 국내 관련기관 협업 및 협조체계 구축을 위한 사업자료

① 교육부: 장애학생의 능동적 사회참여 역량강화를 위한 특수교육대상자 진로 · 직업교육 내실화 방안으로 다양한 사업 추진(교육부, 2014b)

● 추진 목적
- 특성화고, 전문대학 등 직업교육 전문기관과 협업하여 특수교육대상자의 진로 · 직업교육 전문화 및 다양화
- 일반교사와 특수교사 간 협조체계 구축을 위한 특수교육대상자 진로 · 직업교육 성과 향상
- 지역사회 사업체 및 유관기관 간 연계 협력체계 구축을 통한 특수교육대상자의 취업률 향상

● 추진 사업
1) 지역사회 연계 특수교육대상자 취업 · 창업교육지원
 - 특수교육대상자 직무 전문성 강화를 위한 직업교육 전문기관 위탁교육
 - 특수교육지원센터 중심의 지역사회 연계취업 · 창업교육 지원
 - 반교사와 특수교사의 특수교육대상자 진로 · 직업교육 책무성 공유

2) 특수학교 학교기업의 효율적 운영

- 예산운영이 「학교기업회계처리 규칙」에 따라 운영될수 있도록 시 · 도교육청의 상시 지도 · 감독
- 학교기업 전담 부장교사 배치, 특수교사 추가지원, 담당교원과 시 · 도교육청이 협의하여 전보유예 조치 등 학교기업 운영 담당교원의 업무 경감 및 인력지원 방안 계획수립 및 추진
- 학교기업의 회계, 홍보, 취업알선, 연계 사업체 발굴 등 지원 · 보조업무 수행을 위한 직업교육 지원 인력배치
- 우수업체 · 기관과의 협약체결 및 연계운영, 생산품에 대한 홍보 및 판로 개척 지원 등 지역 여건을 고려한 운영 다양화 및 활성화 지원

3) 특수교육대상자 '통합형 직업교육 거점학교'의 효율적 운영

- 지역 특수학급 학생들에 대한 직업교육 · 훈련지원 및 컨설팅 등 제공으로 특수교육대상자 직업교육 거점학교로서의 역할수행
- 거점학교 내 일반교사와 협업하여 전문 직업교육 지원
- 거점학교 전담 부장교사 배치, 특수교사 추가지원, 담당교원과 시 · 도교육청이 협의하여 전보유예 조치 등 거점학교 운영 담당교원의 업무 경감 및 인력지원 방안 계획수립 및 추진
- 거점학교 담당교원의 업무 경감을 위해 사업체 발굴, 취업알선 및 제반 관련 업무 수행을 위한 직업교육 지원 인력배치
- 한국장애인 고용공단 지사, 장애인복지관 등 지역사회의 유관기관과 연계하여 직업교육 · 훈련실시 및 취업지원

4) 전공과 확충 및 운영 내실화

- 지역여건과 수요를 고려한 전공과 설치 확대 및 운영 다양화 추진
- 장애유형 및 정도에 따른 자립생활 훈련 및 직업재활 훈련 제공을 위한 전공과 프로그램 운영 다양화
- 일반학교 전공과 배치 특수교육대상자를 위한 개별화교육 계획 수립 · 운영 시 일반교원의 지원 및 참여 확대

5) 특수교육대상자의 지역 내 일자리 참여 확대를 통한 현장중심 진로 · 직업 교육 강화

- 각급학교 내 장애인 일자리 참여확대, 특수교육
- 복지 연계형 일자리 참여 확대

6) 유연한 교육과정 운영을 통한 진로 · 직업교육 활성화

- 고등학교 과정 이상 특수교육 대상자의 현장실습, 지원고용 실시 등 직업교육 활성화를 위해 직업교육과정을 유연성 있게 운영
- 특수교사와 일반교사 간 협력수업 등 협업체제 구축 강구
- 현장실습의 활동유형, 인정절차, 인정범위, 인정시간 등을 학칙에 정하여 수업으로 인정

7) 다양한 진로정보 및 특수교육교원의 직업교육 역량강화

- 특수교육교원에 대한 진로 · 직업교육 연수 및 연구회 운영 등을 통한 직업교육 역량강화
- 특수교육대상자 진로 · 직업교육 관련 성과지표의 현장 보급 및 활용 확대, JOBable 활용 등 진로 · 직업교육 정보제공 및 이력관리 강화

② 국립 특수교육원: 장애학생의 능동적 사회참여 역량강화(교육부, 2014a)

● 졸업생 취업기회 확대
- 고등학교 과정 졸업생 취업률은 42%로, 2013년 37.1%보다 4.9% 증가
- 전공과 과정 졸업생 취업률은 37%로, 2013년 31%보다 6% 증가

● 맞춤형 직업교육 여건 조성
- 직업교육 전문기관 직무 위탁교육 시범운영 4개 고교, 11개 대학
- 지역사회 연계 취업 · 창업교육 시범운영 4개 특수학교, 12개 특수교육지원센터
- 특수학교 학교기업은 22개로 2013년 19개보다 3개 증가
- 통합형 직업교육 거점학교는 39개로 2013년 33개보다 6개 증가

⟨표 14-2⟩ 졸업생 취업률 및 직업교육지원 현황

구분		2013년	2014년	증감
졸업생 취업률(%)	고등학교	37.1	42	4.9
	전공과	31	37	6
직업교육지원(개)	직업교육 전문기관 직무 위탁교육 시범운영	–	15	15
	지역사회 연계 취업·창업교육 시범운영	–	16	16
	특수학교 학교기업	19	22	3
	통합형 직업교육 거점학교	33	39	6

출처: 교육부, 2014a.

국립특수교육원은 2011년 장애학생 진로·직업교육 자립생활 훈련 성과지표와 장애학생 진로·직업교육 직업재활 훈련 성과지표를 개발하였고, 이를 바탕으로 2014학년도부터 학교현장에서 사용할 수 있도록 장애학생 자립생활훈련 교수·학습자료를 개발하여 보급하였다(박은송, 2014). 무조건 취업을 해야 사회에 통합될 수 있다는 개념에서 벗어나 진로·직업교육의 선행학습으로써 사회적인 자립과 재활에 무게를 둔 훈련이 결국 장애학생의 자립에 중요한 역할을 한다는 점을 강조하였다(박은송, 2014).

③ 한국장애인고용공단: 장애학생 취업역량 강화를 지원하는 워크투게더센터 사업 (국립특수교육원, 2014)

● 추진배경
- 워크투게더센터는 2012년 4월 '장애인 고용확충을 위한 종합대책'이 국무회의에 보고되면서 센터 설립이 본격적으로 추진
- 장애인 고용확충을 위한 고용서비스 강화와 더불어 장애인 고용정책 특성상 유관기관 간 유기적 협력관계 구축이 정책목표 달성을 위해 필요
- 이러한 맥락에서 워크투게더센터는 고용·교육·복지서비스를 연계하여 장애학생에게 고용중심의 통합서비스를 전달하고 장애학생의 욕구와 능력에 맞는 맞춤형 서비스를 제공하여 이들의 사회진출을 지원한다는 취지에서 도입
- 졸업 후 노동시장으로의 원만한 이행(from school to work)을 지원하는 전환 서비스

의 목적을 달성하기 위해 학교-공단 간 연계 필요성을 주장하는 현장수요 반영

● 추진경과

- (2012. 8.~2012. 12.) 워크투게더센터 시범사업을 공단 서울 · 경기지사에서 실시
- 장애학생에게 필요한 프로그램에 대해 외부기관 전문가(교수, 복지관 등), 특수학교(급) 교사를 대상으로 수요조사를 실시하여 업무매뉴얼 제작
- 장애학생 진로설계 컨설팅 서비스 제공(322명), 구직역량 강화 프로그램, 현장견학 등 취업준비 프로그램(88명) 운영
- 부모설명회, 장애인 인식개선 프로그램, 지역협의체 운영 등(2013년) 워크투게더센터 6개 거점센터 확대 운영
- 전국 장애학생을 대상으로 서울, 부산, 대구, 대전, 광주, 경기지사에서 취업지원 서비스 제공

● 사업내용

- 장애학생 개별욕구 및 능력에 맞는 진로설계 컨설팅(초기상담 · 직업평가 · 진로설계)을 통해 개인별 맞춤형 진로계획 수립
- 장애학생 취업욕구 증진, 취업기술 및 취업 자신감 향상 등을 위한 취업준비 프로그램 지원
- 구직역량 강화 프로그램, 이미지컨설팅, 공단 직업 체험 프로그램, 현장견학 지원
- 고용형 기업연수제 등 장애학생 취업지원을 위한 지역 유관기관 협조체계 구축

🍃요 약

이 장에서는 특수아의 고유한 진로문제와 욕구를 토대로 진로상담의 필요성과 올바른 방향이 무엇인지 살펴보았다. 상담자는 국내외 관련 법규가 무엇인지 이해하고, 상담자로서 특수아에 대한 올바른 인간관을 가져야 한다. 또한 상담장면에서는 특수아를 위한 진로상담의 기초원리와 본질을 제대로 적용하여 효율적으로 상담을 이끌어야 한다. 무엇보다 특수아의 원활한 진로개발과 직업수행을 위해서는 그들의 진로 문제가 개인의 노력만이 아닌 학교 및 지역사회와 같은 관련 부처 및 공공기관과 협력체제를 갖추어 접근하는 것이 필요하다는 점에서 어떤 차이점이 있는지를 인식하고 현장에서 적용할 수 있어야 할 것이다.

🍃참고문헌

공윤정, 김영빈, 김희수, 선혜연, 손은령, 송재홍, 유현실, 이제경, 임은미, 황매향(2013). 진로상
　　　담(상담학총서6). 서울: 학지사.

교육과학기술부(2012). 특수교육 연차보고서.

교육과학기술부 특수교육지원과(2009). 장애학생 진로 · 직업 교육내실화 방안.

교육부(2014a). 2014년 특수교육 연차보고서.

교육부(2014b). 2015년도 특수교육 운영계획.

국립특수교육원(2003). KISE-적응행동검사 개발 연구.

국립특수교육원(2007). 특수교육 대상자의 진로 직업교육 교수-학습자료.

국립특수교육원(2013). 장애학생 직업재활훈련 핵심성과지표 개발.

국립특수교육원(2014). 장애학생 진로 · 직업교육을 통한 취업지원 확대 워크숍.

권선진(2005). 장애인복지론. 서울: 청목출판사.

권육상, 김남식, 홍석자, 이경숙, 김동호(2005). 장애인복지론. 서울: 유풍출판사.

김봉환, 정철영, 김병석(2012). 학교진로상담(상담학총서6). 서울: 학지사.

김승국(1997). 특수교육학. 서울: 학지사.

김완석, 김선희 역(2004). 커리어상담-생애설계의 응용개념[Career Counseling: Applied Concepts
　　　of Life Planning (6th ed.)]. Zunker, V. G. 저. 서울: 시그마프레스. (원저는 2002년에 출판).

김원경, 한현민(2007). 특수교육법의 쟁점과 과제. 특수교육저널: 이론과 실천, 8(4), 95-140.

김형완(2010). 장애학생 직업탐색 지원을 위한 학교연계 전환 프로그램 사례. 제13회 이화특수
　　　교육 학술대회 발표자료집: 중등특수교육에서 전환교육 적용의 최선의 실제(pp. 61-72). 서
　　　울: 이화여자대학교 특수교육연구소.

김형일(2010). 전환교육의 이해와 실행. 서울: 교육과학사.

나운환(2003). 재활론. 서울: 홍익재.

박옥희(2001). 장애인복지론. 서울: 학문사.

박은송(2014). 장애학생 자립 생활훈련 교수 학습자료 활용방안. 취업잡고 행복업고 자료집.

박형진(2007). 산학협력 통합 프로그램 적용을 통한 정신지체 학생의 직업능력 변화에 관한 연
　　　구. 공주대학교 특수교육대학원 미간행 석사학위논문.

심은정(2010). 특수학교 전공과 운영사례. 제13회 이화특수교육 학술대회 발표 자료집: 중등특수
　　　교육에서 전환교육 적용의 최선의 실제(pp. 45-52). 서울: 이화여자대학교 특수교육연구소.

이소현, 박은혜(2013). 특수아동교육. 서울: 학지사.

이정근(1988). 진로지도의 실제. 서울: 성원사.

정동영(2006). 일반교육 교육과정의 장애학생 접근 지원을 위한 간학문적 주제단원 개발전략.

학습자중심교과교육연구, 6(2), 353-379.

정동영(2006). 장애학생의 전환 지원을 위한 특수학교 직업교육의 재개념화. 지적장애연구, 8(4), 97-124.

정신모(2005). 직업재활서비스가 장애인 자립생활에 미치는 영향. 부산대학교 대학원 미간행 석사학위논문.

정인숙, 김형일, 박재국(2008). 진로 · 직업교육을 위한 특수교육기관과 관련기관 간의 협력에 관한 연구. 특수교육저널: 이론과 실천, 9(4), 349-366.

조인수(2012). 학령기 이후 지적장애인의 진로선택에 따른 지원 요구. 특수아동교육연구, 14(3). 한국특수아동학회.

최경희(2010). 장애학생의 진로직업교육 내실화 방안. 제13회 이화특수교육 학술대회 발표 자료집: 중등특수교육에서 전환교육 적용의 최선의 실제(pp. 72-78). 서울: 이화여자대학교 특수교육연구소.

최동선, 윤형한, 전종호, 노선옥(2010). 장애학생의 진로직업교육 활성화를 위한 유관기관 간 협력 방안. 한국직업능력개발원.

최정옥, 김준희, 이경민, 황보영진(2014). 두드리면 열리리라! 취업의 문 DoDR-제5회 전국특수교육(급) 진로 · 직업교육 우수사례발표대회 취업잡고 행복업고 자료집. 국립특수교육원.

Bolles, R. N. (1991). *Job-Hunting tips for the so-called handicapped or people who have disabilities*. Berkeley, CA: Ten Speed.

Bryan, W. V. (1996). *In search of freedom: How people with disabilities have been disenfranchised from the mainstream of American Society*. Springfield, IL: Charles C Thomas.

Cobb, R. B., & Alwell, M. (2010). Transition planning/coordinating interventions for youth with disabilities: A Systematic review. *Career Development for Exceptional Individuals, 31*, 70-81.

Daniels, J. L. (1981). World of Work in disabling conditions. In R. M. Parker & C. E. Hansen (Eds.), *Rehabilitation counseling* (pp. 169-199). Boston: Allyn & Bacon.

Harvey, M. W. (2001). The Efficacy of Vocational Education for Students with Disabilities Concerning Post-School Employment Outcomes: A Review of the Literature. *Journal of Industrial Teacher Education, 38*(3).

Kochhar-Bryant, C., Bassett, D. S., & Webb, K. W. (2009). *Transition to postsecondary education for students with disabilities*. CA: Corwin Press.

Kohler, P. D. (1996). *Taxanomy for Transition Programming: Linking Research and Practice*. University of Illinois, Transition Research Institute.

Mackelprang, R., & Salsgiver, R. (1999). *Disability: A diversity model approach in human service practice.* Pacific Grove, CA: Brooks/Cole.

Neff, W. S. (1985). *Work and human behavior* (2nd ed.). Chicago: Aldine.

Noble, M. (1992). *Down is up for Aaron Eagle: A mother's spiritual journey with Down Syndrome.* San Francisco: Harper.

Roessler, R., & Rubin, E. (1982). *Case management and rehabilitation counseling: Procedures and techniques.* Baltimore: University Park Press.

Senate Committee on Labor and Human Resources(1984). *The Vocational Education Act of 1984. Report together with Additional and Supplemental Views to Accompany s. 23410 Senate, 98th Congress, 2nd Session.*

Smith, A., & Chemers, M. (1981). Perception of motivation of economically disadvantaged employees in a work setting. *Journal of Employment Counseling, 18,* 24–33.

Stone, J., & Gredd, C. (1981). Juvenile diabetes and rehabilitation counseling. *Rehabilitation Counseling Bulletin, 24,* 283–291.

Transition Action Guide for Post-School Planning(2010). http://dwd.wisconsin.gov/dvr/pdf_files/tag.pdf.

찾아보기

인 명

내 용

저자 소개

김동일(Kim, Dongil)
미네소타 대학교 교육심리학 박사
전 한국청소년상담원 상담교수
　　경인교육대학교 교육학과 교수
현 서울대학교 교육학과 교수
　　한국아동청소년상담학회 회장

〈주요 저서〉
학습장애아동의 이해와 교육(2판, 공저, 학지사, 2009)
BASA 기초학습기능 수행평가체제(학지사 심리검사연구소,
　　2009)
학습상담(공저, 학지사, 2011)

고은영(Koh, Eunyoung)
서울대학교 대학원 교육학 박사(특수교육 전공)
전 성균관대학교 겸임교수
　　경일대학교 심리치료학과 조교수
현 능인불교대학원대학교 명상심리학과 조교수

〈주요 논문〉
A Synthesis on the Research of the Comorbidity of ADHD
　　and LD(2011)
지적장애 학생의 사회과 교육의 실제에 관한 특수교사의 경
　　험과 인식: Focus Group Interview를 활용하여(2015)

고혜정(Koh, Hyejung)
서울대학교 대학원 교육학 박사(특수교육 전공)
전 혜송특수학교, 동평중학교 특수학급 교사
　　서울대학교 BK역량기반교육혁신사업단 박사후 연구원
현 수원여자대학교 유아교육과 조교수

〈주요 논문〉
학습장애아동의 읽기성취 영향 요인에 관한 연구(2014)
Exploring students at risk for reading comprehension
　　difficulties in South Korea: the RTI approach applying
　　latent class growth analysis(2014)

김은향(Kim, Eunhyang)
서울대학교 대학원 교육학 박사(교육상담 전공)
전 서울 응봉초등학교 교사
　　안양대학교 교육대학원 겸임교수
현 가천대학교 행정대학원 사회복지학과 조교수

〈주요 저서〉
청소년 멘토링 길라잡이(공저, 학지사, 2012)
청소년상담학개론(공저, 학지사, 2014)

김병석(Kim, Byeongseok)
플로리다 주립대학교 상담심리학 박사
전 하버드 대학교 방문연구교수(심리학과)
현 단국대학교 사회과학대학 상담학과 교수
　　한국상담과학학회 회장

〈주요 저 · 역서〉
청소년성격상담(공저, 청소년대화의광장, 1996)
학교진로상담(2판, 공저, 학지사, 2006)
상담이론과 실제(공역, 학지사, 2015)

박춘성(Park, Choonsung)
서울대학교 대학원 교육학 박사(특수교육 전공)
전 한국교육개발원 연구원
　　한국과학창의재단 선임연구원
현 상지영서대학교 유아교육과 교수

〈주요 저 · 역서〉
창의성: 이론과 주제(공역, 시그마프레스, 2009)
최신영재교육학개론(2판, 공저, 학지사, 2015)

김혜숙(Kim, Hyesook)
스탠퍼드 대학교 상담심리학 박사
전 한국청소년상담원 상담교수
　　한국행동과학연구소 상담연구원
현 경인교육대학교 교육학과 교수

〈주요 저서〉
초등교사를 위한 문제행동 상담 길잡이(공저, 교육과학사,
　　2008)
교사를 위한 학부모상담 길잡이(공저, 학지사, 2013)
한국이혼가정아동의 성장: 위험과 자원(집문당, 2013)

이명경(Lee, Myungkyung)
서울대학교 대학원 교육학 박사(교육상담 전공)
전 건국대학교 교육대학원 겸임교수
현 한국집중력센터 소장

〈주요 저서〉
학습상담(공저, 학지사, 2011)
청소년상담학개론(공저, 학지사, 2014)

이은아(Lee, EunA)
서울대학교 대학원 교육학 박사(교육상담 전공)
전 LG전자 가산R&D연구소 심리상담실장
   한국정보화진흥원 인터넷중독예방상담센터 전임연구원
현 경일대학교 심리치료학과 교수

〈주요 저 · 역서〉
건강심리학(공역, 학지사, 2014)
청소년상담학개론(공저, 학지사, 2014)

정여주(Chung, Yeoju)
서울대학교 대학원 교육학 박사(교육상담 전공)
전 경일대학교 심리치료학과 교수
   플로리다 주립대학교 교육학과 방문연구원
현 한국교원대학교 교육학과 상담심리 전공 교수

〈주요 저 · 역서〉
인터넷 중독: 평가와 치료를 위한 지침서(공역, 시그마프레스, 2013)
청소년상담학개론(공저, 학지사, 2014)

이제경(Lee, Jekyung)
서울대학교 대학원 교육학 박사(교육상담 전공)
전 서울대학교 교육학과 초빙교수
   미네소타 대학교 교육심리학과 객원연구원
현 한국기술교육대학교 테크노인력개발전문대학원 진로 및 직업상담 전공 교수

〈주요 저서〉
대학교수를 위한 학생상담 가이드북(공저, 학지사, 2009)
진로상담(공저, 학지사, 2013)
청소년상담학개론(공저, 학지사, 2014)

최수미(Choi, Sumi)
서울대학교 대학원 교육학 박사(교육상담 전공)
전 Missouri Institute of Mental Health 선임연구원
   부산대학교 아동가족학과 부교수
현 건국대학교 교육학과 교수

〈주요 저서〉
정신건강과 상담(공저, 학지사, 2013)
청소년상담학개론(공저, 학지사, 2014)
청소년심리(공저, 한국방송통신대학교출판문화원, 2014)

최종근(Choi, Jongkeun)
서울대학교 대학원 교육학 박사(특수교육 전공)
현 건양대학교 중등특수교육과 교수

〈주요 저서〉
교육평가의 이해(공저, 학지사, 2011)
특수교육 연구의 실제(공저, 학지사, 2012)

홍성두(Hong, Sungdoo)
서울대학교 대학원 교육학 박사(특수교육 전공)
전 홀트학교 교사
　서울대학교 교육연구소 연구원
현 서울교육대학교 유아 · 특수교육과 교수

〈주요 저 · 역서〉
학습장애 교육(공역, 학지사, 2014)
장애아동 · 청소년을 위한 수학교육(공저, 학지사, 2015)

특수아상담
Counseling Children with Special Needs

2016년 3월 15일 1판 1쇄 발행
2024년 8월 20일 1판 11쇄 발행

지은이 • 김동일 · 고은영 · 고혜정 · 김병석 · 김은향 ·
　　　　김혜숙 · 박춘성 · 이명경 · 이은아 · 이제경 ·
　　　　정여주 · 최수미 · 최종근 · 홍성두
펴낸이 • 김진환
펴낸곳 • (주) **학지사**
펴낸곳 • 04031 서울특별시 마포구 양화로 15길 20 마인드월드빌딩
대표전화 • 02-330-5114　　팩스 • 02-324-2345
등록번호 • 제313-2006-000265호

홈페이지 • http://www.hakjisa.co.kr
인스타그램 • https://www.instagram.com/hakjisabook

ISBN 978-89-997-0785-8　93180

정가 20,000원

┃ 출판미디어기업 학지사
간호보건의학출판 **학지사메디컬** www.hakjisamd.co.kr
심리검사연구소 **인싸이트** www.inpsyt.co.kr
학술논문서비스 **뉴논문** www.newnonmun.com
교육연수원 **카운피아** www.counpia.com
대학교재전자책플랫폼 **캠퍼스북** www.campusbook.co.kr